거시사회복지실천 시리즈 Ⅲ

# 거시사회복지실천 심화편 ❷

## · 시장, 국가 그리고 분배 ·

| 유태균 · 이재원 공저 |

## INTERMEDIATE MACRO SOCIAL WELFARE PRACTICE 2

### Market, State and Distribution

학지사

## 머리말

    다른 누구와의 약속이 아닌 자신과의 약속이었다. 거시사회복지실천 전문가 교육에 쓸 만한 책 4권을 이순(耳順)까지 완성하겠다는 약속. 2020년 여름부터 글쓰기를 시작하여 3년이 지난 오늘에서야 비로소『거시사회복지실천 입문편: 법, 행정 그리고 재정』, 거시사회복지실천 심화편 1: 정의, 권리 그리고 분배』,『거시사회복지실천 심화편 2: 시장, 국가 그리고 분배』를 완성하였다. 스스로에게 한 약속의 $\frac{3}{4}$ 을 지켰다는 기쁜 마음에 지금 이 머리말을 쓰고 있다.

    다른 기회를 통해서 언급한 바와 같이, 입문, 심화 그리고 응용으로 이어지는 세 권의 책 중 입문과 심화 단계까지는 읽는 이들이 다소 무미건조하다고 느낄 정도로 책 내용의 거의 전부를 이론적인 내용을 소개하는 데 할애하였다. 글을 읽고 쓸 줄 아는 능력을 얻기 위해 제일 먼저 해야 하는 것이 한글 자모음을 익히는 것이듯이 사회과학자로서 그리고 거시사회복지실천가로서 사회보장과 관련된 다양한 현실 문제를 이해하고 그에 대한 해결책을 제시할 수 있는 능력을 기르기 위한 긴 여정의 첫 출발점 또한 세상을 이해하는 데 필요한 다양한 이론적 지식을 익히는 것이어야 한다.

거시사회복지실천가에게 한글 자모음은 법, 행정, 재정을 이해하는 것이라는 생각에서 쓴 책이 '입문편'이라면 이 책 『거시사회복지실천 심화편 2: 시장, 국가 그리고 분배』는 미시경제 이론, 거시경제 이론, 재정정책 관련 이론, 통화정책 관련 이론을 거시사회복지실천의 주된 관심사인 '분배'의 맥락에서 설명하려는 목적을 가지고 쓴 책이다. 조만간 거시사회복지실천 전문가를 위한 교육과정에 경제 이론 교육이 포함되기를 바라면서.

이 책은 부경대학교에서 행정학과 사회복지학을 오랫동안 연구하고 교육해 온 이재원 교수와 함께 쓴 책이다. 우리 두 사람은 경제학 지식이 거시사회복지실천을 위한 매우 유용한 실천 도구로 활용될 수 있다는 데에 뜻을 같이한다. 오랜 친구이면서 멘토인 이재원 교수가 가진 폭넓은 지식(경제학, 행정학, 사회복지학 모두에 관한)과 풍부한 정책 경험의 도움 없이 혼자 썼더라면 아마 완성하기 어려웠을 책이기에 이 자리를 빌려 책을 함께 쓰자는 친구의 부탁을 흔쾌히 들어 준 그에게 깊이 감사한다.

다 지난 일이기 때문에 부담 없이 할 수 있는 이야기가 하나 있다. 심화편을 쓰기 시작한 지 얼마 지나지 않아 심화편이 한 권의 책이 아니라 두 권의 책이 되어야 할 필요성을 깨닫고 한동안 글쓰기를 중단한 적이 있었다. 글쓰기가 싫어서가 아니라 (솔직히 말해서 저자는 사실 한순간도 글쓰는 것이 싫다는 생각을 해 본 적이 없다.) 그런 것도 미리 알아채지 못한 자신의 어리석음에 화가 났기 때문이었다. 다행히 이재원 교수와 심화편 2권을 함께 쓸 수 있게 되었고 그 사실을 통해서 자신의 어리석음이 전화위복이었음을 깨닫게 되어 기쁜 마음으로 글쓰기를 다시 시작하였다. 목표를 정해 놓으면 어떻게 해서든 목표를 이룰 방법을 찾는 버릇이 있었기에 망정이지 그렇지 않았더라면 지키지 못할 약속을 말로만 떠벌여 놓은 꼴이 될 뻔했다.

또 한 사람이 이 책을 완성하는 데 정말 큰 도움을 주었다. 이 책에 담겨 있는 모든 그림과 삽화를 그려 준, 일러스트레이터를 꿈꾸는 20대의 아름다운 청년 박세미. 이 책이 글과 조화를 이루는 그림을 가질 수 있었던 것은 전적으로 그의 도움이 있었기에 때문이다. 이 자리를 빌려 그에게 깊은 감사의 뜻을 전하면서 그가 자신의 꿈을 이루게 되기를 진심으로 기원한다.

이제 마지막으로 저자에게 이 세 권의 책을 완성할 수 있게 도움을 준, 한 장의 낡은 사진에 얽혀 있는 과거의 기억 한 가지를 소개하면서 글을 마치고자 한다. 1995년 여름 박사학위수여식이 있던 날 지도교수가 자신의 연구실로 저자를 불러 다음과 같은 말을 해 줬던 일을 기억나게 하는 사진이다.

"박사학위 가운은 혼자 입을 수 없어요. 특히 후드는 그렇지요. 가운 입는 것을 도와주려고 가운을 가지고 오라고 한 것이에요."

"아! 감사합니다."

"혹시 이 후드가 의미하는 것이 뭔지 알아요?"

"아니요. 모릅니다."

"이 후드는 멍에(yoke)를 상징하지요. 이 후드를 쓰는 것은 맹세를 하는 것이에요."

"그런 의미가 있는 줄 몰랐습니다. 무슨 맹세를 하는 것인가요?"

"오늘 이 순간부터 평생 진리를 탐구하기 위해서 고민하고 생각하면서 살겠다는 맹세, 그리고 진실만을 이야기하겠다는 맹세입니다. 그래서 오늘 받는 학위가 철학박사학위지요. 박사학위는 스스로를 그 부담 아래 둘 수 있는 자격입니다. 그 맹세를 할 준비가 되었지요? 유 박사에게 이 후드를 씌워 줄 수 있어서 정말 기쁩니다."

그 말을 듣는 순간 그때까지 한 번도 느껴 본 적이 없는 감정이 심장에서부터 쏟아져 나와 온몸으로 퍼지는 것을 느꼈다. 그때 느꼈던 그 감정은 저자의 일부가 되어 28년이 지난 지금까지도 저자의 몸속을 돌아다니고 있다. 아무리 특별한 경험도 맥락이 바뀌면 특별할 것이 전혀 없는 경험이 된다는 것을 잘 알지만, 그럼에도 불구하고 이번에 쓴 세 권의 책 이곳저곳에 저자가 숨겨 둔 그날의 느낌이 이 세 권의 책을 읽는 독자들 중 누군가에게 전해질 수 있다면 저자는 더없이 만족한다.

　이제 입문편, 심화편, 응용편 모두를 완성하기로 약속한 시간까지 1년이 조금 넘는 시간밖에 남지 않았으니 내일부터 응용편을 쓰는 또 한 번의 기쁜 여정을 시작해야겠다. 신밧드처럼. 응용편을 쓸 때는 더 많은 동료 연구자가 함께해 주기를 진심으로 바란다.

2024년 2월

저녁 노을과 함께 *Mozart Piano Concerto No. 23, Adagio*를

누릴 수 있는 삶에 감사하면서

저자 대표 유태균

차례

# 거시사회복지실천과 경제학

제1장

# 거시사회복지실천과 경제학

## 1. 거시사회복지실천 도구로서의 경제학

거시사회복지실천 시리즈 도서 가운데 하나인 『거시사회복지실천 입문편: 법, 행정, 재정의 이해』에서 저자는 사회복지실천과 사회보장을 다음과 같이 정의하였다.

- **사회복지실천**: 사회와 사회구성원의 복지를 증진시키기 위해 계획된 변화를 이끌어 내는 노력
- **사회보장**: 한 사회의 사회구성원 간의 복지 관련 이익·부담 관계 = $f$(법, 행정, 재정 | 정의관)

이 두 가지 개념 정의를 바탕으로 거시사회복지실천을 다음과 같이 정의한 바 있다.

**거시사회복지실천**
복지관계 함수의 정책독립변수들의 값을 변화시켜 사회와 사회구성원의 복지수준을 증진할 수 있는 복지 이익·부담 관계를 이끌어 내는 노력

거시사회복지실천가는 사회보장사업 수행 체계의 한 주체로서 사회보장권이라는 추상적인 권리를 구체적인 사회보장급여로 전환하는 정책수행과정, 즉 법, 행정 및 재정 과정에 참여하게 된다. 『거시사회복지실천 입문편: 법, 행정, 재정의 이해』이 세 가지 정책수행과정 중 법과 행정을 이해하는 데 필요한 기본적인 지식을 소개하는 책이라면 이 책 『거시사회복지실천 심화편 II: 시장, 국가 그리고 분배』는 재정을 이해하는 데 필요한 경제학 이론을 거시사회복지실천가들에게 소개하는 책이다.

모든 국가의 정부는 그 국가가 복지국가인지 아닌지를 떠나서 재정정책(fiscal policy)을 통해 사회구성원의 복지수준을 증진하고자 노력한다. 대부분의 경제학 이론서는 재정정책을 다음과 같은 개념으로(물론 책들 간에 약간의 차이는 있지만) 정의하고 있는 것 같다.

> 정부가 정부지출, 조세 등을 수단으로 하여 총수요에 영향을 주고 이를 통해 경기를 조절하기 위해 펼치는 정책

재정정책(fiscal policy)은 그 주체가 정부이고 정책 수단으로서 조세와 정부지출을 사용하기 때문에 종종 공공경제(public economics) 또는 공공재정(public finance)이라고도 일컬어진다.[1] 저자는 앞서 소개한 재정정책의 정의 내용 가운데 총수요와 경기조절이라는 두 개의 용어를 다음과 같이 수정하는 간단한 작업을 통해서 재정정책이 거시사회복지의 실천 영역일 수밖에 없다는 사실을 밝히고자 한다.

> **재정정책**
> 정부가 정부지출이나 조세를 통해서 사회구성원 간의 복지 관련 이익·부담 관계를 설정 또는 재설정하기 위해 펼치는 정책[2]

---

1) Rosen, H. (1992). *Public Finance* (3rd ed.). Richard Irwin, Inc. pp. 3-4.
2) 사회구성원 간 복지 이익·부담 관계에 관한 보다 자세한 설명은 유태균. (2023). 거시사회복지실천 입문편: 법, 행정, 재정의 이해. 학지사. p. 16을 참고하기 바란다.

독자들 중 아마 어떤 사람은 '왜 정부의 재정정책이 거시사회복지의 실천 영역에 포함되어야 하는가?'라는 질문을 던질 수도 있을 것이다. 이 질문에 대한 답은 매우 간단하고도 명료하다. 왜냐하면 앞의 정의가 말해 주고 있듯이 정부의 재정정책은 국민의 경제와 복지수준에 영향을 미치기 때문이다.[3]

21세기 복지국가에서는 Musgrave(1989)가 말한 바 있는 다음과 같은 정부의 세 가지 기능 가운데 두 번째 기능이 가장 중요한 기능이 되었다고 해도 과언이 아니다. 복지국가인 우리나라가 지난 2018년부터 정부지출 가운데 50% 이상을 보건·복지·고용 부문에 쓰고 있다는 사실이 이러한 저자의 생각을 뒷받침하는 좋은 예이다.

> • 한 사회가 가지고 있는 경제적 자원을 적절히 배분하는 기능
> • 그 사회에서 생산된 재화·서비스를 사회구성원들 사이에서 공평하게 분배하는 기능
> • 경제의 안정적 성장에 필요한 여건을 조성하는 기능

정부 재정정책의 주된 관심사가 바로 사회보장·복지라는 사실을 이해할 때 전체 사회 차원의 복지를 실천 영역으로 하는 거시사회복지실천에 있어서 정부의 재정정책이 사회구성원 간 복지 관계에 어떤 영향을 얼마나 미치는지를 이론적으로 그리고 실증적으로 분석하고 이해하는 능력은 효과적인 실천을 위해 거시사회복지실천가가 갖춰야 할 필수적인 요건이라는 사실 또한 쉽게 이해할 수 있다. 그리고 이러한 맥락에서 우리는 거시사회복지실천가가 왜 경제학 이론을 이해해야 하는지 또한 쉽게 이해할 수 있다.

경제학 지식은 전문성 있는 사회복지실천가가 되기 위해 익혀야 하는 여러 종류의 지식 가운데 하나이다. 모든 지식이 그러하듯이 경제학 지식은 우리의 사고와 시각의 범위를 넓혀 줄 것이고, 사회보장 주체로서 우리가 가진 경쟁력을 한층 더 높여 줄 수 있다.

---

[3] 보다 자세한 내용은 Musgrave, R., & Musgrave, P. (1989). *Public Finance in Theory and Practice* (5th ed.). McGraw-Hill. pp. 6-7을 참고하기 바란다.

단적인 예를 한 가지 들어 보자. 경제학자들은 정부개입이 불완전한 시장을 보완하여 자원배분의 효율성을 높이기 위해 필요하다고 주장한다. 그런데 정부개입이 자원배분의 효율성을 높이기 위해서만 필요한 것인가? 정부개입은 정부가 시장을 대신하여 경제활동을 펼치는 이유는 효율적인 자원배분과 소득분배를 이루기 위해서도 필요하지만 국민의 사회권, 즉 인간이 인간답게 살 수 있는 권리를 실현하기 위해서도 필요하다. 경제학 지식은 우리가 바로 이러한 주장을(경제 전문가들이 그래 왔던 것처럼) 실증적으로 그리고 설득력 있게 하는 데 도움을 줄 수 있다. 그리고 그러한 주장들이 이제는 사회복지학이 아닌 다른 학문 분야의 전문가들 가운데 사회권에 관심을 갖게 된 전문가들이 아니라 거시사회복지실천가에 의해서 제기되어야 한다. 한 국가에서 정부개입의 목적 범위를 어디까지로 할 것인지는 정부가(또는 특정 학문 전공자들이) 정하는 것이 아니라 모든 국민이 정하는 것이다. 그렇기 때문에 정부개입의 목적 범위는 국가마다 다를 수 있고, 한 국가 내에서도 정책 환경이 어떻게 변하는가에 따라 얼마든지 변할 수 있고 실제로 변해야 한다.

저자는 한 국가가 자신의 정체성을 (즉, 해당 국가의 정체성을) 복지국가로 규정한다는 것은 그 국가의 정부가 정부지출과 조세라는 도구를 사용하여 사회구성원 간 복지 관련 이익·부담 관계를 설정하는 것을 정부 경제활동의 주된 목적 중 하나로 받아들였다는 것 그리고 동시에 그 국가의 국민이 정부로 하여금 그러한 역할을 하게 만들었다는 것을 의미한다고 생각한다. 오늘날 복지국가의 정부는 사회구성원 간의 복지 이익·부담 관계를 재설정하기 위해 다양한 재정정책(이하 '복지 재정정책')을 펼치고 있다. 거시사회복지실천의 관심사는 그러한 복지재정정책을 기획하고 실행에 옮기고, 실행과정을 관리하고, 정책의 성과를 평가하고 분석하는 것이다.

사회복지학의 학문적 특성상 대다수 저자를 포함한 대다수 연구자와 거시사회복지실천가들이 적극적인 정부의 역할을 지지하는 성향을 일반적으로 가지고 있다고 생각한다. 그러한 성향은 사회복지학이 지향하는 가치와 밀접한 관련이 있으며 사실 사회복지학이라는 학문이 생겨난 이유이기에 앞으로도 지향될 것임을 믿어 의심치 않는다. 그런데 저자는 그럼에도 불구하고 사회복지학이 그리고 거시사회복지실천가들이 정부의 역할과 관련해서 다음과 같은 비판적 질문을 던지는 것을 금기시해서

는 아니 되며, 오히려 일부러도 이러한 질문들에 대한 답을 개방적이고 중립적인
입장에서 찾는 노력을 게을리하지 말아야 한다고 생각한다.

---

- 우리가 선호하는 특정 가치는 국민이 선호하는 가치, 국민이 선호했으면 좋겠다고 우리가 생각하는
  가치, 그리고 정치적 목적을 달성하기 위해 내세운 가치 중 어느 것인가?
- 어떤 가치를 실현하는 자원배분과 소득분배가 정의로운 자원배분과 소득분배인가?
- 우리는 정의로운 자원배분 및 소득분배와 효율적인 자원배분 및 소득분배 각각에 대해서 어느 정도
  의 중요성을 부여하는가?
- 우리는 정의로운 자원배분 및 소득분배에 따르는 비용과 효율적인 자원배분 및 소득분배에 따르는
  비용 간의 차이가 어느 정도가 될 때까지 수용할 수 있는가?

---

만일 어떤 사회에서 '평등을 이루기 위한 (재)배분적 개입'과 '효율성을 높이기 위
한 (재)배분적 개입' 가운데 어느 하나만이 절대선으로 여겨지고 있다면 저자는 그 사
회에서 정부개입은 그나마 합리성이(물론 그 수준이 매우 낮을지라도) 의사결정의 기준
이 될 수 있는 정치적 영역을 떠난 지 오래일 것이고 지금은 아마도 종교의 영역에서
다뤄지는 사안이 되어 있을 것이라고 생각한다.

종교는 교리(dogma)에 도전하는 질문을 금기시한다. 자유주의형 복지국가, 조합
주의형 복지국가, 사회민주주의형 복지국가, 동아시아형 복지국가 등의 구분을 선함
과 악함을 기준으로 한 구분으로 여기고 선함에 해당하는 복지국가를 향해 나아가야
한다는 교리적 주장을 하는 연구자들이 간혹 있기는 하지만 저자는 사회복지학이 아
직은 종교화되지는 않았다고 생각한다. 그렇기 때문에 우리는 위와 같은 도발적인
질문을 던질 수 있어야 하고, 그러한 질문에 대한 답을 찾는 데 필요한 지식을 생산
하고 교육해야 한다.

저자는 이러한 이유에서 경제학이 이제까지 정립해 놓은 귀중하고 유용한 지식 체
계가 이제는 '거시사회복지실천의 필수 지식 체계'의 일부가 되어야 할 때가 되었다
고 생각한다.[4] 다시 강조하건대, 저자는 경제학 지식이(모든 지식이 그러하듯이) 우리

---

4) 이 책은 바로 이러한 확신을 바탕으로 쓴 책이다.

가 우리 스스로를 더 높은 경쟁력을 갖춘 사회보장 주체로 발전시키기 위해 꼭 갖춰야 할 지식 가운데 하나라고 확신한다. 그리고 어떤 면에서는 우리를 더 자유롭게 만들어 줄 것이라고도 확신한다.

## 2. 시장과 경제주체의 의사결정에 관한 일곱 가지 가정

새로운 학문을 접하는 것은 새로운 언어를 접하는 것과 여러 가지 점에서 유사하다. 저자는 외국어를 공부하는 사람이 가장 먼저 해야 하는 것은 해당 언어를 사용하는 사람들의 사고방식을 이해하는 것이라고 생각한다. 왜 그런가? 이유는 분명하다. 언어는 사고를 표현하는 방식이면서 동시에 사고의 수단이기 때문이다. 그렇기 때문에 어떤 언어든 그 언어를 사용하는 사람들의 사고방식을 이해하면 그 언어를 익히기가 매우 수월해진다.

경제학을 포함한 모든 학문은 저마다의 독특한 지식 체계를 가지고 있는데 그 독특성은 다름 아닌 그 지식 체계를 만들어 내고 발전시킨 사람들 사이에서 공유되어 온 독특한 사고방식, 즉 현상을 바라보고 이해하는 방식에서 비롯된 것이다. 언어가 사고를 표현하는 방식이면서도 사고를 위한 도구인 것과 마찬가지로 특정 학문의 이론은 해당 학문을 정립한 사람들의 사고를 표현하는 도구이면서 동시에 사고를 위한 수단이다. 그렇기 때문에 새로운 학문을 공부할 때 역시 그 학문의 이론 또는 지식 체계가 어떤 사고 체계를 바탕으로 만들어지고 발전되어 온 것인지를 먼저 이해하는 것이 매우 중요하다.

이러한 관점에서 저자는 Grogory Mankiw 교수가 경제학 교과서의 고전으로 손꼽히는 그의 책『Principles of Economics』의 제1장을 경제학의 기본 가정에 대한 소개로 시작하고 있는 것을 알게 되었을 때 그의 교육 접근방식에 대해서 놀라움과 반가움 그리고 존경의 마음을 갖지 않을 수 없었던 것을 지금도 잘 기억하고 있다.[5] 그럼

---

5) 혹시라도 이 말을 Mankiw가 경제학의 기본 가정을 처음 소개한 연구자라는 말로 잘못 이해하지 않기 바란다.

지금부터 우리도 경제학이라는 학문의 지식 체계를 만들고 발전시켜 온 경제학 연구자들 사이에서 공유되어 온 그들 나름의 사고방식을 Mankiw가 소개한 경제학의 기본 가정에 대한 이해를 통해서 살펴보기로 하자.[6]

### 가정 1. 모든 선택에는 대가가 따른다

영미 문화권 사람들이 자주 쓰는 말 가운데 '공짜 점심은 없다(There is no such thing as a free lunch)'라는 말이 있다. 직관적으로 와닿는 말이다. 세상에는 아무런 대가도 치르지 않고 얻을 수 있는 것은 없다. 뭔가를 얻으려면 우리는 반드시 다른 어떤 것을 포기해야만 한다. 때로는 뭔가를 포기해야 하는 시점이 뭔가를 얻은 시점으로부터 멀리 떨어진 미래이거나 우리가 뭔가를 잃고 있다는 사실을 인지하지 못하기 때문에 마치 아무런 대가를 치르지 않고도 뭔가를 얻는 것처럼 착각할 수 있을지 모르나 분명한 것은 반드시 대가를 치른다는 것이다.

경제학에서 가장 중요하게 여기는 것은 효율이다. 효율(efficiency)이란 최소의 자원을 사용하여 최대의 효과를 얻는 것이다. 뭔가를 얻기 위해서 반드시 다른 뭔가를 포기해야만 한다면 가장 이상적인 것은 다음의 조건을 만족하는 것이 되는데 경제학은 바로 이 이상적인 상태에 다다르는 것을 가장 중요시한다.[7] 그렇기 때문에 저자는 경제학이 '~을 얼마나 얻기 위해 ~을 얼마나 포기할 것인가?'라는 질문을 대한 답을 찾는 선택에 관한 학문이라고 생각한다.

| 포기해야 하는 것은 최소화하고<br>얻는 것은 최대화하는 것 | = | 비용은 최소화하면서<br>이익은 최대화하는 것 |
|---|---|---|

---

6) 본문에 소개된 경제학의 기본 가정 가운데 경제주체의 의사결정 및 시장에 관한 가정과 국가경제에 관한 가정은 Mankiw, G. (2003). Principles of Economics, Thomson, pp. 3-20의 내용을 수정 및 요약한 것임을 밝힌다.

7) Mankiw는 효율성과 더불어 공평성(equity)을 경제학이 추구하는 또 다른 원칙으로 소개한다. 그러나 저자는 공평성이 경제학의 관심사 가운데 하나임은 분명하지만 경제학이 공평성을 추구해야 할 가치 또는 원칙으로 여긴다고는 생각하지 않는다.

**가정 2. 선택의 대가는 그것을 얻기 위해서 포기해야 하는 무엇이다**

　　경제활동의 주체인 소비자와 생산자 그리고 정부(이하 '경제주체')는 앞의 질문에 대한 답을 찾기 위해 다양한 경쟁적 대안을 놓고 선택을 해야 한다. 이때 경제주체가 사용하는 선택의 기준은 이익과 비용의 차이이다. 이익에서 비용을 뺀 값이 클수록 선택될 가능성이 커진다.

　　단, 경제학에서 말하는 비용은 지금 현재 발생한 비용만이 아니라 기회비용까지 포함한 개념이다. 기회비용(opportunity cost)이란 선택에 따르는 비용을 말한다. 어떤 자원 $A$를 두 가지 서로 다른 경제활동 $B$와 $C$ 중 어느 하나를 위해 사용하기로 선택할 때 그 선택은 비용을 발생시킨다. 예를 들어, 어떤 사회가 20단위의 자원 $A$를 소득보장급여와 건강보장급여 중 어느 하나를 생산할 수 있다고 가정해 보자. 현재는 이 사회는 자원 $A$ 전량을 소득보장급여를 생산하는 데 사용하여 10단위의 소득보장급여를 생산하고 있다. 만일 자원 $A$를 소득보장급여가 아니라 건강보장급여를 생산하는 데 전량 사용한다면 이 사회는 5단위의 건강보장급여를 생산할 수 있다. 그러나 앞서 말했듯이 자원 $B$ 모두는 현재 소득보장급여 생산에 사용되고 있다. 이 경우 소득보장급여를 생산하기로 한 선택의 기회비용은 다음과 같다.

> • 자원 $A$를 소득보장급여 생산이 아니라 건강보장급여 생산에 사용했다면 얻었을 5단위의 건강보장급여 또는
> • 건강보장급여를 생산하는 기회를 선택하지 않아 발생한 건강보장급여 5단위만큼의 손실

　　경제학에서 말하는 비용은 우리가 일반적으로 생각하는 비용에 이 기회비용을 합한 것이다. 즉, 위의 예에서 10단위 소득보장급여를 생산하는 데 드는 비용은 다음과 같다는 것이다.

> (5단위의 자원 $A$ × 1단위의 가격) + (건강보장급여 5단위 × 1단위의 가격)

**가정 3. 합리적인 판단은 한계적으로 이루어진다**

변화는 평균변화와 한계변화로 구분된다. 이 두 개념 각각의 의미와 두 개념 간의의 의미 차이를 이해하는 것은 매우 중요하다. 이를 위해 다음과 같은 예를 들어 보기로 하자. 어떤 재화·서비스를 10단위 생산하는 데 100원의 비용이 들었다고 가정해 보자. 이 경우 평균비용(average cost)은 비용을 생산물의 단위수 또는 개수로 나눈 값이므로 평균비용은 10원이고 이 값이 의미하는 바는 다음과 같다.

> 100원의 비용을 들여 재화·서비스를 10단위 생산할 때
> • 1단위를 만드는 데 평균적으로 드는 비용이 10원이다. 또는
> • 1단위당 10원의 비용이 발생한다.

이제 생산량을 늘려 재화·서비스를 11단위 생산했고 비용이 120원 발생했다고 가정해 보자. 그러면 평균비용은 10.9원이 되는데, 이 값이 의미하는 바는 다음과 같다.

> 120원의 비용을 들여 재화·서비스를 11단위를 생산할 때
> • 1단위를 만드는 데 평균적으로 드는 비용이 10.9원이다. 또는
> • 1단위당 10.9원의 비용이 발생한다.

앞의 두 가지 경우 모두에서 평균이 의미하는 것은 균등이다. 즉, 평균은 전체를 만들어 내는 데 각각의 1단위가 균등하게 기여하는(긍정적 또는 부정적으로) 정도인 것이다. 그러므로 평균적 변화 또는 평균변화는 1단위가 균등하게 기여하는 정도에 있어서의 변화이다. 앞의 예에서 평균변화는 다음의 현상을 말하는 것이다.

> 100원의 비용으로 재화·서비스를 10단위 생산할 때는 각각의 1단위 재화서비스가 균등하게 발생시키는 비용이 10원이었는데 120원의 비용을 들여 재화·서비스의 생산을 11단위로 늘리면 각각의 1단위 재화서비스가 균등하게 발생시키는 비용이 10.9로 변한다.

평균이 균등을 의미한다면 한계는 추가를 의미한다. 앞의 예에서 한계비용은 재화·서비스를 1단위 추가로 생산하는 데 추가로 드는 비용이다. 이때 추가라는 개념은 현재 상황과 이전 또는 이후 상황 간의 비교를 통해서만 정의할 수 있는 개념이라는 것을 이해하는 것이 중요하다. 그렇기 때문에 비용과 생산된 재화·서비스의 양에 관한 정보가 있으면 구할 수 있는 평균비용과 달리 한계비용은 현재의 생산량을 $n$ 단위라고 하면 반드시 생산량이 $n-1$ 단위일 때의 생산 관련 정보가 있어야만 구할 수 있는 비용이다. 따라서 앞의 예의 경우, 다음과 같은 정보가 있어야만 한계비용을 구할 수 있다.

| 생산 관련 정보 | 평균비용 | 한계비용 |
|---|---|---|
| 비용 100원, 생산량 10단위 | 10원 | 알 수 없음 |
| 비용 120원, 생산량 11단위 | 10.9원 | 20원(=120-100) |

또한 이러한 정보를 바탕으로 한계비용 또는 한계변화는 다음과 같이 정의된다.

> 100원의 비용을 들여 10단위의 재화·서비스를 생산하다가 생산량을 1단위 더 늘리면 비용이 100원에서 120원으로 늘어 20원의 추가 비용이 발생한다.

합리적인 경제주체는 소비 또는 생산에 관한 결정을 내릴 때 평균변화와 한계변화 중 한계변화를 더 중요시해야 하는데 한계변화에 관한 정보가 있다면 경제주체는 어떤 재화·서비스를 1단위 추가로 소비 또는 생산할 때 발생하는 추가 효용과 추가 비용을 비교하여 해당 재화·서비스를 추가로 소비 또는 생산하는 것의 득실을 따져보고 판단을 내려야 한다는 것이다. 합리적인 경제주체는 경제활동에 관한 의사결정을 항상 이처럼 한계적 판단에 근거하여야 한다.

예를 들어, 어떤 생산자가 자신이 생산하는 재화·서비스의 가격을 결정하고자 한다고 가정해 보자. 이익을 극대화하고자 한다면 이 생산자는 당연히 한계비용을 가격 결정의 기준으로 삼아야 한다. 왜 그런가? 이에 관한 자세한 논의는 제2장에서 하기로 하고 여기서는 직관적으로 이해할 수 있는 수준에서 답을 제시하기로 하겠다. 무거운 역기를 10번 들어 올리는 운동을 하는 운동선수가 있다고 가정해 보자. 역기를 한 번 들어 올리기는 쉽다. 그러나 역기를 들어 올리는 횟수가 증가할수록 역기를 들어 올리기가 점점 더 어려워진다. 그러다가 맨 마지막에 10번째로 역기를 들어 올릴 때는 이제까지와 비교도 되지 않을 만큼의 엄청난 노력을 쏟아야 한다. 마지막 재화·서비스를 생산할 때 추가로 드는 한계비용이 바로 그 마지막 한 번의 역기를 들어 올리기 위해 추가로 필요한 노력이다. 만일 이 운동선수에게 역기를 들어 올릴 때마다 보상을 주기로 한다면 이 운동선수는 역기를 처음 들어 올릴 때 드는 노력에 해당하는 만큼의 보상을 매번 받고자 할까 아니면 마지막으로 역기를 들어 올리기 위해 쏟은 노력에 해당하는 만큼의 보상을 매번 역기를 들어 올릴 때마다 받고자 할까? 당연히 후자일 것이다. 왜냐하면 그렇게 해야 이 운동선수는 자신이 역기를 총 10번 들어 올리기 위해 쏟은 노력의 양보다 큰 보상을 받는다. 왜냐하면 10번째로 역기를 들어 올리기 위해서 들인 노력이 가장 큰데 그 노력만큼에 대한 보상을 첫 번째로 역기를 들었을 때도 주고 2번째, 3번째, … 9번째 역기를 들었을 때도 받을 수 있기 때문이다.

　이익을 극대화하고자 하는 합리적인 경제주체라면 누구나 이 운동선수와 마찬가지로 재화·서비스의 가격을 평균노력(비용)이 아니라 한계노력(비용)을 보상할 수 있는 수준으로 설정할 것이다. 합리적 판단이 한계적으로 이루어진다는 것은 바로 이런 것이다. 보다 자세한 그리고 이론적인 설명은 제2장에서 살펴보기로 하겠다.

## 가정 4. 경제주체는 경제적 유인에 반응한다

　이익 또는 손실에 있어서의 한계적인 변화는 경제주체에게 경제적 유인(economic incentive)을 제공한다. 그러한 경제적 유인에 반응하는 경제주체를 가리켜 합리적 경제주체라고 한다. 어떤 재화·서비스를 더 혹은 덜 소비하거나 생산하기로 선택하는 이유는 그 선택이 주는 한계적 이익 또는 손실이 다른 대안적 선택을 했을 때의 한계적 이익 또는 손실보다 크기 때문이다. 예를 들어, 어떤 재화·서비스의 가격이 하락했다고 가정해 보자. 가격 하락은 긍정적인 경제적 유인이고 소비자들은 이에 반응하여 해당 재화·서비스의 소비량을 늘린다. 이와 반대로 담배, 술 등 건강에 해로운 재화·서비스에 부과하는 소비세를 높이면 경제주체들은 이러한 부정적인 유인에 반응하며 담배, 술에 대한 소비를 줄일 것이다.

이 가정을 설명할 때면 저자는 거의 예외 없이 "그런데 경제적 유인이 아주 작아도 과연 반응할까요?"라는 질문을 받곤 한다. 그럴 때마다 저자는 "이 세상에 존재하는 경제주체가 자신 외에는 없다고만 생각하지 않는다면 '그렇다'이다."라고 답한다. 자신은 그 정도 경제적 유인에 반응하지 않을 것이라 생각할 수 있으나 어느 정도의 경제적 유인에 반응할지는 경제주체마다 다를 수 있다는 것을 염두에 두어야 한다. 시장에는 나를 반응하게 만드는 경제적 유인보다 훨씬 작은 유인에도 반응할 경제주체가 얼마든지 있을 수 있다. 따라서 합리적인 경제주체가 경제적 유인에 반응한다는 가정은 타당하거나 적어도 설득력 있는 가정이라고 하겠다.

### 가정 5. 자유거래는 모든 경제주체에게 이익이 된다

모든 경제주체는 시장에서 자유롭게 거래(trade) 또는 교환(exchange)에 참여할 수 있다. 자유거래가 가능한 시장에서 이익의 원천은 경제주체들 사이의 자유로운 경쟁(competition)이다. 경쟁에서 이기기를 원하는 합리적 경제주체는 경제활동 중 자신이 가장 잘하는 경제활동에 특화 또는 전문화(specialization)함으로써 경재에서 비교우위를 얻을 것이며, 각자가 한 경제활동의 결과물을 다른 경제주체의 결과물과 교환하여 각자의 욕구를 충족할 것이다.

전문화와 자유거래에 기반한 이러한 시장 교환 경제에서는 자급자족 경제, 즉 자신의 욕구를 충족하는 데 필요한 모든 재화·서비스를 스스로 생산하여 소비하는 식의 경제에서는 불가능한 '양질의 다양한 재화·서비스를 가장 낮은 가격에 얻기'가 가능해진다. 이러한 맥락에서 볼 때 시장에서의 자유거래는 모든 경제주체에게 이익이 된다.

## 가정 6. 일반적으로 시장이 경제활동을 조직하는 좋은 수단이다

시장(market)은 경제주체들이 펼치는 경제활동의 집합체 또는 가상적 공간이다. 경제활동이란 경제주체들이 재화·서비스를 생산하고 거래하고 소비하는 모든 활동을 일컫는 말이다. 시장경제(market economy)란 이와 같은 시장에서 다양한 기업과 가계가 상호작용하면서 희소한 자원이 어느 한 주체의 의사결정이 아니라 분산된 의사결정을 통해 배분되는 경제체제이다. 시장경제에서 가계는 소비주체이면서 노동주체이고, 기업은 생산주체이면서 고용주체이다. Adam Smith는 1776년에 출간된 그의 저서 『The Wealth of Nations』[8]에서 이처럼 가계와 기업이 시장에서 경제활동이라는 상호작용을 통해 각자의 이익을 추구하는 것을 가계와 기업이 마치 보이지 않는 손(an invisible hand)에 이끌리는 것처럼 행동하면서 일반적인 경제적 복지를 추구한다고 표현한 바 있다.

Adam Smith가 말하는 '보이지 않는 손'을 다른 말로 표현하면 재화·서비스의 가격을 결정하는 생산자와 소비자 간의 상호작용이라고 표현할 수 있다. 시장경제에서 가격은 경제활동을 가능하게 하는 필수 정보이다. 시장에서 모든 재화·서비스는 가격을 기준으로 거래된다. 이러한 의미에서 가격을 시장가격이라고도 한다. 시장가격은 소비자가 해당 재화·서비스에 대해서 부여하는 가치를 나타냄과 동시에 생산자가 해당 재화·서비스를 생산하는 데 드는 비용을 나타낸다.

어떤 재화·서비스의 가격은 해당 재화·서비스에 대한 수요와 공급에 의해서 결정된다. 시장에 참여하는 모든 경제주체는 수요와 공급에 의해 결정된 가격을 주어진 것으로 받아들이는 가격수용자 또는 가격순응자(price taker)이다. 이 말은 개개의 가계와 기업은 재화·서비스의 가격에 영향을 미칠 수 있는 주체가 아니라는 것을 뜻한다. 가격수용자는 앞서 소개한 한계적인 의사결정, 경제적 유인에 대한 반응과 함께 어떤 경제주체가 합리적인 경제주체인지를 판단하는 기준 가운데 하나이다.

---

8) Adam Smith. An Inquiry into the Nature and Causes of the Wealth of Nations. PDF file. https://www. rrojasdataban.info/Wealth-Nations.pdf.

**가정 7. 어떤 경우에는 정부가 시장의 성과를 개선하기 위해 시장에 개입할 수 있다**

시장이 합리적인 경제주체들 간의 거래를 가능하게 하는 가상의 장(場)이 될 수 있는 이유는 시장에서 재화·서비스의 가격이라는 정보가 만들어지기 때문이다. 그런데 어떤 경우에는 시장이 만들어 내는 가격 정보가 올바른 정보가 아닐 수 있다. 시장이 올바른 가격 정보를 만들어 내는 기제로 작동하지 못하면 시장에서 이루어지는 자유 거래를 통해서도 자원이 효율적으로 배분되지 못하는 현상이 발생하는데 이를 가리켜 시장실패(market failure)라고 한다. 시장실패는 독·과점, 외부효과(또는 외부성), 정보 비대칭성, 시장 불완전성 등의 형태로 나타난다.

시장실패가 발생하면 정부가 시장의 효율적 자원배분 기능을 보완 내지 대체하기 위해 시장에 개입한다. 구체적으로 말하면 정부는 재정지원, 규제 등의 정책수단을 사용하여 시장을 통해 이루어진 자원배분 상태를 개선하기 위해 노력한다. 그런데 정부의 이러한 노력이 항상 시장의 성과를 개선하는 결과로 이어지지만은 않는다. 정부의 시장개입이 정부가 가진 정부실패라는 한계로 인해 시장의 효율성을 오히려 떨어뜨리는 결과를 초래하기도 한다. 시장실패, 정부개입 및 정부실패에 대해서는 제3장에서 자세하게 살펴보기로 하겠다.

## 3. 국가경제에 관한 세 가지 가정

**가정 1. 한 국가의 생활수준은 그 국가의 생산능력에 의해 결정된다**

국가 간 생활수준 차이는 국가 간 생산능력 차이에 의해 상당 부분 설명되며, 한 국가의 과거 생활수준과 현재 생활수준의 차이 역시 그 국가의 생산능력 변화에 의해 설명된다. 생산능력이란 재화·서비스를 생산해 낼 수 있는 역량이다. 한 국가의 생산능력은 그 국가가 보유한 생산요소의 양과 생산성(productivity)에 의해 결정된다. 생산요소는 일반적으로 노동과 자본으로 구분하므로 생산요소의 양은 노동과 자본의 양을 말한다. 생산성이란 다음과 같이 정의되는 개념이다.

> 생산요소 1단위를 투입하여 생산할 수 있는 재화·서비스의 양

한 국가의 생산성은 그 국가가 보유한 기술의 수준, 생산요소의 질 등에 의해 결정된다. 예를 들면, 보유하고 있는 기술의 수준이 높을수록, 노동자 가운데 높은 수준의 교육을 받은 노동자의 비율이 높을수록, 생산에 사용되는 장비의 질이 높을수록, 노동자의 노동 숙련도가 높을수록 생산성은 높아진다. 물론 한 국가의 생활수준이 생산능력에 의해서만 결정되는 것은 아니다. 예를 들면, 산업화 정도, 노조의 영향력, 외국과의 관계 등도 국민 생활수준에 영향을 미친다. 그러나 다른 요인들의 영향력은 생산능력의 영향력과 비교하면 매우 낮은 수준이라 할 수 있다.

### 가정 2. 돈의 양이 많아지면 물가가 상승한다

돈의 양을 통화량 또는 화폐량이라고 한다. 한 국가의 통화량은 그 국가의 중앙은행이 얼마나 많은 돈을 발행하여 시중에 유통시키는지에 의해 결정된다. 통화량이 증가하여 경제주체들이 보유한 돈의 양이 많아지면 재화·서비스에 대한 소비가 자연스럽게 증가하고, 소비 증가는 재화·서비스의 가격 상승으로 이어진다. 시장에서 거래되는 전반적인 재화·서비스의 가격수준을 가리켜 물가 또는 물가수준이라고 하고, 물가수준이 상승하는 현상을 인플레이션(inflation)이라고 한다. 통화량 증가는 인플레이션을 발생시킨다.

물가가 상승하면 같은 금액의 화폐를 가지고 살 수 있는 재화·서비스의 양이 줄어든다. 이 현상을 소비자 관점에서 보면 소비자의 실질 구매력이 감소한 것이고, 화폐 관점에서 보면 화폐의 명목가치는 그대로일지라도 실질가치가 하락한 것이다. 또한 화폐의 실질가치가 낮아졌다는 것은 재화·서비스의 실질가치가 상대적으로 그만큼 상승했다는 것을 의미한다.

| 물가 상승 | = | 화폐의 실질가치 하락 | = | 소비자의 실질 구매력 감소 | = | 재화·서비스의 실질가치 상승 |

### 가정 3. 단기적으로는 인플레이션과 실업을 동시에 해결할 수 없다

경제학에서는 일반적으로 1~2년 정도의 기간을 단기, 그보다 긴 기간을 장기라고 구분한다. 인플레이션이 발생하면 실업률이 감소한다. 앞서 언급한 바와 같이 한 경제 내에 통화량이 증가하면 소비 지출이 전반적으로 증가하여 재화·서비스에 대한 수요가 증가한다. 수요 증가는 당연히 생산 증가로 이어지기 때문에 생산에 필요한 노동에 대한 수요를 증가시킨다. 그 결과, 고용이 증가하여 실업률이 감소한다. 이러한 과정을 통해 인플레이션이 실업률을 감소시키므로 인플레이션과 실업률은 움직이는 방향이 서로 반대라는 것을 알 수 있다.

인플레이션과 실업률 간의 관계가 이처럼 상충관계이기 때문에 정부가 인플레이션 문제를 해결하기 위해 어떤 정책을 실시하면 물가 하락이라는 긍정적인 결과뿐만 아니라 실업률 상승이라는 부정적인 결과가 필연적으로 함께 나타난다. 그렇기 때문에 인플레이션과 실업 문제를 동시에 해결하는 것은 불가능하다. 단, 인플레이션과 실업 간의 상충관계는 단기적으로만 존재하고 장기적으로는 존재하지 않는다. 따라서 인플레이션과 실업 문제를 동시에 해결하는 것이 불가능하다는 것은 단기적으로 불가능하다는 것이다.

인플레이션과 실업률 간의 상충적인 관계를 나타내는 곡선을 필립스곡선(Phillips curve)이라고 한다. 필립스곡선은 거시경제(국가경제)의 상황과 움직임을 이해할 수 있게 해 주는 중요한 지표 가운데 하나이다. 앞서 소개한 '어떤 경우에는 정부가 시장에 개입할 수 있다'는 가정에서 말하는 '어떤 경우'의 대표적인 예가 바로 인플레이션이다.

인플레이션이 발생하면 정부와 중앙은행은 필립스곡선의 정보를 참조하여 시장에 개입하는데, 정부는 정부지출와 조세규모를 조절하고, 중앙은행은 시중에 유통되는 통화량을 조절하여 단기적으로 실업과 인플레이션을 선택적으로 조절하는 노력을 펼친다. 전자를 일컬어 정부의 재정정책이라고 하고, 후자를 중앙은행의 통화정책이라고 한다.

# 4. 완전경쟁시장의 네 가지 조건

경제학의 모든 이론 체계가 시장이 완전경쟁시장(perfect competitive market)이라는 가정 위에 만들어졌다고 해도 과언이 아니라고 할 만큼 완전경쟁시장 가정은 경제학에 있어서 중요한 가정이다. 완전경쟁시장이란 다음과 같이 정의되는 시장이다.

> 시장에 참여하는 모든 소비자와 공급자가 무한자유경쟁 상태에 있어서 개별 소비자나 공급자가 경제적 의사결정을 내릴 때 자신이 다른 소비자들 또는 공급자들과 경쟁 관계에 있다는 것을 의식할 필요가 없는 시장

완전경쟁시장이라는 말 가운데 '완전'이 의미하는 바는 '무한히 자유로운'인 셈이다.[9] 완전경쟁시장에서는 어떤 생산자(소비자)도 시장에 대한 지배력을 갖는 위치에 있지 않다. 무한경쟁이 누군가가 경쟁에 있어서 그런 우위를 점하는 것을 허락하지 않기 때문이다. 누구도 시장 지배력을 갖지 못하기 때문에 어떤 생산자도 초과이윤을 누리지 못한다. 완전경쟁은 경제효율성의 최대화를 달성하기에 이상적인 환경을 만든다. 시장 참여자들이 완전경쟁 상태에서 만들어 내는 시장의 균형은 효율적이고 바람직한 상태이다.

그런데 완전경쟁시장은 현실에 존재하는 시장이 아니라 경제학적 분석을 위해 존재한다고 가정하는 시장이다. 더 정확하게 말하면 일정 조건들이 만족될 때 이상적인 자원배분을 가능하게 하는 완전경쟁시장이라는 환경이 형성된다고 가정하는 것이다. 완전경쟁시장이 만들어지기 위해서는 다음의 네 가지 조건이 충족되어야한다.

---

[9] 저자는 완전경쟁시장이라는 말을 항상 '무한히 자유로운 경쟁이 가능한 시장'이라는 말로 풀어서 이해한다. 그렇게 하는 것이 저자에게는 완전경쟁시장이라는 말의 의미를 직관적으로 쉽게 이해하는 데 큰 도움이 된다.

### 조건 1. 모든 참여자는 가격수용자

완전경쟁시장은 무수히 많은 판매자와 구매자가 참여하는 시장이기 때문에 개별 수요자의 수요 변화나 개별 생산자의 공급 변화는 재화·서비스의 가격에 영향을 미치지 않는다. 시장에 참여하는 모든 경제주체는 시장에서 형성된 균형 가격을 주어진 것으로 수용한다. 만인 대 만인이 경쟁을 하면 경제 전체 차원에서는 경쟁이 매우 심하지만 개인 단위에서는 경쟁 상황이 체감되지 않는다. 그렇기 때문에 완전경쟁시장은 경쟁자를 의식하지 않고 자신의 독립적인 관점에서만 의사결정을 수행하면 되는 시장이다.

### 조건 2. 재화·서비스 동질성

완전경쟁시장에서 거래되는 모든 동종 재화·서비스는 기본적으로 동질적이기 때문에 동종 상품의 가격은 항상 동일하다는 Law of One Product(One Product, One Price), 즉 1물1가(一物一價) 법칙이 성립한다. 따라서 시장에 참여하는 생산자, 즉 기업은 상품별로 자기 고객을 확보할 필요가 없고, 각자가 생산한 재화·서비스의 가격에 정상이윤만 더한 각자의 생산비용 조건하에서 각자가 스스로 생산과 시장참여의 안정을 유지할 수 있다. 또한 동종의 재화·서비스는 동질적이기 때문에 어떤 재화·서비스를 생산하던 한 생산자가 해당 재화·서비스를 더 이상 생산하지 않기로 하더라도 동질적인 재화·서비스가 수많은 생산자에 의해서 생산되기 때문에 개별 생산자의 결정은 시장에 아무런 영향을 미치지 않는다.

그런데 이 재화·서비스의 동질성 조건은 현실에서는 만족되기 매우 어려운 조건이다. 생산자의 안정적 시장 참여가 동질상품 조건이 만족될 때 가능한지 아니면 차별상품 조건이 만족될 때 가능한지는 아직 불분명하다. 생산자들이 안정적으로 시장에 참여하는데, 자기만의 상품으로 자기만의 충성 고객층을 확보하는 것이 유리할 수 있는가 하면, 그와 정반대로 고객의 다양한 선호를 맞추려고 하다 보면 기업의 생산활동이 계속 불안정한 상황에 놓일 수밖에 없을 수도 있다.

### 조건 3. 진입장벽 없는 완전한 이동성

완전경쟁시장에서 경제주체들은 진입과 탈퇴가 자유로운 완전한 이동성이 보장된다. 즉, 인위적인 진입장벽이나 탈퇴장벽이 존재하지 않아야 한다. 진입장벽이 (명시적이로든 묵시적으로든) 존재하면 지대추구(rent seeking) 현상이 발생한다. 지대추구란 독점에서 오는 특권이나 특혜를 이용하여 자신의 이익을 늘리는 행위이다.[10] 정부 정책 중에는 의도적으로 또는 비의도적으로 진입장벽을 만듦으로써 특정 이익집단의 지대추구를 제도적으로 보장하는 정책이 적지 않은데, 이는 정부 정책의 본질이 사람들이 무엇을 하게 하거나 하지 아니하게 하는 강제이기 때문에 나타나는 현상이다. 따라서 정부는 규제 완화, 경쟁 입찰 활성화 등의 조치들을 통해 완전경쟁시장 조건을 지향하는 정부 혁신을 위해 항상 노력해야 한다.

### 조건 4. 완전한 정보

완전경쟁시장에 참여하는 경제주체들은 완전한 정보를 보유하고 있다. 완전한 정보를 보유한다는 것은 다음과 같은 완성정보 상황과 대칭정보 상황이 모두 성립하는 것을 말한다.

---

- **완전정보 상황**: 가능한 한 모든 상황 중에서 현재 어떤 상황이 벌어지고 있는지를 시장 참여자들이 모두 정확하게 알고 있는 상황
- **대칭정보 상황**: 시장 참여자들 간에 보유한 정보에 있어서 차이가 없는 상황

---

완전경쟁시장을 지향하는 정부 혁신에서는 수요자와 공급자가 시장의 정보를(생산과 소비에 관한) 즉각적으로 그리고 투명하게 제공하고 접할 수 있게 하는 것이 중요시된다. 시장주의적 정부 정책에 투명하고 포괄적인 정보 공개와 정보공개를 위한 플랫폼이 빠지지 않고 포함되는 것은 바로 이러한 이유 때문이다.

---

10) 지대추구에 관한 보다 자세한 내용은 제2장을 참고하기 바란다.

제2장
# 수요·공급 이론

미시경제 이론은 경제학 연구자들이 경제 현상을 이해하고 분석하기 위해 사용하는 공리, 모형, 실증분석 방법 등으로 이루어진 하나의 이론 체계이다. 오늘날 미시경제 이론은 경제학 연구자들뿐만 아니라 여러 사회과학 연구자들에 의해서도 사회과학 현상을 분석하기 위한 유용한 도구로서 폭넓게 사용되고 있다. 사회보장을 실천의 대상으로 하는 거시사회복지실천가 또한 미시경제 이론을 이해해야 할 필요가 있다. 왜냐하면 사회보장은 사회현상이면서 동시에 경제현상이기 때문에 사회보장을 경제현상으로 이해할 때 거시사회복지실천가는, 예를 들면 다음과 같은 질문에 대한 답을 미시경제 이론을 도구로 사용하여 찾을 수 있어야 하고 그리고 한 걸음 더 나아가서 사회보장 현실을 반영하는 실증 자료에 근거하여 사회보장정책의 타당성을 검증하고 그 결과를 바탕으로 우리 사회의 복지수준을 높일 수 있는 더 나은 정책을 만드는 데 참여해야 한다.

> • 사회보장 재화·서비스에 대한 수요와 공급이 변할 때 사회구성원 간의 복지 관련 이익·부담 관계는 어떻게 그리고 얼마나 변하는가?
> • 그리고 그러한 변화는 그 사회의 복지수준을 어떻게 얼마나 변화시키는가?

이 책에서는 미시경제학 이론 중 저자가 생각하기에 (실증분석 방법 관련 이론을 제외하고) 거시사회복지실천가들이 분배와 관련된 여러 가지 현실적인 문제들을 이해하고 분석하기 위해 알아 둘 필요가 있다고 생각되는 최소한의 이론들을 골라 그러한 이론들을 분배라고 하는 맥락에서 함께 살펴보기로 하겠다.

## 1. 수요 이론

### 1) 수요

수요 개념을 이해하기 위해서는 먼저 경제주체와 구매력이라고 하는 두 가지 개념을 이해해야 한다. 경제주체(economic agent)란 재화·서비스를 생산하고, 거래하고, 교환하고, 소비하는 등의 다양한 경제활동을 하는 개인, 기업, 국가 등의 주체를 말한다. 이러한 경제주체가 재화·서비스 구매를 위해 가격을 지불할 수 있는 능력을 구매력(purchasing power)이라고 한다. 그럼 이제 수요 개념을 정의해 보기로 하자. 수요(demand)란 다음과 같은 조건하에서 경제주체가 자신이 가진 구매력을 실제로 특정 재화·서비스를 구매하는 행동으로 표출하려는 의사 또는 의지(willingness)라고 정의할 수 있다.

> • 구매력을 가진 경제주체가 있다.
> • 경제주체가 원하는 특정 재화·서비스가 시장에 판매 가능한 상태로 존재한다.

　수요는 바람(want)이나 필요(need)와 구별되는 개념인데, 바람이나 필요가 실제 구입 행동으로 이어질지 여부가 불분명한 개념인 데 비해 수요는 앞의 두 가지 조건이 충족되면 반드시 구매 행동으로 표출되는 의사(willingness to purchase)이다. 즉, 수요는 행동으로 옮겨진 또는 옮겨질 것이라 확신할 수 있는 구매 의사이다.

　저자는 경제학이 다른 학문에 비해 현실 문제 해결에 상대적으로 더 유용한 학문으로 발전할 수 있었던 가장 결정적인 요인이 바로 이 수요 개념이 아닌가 생각한다. 즉, 경제학은 다른 사회과학 분야의 학문들에 비해 의식이나 관념보다 구체적인 행위에 더 초점을 맞추었기 때문에 현실 문제를 이해하고 해결하는 데 더 유용한 지식 체계를 발전시킬 수 있다고 생각한다. 어떤 재화·서비스가 일정량 존재하고 경제주체가 해당 재화·서비스를 소비할 의사도 존재하지만 구매력이 없거나 부족하다면(예를 들면, 빈곤하기 때문에) 그 의사는 의식 수준에 머물 수밖에 없는 의사일 뿐이다. '그림의 떡'이 바로 이 경우를 가리키는 말이라고 할 수 있을 것이다.

　그런가 하면 구매 의사도 있고 구매력도 있으나 소비할 수 있는 재화·서비스가 전혀 또는 충분히 존재하지 않을 수도 있다(대개 이런 현상은 산업화 수준이 낮은 사회에서 흔히 나타난다). 이 경우 역시 구매 의사는 바람이나 필요이지 수요가 될 수 없다. 이처럼 현실이 아닌 의식에 근거한 지식보다는 행위로 현실화된 의식에 근거한 지식이 현실 문제를 해결하는 데 더 유용할 수밖에 없다는 것은 의심할 나위가 없다는 것이 저자의 생각이다.

　수요 개념을 정확하게 이해했는지 확인해 보기 위해서 앞에서 제시한 두 가지 조건 각각이 의미하는 바를 다시 한번 생각해 보기로 하자. 이를 위해서 먼저 위의 두 가지 조건 중 전자를 조건 1, 후자를 조건 2라고 부르기로 하겠다. 조건 1은 특정 재화·서비스에 대한 수요를 명목적인 것이 아니라 실질적 또는 현실적인 것으로 만들어 주는 조건이다. 다시 강조하건대, 어떤 재화·서비스에 대한 수요는 그 재화·서비스에 대한 소비 또는 구매 의사 중 구매력에 의해서 실현된 소비 또는 구매 의사를 말하는 것이다. 따라서 어떤 경제주체가 $X$만큼의 구매력을 가지고 있다면 그 경제주체가 가진 특정 재화·서비스에 대한 수요는 $X$만큼의 구매력을 가지고 구매할 수 있는 재화·서비스의 최대량을 넘어설 수 없다.

조건 2는 수요에 어떤 특성을 부여하는가? 조건 2가 충족되지 않는 경우는 특정 재화·서비스가 전혀 존재하지 않는 경우와 존재하지만 충분한 양이 아닌 두 가지 경우이다. 물론 재화·서비스가 존재하지 않는다면 수요를 정의하는 것은 당연히 불가능하므로 전자는 논의의 대상에서 제외된다. 그럼 이제 어떤 재화·서비스가 존재하되 충분히 존재하지 않은, 예를 들어 $Y$만큼만 존재하는 경우를 생각해 보자. 이 경우, 해당 재화·서비스를 소비하기 원하는 경제주체가 가진 구매력이 아무리 크더라도 실질적으로 소비할 수 있는 재화·서비스의 양은 $Y$이다. 따라서 수요는 특정 시점에 시장에 존재하는 재화·서비스의 최대량(이 경우 $Y$)으로 제한되는 개념이라는 것을 알 수 있다.

이쯤에서 독자들 중 누군가는 '수요는 한번 정해지면 변하지 않는 것인가?'라는 질문을 할지 모른다. 이 질문에 대한 답은 '아니다'이다. 앞서 했던 논의를 통해 알 수 있듯이 수요는 경제주체의 구매력과 시장에 존재하는 재화·서비스의 양에 따라 변한다. (그리고 이 답과 더불어서 저자는 이 질문에 대한 답은 아니지만 이 질문이 미시경제 이론의 핵심을 묻는 질문이라는 답을 독자들에게 말해 두고자 한다.) 수요는 변할 수 있고 실제로 변한다. 그리고 변화는 필연적으로 불안정 또는 불일치라는 현상을 만들어 낸다. 미시경제 이론은 수요가 변할 때(그리고 뒤이어 살펴보겠지만 공급이 변할 때) 발생하는 불안정 또는 불일치를 어떻게 없애서 안정 또는 균형을 이룰 것인가에 관한 이론이라고 말할 수 있다. 일단 여기서는 이 정도 설명에서 그치기로 하고 수요와 관련된 개념들을 좀 더 이해해 보기로 하자.

## 2) 수요량

수요량이란 앞서 소개한 수요 개념에 가격 개념이 더해진 개념이다. 어떤 재화·서비스 1단위의 시장거래가격(이하 '가격')이 $p$일 때 그 재화·서비스를 단위 구입할 의사가 있다면 그 $x$단위만큼의 재화·서비스를 가격 $p$에서의 그 재화·서비스에 대한 수요량(quantity demanded)이라고 한다. 어떤 재화·서비스든 재화·서비스의 수요량은 고정적인 것이 아니라 그 재화·서비스의 가격이 변하면 달라진다. 일반적으로 수요량은 재화·서비스의 가격이 낮거나 낮아지면 증가하고 가격이 높거나 높아지면 감소한다.

> 모든 재화·서비스는 그 수요량이 재화·서비스의 가격에 따라 달라진다.

　수요량은 또한 구매력이 있는 경제주체들이 특정 가격에서 구입하고자 하는 특정 재화·서비스의 최대량(maximum quantity desired)이다. 예를 들어, 어떤 재화·서비스의 특정 가격 $p$에서의 수요량이 10단위라는 것은 그 재화·서비스는 가격이 $p$일 때 최대 10단위까지만 팔린다는 것을 뜻한다.

> 특정 재화·서비스의 수요량 = 그 재화·서비스의 실제 구매(소비) 최대량

　이 말의 의미를 다시 한번 이해하기 위해서 다음과 같은 두 가지 경우를 생각해 보자. 어떤 재화·서비스의 수요량이 가격 $p$에서 90단위라고 가정해 보자. 만일 시장에 이 재화·서비스가 판매 가능한 상태로 100단위 존재한다면 어떤 일이 벌어지는가? 수요량이 최대 소비량이므로 수요량을 초과하는 100-90=10단위의 재화·서비스는 가격 $p$에서 소비되지 않을 것이다. 그 10단위의 재화·서비스는 가격이 당연히 $p$보다 낮아져야만 소비될 것이다.

　이번에는 위와 반대인 경우를 생각해 보자. 만일 시장에 판매 가능한 이 재화·서비스가 70단위밖에 존재하지 않는다면 어떻게 되는가? 경제주체들은 가격 $p$에서 이 재화·서비스를 90단위까지 구매할 의사가 있다. 그러나 이들이 실제로 시장에서 구매할 수 있는 양은 수요량보다 적은 70단위이다. 따라서 해당 재화·서비스에 대해서 20단위만큼의 부족 현상이 발생하므로 이 재화·서비스의 가격은 $p$보다 높아진다.

### 3) 수요곡선

앞서 강조했듯이 모든 재화·서비스는 그 수요량이 재화·서비스의 가격에 따라 달라진다. 예를 들어 보자. [그림 2-1] (a)와 (b)에서 수직축 $P$는 어떤 재화·서비스의 가격이고, 수평축 $Q$는 그 재화·서비스의 수요량이다. [그림 2-1] (a)의 세 점 $A$, $B$, $C$는 이 재화·서비스의 가격이 $p_1$, $p_2$, $p_3$일 때 각각의 가격에 대응하는 이 재화·서비스의 수요량이 $q_1$, $q_2$, $q_3$이라는 것을 나타낸다. 이 세 점 $A$, $B$, $C$를 가상의 선으로 연결해 보면 재화·서비스의 가격이 변할 때 가격 변화에 대응하여 수요량이 가격의 변화 방향과 반대 방향으로 변하는 것을 알 수 있다.

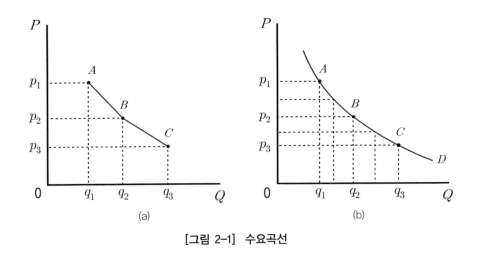

[그림 2-1]  **수요곡선**

이제 이 재화·서비스의 가격이 무수히 많은 값으로 변하고 그때마다 각각의 가격에 해당하는 수요량이 달라져서 무수히 많은 수의 가격·수요량 대응점이 만들어진다고 상상해 보자. 그러면 재화·서비스의 가격과 수요량 간의 대응 관계는 [그림 2-1] (b)와 같이 좌하향 기울기를 가진 곡선의 모양을 띠게 된다.

어떤 재화·서비스의 가격과 수요량 간의 관계를 나타내는 이러한 곡선을 해당 재화·서비스의 수요곡선(demand curve)이라고 한다. 즉, 수요곡선은 재화·서비스의 가격이 변할 때마다 경제주체들이 가진, 각각의 가격을 지불하고 그 재화·서비스를 구입할 의사인 수요량이 어떻게 변하는지를 보여 주는 곡선이다. 이 수요곡선에 따르면 재화·서비스의 가격이 상승하면 수요량이 감소하고 가격이 하락하면 수요량이 증가하는 것을 알 수 있는데, 이는 경제주체가 가진 구매력이 일정 수준으로 고정되어 있기 때문에 재화·서비스의 가격이 상승하면 소비할 수 있는 재화·서비스의 양이 줄어들고 가격이 하락하면 수요량이 증가하는 자연스러운 현상이 나타난다는 것을 말해 준다.

## 4) 수요 관련 변화

모든 재화·서비스의 수요에는 다음과 같은 두 가지 변화가 나타날 수 있다.

> • **수요량 변화**: 가격 변화로 인해 수요곡선상에서 가격·수요량 대응점이 이동하는 현상
> • **수요 변화**: 가격 외 요인 변화로 인해 수요곡선이 이동하는 현상

이 가운데 먼저 수요량 변화 개념을 이해해 보기로 하자. 수요량 변화란 재화·서비스의 가격 요인이 변함으로 인해 나타나는 변화이다. 어떤 재화·서비스의 가격이 변하면 경제주체들이 해당 재화·서비스를 구매 또는 소비하는 양이 변하는데, 이를 재화·서비스의 수요량 변화(changes in quantity demanded)라고 한다.

수요량 변화를 그래프로 나타내면 [그림 2-2] (a)과 같이 나타낼 수 있다. [그림 2-2] (a)에서 어떤 재화·서비스의 가격이 $p$일 때의 수요곡선 $D_0$상의 가격·수요량 대응점 $B$가 재화·서비스의 가격이 변함에 따라 수요곡선상의 다른 점 $A$, $C$ 또는 $D$로 이동하는 현상이 바로 수요량 변화이다. 수요량이 수요곡선을 따라 원래 위치보다 아래쪽으로 이동하는 것을 가격 하락에 따른 수요량 증가, 위쪽으로 이동하는 것을 가격 상승에 따른 수요량 감소라고 한다.

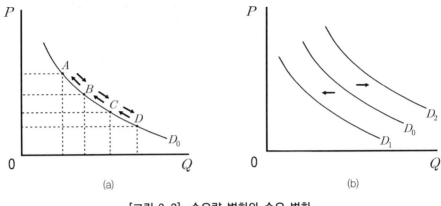

[그림 2-2]  수요량 변화와 수요 변화

재화·서비스의 수요와 관련해서 나타날 수 있는 또 한 가지 변화는 수요 변화 (changes in demand)이다. 수요 변화는 재화·서비스의 가격 외 요인이 변함으로 인해 수요곡선의 위치가 변하는 것을 말한다. 수요곡선의 위치가 변한다는 것은 [그림 2-2] (b)에서 수요곡선 $D_0$이 $D_1$ 또는 $D_2$로 이동하는 현상을 말한다. 수요곡선이 원래 위치보다 오른쪽, 즉 $D_2$로 이동하는 것을 수요 증가라고 하고, 원래 위치보다 왼쪽, 즉 $D_1$로 이동하는 것을 수요 감소라고 한다.

재화·서비스의 수요 변화는 어떤 경우에 발생하는가? 수요 변화는 경제주체의 기호가 변하거나, 소득이 증가 또는 감소하거나, 이제까지 없던 새로운 재화·서비스가 시장에 등장하는 등의 가격 외적인 변화가 발생할 때 나타난다. 예를 들어, 경제주체의 소득이 증가한다고 가정해 보자. 소득이 증가하면 구매력이 증가하여 재화·서비스의 가격이 변하지 않아도 더 많은 양의 재화·서비스를 소비할 수 있게 된다. 이러한 변화는 재화·서비스의 가격 변화에 의한 변화가 아니므로 수요곡선상에서 가격과 수요량의 대응점을 이동시켜 나타낼 수 있는 변화가 아니라 재화·서비스의 가격은 그대로 둔 상태에서 수요 곡선을 원래 위치보다 오른쪽으로 이동시켜야만 나타낼 수 있는 변화이다. 물론 경제주체의 소득이 감소하면 정반대 현상이 나타나므로 수요 곡선은 원래 위치보다 왼쪽으로 이동한다. 따라서 소득이 감소하면 재화·서비스의 가격이 변하지 않아도 소비할 수 있는 재화·서비스의 양이 감소하는 것을 알 수 있다.

## 5) 시장수요곡선

　경제주체들 간에 기호나 소득에 차이가 있을 수 있기 때문에 경제주체들 간에 특정 재화·서비스에 대한 수요에 있어서 차이가 있을 수 있다. 예를 들어, 어떤 재화·서비스에 대해서 서로 다른 두 경제주체 $A$와 $B$가 각각 [그림 2-3] (a)와 (b)와 같은 수요곡선을 가지고 있다고 가정해 보자. 이 두 개의 개별수요곡선에 따르면 재화·서비스의 가격이 $p$일 때 이 재화·서비스에 대한 $A$의 수요량은 10단위이고 $B$의 수요량은 15단위라는 것을 알 수 있다.

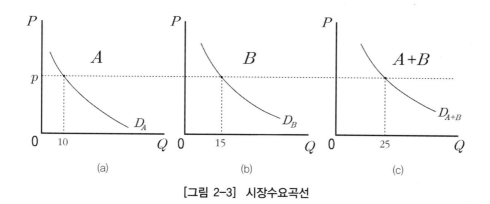

[그림 2-3]　시장수요곡선

　이 재화·서비스가 거래되는 시장이 $A$, $B$ 단 두 명의 경제주체만 존재하는 시장이라고 가정하면(매우 비현실적인 가정이기는 하지만) 가격 $p$에서 이 재화·서비스의 수요량은 $A$와 $B$ 각각의 수요량을 합한 25단위가 된다. 이러한 방식으로 이 재화·서비스의 가격이 변할 때마다 각각의 가격에서의 $A$와 $B$ 각각의 수요량의 합을 구하면 (c)와 같은 수요곡선이 만들어진다. 이와 같이 서로 다른 경제주체들의 개별수요곡선을 합하여 만든 수요곡선을 시장수요곡선(market demand curve) 또는 사회수요곡선이라고 한다.

　이제 '단 두 명만 존재하는 시장'이라는 가정을 완화하여 이 시장에 $n > 2$명의 경제주체가 존재한다고 가정해 보자. 이 시장의 시장수요곡선은 위에서와 마찬가지로 각각의 가격에서 $n$명의 경제주체 각각의 수요량을 합하여(시장에 참여하는 경제주체의 수가 몇 명이든 상관없이) 구할 수 있다. 우리가 일반적으로 말하는 수요곡선은 바로 이 시장수요곡선을 말하는 것이다. 따라서 이 책의 이하 내용에서 '수요곡선'이라고 말할 때는 그 수요곡선이 '무수히 많은 수의 경제주체가 존재하는 시장의 시장수요 곡선'을 말하는 것임을 기억하도록 하자.[1]

## 6) 수요법칙

일반적으로 재화·서비스의 수요량은 가격을 제외한 다른 모든 조건이 일정하다면 가격의 변화 방향과 반대 방향으로 변한다. 즉, 재화·서비스의 수요량은 가격이 오르면 감소하고 가격이 내려가면 증가하는데 재화·서비스의 수요량과 가격 간의 이러한 관계를 가리켜 수요법칙이라고 한다.[2]

재화·서비스의 가격이 변할 때 수요량은 대체효과(substitution effect)와 소득효과(income effect)라는 두 가지 효과 때문에 변한다. 대체효과와 소득효과에 관한 자세한 설명은 소비자 선택 이론을 다룬 후에 살펴보기로 하고 여기서는 개념 소개 수준으로만 설명하고 넘어가기로 하겠다.

대체효과란 어떤 재화·서비스의 가격이 다른 재화·서비스에 비해 상대적으로 싸지거나 비싸져서 해당 재화·서비스 수요량이 증가하거나 감소하는 현상을 말한다. 예를 들어, 어떤 욕구를 충족시킬 수 있는 두 종류의 사회서비스 $S_1$, $S_2$ 중 $S_1$의 가격이 내려갔다고 가정해 보자. 그렇게 되면 사람들은 $S_2$의 가격은 변하지 않았지만 $S_1$의 가격이 내려갔기 때문에 $S_2$의 가격이 상대적으로 비싸졌다고 느끼고 가격이 싸진 $S_1$을 구입하려는 의사를 더 갖게 된다. 그 결과, $S_1$의 수요량이 가격 하락 이전보다 증가하게 되는데 이렇게 발생한 수요량 변화가 바로 대체효과이다.

---

1) 동일 논리에서 '공급곡선'은 무수히 많은 공급자가 존재하는 시장의 시장공급곡선이라는 것도 기억하기 바란다.
2) 엄밀히 말하면 이 법칙은 수요법칙이 아니라 수요량법칙이라고 부르는 것이 맞지만 이미 오래전부터 수요법칙이라 부르기로 합의되었기 때문에 그대로 받아들이되 수요 변화, 수요 감소, 수요 증가 등에서 말하는 수요와 그 의미를 구분할 수 있어야 한다.

| 수요량 변화 | 대체효과에 의한 변화 | 어떤 재화·서비스의 가격이 다른 재화·서비스의 가격보다 상대적으로 싸지거나 비싸짐에 따라 가격 변화가 발생한 재화·서비스의 수요량이 변하는 효과 |
|---|---|---|
| | 소득효과에 의한 변화 | 어떤 재화·서비스의 가격 변화가 마치 그 재화·서비스의 가격은 변하지 않고 경제주체의 소득이 변한 것 같은 영향을 경제주체의 구매력에 미침으로써 해당 재화·서비스에 대한 경제주체의 소비 선택이 변하는 효과 |

소득효과란 경제주체가 재화·서비스의 가격이 변한 것을 마치 소득이 변한 것처럼 인식해서 경제주체의 재화·서비스에 대한 소비 선택이 변하는 것을 말한다. 어떤 재화·서비스 $S_3$에 대한 경제주체의 구매력은 다음의 네 가지 경우 중 어느 하나 또는 그 이상의 경우가 발생하면 변한다. 소득효과란 이 네 가지 경우 중 '경우 3'으로 인해 경제주체의 구매력이 변하고 그로 인해 재화·서비스에 대한 수요량이 변하는 현상이다.

---

- 경우 1: 재화·서비스의 가격이 변하는 경우
- 경우 2: 경제주체의 소득이 변하는 경우
- 경우 3: 재화·서비스의 가격이 변한 것을 소득이 변한 것처럼 인식하는 경우
- 경우 4: 경제주체의 소득이 변한 것을 재화·서비스의 가격이 변한 것처럼 인식하는 경우

---

경제주체가 $S_3$의 가격이 하락한 것을 마치 자신의 소득이 증가한 것처럼 인식하면 이제까지 자신이 재화·서비스의 소비와 관련해서 했던 선택과는 다른 선택을 하게 된다.[3] 이때, 경제주체가 이제까지와 다른 소비 선택을 할 때는 $S_3$에 관한 소비

---

3) 예를 들어, 가격이 단위당 10원일 때 $S_3$의 수요량이 10단위였다면 가격이 5원으로 내려가면 $S_3$의 수요량은 20단위까지 증가할 수 있다. $S_3$의 가격이 5원 하락하면 단위당 5원만 지불해도 $S_3$를 구매할 수 있으므로 10단위의 $S_3$를 구매하는데 이제는 100원이 아니라 50원만 지불해도 된다. 이는 경제주체가 50원(100-50)만큼의 구매력을 더 갖게 된 것과 같은데 만일 경제주체가 증가된 구매력을 모두 $S_3$을 소비하는 데 사용하면 $S_3$을 10단위 더 구매할 수 있기 때문이다. 그런데 경제주체의 구매력은 가격이 하락해도 증가하지만 소득이 늘어도 증가한다. 따라서 $S_3$의 가격은 그대로이고 경제주체의 소득이 50원 증가해도 이 경제주체의 구매력은 $S_3$의 가격이 5원 하락할 때 발생하는 구매력 증가와 동일한 만큼 증가할 것이다.

선택만 달라지는 것이 아니라 $S_3$ 외의 다른 재화·서비스에 관한 소비 관련 선택도 달라진다(보다 자세한 논의는 이 장의 뒷부분에서 하기로 한다). 이러한 메커니즘에 의해 발생하는, 경제주체의 재화·서비스에 대한 소비 선택에 있어서의 변화를 가리켜 소득효과라고 한다.

## 7) 수요 변화 요인

특정 재화·서비스에 대한 수요 변화는 그 재화·서비스의 가격 변화가 아닌 다른 요인들에 의해서 나타난다. 수요 변화를 일으키는 대표적인 요인들은 다음과 같다.

### (1) 구매력 변화

수요 변화를 발생시키는 대표적인 원인 가운데 하나는 소득, 부, 재산 등의 변화로 인한 소비자의 구매력 변화이다. 소비자의 구매력이 증가할 때 수요가 증가하는 재화·서비스를 정상재(normal goods) 또는 우량재(superior goods)라고 하고 수요가 감소하는 재화·서비스를 열등재(inferior goods)라고 한다. 정상재와 열등재의 구분은 상대적인 구분이다. 예를 들어, 동일한 재화·서비스가 구매력이 약간 증가할 때는 수요가 증가하여 정상재이지만 구매력이 많이 증가하게 되면 수요가 오히려 감소하여 열등재가 될 수도 있다.

### (2) 기호 변화

수요 변화의 또 다른 대표적인 원인은 소비자의 기호(tastes and preferences) 변화이다. 예를 들어, 생활수준이 향상될수록 사람들은 건강에 더 많은 관심을 갖게 되는데, 건강에 관한 관심이 높아질수록 술, 담배, 고지방 식품 등과 같이 건강에 해로운 재화·서비스에 대한 소비는 그런 재화·서비스의 가격이 변하지 않더라도 감소한다. 아마도 소비자 기호 변화에 따른 수요 변화를 설명할 때 우리에게 가장 잘 와닿는 예는 2018년부터 시작된 롱패딩 유행이 아닌가 생각된다. 지난 2018년 평창에서 열린 동계 올림픽은 우리 사회에 롱패딩 유행을 불러일으켰는데, 그 당시 롱패딩에 대한 수요는 롱패딩이 '국민 겨울옷'이라는 별명을 얻을 만큼 가히 폭발적으로 증가하였다. 물론 롱패딩의 가격 변화와는 무관하게 말이다. 이처럼 소비자의 기호 변화는 재화·서비스의 수요를 변화시키는 주된 원인으로 작용한다.

### (3) 소비자의 수 변화

특정 재화·서비스를 소비하는 사람의 수가 변하면 해당 재화·서비스에 대한 수요가 변할 수 있다. 인구 고령화로 인해 65세 이상 노인의 수가 증가하면서 노인을 대상으로 하는 다양한 사회서비스 및 노인용품에 대한 수요가 빠르게 증가하는 현상을 소비자의 수 변화(즉, 인구 변화)로 인한 수요 변화의 대표적인 예로 꼽을 수 있다.

### (4) 소비자의 기대 변화

소비자의 기대가 변할 때 수요 변화가 발생하기도 한다. 예를 들면, 주택 가격이 오를 것이라는 기대감이 주택에 대한 수요를 증가시키기도 하고 소득이 증가할 것이라는 기대감이 특정 재화·서비스에 대한 수요를 증가 또는 감소시키기도 한다.

### (5) 관련 재화·서비스의 수요 또는 가격 변화

특정 재화·서비스의 가격은 변하지 않더라도 관련이 있는 다른 재화·서비스에 대한 수요가 변함으로 인해 해당 재화·서비스에 대한 수요가 변할 수 있다. 예를 들어, 커피 소비량이 증가하면 설탕이나 크림처럼 커피와 함께 소비할 때 커피 소비가 주는 만족감을 높여 주는 재화·서비스에 대한 수요가 함께 증가한다. 그런데 커피에 대한 수요가 증가하여 커피 가격이 올라가면 사람들은 커피 대신 차(tea)를 더 많이 마실 수도 있다. 이 경우처럼 관련 재화·서비스의 가격 변화가 특정 재화·서비스의 수요 변화를 가져올 수도 있다.

두 가지 예 가운데 커피와 설탕처럼 두 재화·서비스를 따로따로 소비할 때보다 함께 소비할 때 더 큰 만족감이 발생하는 관계에 있는 재화·서비스를 보완재(complementary goods)라고 하고, 커피와 차 같이 한 상품 대신 다른 상품을 소비하더라도 유사 또는 동일한 욕구를 충족시킬 수 있는 관계에 있는 재화·서비스를 대체재

(substitution goods)라고 한다. 두 재화·서비스가 보완관계일 때 두 재화·서비스의 수요 또는 가격 변화는 동일한 방향으로 일어나고, 대체관계일 때 반대 방향으로 나타난다.

## 8) 수요함수

특정 재화·서비스에 대한 수요량은 해당 재화·서비스의 가격이 변할 때 달라질 뿐만 아니라 수요 곡선 자체가 이동할 때도 당연히 달라진다. 앞서 설명한 바와 같이 수요 변화는 해당 재화·서비스의 가격 외의 요인들에 의해서 발생하므로 수요량 변화가 수요 변화에 의해서도 발생한다는 것은 결국 수요량 변화가 수요 변화 발생에 영향을 미치는 요인들에 의해서도 발생한다는 말이 된다.

특정 재화·서비스의 수요량과 수요량에 영향을 미치는 여러 요인 간의 이러한 관계를 함수식으로 표현한 것을 수요함수(demand function)라고 한다. 예를 들어, 어떤 재화·서비스 $X$에 대한 수요량을 $D_X$로 표기하면 수요량은 다음과 같이 결정된다.

---

$D_X$는 소비자의 소득, 기호, 기대, 수 및 관련 재화·서비스의 가격이 일정 수준으로 고정되어 있을 때 $X$의 가격에 의해서 결정된다.

---

위의 내용을 다음의 함수식으로 나타낼 수 있는데 앞서 설명한 수요곡선은 이 함수식에 포함된 요인 중 가격 $P_X$ 외의 모든 요인이 일정 수준으로 고정된 상태에서 $P_X$와 수요량 간의 관계를 그림으로 나타낸 것이며, 함수식에 포함된 $P_X$ 외의 요인들이 변할 때 나타나는 변화가 바로 수요곡선이 원래 위치보다 오른쪽이나 왼쪽으로 이동하는 수요 변화이다.

$$D_X = f_D(P_X \mid \bar{I}, \bar{T}, \bar{E}, \bar{N}, \bar{P_R})$$

$P_X$: $X$의 가격

$I$: 소비자 소득

$T$: 소비자 기호

$E$: 소비자 기대

$N$: 소비자 수

$P_R$: 관련 재화·서비스의 가격

# 2. 공급 이론

## 1) 공급과 공급량

공급(supply)이란 재화·서비스의 생산자가 자신이 생산한 재화·서비스를 특정 가격에 판매하려는 의사(willingness to sell at a certain price)이다. 공급은 수요가 확인되면 반드시 판매 행동으로 표출되는 의지라는 점에서 판매 욕구(need)와 구별된다. 생산자가 특정 재화·서비스를 특정 가격에서 $x$단위 판매하고자 하는 의사가 있을 때 그 $x$단위만큼의 재화·서비스를 해당 재화·서비스의 공급량이라고 한다.

공급량은 앞서 소개한 수요량과 마찬가지로 판매력을 갖춘 공급자가 판매하고자 하는 재화·서비스의 최대량이다. 모든 재화·서비스는 그 공급량이 재화·서비스의 가격에 의해서 영향을 받는다. 특정 재화·서비스 1단위를 판매할 때 공급자가 받기 원하는 최소 가격을 해당 재화·서비스의 공급가격이라고 한다. 일반적으로 공급량은 재화·서비스의 공급가격(이하 '가격')이 오르면 증가하고 가격이 내리면 감소한다.

## 2) 공급곡선

공급곡선은 특정 재화·서비스의 가격과 공급량 간의 대응 관계를 그림으로 나타난 것이다. [그림 2-4] (a)에서 수직축 $P$는 가격이고 수평축 $Q$는 공급량이며 $A, B, C$

는 서로 다른 가격·공급량 대응점이다. 이 재화·서비스의 공급량은 가격과 동일 방향으로 변한다. 이제 모든 가격에 대해서 가격·공급량 대응점을 구하면 이 재화·서비스의 가격·공급량 대응관계는 [그림 2-4] (b)와 같이 우상향하는 연속선의 모양을 띠게 되는데 이 연속선이 바로 공급곡선(supply curve)이다. 공급곡선은 각각의 가격에서 공급자가 재화·서비스를 공급할 의사, 즉 공급을 나타낸다.

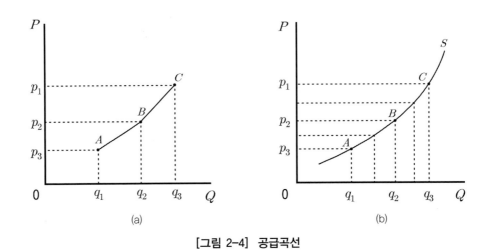

[그림 2-4] 공급곡선

### 3) 공급 법칙

어떤 재화·서비스 공급량은 해당 재화·서비스의 가격 외의 모든 조건이 일정하다면 가격의 변화 방향과 동일 방향으로 변한다. 즉, 가격이 오르면 공급량도 증가하고 가격이 내리면 공급량도 감소한다. 이를 공급 법칙이라고 한다.

앞서 살펴본 수요와 마찬가지로 재화·서비스의 공급과 관련된 변화도 공급 변화와 공급량 변화 두 종류가 있다. 공급량 변화(changes in quantity supplied)는 가격이 변함에 따라 공급되는 재화·서비스의 양이 변하는 것을 말한다.

> • **공급량 변화**: 가격 변화로 인해 공급곡선상에서 가격·공급량 대응점이 이동하는 현상
> • **공급 변화**: 가격 외 요인 변화로 인해 공급곡선이 이동하는 현상

예를 들면, [그림 2-5] (a)에서 공급곡선 $S_0$상에서 가격·공급량 대응점 $B$가 가격 변화로 인해 동일 공급곡선상의 다른 점 $A$ 또는 $C$로 이동하는 것이다. 공급량이 공급곡선을 따라 아래쪽으로 이동하는 것을 가격 하락에 따른 공급량 감소라고 하고, 공급곡선의 위쪽으로 이동하는 것을 가격 상승에 따른 공급량 증가라고 한다.

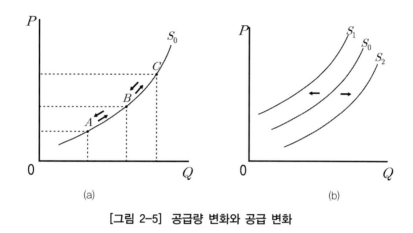

[그림 2-5] **공급량 변화와 공급 변화**

공급 변화(changes in supply)는 [그림 2-5] (b)의 공급곡선 $S_0$이던 공급곡선이 $S_1$이나 $S_2$로 이동하는 것을 말한다. 공급 변화는 재화·서비스의 가격 변화 외의 다른 요인에 의해서 발생하는데 공급곡선이 원래 위치에서 우측 $S_2$으로 이동하는 것을 공급 증가라고 하고 좌측 $S_1$로 이동하는 것을 공급 감소라고 한다.

## 4) 시장공급곡선

특정 재화·서비스에 대한 공급은 생산자 간에 다를 수 있다. 예를 들어, 어떤 재화·서비스의 가격이 $p$일 때 두 생산자 $A$와 $B$가 그 가격에서 생산하고자 하는 재화·서비스의 양이 다르다면 두 생산자는 서로 다른 공급곡선을 갖는다.

이 두 생산자 $A, B$ 각각의 공급곡선이 [그림 2-6] (a), (b)와 같다고 가정하자. 두 생산자의 공급곡선이 다르더라도 각각의 가격에 대응하는 두 생산자의 공급량을 앞서 살펴본 수요의 경우와 마찬가지로 수평적으로 합하면 [그림 2-6] (c)와 같은 공급

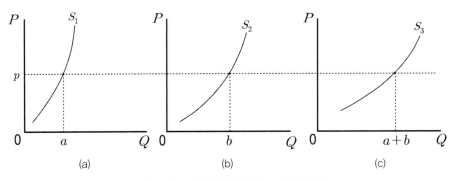

[그림 2-6] 개별공급곡선과 시장공급곡선

곡선을 도출할 수 있다. 이러한 방식으로 시장에서 어떤 재화·서비스를 생산하는 모든 생산자의 개별공급곡선을 더하면 각각의 가격과 그 가격에 대응하는 모든 생산자의 공급량의 합 간의 관계를 나타내는 시장공급곡선을 도출할 수 있다.

## 5) 공급 변화 요인

공급 변화는 수요 변화와 마찬가지로 해당 재화·서비스의 가격 변화가 아닌 다른 요인들에 의해서 나타나는 변화이다. 공급 변화를 일으키는 대표적인 요인들은 다음과 같다.

### (1) 생산비용

생산자가 특정 재화·서비스를 생산하는 데 드는 비용을 절감할 수 있다면 동일한 예산을 가지고 생산할 수 있는 재화·서비스의 양을 늘릴 수 있다. 따라서 생산비용 절감은 각각의 가격에서 공급할 수 있는 재화·서비스의 양을 늘리는 효과를 가져와 공급곡선을 오른쪽으로 이동시킨다. 생산비 절감은 주로 재화·서비스를 생산하는 기술이 향상되거나 생산요소, 즉 생산을 위해 투입하는 요소의 비용이 감소할 때 가능해진다.

(2) 생산자 기대

특정 재화·서비스의 가격이 증가할 것이라는 기대감이 있을 때 생산자는 가격이 오를 때 판매하여 더 큰 이익을 얻기 위해서 해당 재화·서비스의 공급량을 줄일 것이고 그 결과 공급곡선이 왼쪽으로 이동하는 결과가 나타난다. 이와 반대로 해당 재화·서비스의 가격 하락이 예상되면 생산자는 가격이 더 떨어지기 전에 판매하여 손해를 줄이기 위해서 해당 재화·서비스의 공급량을 늘린다.

(3) 조세, 보조금 및 정부규제

생산자에게 조세는 생산비용을 높이는 또 다른 요인이고 보조금은 생산비용을 낮추는 요인이다. 따라서 생산자가 부담해야 하는 조세가 증가하면 생산비용이 증가하기 때문에 생산이 줄어 각각의 가격에서 공급할 수 있는 재화·서비스의 공급량이 감소하는 반면, 생산자에게 지급되는 보조금이 증가하면 정반대 결과가 나타난다. 정부규제는 그 내용에 따라 공급 변화가 다르게 나타나지만 일반적으로 공급을 감소시키는 결과를 가져온다. 예를 들어, 정규가 특정 재화·서비스의 가격을 일정 수준 이하로 유지하기 위해 해당 재화·서비스의 가격을 공급가격보다 낮추도록 가격을 규제하면 공급량은 감소하거나 심할 경우 중단되는 경우가 발생할 수 있다.

(4) 관련 재화·서비스의 가격 변화

수요와 마찬가지로 어떤 재화·서비스의 공급도 대체관계나 보완관계에 있는 관련 재화·서비스의 가격 또는 공급이 변할 때 영향을 받는다. 대체관계에 있는 두 재화·서비스 $A$와 $B$ 가운데 $A$의 가격이 상승하면 생산자는 당연히 가격이 상승한 $A$ 재화·서비스를 더 생산하고 가격이 오르지 않은 $B$ 재화·서비스의 생산을 줄이는 방향으로 대응한다. 왜냐하면 $A$의 가격이 상승한다는 것은 $A$의 수익성이 $B$에 비해 상대적으로 높아진다는 것을 의미하므로 생산자의 입장에서 볼 때는 수익성이 더 높은 재화·서비스의 생산을 늘리는 것이 더 큰 이익을 얻을 수 있는 선택이기 때문이다. 따라서 대체관계에 있는 두 재화·서비스 중 어느 하나의 가격이 상승(하락)하면 다른 하나에 대한 공급은 감소(증가)한다.

생산에 있어서 두 가지 재화·서비스가 보완관계에 있다는 것은 두 재화·서비스가 하나의 공급사슬(supply chain) 안에서 연결되어 있다는 것을 의미한다. 예를 들면, 저소득층을 위한 도시락 배달 서비스의 서비스 단위 가격이 오르면 도시락 배달 서비스의 공급이 증가하고 그에 따라 도시락 배달 서비스와 보완관계에 있는 (동일 공급사슬 안에 존재하는) 식자재의 공급이 증가하고 도시락 서비스의 단위 가격이 하락하면 식자재 공급은 감소한다. 따라서 보완관계에 있는 두 재화·서비스 중 어느 하나의 가격이 상승(하락)하면 다른 하나의 공급은 증가(감소)하는 것을 알 수 있다.

## 6) 공급함수

공급함수(demand function)는 특정 재화·서비스의 공급량과 공급량에 영향을 미치는 요인들 간의 관계를 함수식으로 표현한 것이다. 어떤 재화·서비스 $X$에 대한 공급량을 $S_X$라고 하면 $S_X$는 생산기술 $T_E$, 생산요소의 가격 $F_P$, 조세 $T_A$, 정부규제 $R$, 생산자 기대 $E$ 그리고 관련 재화·서비스의 가격 $P_R$이 모두 고정일 때 $X$의 가격 $P_X$에 의해 결정된다. 이러한 관계를 다음과 같은 함수식으로 표현한 것이 공급함수이다.

$$S_X = f_S(P_X | \overline{T_E}, \overline{F_P}, \overline{T_A}, \overline{R}, \overline{E}, \overline{P_R})$$

$P_X$: $X$의 가격

$T_E$: 생산기술

$F_P$: 생산요소 가격

$T_A$: 조세

$R$: 정부규제

$E$: 생산자 기대

$P_R$: 관련 재화·서비스의 가격

이 공급함수의 독립변수 중 변할 수 있는 변수는 가격뿐이므로 이 함수는 가격함

수, 즉 가격과 공급량 간의 관계에 관한 함수이다. 이러한 사실로부터 우리는 이 공급함수가 재화·서비스 $X$에 대한 공급곡선이라는 것을 알 수 있다. 따라서 $X$의 가격 $P_X$가 변하면 그에 대응하여 공급량 $S_X$가 변하고 그러한 변화는 공급량 변화, 즉 공급곡선상에서 가격·공급량 대응점이 이동하는 현상으로 나타난다. 또한 공급함수의 독립변수 중 가격 $P_X$ 외의 요인이 변하면 공급곡선이 처음의 위치에서 오른쪽 또는 왼쪽으로 이동하는 공급 변화가 발생한다.

# 3. 시장균형 I: 시장가격균형

경제학을 '균형의 과학'이라고 해도 무리가 없을 정도로 경제학은 균형을 중요시하는 과학이다. 특히 그중에서도 시장균형은 미시경제 이론의 핵심 중에서도 핵심인 개념이다. 이 장에서 이제까지 우리가 살펴본 수요 이론, 공급 이론, 수요자 이론, 공급자 이론 등은 시장균형이라는 개념을 이해하는 데 필요한 기초 이론이었다. 저자는 이 책에서 시장균형을 시장가격균형이라는 협의 개념과 일반균형이라는 광의 개념으로 구분한다. 그럼 이제 이제까지 우리가 배운 내용을 이 두 가지 개념 중 먼저 시장가격균형이라는 개념으로 종합해 보기로 하자.

(좁은 의미의) 시장균형이란 특정 재화·서비스에 대한 수요와 공급이 일치하여 해당 재화·서비스의 가격이 안정적 균형 상태, 즉 변하지 않는 상태에 있게 되는 것을 말한다. [그림 2-7] (a)의 두 곡선 $D$, $S$는 각각 재화·서비스 $X$의 수요곡선과 공급곡선이다. 두 곡선이 $E_0$에서 만나는 것은 $X$의 가격이 $p_0$일 때 $X$에 대한 수요량과 공급량이 일치한다는 것이다. 다시 말하면, 소비자가 $X$를 1단위 소비하기 위해 지불할 의사가 있는 최대 가격과 생산자가 $X$를 1단위 판매할 때 받고자 하는 최소 가격이 일치하는 가격이 $p_0$라는 것이다. 그리고 $X$는 그 가격 $p_0$에서 $q_0$단위만큼 거래된다. 따라서 $E_0$는 가격이라는 변수의 변수값과 거래량이라는 변수의 변수값을 짝지어 만들 수 있는 수많은 조합 중 다음 조건에 해당하는 조합이다.

수요와 공급을 일치시키는 가격, 그 가격에서의 거래량

[그림 2-7] (a)에서 수요와 공급은 재화·서비스의 가격이 $p_0$일 때 일치하여 가격 $p_0$에서 재화·서비스의 거래량이 결정되는 현상을 가리켜 수요와 공급이 균형을 이루었다고 하고, 그 균형을 만들어 내는 가격을 시장균형가격 또는 균형가격이라고 하며, 그때의 거래량을 ($q_0$) 균형거래량 또는 균형량이라고 한다. 그리고 균형가격과 균형량의 조합을 ($p_0$, $q_0$) 균형점 $E_0$이라고 한다.

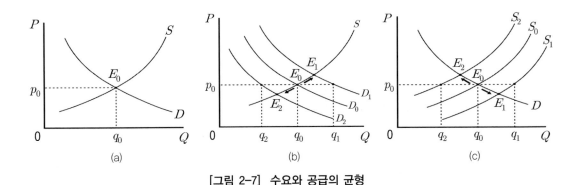

**[그림 2-7] 수요와 공급의 균형**

어떤 재화·서비스 시장에 균형이 이루어지면(또는 시장이 균형 상태에 다다르면) 해당 재화·서비스의 가격과 거래량은 적어도 당분간은 변하지 않는 안정적인 상태를 유지하게 된다. 시장균형이라는 용어에서 '균형'은 이러한 안정 상태를 가리키는 것이다.

시장의 균형은 시장균형이 이루어질 수 있는 조건에 변화가 생기면 깨질 수 있다. 즉, 시장균형이 영구적인 것은 아니라는 것이다. 예를 들면, [그림 2-7] (b) 또는 (c)와 같이 $X$의 수요곡선과 공급곡선 중 어느 하나라도 곡선의 모양 또는 위치가 변하면 $E_0$은 더 이상 균형점이 아니게 된다. [그림 2-7] (b)와 같이 $X$의 공급곡선 $S$는 그대로인 상태에서 수요곡선이 $D_0$에서 $D_1$ 또는 $D_2$로 이동하면 시장균형점은 그때마다 $E_1$, $E_2$로 바뀐다.

　먼저 수요곡선이 $D_0$에서 $D_1$로 변하는 경우를 생각해 보자. 수요곡선의 위치가 원래 위치보다 오른쪽으로 이동한다는 것은(그리고 그로 인해 균형점이 $E_0$에서 $E_1$로 변하는 것은) $X$의 가격 외의 어떤 요인으로 인해 $X$에 대한 수요가 증가했다는 것을 의미한다. 수요가 증가하여 수요곡선이 $D_0$에서 $D_1$로 이동하면 $X$의 가격이 $p_0$일 때 $q_0$였던 수요가 $q_1$로 증가하여 $q_0$과 $q_1$의 차이만큼의 초과수요가 발생하게 된다.

　초과수요가 발생하면 $X$의 품귀 현상이 발생하여 가격이 상승하고 생산자는 $X$의 공급량을 늘린다. 그렇게 되면 수요량과 공급량이 $E_0$에서 균형을 이루지 못하게 된다. $X$의 공급량이 증가하므로 원래의 균형점 $E_0$가 공급곡선을 따라 오른쪽 아래쪽으로 이동하다가 새로운 수요곡선과 만나는 $E_1$에서 새로운 시장균형이 이루어지게 된다.

　이번에는 수요곡선이 $D_0$에서 $D_2$로 변하는 경우를 생각해 보자. 수요곡선이 $D_0$에서 $D_2$로 변하면 $X$에 대한 수요가 감소하여 초과공급(즉, 수요 부족)이 발생한다. 수요가 감소했음에도 불구하고 $X$의 가격이 $p_0$ 그대로 유지되면 수요량은 $q_2$로 감소하고, 수요량 감소는 가격 하락으로 이어지므로 합리적인 생산자는 $X$의 공급량을 줄일 것이다. 그 결과, 새로운 시장균형이 $E_2$에서 형성된다.

　이처럼 재화·서비스의 수요 또는 공급에 변화가 발생하여 가격균형이 깨지면 변화된 가격이 신호가 되어 소비자와 생산자 간의 재화·서비스 거래량이 변하여 새로운 가격균형점이 만들어지게 되는데 이를 가리켜 가격의 자동균형 기능이라고 한다.

**〈표 2-1〉 가격의 자동균형 기능**

| $D$ 변화, $S$ 불변 | 가격의 자동균형 기능에 의해 나타나는 변화 |
|---|---|
| $D$ 증가<br>($D$곡선 ┌→이동) | • 초과수요 발생 → 가격 상승 → 공급량 증가 → 거래량 증가<br>• 원래 균형점보다 ┌→에 새로운 균형점 위치 |
| $D$ 감소<br>($D$곡선 ⌐↓이동) | • 초과공급 발생 → 가격 하락 → 공급량 감소 →　거래량 감소<br>• 원래 균형점보다 ⌐↓에 새로운 균형점 위치 |
| $S$ 변화, $D$ 불변 | 가격의 자동균형 기능에 의해 나타나는 변화 |
| $S$ 증가<br>($S$곡선 └→ 이동) | • 초과공급 발생 → 가격 하락 → 수요량 증가 → 거래량 증가<br>• 원래 균형점보다 └→에 새로운 균형점 위치 |
| S 감소<br>($S$곡선 ↖ 이동) | • 초과수요 발생 → 가격 상승 → 수요량 감소 → 거래량 감소<br>• 원래 균형점보다 ↖에 새로운 균형점 위치 |

이번에는 $X$에 대한 수요곡선은 움직이지 않는 상태에서 공급이 $S_0$에서 $S_1$ 또는 $S_2$로 변하는 경우, 가격의 자동균형 기능이 어떻게 작동하는지 살펴보자. [그림 2-7] (c)에서 공급이 $S_0$에서 $S_1$로 증가하면 $q_0$과 $q_1$의 차이만큼의 초과공급이 발생하고, 초과공급이 없어질 때까지 $X$의 가격이 하락한다. 그 결과, 수요량이 수요곡선을 따라 오른쪽으로 이동하는 수요량 증가 현상이 발생한다. 그렇게 되면 시장에서 거래되는 $X$의 거래량이 증가하게 되고 수요곡선이 새로운 공급곡선 $S_1$과 만나는 $E_1$에서 새로운 시장균형이 이루어진다.

이와 반대로 공급이 $S_2$로 감소하면 $q_0$과 $q_2$의 차이만큼의 초과수요가 발생하여 균형이 깨진다. 공급이 감소하여 초과수요가 발생한 것이므로 $X$의 구매를 원하는 사람이 많아져 가격이 상승하면 수요량이 점차 감소하여 거래량이 감소하다가 원래의 균형점 $E_0$ 보다 왼쪽 $E_2$에서 시장균형이 이루어진다.


## 4. 수요와 공급의 탄력성

### 1) 수요의 탄력성

어떤 재화·서비스에 대한 수요가 탄력적이라는 것은 수요가 탄력적으로 변한다는 말의 줄임말이다. 재화·서비스에 대한 수요의 탄력성은 탄력도 수치로 나타내는데 수요 탄력도는 수요 변화가 재화·서비스의 가격 변화에 의한 것인지 재화·서비스를 소비하는 주체의 소득 변화에 의한 것인지에 따라 두 종류로 나뉜다.


#### (1) 수요의 가격 탄력도

수요의 가격 탄력도(price elasticity of demand)란 어떤 재화·서비스의 가격이 변할 때 해당 재화·서비스의 수요량이 변하는 정도를 나타내는 값이다. 어떤 재화·서비스 $X$의 수요의 가격 탄력도 $\varepsilon_{d_X}$는 다음과 같이 정의되는 값이다.[4]

---

**4)** $\varepsilon_{d_X}$에서 $\varepsilon$는 탄력도 elasticity의 첫 글자를 따온 것이고 $d_X$는 $X$의 수요가 변한다는 것을 의미한다.

$$\varepsilon_{d_X} = \frac{X \text{의 수요량 변화율}}{X \text{의 가격 변화율}} = \frac{\left|\dfrac{\Delta Q_X^D}{Q_X^D} \times 100\right|}{\left|\dfrac{\Delta P_X}{P_X} \times 100\right|} = \frac{\left|\dfrac{\Delta Q_X^D}{Q_X^D}\right|}{\left|\dfrac{\Delta P_X}{P_X}\right|} = \left|\dfrac{\Delta Q_X^D}{\Delta P_X}\right| \cdot \dfrac{P_X}{Q_X^D}$$

$\triangle Q_X^D$: $X$의 수요량 변화율

$\triangle P_X$: $X$의 가격 변화율

수요 탄력도 개념에 있어서 중요한 것은 변화의 정도 또는 양이며, 변화가 증가적 변화인지 감소적 변화인지는 중요하지 않다. 따라서 수요의 탄력도는 그것이 가격 탄력도이든 이어서 살펴볼 소득 탄력도이든 항상 절대값으로 표현한다. 위의 공식이 말해 주고 있는 바와 같이 수요의 가격 탄력도는 $X$의 가격이 1% 변할 때 수요량이 몇 % 변하는지를 나타내는 값이므로 0~∞ 범위의 값을 가질 수 있다. 탄력도가 1이면 가격의 변화율과 수요량의 변화율이 같다는 것을 의미하며 이 경우를 가리켜 수요가 단위탄력적이라 하고 1보다 작을 때를 비탄력적, 1보다 클 때를 탄력적이라고 한다.

---

$\varepsilon_d = 0$: 완전비탄력적     $0 < \varepsilon_d < 1$: 비탄력적

$\varepsilon_d = 1$: 단위탄력적     $\varepsilon_d = \infty$: 완전탄력적

---

### (2) 수요의 소득 탄력도

수요량은 가격뿐만 아니라 소득이 변할 때도 변한다. 수요의 소득 탄력도는 소득이 1% 변할 때 $X$의 수요량이 몇 % 변하는지 나타내는 값이며 $\varepsilon_{d_X, I}$라고 표기할 수 있고 다음과 같이 정의한다.

$$\varepsilon_{d_X, I} = \frac{X \text{의 수요량 변화율}}{\text{소득의 변화율}} = \frac{\left|\dfrac{\Delta Q_X^D}{Q_X^D} \times 100\right|}{\left|\dfrac{\Delta I}{I} \times 100\right|} = \frac{\left|\dfrac{\Delta Q_X^D}{Q_X^D}\right|}{\left|\dfrac{\Delta I}{I}\right|} = \left|\dfrac{\Delta Q_X^D}{\Delta I}\right| \cdot \dfrac{I}{Q_X^D}$$

## 2) 공급의 탄력성

### (1) 공급의 가격 탄력도

재화·서비스의 공급량 또한 가격, 소득 각각에 의해 영향을 받으므로 가격 탄력도와 소득 탄력도를 정의할 수 있다. 공급의 가격 탄력도는 $X$의 가격이 1% 변할 때 공급량이 몇 % 변하는지 나타내는 다음과 같은 값이다.

$$\varepsilon_{s_X} = \frac{X \text{의 공급량 변화율}}{X \text{의 가격 변화율}} = \frac{\left| \dfrac{\Delta Q_X^S}{Q_X^S} \times 100 \right|}{\left| \dfrac{\Delta P_X}{P_X} \times 100 \right|} = \frac{\left| \dfrac{\Delta Q_X^S}{Q_X^S} \right|}{\left| \dfrac{\Delta P_X}{P_X} \right|} = \left| \frac{\Delta Q_X^S}{\Delta P_X} \right| \cdot \frac{P_X}{Q_X^S}$$

$Q_X^S$: $X$의 공급량

### (2) 공급의 소득 탄력도

공급의 소득 탄력도는 재화·서비스를 소비하는 경제주체의 소득이 1% 변할 때 $X$의 공급량이 몇 % 변하는지 나타내는 값이다. 공급의 소득 탄력도는 다음과 같은 식으로 구한다.

$$\varepsilon_{s_X,\, I} = \frac{X \text{의 공급량 변화율}}{\text{소득의 변화율}} = \frac{\left| \dfrac{\Delta Q_X^S}{Q_X^S} \times 100 \right|}{\left| \dfrac{\Delta I}{I} \times 100 \right|} = \frac{\left| \dfrac{\Delta Q_X^S}{Q_X^S} \right|}{\left| \dfrac{\Delta I}{I} \right|} = \left| \frac{\Delta Q_X^S}{\Delta I} \right| \cdot \frac{I}{Q_X^S}$$

# 5. 시장균형과 사회편익

어떤 재화·서비스에 대한 수요와 공급이 시장균형을 이루면 소비자와 생산자 모두 해당 재화·서비스와 관련된 이득을 얻게 되고, 그 결과 사회 전체에 이득이 발생한다. 시장균형으로 인해 소비자가 얻게 되는 이득을 소비자잉여라고 하고, 생산자가 얻게 되는 이득을 생산자잉여라고 하며, 이 두 가지 잉여를 합한 것을 순사회편익이라고 한다. 지금부터 이 세 가지 이득에 대해서 살펴보기로 하자.

## 1) 소비자잉여

소비자잉여(consumer surplus) 개념을 가능한 한 쉽게 설명하기 위해 일상적으로 사용하는 용어로만 정의하면 다음과 같이 정의할 수 있지만 그래프를 이용한 설명은 여전히 필요한 것 같다.[5]

- 소비자가 어떤 재화·서비스를 일정 양 구입하는 대가로 지불할 의사가 있는 최대 금액과 실제로 지불한 금액 간의 차이
- 소비자가 어떤 재화·서비스를 공짜로 얻음으로써 누릴 수 있는 이익

[그림 2-8]에서 $D$는 어떤 재화·서비스의 수요곡선이다. 이 재화·서비스의 가격은 $p_0$이고 이 가격에서 소비자는 $q_0$만큼의 재화·서비스를 구입할 의사를 가지고 있다. 이 재화·서비스의 생산이 어떤 이유로 인해 감소하여 시장에서 거래될 수 있는 양이, 예를 들어 0에 가까워질 정도로 감소하면 이 재화·서비스의 가격은 $p_2$에 가깝게 증가한다. 이 재화·서비스의 가격이 $p_2$에 가깝게 치솟는 이유는 생산 감소로 인해 품귀현상이 발생하여 경제주체들이 전보다 높은 가격, 심지어 $p_2$에 달하는 가격을 지불하고도 이 재화·서비스를 구매할 의사를 갖게 되었기 때문이다.

동일 논리에서 소비자들은 $0 \sim q_0$ 구간에서 이 재화·서비스의 공급량이 변할 때 매번의 재화·서비스 양 변화에 상응하는, 변화된 가격을 지불할 의사를 가지고 있다는 것을 알 수 있는데 왜냐하면 이 재화·서비스에 대한 수요곡선이 소비자들이 가진 그러한 의사를 나타내는 곡선이기 때문이다. 따라서 우리는 소비자들이 이 재화·서비스 구입을 위해 기꺼이 지불할 의사가 있는 최대 금액이 사각형 $0 p_0 E q_0$의 면적과 이

---

5) 물론 이는 저자의 판단이며 이 정의에 대한 독자들의 판단은 다를 수도 있을 것이다.

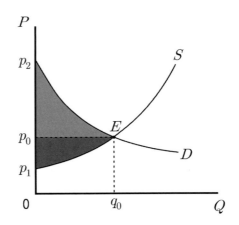

[그림 2-8] 시장균형, 소비자잉여 및 생산자잉여

사각형 위에 위치한 삼각형 $p_0 p_2 E$ 의 면적의 합이라는 것을 알 수 있다.

그런데 [그림 2-8]에 따르면 이 재화·서비스의 실제 가격은 $p_0$ 이므로 소비자들은 이 재화·서비스 구입을 위해 실제로는 사각형 $0 p_0 E q_0$ 의 면적에 해당하는 금액만을 지불한다. 이 금액은 소비자들이 이 재화·서비스 구입을 위해 지불할 의사가 있는 최대 금액보다 삼각형 $p_0 p_2 E$ 의 면적만큼 적은 금액이다. 즉, 이 재화·서비스의 가격이 $p_0$ 이기 때문에 소비자들은 $0 p_2 E q_0$ 만큼의 효용을 얻으면서도 사각형 $0 p_0 E q_0$ 의 면적만큼의 대가만 지불하면 되기 때문에 비용을 치르지 않으면서 '추가 이익'을 누릴 수 있는 것이다. 이 경우, 소비자들이 누리는 삼각형 $p_0 p_2 E$ 의 면적에 해당하는 금액이 바로 이 재화·서비스의 가격이 $p_0$ 이기 때문에 발생하는 소비자잉여이다.

## 2) 생산자잉여

어떤 재화·서비스의 가격이 앞의 예에서처럼 $p_0$ 으로 정해질 때 생산자도 소비자와 마찬가지로 생산자잉여(producer surplus)를 얻게 된다. 생산자잉여란 다음과 같은 개념이다.

- 생산자가 어떤 재화·서비스를 일정 양 판매하고자 할 때 그에 대한 대가로 받고자 하는 최소 금액과 실제로 받은 금액 간의 차이
- 생산자가 어떤 재화·서비스를 판매할 때 대가를 지불하지 않고 얻을 수 있는 이익

어떤 재화·서비스에 대한 공급곡선이 [그림 2-8]의 $S$와 같다고 가정해 보자. 이 재화·서비스의 가격이 $p_0$일 때 공급량이 $q_0$이라는 것은, 생산자들이 이 재화·서비스를 $q_0$만큼 생산할 때 들어간 비용을 고려하여 이 재화·서비스의 가격이 최소 $p_0$은 되어야 한다는 생각을 공유하고 있다는 것을 의미한다. 생산자가 이 재화·서비스를 $q_0$만큼 생산하기 위해 쓴 비용은 $0p_2Eq_0$의 면적에 해당하는 금액이다. 따라서 생산자가 이 재화·서비스를 판매하고 받기 원하는 최소 금액은 생산비용과 동일한 $0p_2Eq_0$이다. 그런데 이 재화·서비스가 $q_0$만큼 판매되면 생산자들은 사각형 $0p_0Eq_0$ 면적에 해당하는 금액을 받는다. 즉, 실제로 받는 금액이 받기 바라는 최소 금액보다 큰 것이다. 그러므로 생산자는 이 재화·서비스의 가격이 $p_0$으로 정해지면 $p_1p_0E$만큼의 생산자잉여를 누릴 수 있게 된다.

## 3) 사회편익

이상에서 우리는 시장에서 소비자와 생산자 간에 어떤 재화·서비스에 관한 자발적 교환이 이루어지면 소비자에게는 더 비싼 가격을 지불하지 않고도 재화·서비스를 소비할 수 있는 이득 또는 혜택이 발생하고, 생산자에게는 더 싼 가격을 받고 판매하지 않아도 되는 이득 또는 혜택이 발생한다는 것을 살펴보았다. 이처럼 어떤 재화·서비스에 대한 수요와 공급이 시장균형을 이룰 때 동시에 발생하는 소비자잉여와 생산자잉여를 합한 것을 사회잉여(social surplus) 또는 순사회편익(net social benefit)[6]이라고 한다. 예를 들어, 어떤 재화·서비스의 수요와 공급이 [그림 2-9] (a)과 같이 시장균

---

6) 사회적 잉여(net social surplus) = 소비자 잉여(consumer's surplus) + 생산자 잉여(producer's surplus). 순사회편익(net social benefit)은 사회적 잉여와 동일한 개념이다.

형을 이룬다고 하면 사회는(소비자와 생산자는) 음영부분에 해당하는 삼각형 $p_1 p_2 E$ 만큼의 순사회편익을 누리게 된다. 이 순사회편익 중 균형가격 $p_0$ 아래쪽의 삼각형 $p_1 p_0 E$ 는 생산자잉여이고 위쪽 삼각형 $p_0 p_2 E$ 는 소비자잉여이다.

순사회편익에서 소비자잉여와 생산자잉여 각각이 어느 정도의 비중을 차지할지는 수요곡선과 공급곡선의 기울기, 즉 가격 탄력성에 의해 결정된다. 예를 들어, [그림 2-9] (a)의 수요곡선과 (b)의 수요곡선을 비교해 보면 (b)의 수요곡선이 상대적으로 더 탄력적인 것을 알 수 있는데 시장균형은 (a), (b) 모두 가격 $p_0$ 과 생산량 $q_0$ 에서 이루어지지만 소비자잉여는 수요곡선의 탄력도가 상대적으로 더 큰 (b)에서 축소된다. 이때, 생산자잉여의 크기는 변하지 않는다.

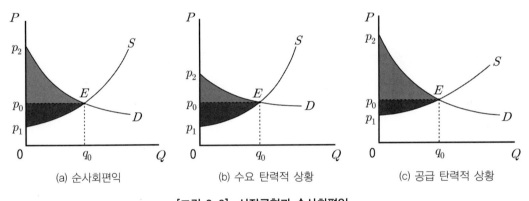

(a) 순사회편익          (b) 수요 탄력적 상황          (c) 공급 탄력적 상황

**[그림 2-9]  시장균형과 순사회편익**

생산자잉여의 크기는 공급곡선의 가격 탄력성에 의해 영향을 받는다. 공급곡선의 가격 탄력성이 생산자잉여의 크기에 미치는 영향은 [그림 2-9] (a)와 (c)를 비교해 보면 쉽게 알 수 있는데 공급곡선의 가격 탄력도가 상대적으로 더 큰 (c)의 생산자잉여 크기가 (a)의 생산자잉여보다 작은 것을 알 수 있다. 이때, 소비자잉여의 크기는 전혀 변하지 않는다. 이상의 내용을 정리하면 다음과 같다.

> • 수요곡선의 가격 탄력도가 높을수록 소비자잉여의 크기는 줄어든다.
> • 공급곡선의 가격 탄력도가 높을수록 생산자잉여의 크기는 줄어든다.

이러한 내용을 이해한 상태에서 다음과 같은 질문에 대해서 생각해 보기로 하자. 만일 어떤 사회 또는 정부가 소비자의 이득을 생산자의 이득보다 우선시한다면 그 사회는 주어진 조건하에서 공급곡선을 탄력적으로 만드는 정책을 펼칠 것이다. 왜냐 하면 [그림 2-9]에서 확인한 바와 같이 공급곡선을 탄력적으로 만드는 것이 소비자 잉여를 일정 수준으로 유지 또는 보장하는 데 더 유리하기 때문이다.

> 소비자잉여와 생산자잉여 중 한쪽을 선택해야 한다면 누구의 이득을 더 중요시할 것인가?

이러한 논리에서 보면 독점을 억제하기 위한 정책적 노력이 왜 중요한지를 쉽게 이해할 수 있다. 독점력을 가진 기업(즉, 생산자)은 극단적인 경우 공급곡선의 가격 탄력성이 0이 되게 만들 수 있다. [그림 2-9]에서 공급공선의 기울기가 점점 완만해 지다가 생산량 축과 평행을 이루는 수평선이 되어 버리는 경우가 바로 그 경우이다. 공급곡선이 수평선이 되면 그 수평선이 수직축인 가격 축과 만나 결정되는 어떤 독 점가격 가격 $p$ 아래의 모든 영역이 공급자잉여가 된다. 그리고 독점 기업은 심지어 가격을 자신이 원하는 수준으로 정할 수 있기 때문에 독점 시장에서는 (이론적으로 는) 소비자잉여를 최소화하면서 공급자잉여를 극대화하는 현상도 (이론적으로는) 발 생할 수 있다.

우리나라의 경제사에 있어서 1961년부터 1980년까지 기간을 흔히 개발연대 경제 정책 시대라고 부른다.[7] 개발연대 시기의 특징을 한마디로 말하면 기업들에게 시장 의 순사회편익, 즉 사회잉여가 유리하게 배분되던 시기라고 표현할 수 있다. 1960년 대 초반 우리나라는 1인당 $GDP$가 채 100달러도 되지 않는 저발전국가였기 때문에 산업화를 통한 빠른 경제성장이 가장 시급히 달성해야 할 사회적 목표로 여겨졌다. 저발전국가였던 1960년대 우리나라에는 기업의 수 자체가 적었고 그 기업들이 산업 화의 주역이 되게 하기 위해서는 강한 유인가치가 필요했다.

또한 그 시기에는 낙수효과(trickle down effect)를 전제로 한 공급자 중심 경제정책

---

7) 경제기획원. (1982). 개발연대의 경제정책: 경제기획원 20년史 2판. 미래사.

이 일반적이었다. 당시 정부는 국가주도하에 기업들에 독점적인 지위를 부여하고 시장경쟁의 유연성을 조절하는 정책을 펼쳐 나아갔다. 이러한 정부 정책 덕분에 공급의 탄력성은 (적어도 국내 경제에서는) 낮게 유지될 수 있었고 이러한 경제정책의 기본 방향은 1970년대에도 그대로 유지되었다.

1961년부터 1980년까지가 개발연대 경제정책 시기였다면 1980년 이후 1992년까지는 자율개발시대 경제정책의 시기였다. 1980년대로 접어들면서(정확히 말하면 1980년대 중반부터) 국가경제가 성장하고 대외 개방이 가속화되면서 조금씩 변화가 나타나기 시작했다. 국내 기업들은 세계시장에서 외국 기업들과 점차 더 많은 경쟁을 하게 되었다. 그러면서 세계시장의 소비자 선호는 국내 소비자들의 선호와 달리 무시할 수 있는 것이 아님을 깨닫게 되었다. 그 결과, 공급에서 가격탄력성이 높아지기 시작하고 시장균형이 점차 수요자 중심으로 느리게나마 이루어지기 시작했다. 소비자와 생산자의 선호 모두가 시장균형이 활성화되기 시작한 것이다.[8]

어떤 관점에서 바라보는가에 따라 견해는 다를 수 있겠지만 저자는 한국 경제가 의미 있는 성장을 할 수 있게 되고 더 나아가서 지속적인 성장을 기대할 수 있게 된 것은 바로 이러한 변화가 나타나면서부터라고 생각한다. 시장은 자유를 전제로 하는 것이기 때문이다. 그리고 1960년대와 1970년대를 살았던 우리 국민들이 더 낮은 가격을 지불할 수 있었음에도 불구하고 더 높은 가격을 지불하면 포기했던(그것도 어쩔 수 없이) 소비자잉여가 오늘날 우리 사회 전체가 누릴 수 있는 경제발전의 밑거름이 되었다는 사실을 인정하지 않을 수 없다.[9] 그리고 동시에 분배 정의를 실현하고자 할 때(그리고 최근 들어 자주 거론되는 기업의 사회적 책임, 지속가능한 성장 등을 이루고자 할 때에도) 정의(justice)의 실체를 현세대의 시각에서만 정의(define)하는 것 자체가 정의롭지 않은 것이라는 생각을, 과거 1960~1990년대 경제사를 되돌아볼 때마다 하게 된다. 아마도 이러한 이해가 거시사회복지실천가가 경제 이론을 공부해야 하는 이유 가운데 하나일 것이다.

---

8) 경제기획원. (1994). 자율개방시대의 경제정책: 경제기획원 30년史 2. 미래사.
9) 한때 우리나라에 포니(Pony)라는 이름의 자동차와 옴니아(Omnia)라는 이름의 휴대폰이 판매되었던 적이 있었다. 인터넷에서 포니와 옴니아에 얽힌 옛 이야기들을 찾아 읽어 보면 저자가 무슨 말을 하는지 금방 이해할 수 있을 것이다.

# 6. 소비자 선택 이론

복지국가의 사회구성원에게 있어서 사회보장 욕구 충족은 사회권 실현을 위해 없어서는 안 될 필수조건 중 하나이다. 그렇기 때문에 복지국가는 사회구성원의 인간다운 삶을 보장하기 위해 사회보장 욕구 충족에 필요한 사회보장급여로서의 재화·서비스를 제공해야 할 의무가 있다.

이러한 맥락에서 저자는, 경제학에서는 효용을 재화·서비스를 소비함으로써 얻어지는 일반적인 만족감으로 정의하지만 거시사회복지실천가들은 효용의 의미를 사회보장급여라고 하는 재화·서비스를 소비함으로써 얻어지는 욕구 충족감 또는 만족감으로 개념화하는 것이 경제 이론을 거시사회복지실천의 맥락 안에서 이해하는 데 도움이 된다고 생각한다. 그리고 사실 그렇게 할 때 비로소 우리는 경제 이론과 거시사회복지실천이 결코 무관한 것이 아니라는 사실에 한 걸음 더 다가설 수 있게 될 것이다.

경제학에서는 모든 경제주체가 다음과 같은 특성을 공통적으로 가지고 있다고 가정하는데 이러한 특성을 가진 소비자로서의 사회구성원을 합리적 소비자라고 부른다.

- 한정된 자원이라는 제약 조건하에서 자신의 효용을 극대화하기를 원하며
- 동일 가격의 재화·서비스라면 효용이 더 높은 재화·서비스의 소비를 선호하고
- 동일 효용을 줄 수 있는 재화·서비스라면 가격이 더 낮은 재화·서비스의 소비를 선호한다.

## 1) 한계효용

모든 경제주체가 단 두 종류의 재화·서비스 $X_1$과 $X_2$의 소비를 통해서만 효용을 얻는 어떤 사회가 있다고 가정해 보자. 예를 들어, 사회보장 효용이 소득보장급여와 건강보장급여에 의해서 결정되는 어떤 사회를 머릿속에 떠올려 보자. 이 사회의 모든 경제주체의 총효용 $U$를 우리는 다음과 같은 함수식으로 표현할 수 있다.

$$U = U(X1, X2)$$

위의 식에서 총효용 $U$는 $X_1$과 $X_2$의 함수이므로 총효용은 두 재화·서비스 중 어느 하나 또는 둘 모두의 소비량이 바뀌면 변한다. 총효용 $U$의 변화량 $\Delta U$라고 표기할 때, 총효용의 변화량 $\Delta U$를 두 재화·서비스 각각의 변화량인 $\Delta X_1$과 $\Delta X_2$로 나누면 다음의 두 가지 값을 얻게 되는데 이 두 값 각각을 가리켜 해당 재화·서비스의 한계효용(Marginal Utility: MU)이라고 한다.

$$MU_{X1} = \frac{\Delta U}{\Delta X1} = X_1\text{의 소비량이 1단위 변할 때 총효용이 변하는 양}$$

$$= X_1\text{의 한계효용}$$

$$MU_{X2} = \frac{\Delta U}{\Delta X2} = X_2\text{의 소비량이 1단위 변할 때 총효용이 변하는 양}$$

$$= X_2\text{의 한계효용}$$

어떤 재화·서비스의 한계효용은, 다른 모든 재화·서비스의 소비량이 일정 수준으로 고정되어 있다면, 해당 재화·서비스의 소비량이 증가할수록 감소한다. 즉, 어떤 재화·서비스든 소비량이 많아질수록 해당 재화·서비스를 1단위 더 소비함으로써 얻게 되는 효용의 양이 줄어든다. 이를 한계효용체감법칙이라고 하는데, 이를 정의하면 다음과 같다.

> **한계효용체감법칙**
> 재화·서비스의 소비량이 많아질수록 해당 재화·서비스를 1단위 추가로 소비하여 얻을 수 있는 효용의 양은 줄어든다.

예를 들면, 어떤 사회보장 재화·서비스를 3단위 소비한다고 할 때 동일 재화·서비스를 소비함에도 불구하고 첫 번째로 소비한 재화·서비스가 주는 효용보다 두 번째로 소비한 재화·서비스가 주는 효용이 작아지고, 마지막으로 소비한 재화·서비스가 주는 효용은 더 작아진다는 것이다.

물론 어떤 재화·서비스의 한계효용이 감소하더라도 해당 재화·서비스를 추가로 소비할 때마다 총효용이 증가하는 정도가 점점 줄어들기는 하지만 계속해서 증가하므로 해당 재화·서비스에 대한 소비는 계속된다. 그러다가 해당 재화·서비스를 1단위 추가로 소비해도 효용이 더 이상 증가하지 않는 단계에 다다르면 한계효용은 0이 되고 해당 재화·서비스를 소비할 이유가 없어진다. 물론 해당 재화·서비스를 한계효용 0 수준 이상으로 소비할 수는 있으나 그렇게 하면 한계효용과 총효용이 모두 감소하게 된다. 따라서 합리적인 소비자는 한계효용이 0이 되면 해당 재화·서비스를 추가로 소비하지 않는다고 가정한다.

| 한계효용 > 0이면 총효용↑ | 한계효용 = 0이면 총효용=0 | 한계효용 < 0이면 총효용↓ |
| --- | --- | --- |

## 2) 효용극대화 조건

앞서 우리는 합리적인 소비자는 주어진 제약하에서 효용을 극대화하고자 한다고 가정하였다. 그런데 효용을 극대화하려면 어떻게 해야 하는가? 이 질문에 대한 답은 '한계효용균등법칙에 따른 소비를 한다'이다.

한계효용균등법칙이란 한정된 소득으로 두 가지 재화·서비스 $X_1$과 $X_2$를 소비하여 효용을 얻는 소비자가 자신의 총효용을 극대화하려면 다음의 조건이 만족되도록 각각의 재화·서비스를 소비해야 한다는 것을 말한다.

$$\frac{MU_{X1}}{P_{X1}} = \frac{MU_{X2}}{P_{X2}}$$

위 식의 양변은 두 재화·서비스 $X_1$과 $X_2$ 각각의 1단위 가격(예를 들어, 1원이 최소 단위라면 1원당)에 해당하는 한계효용인데, 이를 해당 재화·서비스의 화폐한계효용이라고 부른다. 한계효용균등법칙이 의미하는 바는 만일 우리가 $n$개의 재화·서비스를 소비한다면 $n$개 재화·서비스 모두의 화폐한계효용이 동일해지도록 소비해야만 $n$개 재화·서비스를 소비하여 얻을 수 있는 총효용이 극대화된다는 것이다.

　다음과 같은 예를 통해서 한계효용균등법칙을 다시 한번 이해해 보기로 하자. 서로 다른 두 종류의 사회보장 재화·서비스 $X_1$, $X_2$의 가격, 한계효용 및 화폐한계효용이 아래와 같다.

| 재화·서비스 | 가격 | 한계효용 | 화폐한계효용 |
|:---:|:---:|:---:|:---:|
| $X_1$ | 1 | 9 | 9 |
| $X_2$ | 1 | 5 | 5 |

$$\frac{MU_{X1}}{P_{X1}} > \frac{MU_{X2}}{P_{X2}}$$

이 두 재화·서비스를 소비하기 위해 지출할 수 있는 소득이 $I$로 고정되어 있어서 다음과 같은 소득제약식이 존재한다.

$$P_{X1}Q_{X1} + P_{X2}Q_{X2} = I$$

한계체감법칙에 의해 $X_1$와 $X_2$ 각각의 소비를 1단위 늘릴(줄일) 때마다 각각의 한계효용이 1단위씩 감소(증가)한다고 가정해 보자.

　합리적인 소비자는 $X_1$의 화폐한계효용이 $X_2$의 화폐한계효용보다 크기 때문에 동일 가격을 지불하고 더 큰 효용을 얻을 수 있는 $X_1$의 소비량을 늘리는 대신 $X_2$의 소비량을 줄이는 식으로 두 서비스의 소비량을 조정한다. 그렇게 하면 소비량이 증가한 $X_1$의 한계효용 $MU_{X1}$은 한계효용체감법칙에 따라 감소하는 반면, 소비량이 감소한 $X_2$의 한계효용 $MU_{X2}$은 증가한다.

　두 재화·서비스를 소비하는 데 쓸 수 있는 소득이 $I$로 한정되어 있기 때문에 $X_1$와 $X_2$의 소비량 조정은 위의 소득제약식하에서 이루어져야 하므로 $X_1$의 소비를 1단위 늘리려면 $X_2$의 소비를 1단위 줄여야 한다. 그러면 두 재화·서비스의 화폐한계효용은 다음과 같이 변하지만 아직도 $X_1$의 화폐한계효용이 $X_2$보다 크기 때문에

$X_2$의 소비를 줄이는 대신 $X_1$의 소비를 늘리는 조정이 가능하다.

| 재화·서비스 | 가격 | 한계효용 | 화폐한계효용 |
|:---:|:---:|:---:|:---:|
| $X_1$ | 1 | 8 | 8 |
| $X_2$ | 1 | 6 | 6 |

$$\frac{MU_{X1}}{P_{X1}} > \frac{MU_{X2}}{P_{X2}}$$

이제 $X_1$의 소비를 1단위 더 늘리고 $X_2$의 소비를 1단위 줄이면 두 재화·서비스의 화폐한계효용은 다음과 같이 동일해진다.

| 재화·서비스 | 가격 | 한계효용 | 화폐한계효용 |
|:---:|:---:|:---:|:---:|
| $X_1$ | 1 | 7 | 7 |
| $X_2$ | 1 | 7 | 7 |

$$\frac{MU_{X1}}{P_{X1}} = \frac{MU_{X2}}{P_{X2}}$$

이 상태에 이르게 되면 두 재화·서비스를 소비하는 데 쓸 수 있는 소득이 1원 더 생길 때 그 1원을 두 재화·서비스 중 어느 것을 추가 소비하는데 쓰더라도 그 1원이 가져다줄 수 있는 한계효용이 일정 수준이 된다. 한계효용극대화법칙이 의미하는 바는 소득이 일정 수준으로 고정되어 있고 재화·서비스의 가격이 변하지 않는다면 모든 재화·서비스를 위의 조건이 만족되게 소비할 때 소비자의 총효용이 가장 커진다는 것이다. 저자가 가진 한계효용극대화법칙에 대한 직관적 이해는 다음과 같다.

---

**한계효용극대화법칙**

재화·서비스를 소비할 때는 소비하는 모든 재화·서비스의 화폐한계효용이 같아지도록 소비해야 한다. 그래야 추가로 돈을 어느 재화·서비스를 더 소비하는 데 쓰든 상관없이 항상 일정한 수준의 한계효용을 얻을 수 있고 총효용이 극대화된다.

---

## 3) 무차별곡선

현대 복지국가에서 소득보장과 건강보장은 개인의(그리고 더 나아가서는 사회 전체의) 복지수준을 결정하는 가장 중요한 요소이다. 소득보장과 건강보장을 각각 $X$, $Y$로 표기하기로 하자. 개인의 복지수준을 결정하는 데 이 두 가지 요소 중 어느 것이 더 큰 영향을 미치는지는 각자가 가진 특성와 욕구에 따라 다를 수 있다. 예를 들면, 어떤 사람에게는 건강보장급여가 소득보장급여보다 더 큰 효용을 주는 요소이지만 어떤 사람에게는 소득보장급여가 상대적으로 더 중요한 요소일 수 있다는 것이다.

만일 우리가 어떤 식으로든 각각의 재화·서비스를 소비하여 얻을 수 있는 효용을 측정할 수 있거나 적어도 두 재화·서비스 중 어느 것을 더 또는 덜 선호하는지를 알 수 있다면 우리는 다음과 같은 비교를 할 수 있다.

| 건강보장급여 $X_1$만큼과 소득보장 급여 $Y_1$만큼을 소비할 때 얻게 되는 효용 | $\begin{matrix}>\\=\\<\end{matrix}$ | 건강보장급여 $X_2$ 만큼과 소득보장 급여 $Y_2$만큼을 소비할 때 얻게 되는 효용 |
|---|---|---|

이러한 비교를 통해서 [그림 2-10]과 같은 곡선을 도출할 수 있다.

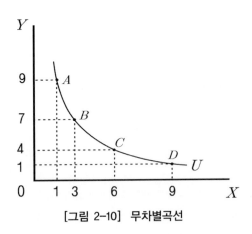

[그림 2-10] **무차별곡선**

[그림 2-10]의 $A \sim D$는 다음과 같이 서로 다른 소득보장급여 소비량과 건강보장급여 소비량을 조합한 사회보장급여 소비조합(consumption combination)이다. 이 소비조합들 중 어떤 조합에 해당하는 사회보장급여를 소비하든 얻을 수 있는 효용의 양 또는 수준은 $U$로 동일하다.

| 소비조합 | 소득보장급여 소비량 | 건강보장급여 소비량 | 효용 수준 |
|---|---|---|---|
| $A$ | 9 | 1 | $U$ |
| $B$ | 7 | 3 | $U$ |
| $C$ | 4 | 6 | $U$ |
| $D$ | 1 | 9 | $U$ |

예를 들어, 9단위의 소득보장급여와 1단위의 건강보장급여를 소비하는 $A$조합을 소비하든 소득보장급여 7단위와 건강보장급여 3단위를 소비하는 $B$조합을 소비하든 경제주체가 얻는 효용의 양 또는 수준에는 차이가 없다는 것이다.

이처럼 동일 수준의 효용을 만들어 내는 소비조합은 $A$, $B$, $C$, $D$ 외에도 무수히 많이 존재하는데 [그림 2-10]의 곡선 $U$가 바로 그 무수히 많은 소득보장급여와 건강보장급여의 조합들로 이루어진 곡선이다. 이 곡선상의 어느 조합에 해당하는 소비를 하더라도 소비자가 얻을 수 있는 효용수준에는 전혀 차이가 없다는 뜻에서 이 곡선을 무차별곡선(indifference curve) 또는 등효용곡선이라고 부른다.

무차별곡선이 여러 개 있을 때는 더 오른쪽에(또는 원점으로부터 더 멀리 떨어진 곳에) 위치한 무차별곡선의 효용수준이 더 왼쪽에(또는 원점에 더 가까운 곳에) 위치한 무차별곡선의 효용수준보다 크다. 예를 들어, [그림 2-11]의 두 무차별곡선 $U_0$과 $U_1$을 비교해 보면 $U_1$이 $U_0$에 비해 더 많은 양의 재화·서비스를 소비하여 얻을 수 있는 효용수준을 나타내는 무차별곡선임을 알 수 있다.

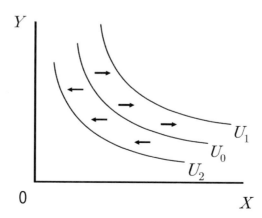

[그림 2-11] 무차별곡선의 위치와 효용수준 간의 관계

따라서 $U_1$ 상의 어떤 조합을 소비를 하더라도 $U_0$ 보다 높은 수준의 효용을 얻을 수 있으며 그렇기 때문에 더 높은 효용수준을 나타내는 $U_1$ 이 $U_0$ 보다 더 오른쪽 위쪽에 위치한다. 동일 논리에서 $U_2$ 는 소비 가능한 재화·서비스의 양이 $U_0$ 보다 적은 경우에 해당하는 무차별곡선이므로 $U_2$ 가 $U_0$ 의 왼쪽(또는 원점에 더 가까운 곳)에 위치하는 것을 알 수 있다.

무차별곡선은 또한 다음과 같은 특성을 가지고 있는데 이러한 특성은 소비자의 선호 체계에 관한 기본 공리(즉, 기본 가정)에 의해 무차별곡선이 갖는 특성이다.

**〈표 2-2〉 무차별곡선의 특성**

| 선호 체계<br>기본 공리 | 특성 |
|---|---|
| 완비성<br>(completeness) | 서로 다른 소비조합에 대한 선호 비교가 항상 가능하다. 예를 들면, 2개의 재화·서비스 조합 $A$, $B$ 에 대해서 $A$ 를 $B$ 보다 선호하는지, $B$ 를 $A$ 보다 선호하는지, $A$ 와 $B$ 에 대한 선호가 동일한지를 항상 판단할 수 있다. |
| 이행성<br>(transitivity) | $A$ 를 $B$ 보다 선호하고, $B$ 를 $C$ 보다 선호하면 당연히 $A$ 를 $C$ 보다 선호해야 한다. 선호는 이처럼 일관된 방향으로 나타나며 역행적이지 않다. 따라서 무차별곡선은 겹치거나 교차하지 않는다. |
| 단조성<br>(non-satiation) | 재화·서비스의 소비량이 증가할수록(원점에서 멀어질수록) 효용 또한 증가한다. 따라서 무차별곡선은 원점으로부터 더 오른쪽에 위치할수록 더 높은 수준의 효용을 나타내며 겹치거나 교차하지 않는다. |
| 연속성<br>(continuity) | 재화·서비스의 소비량의 아주 조금씩 변할 때 효용 또한 아주 조금씩 변하지 급격하게 변하지 않는다. 따라서 무차별곡선은 연속 곡선이며 미분이 가능하다(differentiability). |
| 볼록성<br>(convexity) | 동일 수준의 효용을 주는 재화·서비스의 소비조합 가운데 극단적인 소비조합보다 평균적인 조합이 선호된다. 따라서 무차별곡선은 일반적으로 우하향하면서 원점에 가까운 쪽이 볼록한 모양을 갖는다. |

## 4) 한계대체율

어떤 두 재화·서비스 $X$ 와 $Y$ 의 소비조합이 [그림 2-12]의 $(X_1, Y_1)$ 과 같다고 가정해 보자. 이 조합에서 $X$의 소비를 늘리는 대신 $Y$의 소비를 줄이는 소비 변화가 발생하여 소비조합이 $(X_2, Y_2)$로 이동하면 $X$의 소비량은 $X_2 - X_1 = \Delta X$만큼 증가하고 $Y$의 소비량은 $Y_2 - Y_1 = \Delta Y$만큼 감소한다. 이 두 가지 변화량 중 $Y$의 변화량 $\Delta Y$를 $X$의 변화량 $\Delta X$로 나눈 값의 절대값, 즉 다음을 $X$의 한계대체율(Marginal Rate of Substitution: MRS)이라고 한다.

$$\left| \frac{\Delta Y}{\Delta X} \right| = MRS_{XY}$$

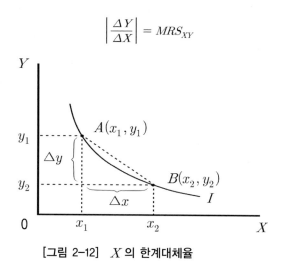

[그림 2-12]　$X$의 한계대체율

어떤 두 재화·서비스 $X$, $Y$가 있을 때 $X$(또는 $Y$)의 한계대체율을 구하는 것은 $X$(또는 $Y$) 소비를 늘릴 때 나타나는 다음과 같은 수치를 구하는 것이다.

- 특정 무차별곡선에 해당하는 효용수준을 유지하면서 $X$의 소비를 1단위 늘려 $Y$ 소비를 몇 단위 대체할 수 있는지 알고자 함. 예를 들어, $X$의 한계대체율이 .5이면 이는 $X$의 소비를 1단위 늘려 $Y$의 소비를 .5단위 대체할 수 있다는 것을 의미함
- $X$를 1단위 더 소비하면서 특정 무차별곡선에 해당하는 효용수준을 유지하려면 $Y$의 소비를 몇 단위 포기해야 하는지 알고자 함. 예를 들어, $X$의 한계대체율이 .8이라는 것은 $X$를 1단위 더 소비하기 위해 $Y$의 소비를 .8단위 포기해야 한다는 것을 의미함
- 소비를 늘리려는 재화·서비스인 $X$의 1단위 가치를, 소비를 줄여야 하는 재화·서비스인 $Y$의 양으로 나타내면 얼마인지 알고자 함

한계대체율을 구할 때는 소비가 증가할 재화·서비스의 변화량이 분모가 되어야 한다. 앞의 예에서 $X$의 한계대체율은 구한다는 것은 소비가 증가할 재화·서비스가 $X$라는 것이고 $X$의 변화량 $\Delta X$를 분모(또는 기준 단위)에 두고 소비가 감소(또는 포기)할 재화·서비스 $Y$의 변화량 $\Delta Y$을 분자에 둔 비(ratio) 값을 구한다는 것이다.

한계대체율은 두 재화·서비스 간의 교환비(exchange ratio) 또는 대체비, 즉 더 소비할 재화·서비스 1단위를 덜 소비할 재화·서비스 몇 단위와 교환(또는 대체)할 수 있는지를 나타내는 값이며, 이 교환비가 바로 무차별곡선의 기울기이다.

| 한계대체율 $MRS$ | = | 무차별곡선의 기울기 |
|---|---|---|

예를 들면, [그림 2-12]에서 소비조합이 $A$에서 $B$로 이동할 때 $X$, $Y$의 변화량은 각각 $\Delta X$, $\Delta Y$이고, 이 두 변화량의 비는 $A$와 $B$를 잇는 직선의 기울기이다. 만일 $A$와 $B$ 간의 간격을 점점 줄여서 두 점을 잇는 선이 한 점에 가까워질 정도로 줄이면 $X$, $Y$의 변화량 $\Delta X$, $\Delta Y$도 점점 작아지다가 0에 가까워질 것이고 그 점에서의 무차별곡선의 기울기는 순간 기울기가 된다. 무차별곡선상의 모든 점 각각의 한계대체율은 각 점의 순간 기울기, 즉 각각의 점을 지나면서 무차별곡선과 접하는 접선의 기울기이다.

## 5) 한계대체율체감법칙

효용수준을 특정 수준으로 유지한 상태에서 두 재화·서비스 가운데 어느 한 재화·서비스의 소비를 늘려 다른 한 재화·서비스의 소비를 대체하면 할수록 한계대체율은 감소하는데 이러한 현상을 가리켜 한계대체율체감법칙이라고 한다. 일반적으로 재화·서비스의 가치는 소비량이 증가하면 낮아지는 반면, 소비량이 감소하면 높아진다. 예를 들어, 재화·서비스 $X$로 $Y$를 대체하기 위해서 $X$의 소비를 늘리면 $X$의 가치는 낮아지는 반면, $Y$의 가치는 높아진다. 따라서 $X$로 $Y$를 더 많이 대체하면 할수록 다음과 같은 현상이 나타난다.

| 가치가 감소하는 $X$의 소비로 가치가 증가하는 $Y$의 소비를 대체하려면 $X$의 소비를 계속해서 늘려야 한다. | = | 한계대체율 공식의 분모, 즉 $\Delta X$가 점점 커진다. | = | $X$의 한계대체율이 점점 감소한다. |
|---|---|---|---|---|

앞서 설명한 바와 같이 한계대체율은 어느 한 재화·서비스 $X$의 소비를 늘려 다른 재화·서비스 $Y$의 소비를 대체할 때 $X$의 소비를 1단위 늘리면 $Y$의 소비를 얼마나 대체할 수 있는지를 나타낸다. 따라서 한계대체율이 감소한다는 것은 $X$의 가치가 낮아져서 $X$를 1단위 더 소비하여 대체할 수 있는 $Y$의 양이 줄어든다는 것을 뜻한다. 이는 결국 $Y$의 가치가 높아질수록 $Y$의 소비를 포기하기 위해서 치러야 하는 대가가 점점 더 커진다는 것과 같은 말이다. 물론 이때 대가는 가치가 낮아져 소비를 해도 낮은 효용밖에 주지 못하는 $X$의 소비를 늘리는 것이다.

무차별곡선의 기울기 변화를 그림으로 나타내면 이상의 내용을 좀 더 직관적으로 이해할 수 있다. [그림 2-13]에서 두 재화·서비스 $X$와 $Y$의 소비조합점이 $A$에서 $B$로 이동하는 $A-B$ 구간에서는 무차별곡선의 기울기가 매우 가파르기 때문에 $X$의 소비량을 조금만 늘려도 $Y$의 소비를 많이 대체할 수 있다. 즉, $X$의 가치가 높다는 것이다. 이때의 $X$의 한계대체율을 $R$이라고 해 보자. 그러다가 $X$로 $Y$를 점점 더 많이 대체해서 $(X, Y)$ 소비조합이 $C$, $D$ 쪽으로 이동하면 무차별곡선의 기울기

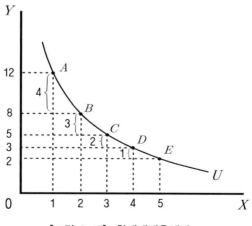

[그림 2-13] 한계대체율체감

는 $A-B$ 구간에서 기울기보다 완만해진다. 이는 이제 $X$의 소비를 많이 늘려야만 $Y$의 소비를 대체할 수 있다는 것을 의미하므로 여기서의 한계대체율은 $R$보다 작은 값을 갖게 될 것이다.

## 6) 예산선

예산선(budget line)을 한마디로 정의하면 소비자의 구매력(purchasing power)을 나타내는 선이라고 정의할 수 있다. 재화·서비스를 소비할 때 소비자는 항상 소득, 즉 자신이 가진 구매력이라는 제약하에서 어떤 재화·서비스를 얼마나 소비할 것인지를 결정해야 한다. 사회보장 욕구를 충족하기 위해 소비할 수 있는 재화·서비스가 $X$, $Y$일 때 소비자가 직면한 소득 제약은 다음 식과 같고 이 식을 $Y$에 대해 정리하면 다음과 같은 직선 식을 얻게 되는데 이 직선 식이 바로 [그림 2-14]의 예산선 또는 예산제약선이다. 예산선의 기울기는 두 재화·서비스의 가격 비(price ratio)이므로 예산선을 가격선(price line)이라고 부르기도 한다.

$$P_X X + P_Y Y = I$$

$I$ = 소득

$P_X$ = $X$의 가격

$P_Y$ = $Y$의 가격

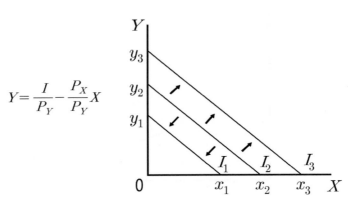

$$Y = \frac{I}{P_Y} - \frac{P_X}{P_Y} X$$

[그림 2-14]  예산제약선

두 재화·서비스의 가격 비는 분모에 해당하는 재화·서비스 1단위의 가치를 기준 단위로 하여 분자에 해당하는 재화·서비스 1단위의 가치를 나타낸 값이다. 따라서 가격 비는 두 재화·서비스의 가치 비(value ratio) 또는 교환 비(exchange ratio)이다.

예산선은 소득이 변하면 [그림 2-14]처럼 좌우로 이동하는데 다수의 예산선이 있을 때는 무차별곡선과 마찬가지로 더 오른쪽 또는 원점으로부터 더 멀이 떨어진 곳에 위치한 예산선이 더 높은 소득에 해당하는 예산선이다. 예산선의 기울기는 재화·서비스의 가격에 의해 [그림 2-15] (a)와 (b)처럼 결정된다.

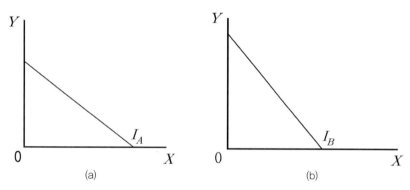

[그림 2-15]  재화·서비스의 가격과 예산선 기울기 간의 관계

## 7) 소비자균형과 소비자균형조건

이제 앞에서 설명한 무차별곡선과 예산선을 연관 지어 소비자균형이라는 개념을 이해해 보기로 하자. [그림 2-16]은 소비자가 예산제약하에서 자신의 복지수준을 극대화하는 재화·서비스 소비조합을 선택한다는 것이 무엇을 의미하는지 보여 주는 그림이다. 예산선상의 모든 점은 다음 조건을 만족하는 점이므로 주어진 예산제약하에서 선택 가능한 $X$, $Y$의 소비조합이다.

$$P_X X + P_Y Y = I$$

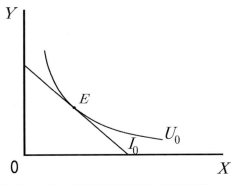

**[그림 2-16]  예산제약하에서의 효용극대화**

주어진 예산제약하에서 소비자가 누릴 수 있는 최대 효용은 무차별곡선 $U_0$에 해당하는 수준의 효용이다. 따라서 효용을 극대화하려는 소비자라면 반드시 $U_0$상의 소비조합을 선택해야 한다. $U_0$상의 여러 소비조합 중 소비자가 자신의 소득을 가지고 선택할 수 있는 최적 소비조합은 예산선 $I_0$과 무차별곡선 $U_0$가 접하는 $E$이며 이 접점 $E$를 가리켜 소비자균형점이라고 한다.[10] 예산선 $I_0$과 무차별곡선 $U_0$가 $E$에서 만난다는 것은 접점 $E$에서 다음 조건이 만족된다는 것을 의미하며 이 조건을 가리켜 소비자균형조건 또는 효용극대화조건이라고 한다.

$$\text{무차별곡선의 기울기} = MRS = \frac{P_X}{P_Y} = \text{예산선의 기울기}$$

앞서 예산선의 기울기가 두 재화·서비스의 가격비(price ratio)임을 설명하면 가격비가 한계대체율 $MRS$와 매우 유사한 개념임을 언급한 바 있다. 한계대체율 $MRS$는 두 재화·서비스의 가치에 대해 소비자가 가진 주관적 선호에 기반한 두 재화·서비스의 교환비이고, 두 재화·서비스의 가격비인 예산선은 두 재화·서비스가 시장에서 거래될 때 적용되는 시장 교환비이다. 따라서 소비자균형이란 다음의 두 가지 교환비가 일치하는 상태라는 것을 알 수 있다.

---

10)  소비자균형소비량조합점을 간단히 소비자균형점이라고 줄여서 부른다고 생각하면 용어의 의미를 이해하기가 쉽다.

> 소비자의 주관적 교환비 = 시장에서 거래될 때의 교환비

만일 어떤 이유로 인해서든 소비자의 선호와 시장가격이 일치하지 않게 되면 어떤 일이 벌어지는가? 그런 상황이 벌어지면 합리적인 소비자는 주어진 예산제약하에서 총효용을 극대화(일정 수준으로 유지)하기 위해 두 재화·서비스의 소비조합을 바꿔 가는 조정을 통해서 최적의 소비조합점을 찾아 새로운 소비자균형에 도달할 것이다.

### (1) 소득-소비곡선

소비자균형점은 소득이 변하면 바뀐다. [그림 2-17]은 소득이 변할 때 각각의 달라진 소득에 해당하는 예산선이 서로 다른 효용수준에 해당하는 무차별곡선과 만나 새로운 소비자균형점이 만들어지는 것을 보여 준다. 이렇게 만들어진 서로 다른 소비자균형점들을 연결한 선을 소득-소비곡선(income-consumption curve) 또는 소득팽창경로(income expansion path)라고 한다.

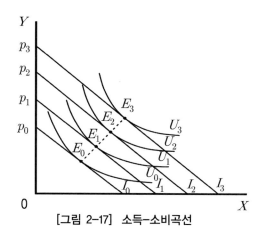

[그림 2-17]　소득-소비곡선

### (2) 가격-소비곡선

두 재화·서비스 $X$, $Y$가 있을 때, 다른 모든 조건이 일정한 상태에서 어느 한 재화·서비스의 가격(예를 들어, $X$의 가격)이 변하면 두 재화·서비스의 상대가격이 변한

다. 합리적 소비자는 주어진 조건하에서 최적의 소비를 통해 효용 극대화를 추구하므로 주어진 조건 중 하나인 '재화·서비스의 상대가격'이 변하면 소비자의 소비 선택도 변한다. 이처럼 재화·서비스의 가격 변화로 인해 소비량이 변하는 현상을 가리켜 가격효과(price effect)라고 한다.

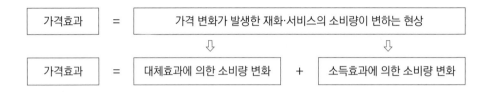

예들 들어, 1단위 가격이 10만원으로 동일한 두 종류의 사회서비스 $X$, $Y$가 있을 때 정부가 $X$에 대한 소득취약계층의 비용 접근성을 높이기 위해 소득취약계층이 $X$를 이용할 때 지불해야 하는 가격의 50%를 정부가 부담하는 정책을 실시한다고 가정해 보자. 이 정책으로 인해 소득취약계층이 이용 시 지불해야 하는 $X$의 가격이 10만원에서 5만원으로 하락할 것이고 그로 인해 소득취약계층의 $X$ 소비량이 증가하는 것이 바로 $X$의 가격효과인 것이다.

가격효과는 대체효과와 소득효과라고 하는 두 가지 효과가 결합된 효과이다. 그럼 이제 앞에서 잠시 설명을 미뤄 두었던 이 두 가지 효과에 대해 살펴보기로 하자.

[그림 2-18] (a)에서 $M_0$는 소비자의 소득이 $I_0$일 때의 예산선이고, 이 예산제약하에서 소비자가 얻을 수 있는 최대 효용은 $U_0$이며, 최초 소비자균형은 $M_0$와 $U_0$의 접점인 $E_0$에서 이루어져 있다. 이 상황에서 두 재화·서비스 중 $X$의 가격만 하락하고 $Y$의 가격을 포함한 다른 모든 조건은 변하지 않는다고 가정해 보자. $X$의 가격 하락은 소비자로 하여금 '$X$의 가격은 상대적으로 싸지고 $Y$의 가격은 상대적으로 비싸졌다'는 생각을 갖게 만든다. 이러한 인식하에 합리적인 소비자는 당연히 상대가격이 상승한 $Y$의 소비는 줄이는 대신 절대가격이 하락한 $X$의 소비를 늘려 최대 효용을 $U_0$ 수준으로 유지하고자 한다.

물론 소비자가 $Y$의 소비량을 얼마나 줄이고 $X$의 소비량을 얼마나 늘릴지는 $X$의 가격이 변한 후에 소비자가 주관적으로 느끼는 $X$, $Y$의 상대적 가치가 어떻게 변하

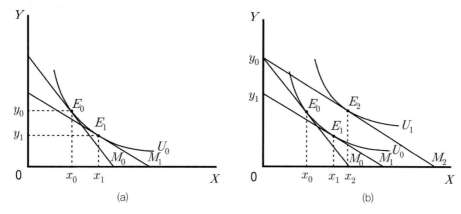

[그림 2-18] 대체효과와 소득효과

는지에 달려 있다. [그림 2-18] (a)에 따르면 소비자는 $Y$의 소비량을 $Y_0$에서 $Y_1$으로 줄이는 대신 $X$의 소비량은 $X_1$까지 늘림으로써 최대 효용을 $U_0$ 수준으로 유지한다.

이러한 소비 선호 변화는 예산선을 변화시킨다. [그림 2-18] (a)에서 $X$의 가격 변화 이전의 최초 예산선은 $M_0$이었으나 $X$의 가격 변화로 인해 이 예산선은 새로운 기울기를 가진 $M_1$로 변한다.[11] 왜 예산선의 기울기가 바뀌는가? $X$의 가격이 변한 후에 이 소비자는 $Y$의 소비를 덜 선호하고 $X$의 소비를 더 선호하는 성향을 갖게 되었기 때문이다. 동일 명목소득을 가지고 $Y$의 소비량을 줄이는 대신 $X$의 소비량은 늘리면 예산선의 기울기는 소비량이 늘어난 $X$축 쪽으로 가파르게 변한다. [그림 2-18] (a)의 새로운 예산선 $M_1$의 $X$축 쪽 기울기가 $M_0$보다 가파른 것이 이러한 이유 때문이다.[12]

예산선이 바뀌었으므로 이제 새로운 소비자균형은 $M_1$과 $U_0$이 만나는 $E_1$에서 이루어진다. $E_1$에서 $X$의 소비량은 $X_1$으로 증가한다. 따라서 $X$의 가격 하락으로 인

---

11) $M_1$의 $Y$축 절편이 $M_0$의 $Y$축 절편보다 아래쪽에 있는 이유는 소비자들이 $Y$의 가격이 상대적으로 비싸졌다고 느끼게 되어서 $Y$를 소비하려는 의사가 감소했기 때문이다. $M_1$의 기울기가 $M_0$에 비해 $X$축 방향으로 더 완만해진 것은 소비자가 가격이 하락한 $X$를 더 소비할 의사를 갖게 되었다는 것을 나타낸다.

12) 예산선의 기울기는 소비자의 소비 선호를 보여 주는 지표이다. 예산선의 기울기는 소비를 더 선호하는 재화·서비스 쪽이 소비를 덜 선호하는 재화·서비스 쪽에 비해 가파르다.

해 증가한 $X$의 소비량은 $X_1 - X_0$이다. 이 $X$의 소비량 증가분을 가리켜 대체효과라고 한다. 즉, 대체효과란 다음과 같다.

---

**대체효과**

가격이 변한 재화·서비스의 소비량을 변화시켜 가격이 변하지 않은 재화·서비스의 소비를 대체하는 효과

---

이번에는 소득효과를 이해해 보자. [그림 2-18] (b)에서 앞서 예로 들었던 재화·서비스 $X$의 가격이 하락하면 최초 예산선 $M_0$이 $M_1$으로 변한다. 또 다른 예산선 $M_2$는 기울기가 $M_1$과 같으면서 $M_1$보다 위쪽에 위치하는 예산선으로서 $X$의 가격이 하락함에 따라 이 소비자의 실질소득이 증가한 것을 나타내는 예산선이다. 소비자의 실질소득이 증가했다는 말은 $X$의 가격이 하락함에 따라 명목소득 $I_0$는 그대로이지만 동일 명목소득을 가지고 더 많은 양의 재화·서비스를 소비할 수 있게 되었다는 것, 즉 구매력이 증가했다는 것을 뜻한다.

---

실질소득 증가 = 구매력 증가 = 재화·서비스의 소비량 증가

---

이 소비자의 실질소득은 $X$의 가격 하락으로 인해 $M_1$에서 $M_2$로 증가한다. 예산선 $M_2$는 예산선 $M_1$을 기울기는 그대로 유지하면서 $Y$축 절편이 $Y_0$가 될 때까지 끌어 올린 가상의 예산선이다. $M_2$와 $M_1$ 간에는 어떤 차이가 있는가? $M_1$은 명목소득이 불변인 상태에서 $X$의 가격이 하락함에 따라 소비자의 구매력인 증가하며 소비할 수 있는 $X$와 $Y$의 양이 변했다는 사실을 나타내는 예산선이다. 물론 예산선 $M_1$ 수준의 소득으로 소비자가 누릴 수 있는 최대 효용수준은 $U_0$으로 변함이 없다. 그런데 $M_1$ 수준의 소득을 가지고 $U_0$ 수준의 효용을 얻을 수 있는 만큼만 $X$, $Y$를 소비하면 쓰지 않은 소득이 생긴다.[13] 왜냐하면 $X$의 가격이 하락해서 소비자의 실질소득이

---

13) 앞서 설명한 논리를 $Y$의 소비에 적용해 보면 왜 남는 소득이 생기는지를 쉽게 이해할 수 있다. 예산제약 $M_1$

증가했기 때문이다. 즉, $M_1$의 소득으로 $X$를 $x_1$보다 더 소비할 수 있다는 것이다.

　$X$를 얼마나 더 소비할 수 있게 되었는지는 예산선 $M_2$를 통해서 알 수 있다. 예산선 $M_2$의 기울기가 $M_1$의 기울기와 같다는 것은 $M_2$가 $X$의 가격이 하락하여 소비자의 소비 선호가 바뀌었다는 사실을 반영하고 있다는 것을 말해 준다. 또한 $M_2$가 $M_1$을 $Y$축 절편이 $y_0$이 될 때까지 위쪽으로 끌어 올린 예산선이기 때문에 소비자가 변화된 소비 선호를 유지하면서 자신의 모든 소득을 $Y$를 소비하는 데 쓴다면 $X$의 가격 변화 이전에 소비할 수 있었던 $Y$의 최대 소비량인 $Y_0$까지 소비할 수 있고 $X$ 역시 $X$축의 절편까지 소비할 수 있다.

　이러한 논리에서 예산선 $M_2$는 소비자가 증가된 실질소득을 가지고 달라진 소비 선호에 따라 소비를 할 때 $X$와 $Y$를 얼마나 소비할 수 있는지 말해 준다. 두 경우 모두 소비할 수 있는 재화·서비스의 양이 예산제약 $M_1$하에서 소비할 수 있는 재화·서비스의 최대량보다 증가한 것은 $X$의 가격 하락으로 인해 소비자의 실질소득이 증가했고 그러한 사실이 $M_2$에 반영되어 있기 때문이다.

　실질소득이 증가하여 소비할 수 있는 재화·서비스의 소비량이 증가하면 소비자가 누릴 수 있는 효용수준 또한 $U_0$보다 높아진다. 그렇기 때문에 실질소득 증가가 반영된 예산선 $M_2$는 $U_0$보다 효용수준이 높은 효용곡선 $U_1$와 만날 수 있고 $U_1$과 $M_2$가 만나는 $E_2$에서 새로운 소비자균형이 이루어진다. 이 소비자균형점에 해당하는 $X$는 $x_2$이다. 따라서 $X$의 가격 변화로 인해 실질소득이 증가함에 따라 소비자는 $X$를 $x_2$만큼까지 소비할 수 있게 된 것이다.

　이처럼 명목소득은 그대로임에도 불구하고 어떤 재화·서비스의 가격 변화로 인해 실질소득이 변하는(그리고 그로 인해 해당 재화·서비스의 소비량이 변하는) 효과를 가리켜 소득효과 또는 실질소득 상승효과라고 한다. [그림 2-18] (b)에서 $X$의 가격 변화로 인해 발생한 소득효과의 크기는 소득효과가 반영된 소비자균형점 $E_2$에서의 $X$의 소비량 $x_2$와 가격 변화 이전의 소비자균형점 $E_1$에서의 $X$ 소비량인 $x_1$ 간의 차이인 $x_2 - x_1$이다.

---

아래에서 이 소비자는 $Y$를 $Y_1$까지만 소비한다. 그런데 이 소비자가 소비할 수 있는 $Y$의 최대량은 $Y_0$이다. 따라서 소득이 $M_1$일 때 $Y$를 소비하면 $Y$를 $Y_0 - Y_1$만큼 소비할 수 있는 소득이 남게 된다.

> **소득효과**
> 재화·서비스의 가격 변화에서 비롯된 실질소득 변화 효과

### (3) 재화·서비스의 종류에 따른 가격효과 차이

어떤 재화·서비스의 가격이 하락하면 해당 재화·서비스의 소비량은 반드시 증가하는가? 얼핏 보기에 이 질문은 하나마나한 질문 같아 보일지 모르지만 사실 이 질문은 단순한 질문이 아니다. 대체효과의 경우, 재화·서비스의 종류에 상관없이 가격과 소비량은 항상 역방향 또는 음(-)의 방향으로 변한다. 즉, 가격이 하락하면 소비량은 증가하고, 가격이 상승하면 소비량은 감소한다.

소득효과의 경우, 위 질문에 대한 답은 다음과 같이 재화·서비스의 종류에 따라 달라진다.

> 가격이 하락할 때 해당 재화·서비스가 정상재인지, 열등재인지, 기펜재인지에 따라 소비량은 증가할 수도 있고 감소할 수도 있다.

정상재, 열등재 및 기펜재는 각각 〈표 2-3〉과 같은 특성을 가진 재화·서비스이다. 정상재(normal good)는 우리가 생각할 수 있는 대부분의 재화·서비스로서 가격과 소비량이 항상 음(-)의 방향으로 움직이는 재화·서비스이다. 정상재는 가격이 하락하면 대체효과와 소득효과 모두에서 소비량이 증가한다. 따라서 가격효과는 항상 소비량 증가로 나타난다.

### 〈표 2-3〉 정상재, 열등재 및 기펜재의 특성

| 재화·서비스 종류 | 가격과 소비량의 변화 방향 | | 효과의 상대적 크기 | 가격효과 (가격 하락) |
|---|---|---|---|---|
| | 대체효과 | 소득효과 | | |
| 정상재 | 반대/음/- | 반대/음/- | | 소비량 증가 |
| 열등재 | 반대/음/- | 동일/양/+ | 대체>소득 | 소비량 증가 |
| 기펜재 | 반대/음/- | 동일/양/+ | 대체<소득 | 소비량 감소 |

　열등재(inferior goods)는 가격과 소비량의 관계가 대체효과에서는 음(-)이고 소득효과에서는 양(+)인 재화·서비스이다. 예를 들어, 소득이 적을 때는 가격이 저렴한 $A$라는 식품을 먹던 사람이 소득이 증가하여 구매력이 상승하면 평소 먹고 싶었지만 가격 부담 때문에 먹지 못하던 $B$라는 식품을 먹기 시작하고 $A$를 덜 먹거나 안 먹는다면 $A$는 열등재이고 $B$는 정상재이다. 일반적으로 열등재는 대체효과가 소득효과보다 크기 때문에 가격효과는 소비량 증가로 나타난다. 물론 열등재 중 어떤 것은 음(-)의 대체효과가 양(+)의 소득효과보다 작아서 가격효과가 소비량 감소로 나타나는 열등 재화·서비스도 있다. 이러한 열등재를 기펜재(giffin goods)라고 한다.

　재화·서비스의 질이 매우 낮아 소비하고 싶지 않지만 소득이 적어서 어쩔 수 없이 소비하는 재화·서비스, 불포화 지방 함유량이 높아 값이 싼 육류 가공제품, 유통기한이 얼마 남지 않았거나 막 지나서 저렴하게 판매하는 식품 등이 기펜재의 대표적인 예이다. 가격효과로 인해 소비자의 실질소득이 상승하면 기펜재 소비량은 일반적으로 큰 폭으로 감소하는데 대체효과에 해당하는 소비량 증가 정도보다 소득효과에 해당하는 소비량 감소 정도가 훨씬 크기 때문에 가격효과는 항상 소비량 감소로 나타난다.

　[그림 2-19] (a)와 (b)는 각각 정상재 가격이 하락할 때와 기펜재 가격이 하락할 때 가격효과가 어떻게 나타나는지 보여 준다. $X$가 정상재일 경우의 $X$의 가격이 하락하면 대체효과와 소득효과 모두 소비량 증가가 되기 때문에 [그림 2-19] (a)와 같이

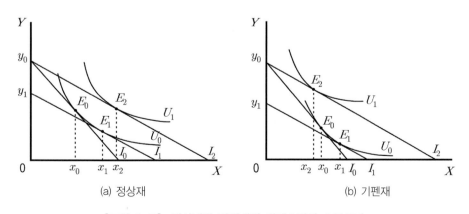

[그림 2-19]　정상재와 기펜재의 대체효과와 소득효과

소비량이 증가하는 가격효과가 나타난다. 이와 달리 $X$가 기펜재일 경우 $X$의 가격이 하락하면 [그림 2-19] (b)와 같이 대체효과는 소비량 증가이지만 소득효과는 소비량 감소이고 대체효과에 의한 소비량 증가 정도보다 소득효과에 의해서 소비량 감소 정도가 커서 가격효과는 소비량 감소로 나타난다.

　기펜재의 예는 현실 사회보장정책에서도 찾아볼 수 있다. 소득취약계층을 위한 공공부조 지원은 열등처우 원칙에 따라 이루어진다. 즉, 공공부조 지원을 받지 않는 소득비취약계층의 근로의욕을 저하시키지 않을 정도로 지원의 수준이 낮아야 한다는 것이다. 그러다 보니 공공부조 제도를 통해 소득취약계층에게 제공되는 재화·서비스 중에는 소득비취약계층이 사용하는 재화·서비스보다 상대적으로 낮은 질의 열등재가 많다. 겨울철이 되면 저소득 독거노인들에게 연탄을 지원해 주는 모습을 TV나 그 밖의 대중매체를 통해 종종 접하게 되는데 난방 연료로서 연탄은 전기, 가스, 가정용 등유에 비해 열등재이다. 국민의 소득수준이 높아지면 사람들은 사용하기도 관리하기도 불편한 연탄 소비를 줄이게 된다. 그러다가 국민소득수준과 생활수준이 어느 수준을 넘어서면 아무리 가격이 저렴해도 연탄을 더 이상 난방 연료로 사용하지 않게 된다. 즉, 연탄이 기펜재가 되는 것이다. 이런 상황에서 겨울철에 소득취약계층의 겨울철 난방을 위해 연탄을 제공하는 정책을 우리는 어떻게 바라볼 것인가? 조세를 재원으로 하여 무상으로 이루어지는 소득취약계층을 위한 공공부조 지원도 그 사회의 사회·경제·문화 수준을 고려하여 질의 적절성을 고려해야 할 때가 되지 않았는지 생각해 볼 필요가 있다. 특히 그 사회가 1인당 국민소득이 3만 달러를 넘어선 사회라면.

## 7. 생산자 선택 이론: 비용 최소화

　사회보장급여를 생산하는 생산자는 누구나(그것이 정부이든, 지방자치단체이든, 민간 비영리기관이든, 영리기관이든, 개인이든 상관없이) 한정된 자원이라는 제약 조건하에서 다음과 같은 선택을 해야 한다.

> • 어떤 사회보장 재화·서비스를
> • 어떤 생산요소와 생산기술을 사용하여
> • 얼마나 생산할 것인가?

　이러한 선택 중 재화·서비스의 종류와 생산량은 시장을 통해 표출된 소비자의 욕구, 선호 그리고 가격에 의해서 결정되고 생산기술과 생산요소는 생산자가 독자적으로 결정한다. 합리적인 생산자는 당연히 가장 효과적이고 효율적인 기술을 사용하여 최소한의 생산요소를 사용하여 최대량을 생산하고자 한다.

## 1) 생산함수

　어떤 생산자가 $X$라고 하는 사회보장 재화·서비스를 노동과 자본이라는 두 가지 생산요소를 사용하여 생산한다고 가정해 보자. 이 사회보장 재화·서비스 $X$의 최대 생산량 $Q_X$는 생산요소와 생산기술에 의해 결정되는데 이러한 관계를 나타내는 다음과 같은 함수식을 생산함수(production function)라고 한다.

$$Q_X = f(L, K)$$

　위의 생산함수에서 $f(\quad)$는 함수식에 투입된 생산요소를 사용하여 생산량을 최대화하는 가장 효율적이고 우수한 생산기술이라고 가정한다.

## 2) 단기생산함수

　생산함수는 단기와 장기로 구분된다. 단기와 장기의 구분은 구체적인 기간을 기준으로 한 구분이 아니라 다음과 같은 개념적 차이를 기준으로 한 구분이다.

> • **단기**: 생산함수에 투입하는 생산요소의 양을 바꿀 필요가 없는 짧은 기간
> • **장기**: 생산요소의 투입량을 바꿀 필요가 있는 긴 기간

두 가지 생산요소 노동과 자본 중 일반적으로 자본은 그 양을 단기간에 바꿀 수 없거나 바꿀 필요가 없다고 가정한다. 이러한 가정을 반영하여 자본을 $\overline{K}$ 로 고정한 다음과 같은 생산함수를 단기생산함수라고 한다.[14]

$$Q_X = f(L, \overline{K})$$

단기에는 두 생산요소 중 노동만이 변수이므로 사회보장 재화·서비스 $X$ 의 생산량은 노동량에 의해서 결정된다. 노동 1단위를[15] 추가로 생산과정에 투입할 때 발생하는 $X$ 의 생산량 변화를 가리켜 노동의 한계생산 $MP_L$ (Marginal Product of Labor)이라고 하고 다음과 같이 정의한다.

$$MP_L = \frac{\Delta Q_X}{\Delta L} = \frac{f(L + \Delta L, \overline{K}) - f(L, \overline{K})}{\Delta L}$$

얼핏 보기에 복잡해 보일지 모르나 위의 식이 의미하는 바는 사실 매우 단순하다. 노동의 한계생산이란 '1단위 더 투입된 노동이 $X$ 의 생산량을 얼마나 늘리는가?'라는 질문에 대한 답이다. 예를 들어, 노동의 한계생산이 3이면 노동 1단위를 더 투입하면 $X$ 의 생산량이 3단위 증가한다는 것이다. 노동뿐만 아니라 어떤 생산요소든 생산요소의 투입량을 늘리면 생산량은 당연히 증가하므로 한계생산 앞에는 구태여 양(+)의 부호를 붙이지 않는다. 단기에 총생산물은 노동량이 변할 때만 변하므로 노동의 한계생산이 곧 단기총생산곡선(production curve)이다. 즉, 단기총생산곡선은 단기생산함수식(자본이 고정된)에 실제 노동량을 대입하여 그려지는 노동량과 생산물의 대응관계 정도에 해당하는 기울기를 가진 곡선이다.

---

14) 자본을 화폐 자금뿐만 아니라 건물, 장비 등까지 포함한 개념으로 이해하면 왜 단기에는 자본의 양을 바꾸기 어려운지를 쉽게 이해할 수 있을 것이다.
15) 예를 들면, 근로자 1명, 근로시간 1단위 등

### (1) 한계생산체감법칙

수요에 한계효용체감법칙이 작용하는 것과 마찬가지로 생산에도 체감법칙이 작용한다. 재화·서비스를 생산할 때 어떤 생산요소의 투입량을 늘리면 재화·서비스의 총생산은 증가하지만 투입된 생산요소의 한계생산은 감소한다. 이를 한계생산체감법칙(law of diminishing marginal product)이라고 한다.

### (2) 평균생산물

어떤 생산요소의 평균생산물(Average Product) 또는 평균생산은 해당 생산요소 1단위가 만들어 내는 생산량을 뜻한다. 예를 들어, 노동의 평균생산 $AP_L$은 노동 1단위가 평균적으로 만들어 내는 생산량을 말하는데, 다음과 같이 총생산량을 투입된 노동의 양으로 나누어 구한 값이다.

$$AP_L = \frac{Q_X}{L}$$

**〈표 2-4〉 노동 투입량에 따른 총생산, 한계생산, 평균생산 예시**

| 노동<br>투입량<br>(L) | 한계<br>생산<br>(MP) | 총생산<br>(TP) | 평균<br>생산<br>(TP/L) |
|---|---|---|---|
| 0 | 0 | 0 | 0.0 |
| 1 | 3 | 3 | 3.0 |
| 2 | 9 | 12 | 6.0 |
| 3 | 17 | 29 | 9.7 |
| 4 | 20 | 49 | 12.3 |
| 5 | 19 | 68 | 13.6 |
| 6 | 17 | 85 | 14.2 |
| 7 | 14 | 99 | 14.1 |
| 8 | 10 | 109 | 13.6 |
| 9 | 6 | 115 | 12.8 |
| 10 | 3 | 118 | 11.8 |
| 11 | 0 | 118 | 10.7 |

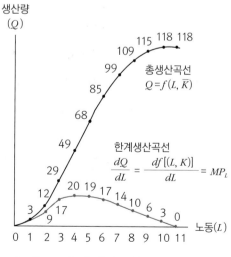

**[그림 2-20] 총생산곡선과 한계생산곡선**

출처: 이재원 외. (2021). 행정과 경제. 윤성사. p. 76의 표와 그래프를 수정하여 제시함.

〈표 2-4〉는 생산요소의 투입량이 변할 때 총생산, 한계생산 그리고 평균생산이 어떻게 변하는지 보여 주는 예이고, [그림 2-20]은 〈표 2-4〉의 내용을 그래프로 나타낸 것이다. 먼저 총생산의 변화에 주목해 보자. 총생산은 노동 투입량이 증가하면 항상 증가한다. 단, 총생산의 증가 속도는 노동 투입량이 적은 단계에서는 노동 투입량이 증가할수록 빠르게 증가하다가 노동 투입량이 일정 수준을 넘어서면 증가 속도가 둔화한다.

한계생산은 총생산과 달리 처음에는 체증하다가 노동 투입량이 일정 수준을 넘어서면 체감한다. 〈표 2-4〉에서 한계생산은 노동 투입량이 4단위가 될 때까지는 증가하다가 4단위를 넘어서면 감소하기 시작한다. 노동 투입량이 적은 단계에서 한계생산이 체증하는 이유는 투입된 생산요소의 양이 적을 때는 생산요소를 추가로 투입할 때마다 평균생산비용이 줄어들기 때문이다. 그러다가 노동 투입량을 지속적으로 늘려 생산량이 일정 수준을 넘어서면 평균생산비용이 증가하기 시작하고 그로 인해 한계생산은 체감하기 시작한다. 이처럼 한계생산이 체증하다가 체감하기 때문에 [그림 2-20]의 총생산곡선은 S자 모양을 띤다.

평균생산 역시 생산요소 투입량이 적을 때는 체증하다가 생산요소 투입량이 일정 수준을 넘어서면 체감한다. 그런데 일반적으로 평균생산은 한계생산에 비해 체증에서 체감으로 변화의 방향이 바뀌는 속도가 느리다. 〈표 2-4〉에서 한계생산은 노동 투입량이 4단위를 넘어서면서 체감하기 시작하는 데 비해 평균생산은 노동 투입량이 7단위를 넘어서야 변화의 방향이 바뀌기 시작한다. 이러한 변화 시차 때문에 평균생산과 한계생산 간에는 다음과 같은 관계가 존재한다.

| 한계생산과 평균생산의 관계 | 평균생산의 변화 |
| --- | --- |
| $MP_L > AP_L$ | 증가 |
| $MP_L < AP_L$ | 감소 |
| $MP_L = AP_L$ | 최대 |

〈표 2-4〉에서 총생산의 증가 속도는 노동 투입량이 4단위를 넘어서면서 한계생

산이 체감하기 시작해도 둔화되지 않다가 노동량이 6단위를 초과하여 평균생산까지 체감하기 시작하면 비로소 둔화되기 시작하는데 이러한 현상 또한 평균생산과 한계 생산의 변화 속도 차이에서 비롯된 현상이다. 즉, 총생산의 증가 속도는 한계생산에 이어서 평균생산까지 체감하기 시작하는 시점부터 둔화된다.

## 3) 장기생산함수

생산활동이 장기화되면 단기에는 고정이었던 자본 $\overline{K}$ 의 투입량을 조정할 필요가 발생한다. 노동 투입량과 자본 투입량이 모두 변할 수 있게 되면 재화·서비스의 생산 함수는 다음과 같이 바뀌는데 이를 장기생산함수라고 한다.

$$Q_X = f(L, K)$$

이제 합리적인 생산자는 생산량을 극대화하기 위해 노동과 자본을 각각 얼마나 생산에 투입할지 결정해야 한다. 이를 달리 표현하면 생산량을 극대화하는 최적 생산 요소 투입량 조합을 찾는 것이다.

### (1) 등량곡선

[그림 2-21] 곡선 $S$는 일정량의 재화·서비스를 생산해 낼 수 있는, 두 생산요소의 투입량 조합들로 이루어진 곡선이다. 이 곡선상의 어떤 생산요소 조합을 생산에 투입해도 생산되는 재화·서비스의 양이 동일하다는 의미에서 이 곡선을 등량곡선(isoquant curve) 또는 등생산량곡선이라고 한다. 등량곡선은 앞서 수요 이론에서 소개한 무차별곡선의 생산이론 버전이라고 해도 무리가 없을 만큼 그 특성이 무차별곡선와 유사하다. 이러한 유사성을 강조하는 의미에서 등량곡선을 생산무차별곡선(production indifferent curve)이라고 부르기도 한다.

물론 무차별곡선이 소비 가능한 재화·서비스에 대한 소비자의 선호를 나타내는 곡선이고 등량곡선 또는 생산자무차별곡선은 재화·서비스를 생산하는 생산기술에 관

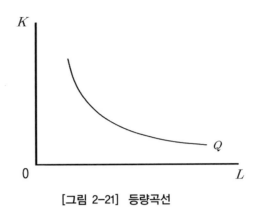

[그림 2-21] 등량곡선

한 생산자의 선호를 나타내는 곡선이라는 차이는 분명히 이해해야 한다. 등량곡선은 다음과 같은 특성을 가지고 있다.

- 우하향하는 모양을 갖는다.
- 오른쪽에 위치할수록 더 높은 수준의 생산량을 나타낸다.
- 겹치거나 교차하지 않는다.
- 원점에서 볼 때 볼록한 모양을 갖는다.

(2) 한계기술대체율

어떤 재화·서비스를 생산하는 데 두 종류의 생산요소 $X$, $Y$가 필요하다고 가정해 보자. 이 재화·서비스의 생산량을 일정 수준으로 유지하면서 생산요소 $X$의 투입량을 1단위 늘림으로써 대체할 수 있는(줄일 수 있는) 생산요소 $Y$의 투입량을 $X$의 한계기술대체율(Marginal Rate of Technical Substitution: MRTS)이라고 하고 다음과 같이 정의한다. 예를 들어, $X$의 한계기술대체율이 5라면 이는 $X$의 투입량을 1단위 늘리면 $Y$의 투입량을 5단위 줄일 수 있고 그렇게 $X$로 $Y$를 대체해도 재화·서비스의 생산량에는 아무런 변함이 없다는 것이다.

$$MRTS_{LK} = \left| \frac{\Delta K}{\Delta L} \right|$$

한계기술대체율은 이름이 의미하는 바 그대로 생산자의 생산 기술에 관한 것이다. 재화·서비스를 생산할 때 어떤 생산요소의 양은 늘림으로써 다른 생산요소의 양을 줄일 수 있다는 것은 생산자가 가진 기술력 또는 기술수준에 의해 좌우된다. 예를 들어, 노동과 자본 중에 노동을 사용하는 비용인 임금이 갑작스럽게 상승한 반면, 자본을 사용하는 비용인 이자율은 변함이 없다고 가정해 보자. 합리적인 생산자는 당연히 노동 사용량을 줄이는 대신 자본 사용량을 늘려 생산비용이 증가하지 않게 할 것이다.

그런데 모든 생산자가 이런 전략을 사용할 수 있는 것은 아니다. 이런 전략은 생산 작업 중 노동이 투입되어야만 할 수 있는 어떤 작업을 노동 대신 자본을 투입해서도 할 수 있는 기술력을 가진 생산자만이 사용할 수 있는 전략이다. 어떤 생산자는 노동을 10단위 줄이는 대신 자본을 1단위만 늘리면 이제까지 해 오던 생산을 그대로 해 나아갈 수 있는 기술력을 가진 반면, 어떤 생산자는 그 정도의 기술력을 가지고 있지 못해서 노동을 10단위 줄이려면 자본을 10단위 늘려야만 할 수도 있다. 이 경우, 두 생산자 중 전자의 한계기술대체율은 1/10=.1이고 후자의 한계기술대체율은 10/10=1인데, 전자 생산자는 자본 1단위만 있으면 노동 10단위를 필요로 하는 생산 작업을 해낼 수 있는 기술력을 가지고 있는 반면, 후자 생산자는 자본 10단위가 있어야만 노동 10단위를 필요로 하는 작업을 해낼 수 있는 정도의 기술력밖에 가지고 있지 않다는 것을 의미한다. 이 말을 달리 표현하면 높은 수준의 기술을 가진 전자 생산자에게는 자본이 노동보다 훨씬 가치 있는 생산요소인 반면, 낮은 수준의 기술을 가진 후자 생산자에게는 노동과 자본이 동일 가치를 가진 생산요소라는 것을 뜻한다. 따라서 한계기술대체율은 투입량을 늘리려는 생산요소가 가진, 투입량을 줄이려는 생산요소에 대한 상대적 가치를 나타내는 값임을 알 수 있다.

위의 예에서 높은 수준의 기술을 가진 전자 생산자의 한계기술대체율이 .1인 것은 노동과 자본을 비교할 때 노동의 상대적 가치가 자본의 .1밖에 되지 않는다는 것이고 기술수준이 낮은 후자 생산자의 한계기술대체율이 1이라는 이 생산자에게 있어서 노동의 상대적 가치는 자본의 가치와 다를 바 없다는 것을 말해 준다.

수요 이론에서 한계대체율이 무차별곡선의 기울기였던 것과 마찬가지로 생산에서는 한계기술대체율이 등량곡선의 기울기이다. 다시 말하면, 등량곡선상의 모든 생산요소 투입량 조합 각각에 해당하는 한계기술대체율이 바로 등량곡선의 기울기라는 것이다.

$$MRTS = 등량곡선의\ 기울기$$

한계대체율이 체감법칙을 따르는 것과 마찬가지로 한계기술대체율도 체감법칙을 따른다. 즉, 생산에 필요한 두 요소 노동과 자본 중 어느 한 생산요소의 투입량을 늘려 다른 생산요소를 대체하면 할수록 투입량을 늘리는 생산요소의 한계기술대체율은(즉, 상대적 가치는) 감소한다.

### (3) 등비용곡선

합리적인 생산자는 생산을 극대화하기 위해 어떤 생산요소를 얼마나 투입할지를 결정할 때 자신이 어느 수준까지의 총생산비용을 감당할 수 있는지를 고려하지 않을 수 없다. 즉, 총생산비용은 생산을 극대화하고자 하는 생산자가 직면해야 하는 제약조건이다. 생산자가 직면하는 비용 제약을 나타내는 곡선을 등비용곡선이라고 한다. [그림 2-23]에서 $C$는 생산자가 지출할 수 있는 총생산비용(이하 '생산비용')이다. 모든 생산비용은 노동과 자본을 구입하는 비용이므로 생산비용 $C$를 다음과 같이 정의할 수 있다.

$$C = P_L L + P_K K$$

$P_L$: 노동 1단위 구입비용

$L$: 노동량

$P_K$: 자본 1단위 구입비용

$K$: 자본량

위의 식을 노동 $L$에 대해서 정리하면 이 식은 자본과 노동 각각을 수직축과 수평축으로 하는 [그림 2-22] (a)의 좌표에 우하향 기울기를 가진 곡선으로 표현되는데 이 곡선이 바로 등비용곡선이다.

$$L = -\frac{P_K}{P_L}K + \frac{C}{P_L}$$

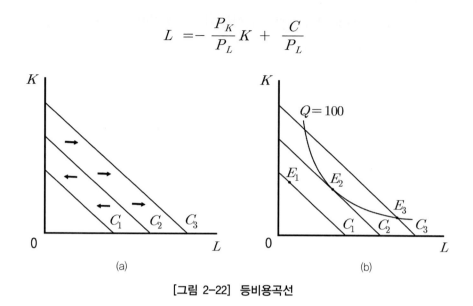

[그림 2-22] 등비용곡선

등비용곡선의 기울기는 두 생산요소의 비용의 비(cost ratio), 즉 두 생산요소 비용의 상대적 크기를 나타내는 값이다. 등비용곡선의 위치는 더 큰 생산비용에 해당하는 등비용곡선일수록 더 위쪽 또는 원점으로부터 더 멀리 떨어진 곳에 위치한다. 따라서 더 높은 위치에 있는 등비용곡선이 더 낮은 위치에 있는 등비용곡선보다 더 큰 규모의 생산비용을 나타내는 등비용곡선이다.

[그림 2-22] (b)의 $E_1$, $E_2$, $E_3$은 각기 다른 등비용곡선상의 점이다. 이 가운데 $E_2$는 등비용곡선과 등량곡선이 만나는 점이다. 등비용곡선과 등량곡선이 만난다는 것은 그 접점이 다음의 조건을 만족하는 점이라는 것을 의미하며, 동시에 등비용곡선에 해당하는 비용 제약하에서 어떤 재화·서비스를 등량곡선이 나타내는 양만큼 생산하는 데 드는 비용을 최소화하는, 두 생산요소 $X$, $Y$의 최적 투입량 조합이라는 것을 의미한다.

> 등비용곡선의 기울기 = 등량곡선의 기울기

합리적인 생산자는 주어진 비용 제약하에서 생산을 극대화하기 위해 바로 이 최적 생산요소 투입량 조합을 찾아야 하는데 이를 가리켜 합리적 생산자 의사결정이라고 한다. 예를 들어, 어떤 재화·서비스 100단위를 1억원의 생산비용을 가지고 생산해야 한다고 가정해 보자. [그림 2-22] (b)에서 1억원의 생산비용을 나타내는 등비용곡선은 $C_2$이고 100단위의 생산량을 나타내는 등량곡선은 $Q$이며 생산자가 $E_3$ 조합만큼의 노동과 자본을 생산에 투입한다고 가정해 보자.

$E_3$에 해당하는 생산활동을 하면 $C_2$보다 큰 $C_3$ 만큼의 생산비용이 발생하지만 생산할 수 있는 재화·서비스의 최대량은 생산비용이 $C_2$일 때의 최대 생산량과 동일하다. 따라서 $E_3$이 $E_2$보다 비효율적인 생산요소 투입량 조합이라는 것을 알 수 있다.

합리적인 생산자는 당연히 자본의 투입량을 줄이는 대신 노동의 투입량을 늘리는 의사결정을 통해 생산요소 투입량 조합을 $E_3$에서 $E_2$로 바꿀 것이다. $E_2$로의 이동은 생산량을 100단위로 유지하되 생산비용은 $C_2$로 낮추는 결과를 가져온다. 따라서 $E_2$가 $E_3$보다 비용 절감면에서 더 효율적인 조합이다.

$E_2$와 $E_1$을 비교하면 어떤가? 두 생산요소를 $E_1$에 해당하는 만큼의 사용하여 재화·서비스를 생산할 경우, 생산비용은 최소가 되지만 재화·서비스의 생산량이 100단위보다 적어지므로 $E_1$ 역시 $E_2$에 비해 효율적이지 않은 조합이다. 따라서 $E_1$, $E_2$, $E_3$ 중 100단위의 재화·서비스를 생산하면서 비용을 최소화할 수 있는 최적 생산요소 투입량 조합은 $E_2$라는 것을 알 수 있다.


## 8. 생산자 선택 이론: 이윤 극대화

생산비용을 최소화하는 생산요소의 최적 조합을 찾아 사회보장 재화·서비스를 생산할 수 있게 되었다면 이제 생산자는 시장에 공급할 재화·서비스의 양을 결정해야 한다. 이윤을 극대화하기 위해서는 비용을 최소화함과 동시에 다음의 질문에 대한 답을 찾아야 한다.

> 이윤을 극대화하는 재화·서비스의 최적 생산량은 얼마인가?

비용 최소화는 이윤 극대화를 위한 필요조건일 뿐 충분조건은 아니다. 앞에서 살펴본 바와 같이 비용 최소화는 어떤 생산요소를 얼마나 사용하여 생산할 것인가에 관한 문제이다. 최소 비용으로 재화·서비스를 생산할 수 있다고 하더라도 시장수요에 부합하지 않는 양의 재화·서비스를 생산한다면 이윤 극대화는 불가능하다. 생산자 선택 이론이 비용 최소화에 관한 이론과 이윤 극대화에 관한 이론으로 나누어 이해해야 하는 이유는 바로 이 때문이다.

## 1) 이윤

이윤(profit)은 생산비용과 판매수입 간의 차이이다. 따라서 이윤을 극대화하려면 가능한 한 낮은 비용을 들여 재화·서비스를 생산하고 가능한 한 높은 가격을 받고 판매해야 한다. 그런데 재화·서비스의 가격은 시장에서 이루어지는 수요와 공급의 균형에 의해 결정되는 외생변수이다. 즉, 모든 경제주체가 그러하듯이 생산자는 가격을 결정하는 주체가 아니라 시장에서 결정된 가격을 받아들여야 하는 가격 수용자라는 것이다. 그렇기 때문에 이윤을 극대화하기 위해서 생산자가 할 수 있는 일은 자신이 생산하는 재화·서비스의 최적 생산량을 찾는 것이다.

### (1) 수입

생산자에 의해서 생산된 모든 재화·서비스는 시장을 통해 판매된다고 가정한다. 따라서 생산량과 판매량은 항상 일치한다. 시장에서 거래되는 재화·서비스의 가격을 $P$, 총판매량을 $Q$라고 하면 생산자의 총수입 $TR$(total revenu)은 다음과 같이 정의되는 개념이다. 총수입은 총판매량이 증가하거나 가격이 상승하면 증가한다. 단, 총판매량이 일정 수준을 넘게 되면 재화·서비스의 가격이 하락하여 총수입이 감소한다고 가정한다.

$$TR = P \times Q$$

(2) 평균수입과 한계수입

그럼 이제 이윤을 극대화하는 재화·서비스의 최적 생산량이 어떻게 결정되는지를 이해하기 위해 평균수입과 한계수입이라는 두 가지 비용 개념을 먼저 이해해 보기로 하자. 평균수입(Average Revenue: AR)은 재화·서비스를 1단위 판매하여 얻을 수 있는 수입으로서 다음과 같이 총수입을 재화·서비스의 판매량으로 나눈 값, 즉 재화·서비스 1단위의 가격 $P$이다.

$$AR = \frac{TR}{Q} = P$$

앞서 우리는 수요곡선이 소비자가 가진 특정 가격에서 재화·서비스를 구매할 의사를 나타내는 곡선이라 정의한 바 있는데 수요자의 수요곡선이 생산자에게는 평균수입곡선이다. 앞서 말한 바와 같이 생산자는 가격 수용자이다. 생산자가 결정할 수 있는 것은 주어진 시장가격에서 자신이 생산할 재화·서비스의 양인데 그것은 다름 아닌 '특정 가격에서 재화·서비스를 생산하고자 하는 생산자의 의사'이다. 합리적인 생산자는 당연히 소비될 양만큼의 재화·서비스를 생산할 것이다. 그보다 많거나 적은 양의 재화·서비스를 생산하며 손해를 보거나 더 얻을 수 있는 이윤을 포기하는 상황이 벌어지기 때문이다.

위의 식에서 평균수입은 재화·서비스 1단위의 가격이고, 이 가격은 재화·서비스가 시장에서 거래되는 가격인 시장가격(market price)이다. 그리고 생산된 재화·서비스는 그 시장가격에서 시장을 통해 모두 소비되기 때문에 재화·서비스의 생산량이 곧 판매량이고 동시에 소비량이므로 다음의 등식이 성립한다. 따라서 소비자의 수요곡선이 생산자에게는 평균수입곡선이라는 것을 알 수 있다.

| 소비자가 시장가격을 지불하고 구매할 의사가 있는 재화·서비스의 양. 즉, 시장가격이 변할 때마다 변화된 시장가격에서의 소비량 | = | 생산자가 시장가격을 받고 판매할 의사가 있는 재화·서비스의 양. 즉, 시장가격이 변할 때마다 변화된 시장가격에서의 판매량 |
|---|---|---|
| ⇩ | | ⇩ |
| 소비자의 수요곡선 | = | 생산자의 평균수입곡선 |

한계수입(Marginal Revenue: MR)은 재화·서비스를 1단위 더 판매할 때 추가로 얻게 되는 수입이며 다음과 같이 정의된다.

$$MR = \frac{\triangle TR}{\triangle Q}$$

〈표 2-5〉는 재화·서비스의 판매량(생산량)이 변할 때 총수입, 평균수입, 한계수입이 어떻게 변하는지를 보여 주는 예이다. 판매량이 적을 때는 판매량이 증가할 때마다 총수입이 증가한다. 그러나 판매량이 일정 수준을 넘어서면 판매량이 증가할 때 총수입이 감소한다. 즉, 판매량과 총수입은 [그림 2-23]과 같이 위로 볼록한 포물선 관계를 갖는다.

**〈표 2-5〉 제품 판매에 따른 평균수입, 총수입, 한계수입 예시**

| 판매량<br>($Q$) | 가격<br>$P = AR$<br>(평균수입) | 총수입<br>($TR$) | 한계<br>수입<br>($MR$) |
|---|---|---|---|
| 0 | – | – | – |
| 1 | 300 | 300 | 300 |
| 2 | 275 | 550 | 250 |
| 3 | 250 | 750 | 200 |
| 4 | 225 | 900 | 150 |
| 5 | 200 | 1,000 | 100 |
| 6 | 175 | 1,050 | 50 |
| 7 | 150 | 1,050 | – |
| 8 | 125 | 1,000 | -50 |
| 9 | 100 | 900 | -100 |
| 10 | 75 | 750 | -150 |

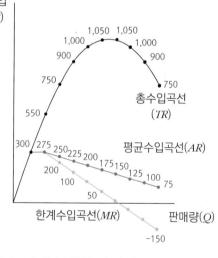

[그림 2-23] 총수입곡선, 평균수입곡선, 한계수입곡선

출처: 이재원 외. (2021). 행정과 경제. 윤성사. p. 82의 표와 그래프를 수정하여 제시함.

평균수입과 한계수입은 모두 판매량이 증가할 때마다 감소한다. [그림 2-23]에 제시된 한계수입곡선과 평균수입곡선을 비교해 보면 한계수입곡선의 기울기가 평균수입곡선보다 가파른 것을 볼 수 있다. 이는 판매량이 증가할 때 한계수입이 평균수입보다 빠르게 감소한다는(변한다는) 것을 뜻한다.

〈표 2-5〉에서 총수입이 더 이상 증가하지 않기 시작하는 시점은 한계수입이 0이되는 시점과 일치한다. 한계수입이 0이라는 것은 재화·서비스를 1단위 더 판매하더라도 추가 수입이 전혀 발생하지 않는다는 것이다. 그렇게 되면 총수입은 당연히 더 이상 증가하지 않는다.

한계수입이 0이 되어 총수입이 더 이상 증가하지 않음에도 불구하고 재화·서비스 판매를 계속해서 판매하면 재화·서비스를 추가로 판매할 때마다 음(−)의 수입, 즉 손실이 발생하고 그렇게 되면 총수입은 당연히 감소한다. 따라서 합리적인 생산자라면 재화·서비스의 판매량을 한계수입이 0이 되기 전까지는 지속적으로 한계수입이 0이되면 멈춰야 한다.

이 논리를 적용하면 〈표 2-5〉에서 합리적인 생산자가 선택해야 하는 재화·서비스의 최대 판매량은 6단위이다. 그런데 이 논리를 적용하는 데 있어서 한 가지 주의해야 할 사항이 있다. 재화·서비스를 최대 6단위까지만 판매하기로 하는 선택은 수입측면만을 고려한 최선의 선택이다. 앞서 정의한 바와 같이 이윤은 수입과 비용의 함수이다. 따라서 이윤 극대화를 추구하는 합리적 생산자는 다음과 같은 질문에 대해 생각해 봐야 한다.

---

총수입 극대화 관점에서 보면 한계수입이 0이 되기 직전까지 판매량을 늘리는 것이 가장 바람직하지만 이윤 극대화 관점에서 보더라도 과연 그러한가?

---

## 2) 비용

이윤을 결정하는 두 번째 요소는 비용이다. 비용은 다음과 같이 총비용, 한계비용, 평균비용으로 구분한다. 재화·서비스의 생산량이 변할 때 이 세 가지 비용이 어떻게 변하며 이들 간에 어떤 관계가 있는지 〈표 2-6〉의 예를 통해 살펴보기로 하자.

| 총비용(Total Cost: TC) | 재화·서비스를 생산하는 데 소요되는 전체 비용 |
|---|---|
| 한계비용(Marginal Cost: MC) | 재화·서비스 판매량을 1단위 늘릴 때 발생하는 추가 비용 |
| 평균비용(Average Cost: AC) | 총비용을 재화·서비스의 판매량으로 나눈 비용 |

〈표 2-6〉에서 재화·서비스의 생산량이 0일 때 총비용과 한계비용이 0이 아닌 이유는 생산활동을 하기 위해 초기 비용, 즉 필요한 시설, 장비 등의 기본 자본을 갖추는 데 비용이 들기 때문이다. 생산량이 0이라는 것은 그런 자본은 갖춰져 있으나 아직 자본에 노동을 투입하여 재화·서비스를 만들어 내지는 않았다는 것이다.

재화·서비스의 생산량이 많지 않은 초기 생산 단계에서 평균비용은 생산량이 증가할 때 감소한다. 그러다가 생산량이 일정 수준을 넘어서면 증가하기 시작한다. 한계비용도 초기 단계에는 체감하다 일정 수준이 지나면 체증하는 유사한 변화 양상을 보인다. 그런데 한계비용이 체감에서 체증으로 바뀌는 시점이 평균비용보다 빠르다. 〈표 2-6〉에서 한계비용은 재화·서비스를 4단위째 생산할 때부터 증가하기 시작하

**〈표 2-6〉 생산량에 따른 한계비용, 총비용, 평균비용 예시**

| 생산량 (개) | 한계비용 (MC) | 총비용 (TC) | 평균비용 (AC) |
|---|---|---|---|
| 0 | 200 | 200 | – |
| 1 | 100 | 300 | 300 |
| 2 | 50 | 350 | 175 |
| 3 | 30 | 380 | 127 |
| 4 | 50 | 430 | 108 |
| 5 | 100 | 530 | 106 |
| 6 | 170 | 700 | 117 |
| 7 | 300 | 1,000 | 143 |
| 8 | 500 | 1,500 | 188 |
| 9 | 750 | 2,250 | 250 |
| 10 | 1,000 | 3,250 | 325 |

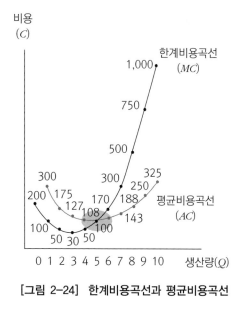

[그림 2-24] 한계비용곡선과 평균비용곡선

출처: 이재원 외. (2021). 행정과 경제. 윤성사. p. 83의 표와 그래프를 수정하여 제시함.

는 데 비해 평균비용은 6단위째 생산부터 증가한다. 또한 평균비용이 체감에서 체증으로 바뀌는 시점 전후로 그 전까지는 한계비용이 평균비용보다 낮은 수준에 머물러 있다가 그 시점부터 한계비용이 평균비용보다 커지기 시작한다.

한계비용과 평균비용 간의 이러한 관계는 [그림 2-24]의 한계비용곡선과 평균비용곡선이 모두 아래로 볼록한 포물선 모양을 하고 있고, 한계비용곡선의 최저점이 평균비용곡선의 최저점보다 생산량 축의 앞쪽(원점에 더 가까운 쪽)에 위치해 있으며, 한계비용곡선이 최저점을 지나 우상향하면서 평균비용곡선의 최저점을 지나 평균비용곡선보다 위쪽에 위치하는 모양으로 표현되어 있다.

앞서 언급한 바와 같이 생산 초기 단계에서는 생산규모가 커질수록 평균비용이 감소하는데 이러한 현상이 나타나는 것을 가리켜 '규모의 경제(economies of scale)가 존재한다'고 한다. 이와 반대로 생산량이 증가할 때 평균생산비가 함께 증가하는 현상이 나타나면 '규모의 불경제(diseconomies of scale)가 존재한다'라고 한다. 그리고 생산량이 변해도 평균비용에서 아무런 변화가 나타나지 않는 현상을 '규모경제불변'이라고 일컫는다. 〈표 2-6〉의 예에서 생산량이 0~5개까지 증가하는 구간이 평균비용이 감소하는 규모의 경제 구간이고, 6~10개 구간은 평균비용이 증가하는 규모불경제 구간이다.

재화·서비스의 생산량이 증가할 때 규모의 경제가 발생한다면 생산하는 재화·서비스의 종류가 많아질 때는 범위의 경제(economies of scope)가 발생하여 평균비용이 감소한다. 한 개의 사회복지관에서 특정 연령층을 위한 서비스만이 아니라 하나의 서비스를 다양한 연령대의 클라이언트 각각의 특성에 맞게 변형하여 여러 가지 서비스를 제공하거나, 여러 대상 집단을 위해 다양한 사회보장급여를 생산할 때 공동으로 사용할 수 있는 생산시설이나 서비스 연계 및 의뢰체계를 갖추고 있다면 범위의 경제를 실현할 수 있다.

이와 반대로 관련성을 찾아보기 힘든 여러 종류의 사회서비스를 하나의 생산 주체가 모두 생산하는 문어발식 생산은 당연히 생산 효율성을 떨어뜨리는 결과를 가져올 것이며 그로 인해 규모의 불경제가 발생할 수 있다. 이런 비효율적인 생산활동은 이용자의 복지 증진보다 지역사회에서의 기관의 인지도나 기관의 명성(fame)에 더 관심을 기울이는 주체들에게서 주로 나타나는 경향이 있다.

## 3) 이윤 극대화 조건

이윤은 총수입과 총비용에 의해 결정된다. 그런데 앞에서 살펴본 바와 같이 총수입과 총비용은 모두 재화·서비스의 생산량에 의해 영향을 받으므로 이윤 또한 재화·서비스의 생산량에 의해 영향을 받는다. 이윤 $\pi$, 총수입 $TR$, 총비용 $TC$, 생산량 $Q$ 간의 이러한 관계는 다음과 같은 생산량의 함수로 표현할 수 있다.

$$\pi(Q) = TR(Q) - TC(Q)$$

이윤을 극대화하고자 하는 합리적인 생산자는 위의 식이 최대값을 갖게 만드는 재화·서비스 생산량을 찾아야 한다. 이윤을 극대화하는 최적 생산량은 다음과 같은 방법을 통해 구할 수 있다

이윤함수 $\pi(Q) = TR(Q) - TC(Q)$를 생산량 $Q$로 미분한 미분함수값이 0이 되게 하는 생산량만큼 생산하면 이윤이 최대가 된다. 이를 식으로 표현하면 다음과 같다. 따라서 이윤 극대화 생산량은 $MR = MC$가 되게 하는 생산량이다.

$$\frac{d\pi(Q)}{dQ} = \frac{dTR(Q)}{dQ} - \frac{dTC(Q)}{dQ} = MR(Q) - MC(Q) = 0$$

이윤은 재화·서비스의 생산량을 한계수입 $MR$과 한계비용 $MC$가 일치할 때까지 늘릴 때 최대가 된다. 이 조건을 가리켜 이윤극대화 조건이라고 한다.

이윤 극대화 조건: $MR = MC$

〈표 2-7〉은 생산량이 변할 때 총수입, 총비용, 이윤이 어떻게 변하는지 보여 주는

예이고 [그림 2-25]는 $MR = MC$ 조건을 만족시키는 생산량에서 이윤이 최대가 됨을 보여 주는 그래프이다. 〈표 2-7〉에서 이윤은 생산량이 4단위일 때와 5단위일 때 모두 최대이지만 한계비용과 한계수입이 일치하는 현상은 생산량이 5단위일 때 나타난다. 따라서 이윤을 극대화하는 생산량은 5단위이다.

〈표 2-7〉 재화·서비스의 생산과 판매에 따른 이윤 분포

| 생산량 (개) | 이윤=총수입-총비용 | | | 한계수입과 한계비용 | |
|---|---|---|---|---|---|
| | 총수입 | 총비용 | 이윤(원) | 한계수입 | 한계비용 |
| 0 | – | 200 | -200 | | 200 |
| 1 | 300 | 300 | – | 300 | 100 |
| 2 | 550 | 350 | 200 | 250 | 50 |
| 3 | 750 | 380 | 370 | 200 | 30 |
| 4 | 900 | 430 | 470 | 150 | 50 |
| 5 | 1,000 | 530 | 470 | 100 | 100 |
| 6 | 1,050 | 700 | 350 | 50 | 170 |
| 7 | 1,050 | 1,000 | 50 | – | 300 |
| 8 | 1,000 | 1,500 | -500 | -50 | 500 |
| 9 | 900 | 2,250 | -1,350 | -100 | 750 |
| 10 | 750 | 3,250 | -2,500 | -150 | 1,000 |

재화·서비스의 생산량을 이 최적 수준을 초과하여 늘리면 어떤 일이 벌어지는가? 생산량이 8단위가 되기 전까지는 생산량을 늘릴 때마다 이윤이 계속해서 발생하지만 이윤의 양은 생산량이 5단위일 때에 비해 줄어든다. 따라서 이윤 극대화를 추구하는 합리적인 생산자라면 최대 이윤보다 줄어든 이윤을 얻기 위해서 높은 한계비용을 감수하면서까지 재화·서비스의 생산량을 늘리겠다는 결정을 내리지는 않는다.

[그림 2-25]에서 총수입곡선은 생산량이 적을 때는 빠르게 증가하다가 생산량이 4단위를 초과하면서부터 증가세가 둔화하기 시작하고 생산량이 7단위를 초과하면 감소하기 시작한다. 이와 반대로 총비용곡선은 생산량이 적을 때는 완만하게 증가하다가 생산량이 4단위를 넘어서면서부터 빠르게 증가하기 시작하는 모양을 보이고 있다.

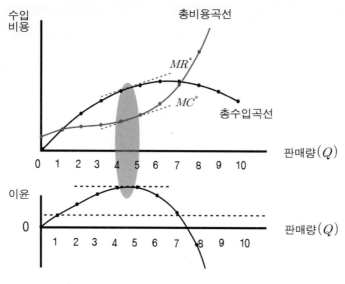

**[그림 2-25]　이윤 극대화 조건: MR = MC**

출처: 이재원 외. (2021). 행정과 경제. 윤성사. p. 85의 표와 그래프를 수정하여 제시함.

　재화·서비스의 생산이 시작되면 이 두 곡선 간의 간격이 총수입과 총비용 간의 차이를 의미하므로 각각의 생산량에 해당하는 두 곡선 간의 간격이 바로 각 생산량에서 생산자가 얻게 되는 이윤의 크기를 나타낸다. [그림 2-25]의 이윤곡선은 각각의 생산량에 해당하는 두 곡선 간의 간격을, 이윤과 판매량이 각각 수직축과 수평축인 좌표에 표시하여 연결한 곡선이다.

　[그림 2-25]에서 재화·서비스의 생산량이 어떤 한 값 $u$에서 1단위 큰 값인 $u+1$로 증가한다고 가정해 보자. 총수입곡선과 접하는 접선의 기울기는 생산량이 $u$에서 $u+1$로 변할 때의 한계수입 $MR$이고, 총비용곡선과 접하는 접선의 기울기는 생산량이 $u$에서 $u+1$로 변할 때의 한계비용 $MC$이다.

> 총수입곡선의 기울기 = 한계수입 $MR$
> 총비용곡선의 기울기 = 한계비용 $MC$

[그림 2-25]에서 한계수입과 한계비용은 생산량이 4단위에서 5단위로 바뀔 때 일치한다. 물론 두 곡선 간의 간격이 이윤이라는 사실을 기억한다면 두 곡선 간의 간격이 생산량이 5단위일 때 가장 커지는 것만 보더라도 이윤의 크기는 생산량이 5단위일 때 최대가 된다는 것을 쉽게 이해할 수 있다.

재화·서비스의 생산량이 5단위를 넘어서면 두 곡선 간의 간격이 생산량이 5단위일 때보다 좁아지기 시작하므로 이윤이 감소하기 시작하고, 생산량이 7단위를 넘어서면 총비용곡선이 총수입곡선보다 위쪽에 위치하게 되어 음(-)의 이윤, 즉 손실이 발생하기 시작한다는 것을 직관적으로 알 수 있다.

## 9. 시장균형 I

어떤 재화·서비스에 대한 수요와 공급이 일치하여 시장균형가격과 균형거래량이 결정되면 시장균형이 이루어진다. 이러한 시장균형은 시장에 초과이윤이 존재하는지 여부에 따라 단기균형과 장기균형으로 구분한다.

### 1) 단기균형 I: 초과이윤 발생 상황

생산자 입장에서 시장균형은 이윤극대화를 추구하는 생산자가 다양한 시장조건 하에서 최적의 (생산량, 이윤) 조합을 찾아냈다는 것을 의미한다. 이윤은 수입과 비용의 차이이다. 시장의 수요곡선은 생산자에게 자신이 얻을 수 있는 수입에 관한 정보를 제공하며, 재화·서비스를 생산하는 데 드는 비용은 공급곡선을 만들어 낸다.

완전경쟁시장에 참여하는 모든 생산자는 가격 수용자이므로 생산자는 시장에서 형성된 균형가격을 그대로 수용하면서 자신의 이윤을 극대화할 수 있는 최적 생산량을 결정한다. 물론 생산된 제품은 모두 시장의 균형가격에서 거래되고 소비된다.

[그림 2-26] (a)는 시장에 가격과 생산량 간에 균형이 이루어진 경우이다. 수요와 공급이 교차하는 $E$에서 균형가격 $P_M{}^*$와 균형생산량 $Q_M{}^*$이 결정된다. 이때, 중요

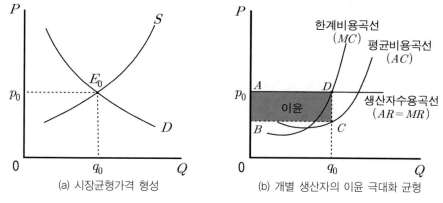

[그림 2-26] 완전경쟁시장의 단기균형

한 것은 균형가격의 수준이다. 다시 강조하건대, 개별 생산자는 시장에서 형성된 균형가격에 대해 아무런 영향을 미치지 못하며 균형가격을 수용해야 한다. 따라서 개별 생산자가 직면하는 시장의 수요곡선(이하 '시장수요곡선' 또는 '수요곡선')은 가격을 나타내는 수평축의 절편이 균형가격인 수평선 모양을 띠게 된다. 물론 완전경쟁시장에서 총수요곡선이 우하향 기울기를 갖는 곡선이라는 사실에는 변함이 없다. 다만, 가격 수용자인 개별 생산자가 직면하는 생산자 수요곡선은 수평선이라는 것이다.

[그림 2-26] (b)는 개별 생산자의 생산균형이 어떤 논리에 의해서 결정되는지 보여준다. 앞서 말한 바와 같이, 개별 생산자가 받아들여야 하는 균형가격 $P_M{}^*$는 개별 생산자가 직면한 시장수요곡선이다. 재화·서비스의 생산량이 얼마이든 시장에서 재화·서비스가 거래되는 가격은 균형가격으로 고정이므로 모든 생산자는 균형가격에서만 재화·서비스를 판매할 수 있다. 따라서 [그림 2-26] (a)에서 가격 수용자인 생산자에게는 평균수입곡선 $AR$이 곧 수요곡선이다. 왜냐하면 수요곡선이 나타내는 바는 특정 시장가격에서 소비자가 재화·서비스를 얼마나 구입할 의사가 있는지이고, 바로 그 특정 시장가격으로 재화·서비스의 총구입량을(즉, 생산량을) 나눈 값이 생산자가 얻게 되는 재화·서비스 1단위당 평균수입이기 때문이다.

시장수요곡선 = 가격 수용자인 생산자의 평균수입곡선

수요곡선이 수평 상태를 유지하는 한 한계수입 $MR$은 평균수입 $AR$과 동일하다. 생산자는 반드시 비용 제약을 고려한 상태에서 이윤을 극대화할 수 있는 재화·서비스의 최적 생산량을 찾아야 한다. [그림 2-26] (b)의 평균비용곡선은 생산자가 재화·서비스의 생산량을 달리할 때 평균비용이 어떻게 달라지는지 보여 주는 곡선이다. 평균비용이 감소 국면에 있을 때 한계비용곡선은 평균비용곡선보다 아래쪽에 위치한다. 평균비용이 상승하는 국면에서는 이와 정반대로 한계비용곡선이 평균비용곡선보다 위쪽에 위치한다. 따라서 한계비용곡선이 평균비용곡선과 교차하는 점이 평균비용곡선의 최저점이라는 것을 알 수 있다.

이와 같은 수입 및 비용 조건하에서 생산자가 내릴 수 있는 최적의 의사결정은 재화·서비스의 생산량을 한계수입 $MR$과 한계비용 $MC$가 일치하는 수준으로 정하는 것이다. [그림 2-26] (b)의 $D$는 $MR = MC$ 조건을 만족하는 균형점이다. 균형점 $D$에서 기업은 재화·서비스를 $q_0$만큼 생산하므로 기업의 총매출액, 즉 총수입은 사각형 $A0q_0D$이다. 또한 균형점이 $D$일 때 재화·서비스 1단위당 생산에 소요되는 비용인 평균비용은 평균비용곡선상의 점 $C$이고 이에 해당하는 균형생산량 $q_0$과 평균비용을 곱한 값이 기업의 총비용이므로 총비용은 사각형 $B0q_0C$이다. 따라서 총수입에서 총비용을 제외한 사각형 $ABCD$가 기업이 얻는 단기이윤임을 알 수 있다.

## 2) 단기균형 II: 손실 발생 상황

완전경쟁시장에서 기업의 단기이윤은 장기간 지속되지 않는다. 시장에 이윤이 존재한다는 것이 알려지면 시장균형가격에서 이윤을 창출할 수 있는 비용조건을 가진 다른 생산자들이 자유롭게 시장에 참여하여 기존의 기업들과 이윤을 놓고 경쟁을 벌인다. 그 결과, 이윤이 사라지고 더 나아가서는 손실이 발생하는 상황이 벌어진다.

다수의 기업이 시장에 뛰어들어 동질적인 재화·서비스를 생산하기 시작하면 공급이 증가한다. 공급이 늘면 [그림 2-27] (a)에서 $S_0$이던 공급곡선이 $S_1$으로 우측 이동하고 $E_1$에서 수요와 공급의 새로운 균형이 이루어진다. 그 결과, 시장균형가격은 $P_0$에서 $P_L$로 하락한다. 시장가격이 하락해도 생산자의 이윤 극대화 조건 $MR =$

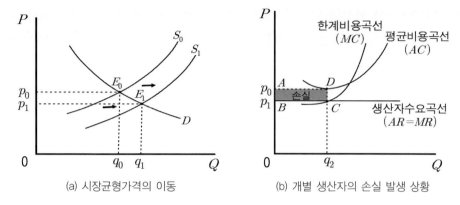

[그림 2-27] 완전경쟁시장의 공급과잉에 따른 손실발생 상황

$MC$은 변함이 없다. 따라서 생산자 균형은 새로운 시장균형가격 $P_L$에 의해 결정된 평균수입곡선 $AR=MR$과 한계비용곡선 $MC$가 만나는 $C$점에서 이루어지는데 $C$는 평균비용곡선보다 낮은 쪽에 위치한 점이다.

이렇게 되면 생산자의 총수입은 낮아진 가격 $P_L$과 그 가격에서의 재화·서비스 생산량 $q_2$의 곱인 사각형 $0BCq_2$가 된다. 그러나 생산자가 재화·서비스를 $q_2$만큼 생산할 때 재화·서비스 1단위당 생산에 소요되는 평균비용은 평균비용곡선 $AC$상의 $D$이므로 생산자의 총비용은 사각형 $0ADq_2$이다. 따라서 시장균형가격 $P_L$에서 $q_2$ 만큼의 재화·서비스를 생산하는 생산자에게는 사각형 $ABCD$ 만큼의 손실이 발생한다.

## 3) 장기균형: 정상이윤 지속 상황

앞에서 살펴본 바와 같이 초과이윤[16]이 발생하여 많은 생산자가 시장에 진입하면 공급곡선이 우측으로 이동하고, 시장가격이 하락한다. 그 결과, 손실이 발생하면 손실을 입은 생산자들이 시장에서 이탈하여 재화·서비스의 공급량이 감소하므로 공급곡선이 좌측으로 이동한다. 이와 같이 초과이윤과 손실이 번갈아 발생하고 조정되는

---

16) 완전경쟁시장에서 정상이윤을 초과하는 이윤. 정상이윤이란 생산자가 현재의 경제 활동을 계속하게 하는 보상으로 작용하는 최소한의 대가를 의미한다. 완전경쟁시장에서 정상이윤은 개념적으로 생산자의 비용(비용곡선)에 포함된다고 가정한다. 따라서 단기균형에서 발생하는 이윤은 초과이윤이다.

과정이 반복되면 완전경쟁시장은 장기적으로는 생산자들이 더 이상 초과이윤을 노리고 시장에 진입하지도 않고 손실을 입어 시장에서 탈퇴하지도 않는 장기균형 상태에 다다르게 된다.

[그림 2-28] (b)는 완전경쟁시장에 장기균형이 이루어진 상황이다. 완전경쟁시장의 장기균형점 $A$는 수평인 평균수입곡선(즉, 생산자수요곡선)이 한계비용곡선과 만나는 점이므로 비용이 최소화되고 이윤이 극대화되는 점이다. 또한 장기균형점 $A$는 평균수입곡선이 평균비용곡선의 최저점과 접하는 점이므로 총수입과 총비용이 일치하는 점이다. 생산자의 총비용과 총수입이 일치하면 생산자는 초과이윤이나 손실 없이 정상이윤만 얻게 된다. 따라서 완전경쟁시장이 형성되면 초과이윤이 발생하지 않는 동시에 생산자들이 가장 낮은 비용 조건에서 제품을 생산하는 효율성이 창출된다.

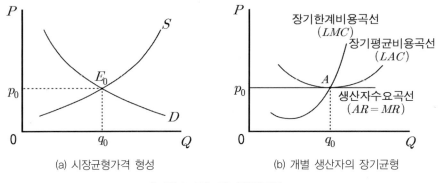

(a) 시장균형가격 형성                    (b) 개별 생산자의 장기균형

**[그림 2-28] 장기시장균형**

## 10. 시장균형 Ⅱ: 일반균형

앞서 저자는 시장균형을 협의 개념과 광의 개념으로 구분하고, 전자에 해당하는 시장균형을 어떤 재화·서비스에 대한 수요와 공급을 일치시키는 시장균형가격과 그 균형가격에서의 거래량이 결정되어 해당 재화·서비스의 가격과 거래량이 안정 상태에 있게 되는 현상이라 정의한 바 있다.

그렇다면 광의 시장균형은 어떤 개념인가? 일단 광의 시장균형을 가리켜 일반균형(general equilibrium)이라고 부른다는 것을 알아 두기로 하자. 이제 이 질문에 대한 답을 찾기 위해서 어떤 상황하에서 이루어지는 시장균형을 '일반' 균형이라고 부르는지 이해해 보기로 하자.

시장은 소비자와 생산자 간에 다양한 재화·서비스에 대한 거래가 이루어지는, 눈에 보이지는 않지만 분명히 존재하는 장(場)이다. 이러한 시장에 균형이 이루어졌다거나 시장이 균형 상태에 있다는 것은 시장이 다음과 같다는 것을 의미한다.

- 소비자의 효용 극대화 노력과 생산자가 이윤 극대화 노력 간에 조화가 이루어져 있다. 또는
- 소비자의 효용 극대화 노력과 생산자의 이윤 극대화 노력이 조화를 이루어서 시장가격이라는 균형가격이 결정된다.

되돌아 생각해 보면 우리가 이 장에서 이제까지 살펴본 수요(자) 이론과 공급(자) 이론은 모두 사실 균형에 관한 이론들이었다. 따라서 지금쯤 독자들 중 누군가는 '그렇다면 이제까지 배운 시장균형과 일반균형은 어떻게 다른 것인가?'라는 질문을 할지도 모르겠다. 일단 이 질문에 대한 답은 다음과 같다.

이제까지 우리가 살펴본 균형은 부분균형이고, 일반균형은 부분균형들 간의 균형이다.

앞서 수요(자) 이론을 설명하면서 우리는 시장을 예로 들 때 항상 어떤 한 가지 재화·서비스가 거래되는 시장을 예로 들었고 그 시장을 수요 또는 수요자 관점에서만 바라보거나 생산 또는 생산자 관점에서만 바라보면서 시장에 참여하는 다른 경제주체에 대해서는 전혀 생각을 하지 않았다. 이 말을 달리 표현하면 이제까지 우리가 수요(자) 이론이나 생산(자) 이론을 살펴볼 때 우리는 다음과 같은 조건들이 만족된다는 가정을 전제로 하였다.

- **조건 1**: 개별 소비자는 주어진 예산제약하에서 각자의 효용을 극대화하는 양의 재화·서비스 조합을 시장에서 구매한다.
- **조건 2**: 개별 소비자는 자신의 효용을 극대화하는 양의 생산요소(노동, 자본, 토지 등)을 시장에 공급한다.
- **조건 3**: 개별 생산자는 주어진 기술수준하에서 자신의 이윤을 극대화하는 재화·서비스 생산량 조합을 시장에 공급한다.
- **조건 4**: 개별생산자는 자신의 이윤을 극대화하는 양의 생산요소를 시장에서 구입한다.
- **조건 5**: 모든 생산요소 시장과 모든 생산물 시장에서 수요량과 공급량이 일치한다.

그러한 전제와 더불어 우리가 초점을 맞춘 조건들 외의 다른 조건들은 전혀 변하지 않는다는 가정까지 암묵적으로 전제한 상태에서 특정 재화·서비스에 대해서 소비자와 생산자 각각이 어떤 결정을 하고 그 결정에 따라 어떤 경제행위를 함으로써 해당 재화·서비스의 시장균형가격이 어떻게 결정되는지 살펴본 것이다.

그런데 이 세상 어디에도 소비자만으로 또는 생산자만으로 이루어진 시장은 존재하지 않으며 시장에서는 한 종류의 재화·서비스만 거래되는 것이 아니라 무수히 많은 종류의 재화·서비스가 거래된다. 그리고 그 무수히 많은 재화·서비스 중에는 생산물뿐만 아니라 생산에 필요한 요소(즉, 노동과 자본)도 포함된다.[17] 그렇기 때문에 현실 상황에서의 시장균형을 이해하려면 소비자와 생산자를 동시에 고려해야 할 뿐만 아니라 다양한 재화·서비스가 거래되는 다수의 시장을 동시에 고려한 상태에서의 시장균형을 이해해야 한다.

시장을 특정 재화·서비스 시장으로 한정하고, 시장을 구성하는 두 경제주체인 소비자와 생산자 중에서 소비자만을 따로 떼어 내거나 생산자만을 따로 떼어 내서 특정 재화·서비스의 시장가격이 어떻게 결정되는지를 이해할 때의 시장균형을 경제학에서는 부분균형(partial equilibrium)이라고 부른다. 즉, 이제까지 우리가 살펴본 수요(자) 이론과 생산(자) 이론이 부분균형 이론, 즉 협의의 시장균형 이론이었다.

이와 달리 효용을 극대화하려는 소비자의 합리적인 결정 및 경제행위와 이윤을 극

---

17) 그렇기 때문에 노동시장도 존재하고 자본시장도 존재한다는 것이다.

대화하려는 생산자의 합리적 결정 및 경제행위가 조화를 이루고 상호연관성을 가진 다수의 재화·서비스 시장이(즉, 다수의 시장이 서로에게 영향을 주고받으면서) 동시에 시장균형을 이룬 상태를 경제학에서는 일반균형(general equilibrium)이라고 부른다. 즉, '일반'이라는 말은 '현실에 더 가까운'이라는 말과 동의어인 셈이다.

이러한 일반균형은 다음 조건을 만족하는 완전경쟁시장에서 이루어질 수 있다고 여겨지는 시장균형이다. 경제학자들은 일반균형이 이루어진 완전경쟁시장에서는 한 사회가 가지고 있는 한정된 자원이 효율적으로, 다시 말하면 낭비되지 않고 분배된다는 것을 이론적으로 입증하였으며,[18] 그러한 이론적 주장이 현실 경제에서 타당한지 여부를 실증 연구를 통해서 검증해 오고 있다.[19]

경제학 연구자들에게 있어서 일반균형 이론의 중요성은 그것이 부분균형 이론으로는 분석이 불가능한 사회 전체 차원의 복지수준에 관한 분석과 자원배분의 효율성에 관한 분석을 가능하게 해 준다는 점에 있다면 거시사회복지 연구자들에게 있어서 일반균형 이론은 좀 더 현실적인 이유 때문에 중요하다. 자원이 무한하지 않은 이상 사회의 다양한 영역 간에 한정된 자원을 효율적으로 배분(생산요소와 생산물 모두의 배분)하는 것은 사회와 사회구성원의 복지수준을 높이기 위한 필수조건이다. 그렇기 때문에 일반균형을 이루기 위한 노력은 물론 그것을 전적으로 정부 정책에만 맡길 수는 없지만, 그렇다고 해서 전적으로 시장의 보이지 않는 손에만 맡길 수도 없기에 사회보장을 실천 영역으로 하는 거시사회복지실천의 핵심 과제 중 하나가 아닐 수 없기 때문이다. 거시사회복지실천가가 시장, 시장균형, 일반균형 등을 이해해야 하는 이유는 그러한 노력을 이론적·실증적 지식 없이 하기는 매우 어렵기 때문이다.

다시 강조하건대, 일반균형이 중요한 이유는 그것이 자원의 효율적 분배를 가능하게 하는 조건이기 때문이다. 이 장에 뒤이은 제3장에서 우리는 분배에 관한 이론이라고 해도 과언이 아닌 복지경제학 이론들은 살펴볼 것이며 일반균형에 관한 보다

---

18) 일반균형의 존재 가능성을 가정 수준에서 처음 제시한 사람은 프랑스 경제학자 Leon Walras이고 일반균형의 존재를 이론적으로 처음 증명한 사람은 미국의 경제학자 Kenneth Arrow이다.

19) 그럼에도 불구하고 '일반균형이 과연 실제로 존재하는가?'라는 질문에 대한 분명한 답을 찾기 위해서는 아직도 많은 삶의 경험과 연구가 필요한 것 같다.

자세한 논의는 제3장의 내용을 공부하면서 같이 하기로 하겠다. 아울러 일반균형은 미시경제학보다는 거시경제학에서 그 중요성이 상대적으로 더 크다고 할 수 있는 바 일반균형 이론에 관한 본격적인 논의는 이 책의 6장과 7장의 거시경제학 부분에서 하기로 하겠다.

# 복지경제학: 시장실패와 정부실패

제3장
# 복지경제학: 시장실패와 정부실패

## 1. 거시사회복지실천과 복지경제학

거시사회복지실천가가 사회보장정책 과정에 참여하여 다른 학문 분야의 재정 전문가들과 함께 일을 해 나아가기 위해서는 정부의 재정정책을 이해하고 있어야 하며 그렇게 되기 위해서는 먼저 재정정책을 이해하는 데 필요한 도구적 지식을 갖춰야 한다. 복지경제학(welfare economics)은 바로 그러한 도구적 지식 중 하나이다. 희소한 자원을 왜, 어디에, 어떻게 쓰면, 어떤 결과가 나타나는지를 이해하는 데 필수적인 지식을 갖지 않은 상태에서 정부의 재정정책을 비판하거나 특정 재정정책에 대한 대안을 제시하는 것은 사실 매우 위험하다. 그러한 지식이 우리 안에 부재할 때 우리는 자칫 우리가 지향하는 가치(value)가 우리 사회 전반에 영향을 미치게 될 정책의 근거가(때로는 유일한) 되어야 한다는 입장을 고집하게 되기 쉽다.

우리가 살고 있는 사회는 사회보장뿐만 아니라 서로 다른(그렇기 때문에 때로는 경쟁 관계에 있게 되는) 가치를 지향할 뿐만 아니라 자신이 지향하는 가치의 상대적 중요성을 정당화할 수 있는 나름대로의 이론·지식 체계를 가지고 있는 수많은 영역이 존재한다. 사회보장은 그 수많은 영역 중 하나이기에 우리가 선호하는 가치 그 자체만을 근거로 하는 주장은 설득력을 인정받기 어렵다. 모르는 변수는 외생변수로 남지만 아는 변수는 통제변수가 된다. 즉, 어떤 변수의 영향을 통제할 수 있으려면 우리는 먼저 그 변수가 무엇인지 알아야 하며, 다른 변수보다 우리가 주장하는 변수가 더 중요한 변수임을 보여 주려면 우리는 다른 변수가 더 중요하다는 주장이 무엇에 근거한 주장인지를 이해할 수 있어야 한다. 거시사회복지실천가가 한때 경제 전문가들의 전유물이라고 여겨졌던 복지경제학과 재정학을 이해해야만 하는 것도 마찬가지 이유 때문이다.

누가 '복지경제학이 무엇을 위한 이론·지식 체계인가?'라고 물으면 저자는 항상 다음과 같은 두 가지 질문에 대한 답을 찾기 위한 이론·지식 체계라고 답한다.

> • 한 사회 내에서 생산에 필요한 자원을 어떻게 분배하는 것이 효율적인가?
> • 한 사회 내에서 생산된 재화·서비스를 어떻게 분배하는 것이 공평한가?

이 두 질문을 거시사회복지실천의 맥락에 맞게 바꾸면 다음과 같이 표현할 수 있다.

> • 한 사회 내에서 사회보장 재화·서비스를 생산하는 데 필요한 자원을 가장 효율적으로 분배하려면 어떻게 해야 하는가?
> • 한 사회의 구성원 간에 사회보장 재화·서비스를 그 사회의 지배적 정의관에 부합하게 분배하려면 어떻게 분배하는 것이 가장 효율적인가?

복지경제학 이론은 자원의 효율적 분배에 관한 이론이다. 그리고 분배는 사회보장의 핵심 과제이다. 그렇기 때문에 거시사회복지실천가에게 있어서 복지경제학은(그리고 재정학은) 경쟁력 있는 사회보장 전문가가 되기 위해 갖춰야 할 필수조건 중 하나이다.

앞에서 제시한 두 가지 질문 중 첫 번째 질문에 대해서 거시사회복지실천가들은 사회보장의 지속 가능성이 우리 사회의 주된 관심사가 되기 전에는 사실 그다지 많은 고민을 하지 않았다고 저자는 생각한다. 그러나 사회보장 역시 경쟁 관계에 있는 다양한 욕구를 한정된 자원 제약하에서 충족시켜야 하는 현실에 직면해 있기는 마찬가지이다. 저자는 사회민주주의 복지국가들이 1990년대부터 시작한 과감한 복지개혁이 이 질문에 대한 깊은 고민의 결과라는 생각을 가지고 있다. 그렇기 때문에 우리나라도 거시사회복지실천가들이 다른 영역의 전문가들보다 먼저 이 질문에 대한 답을 찾는 노력을 시작해야 할 것이라 생각한다.

첫 번째 질문이 사회보장 재화·서비스를 생산하는 데 필요한 생산요소의 분배에 관한 질문이라면 두 번째 질문은 생산물의 정의로운 분배에 관한 질문이다. 분배 정의는 저자가 『거시사회복지실천 심화편 I: 정의, 권리 그리고 분배』에서 다루고 있는 주제이다. 저자가 두 번째 질문을 '~ 어떻게 분배해야 하는가?'라고 표현하지 않은 이유는 두 번째 질문의 핵심이 정의로운 분배를 이루는 것이 아니라 정의로운 분배를 효율적으로 이루는 것이기 때문이다. 논리적으로는 분배 정의 기준을 결정하고 분배 방법을 결정하는 것이 맞다.

그러나 현실에서는 기준과 방법의 결정 순서가 반대인 경우, 즉 방법이 정해지고 그 방법에 따라 분배가 이루어져 어떤 분배 결과가 나타나면 그것이 정의로운 분배 기준이 되거나 '정의로운 분배' 개념에 적지 않은 영향을 주는 경우가 매우 빈번하게 발생하는 것 같다. 그렇기 때문에 우리는 정의를 사회적 합의 과정을 통해 결정된 기준에 따라 공정하게 실현하는 것은 당연한 것이고 그 정의를 어떻게 하면 효율적으로 실현할 것인지에 대해서 고민해야 한다. 정의가 무엇인지를 고민하는 것과 정의를 효율적으로 실현하는 것은 다른 문제이다. 저자는 후자가 사회보장의 지속 가능성에 관한 고민의 첫 출발점이 되어야 한다고 생각한다. 그럼 지금부터 위의 두 가지 질문과 관련된 복지경제학의 이론들을 함께 살펴보기로 하자.

## 2. 파레토 효율

어떤 사회가 사회구성원의 사회권 보장을 위해 필수불가결한 두 가지 사회보장 재화·서비스 $X$와 $Y$를 생산하고 있다고 가정해 보자. 아울러 (분석을 단순화하기 위해서) 이 사회가 가진 모든 노동과 자본은 $X$, $Y$의 생산을 위해서만 사용된다고 가정하기로 한다.

### 1) 생산가능곡선과 한계변환율

모든 노동과 자본(이하 '생산요소')을 두 가지 재화·서비스를 생산하는 데만 사용하기 때문에 $X$와 $Y$ 중 어느 하나의 생산량을 늘리면 다른 하나의 생산량은 감소할 수밖에 없다. $X$, $Y$ 각각의 최대 생산량은 어떤 생산요소를 어떤 재화서비스의 생산에 얼마나 사용하는지 그리고 어떤 생산기술을 사용하는지에 따라 달라진다.

예를 들어, 10단위의 노동과 5단위의 자본을 $A$라는 생산기술로 결합하여 두 재화·서비스를 생산하면 $X$와 $Y$ 각각을 최대 2단위와 4단위 생산할 수 있지만 생산을 위해 투입하는 노동량이나 자본량을 달리하거나 다른 기술을 사용하면 생산 가능한 $X$와 $Y$의 최대량은 달라진다는 것이다.

이 말을 달리 표현하면 생산 가능한 $X$의 최대량과 $Y$의 최대량으로 이루어진 $X$, $Y$의 최대 생산량 조합을 $(X, Y)$라고 할 때 $(X, Y)$는 고정된 상수가 아니라 변수라는 것이다. 이 변수 $(X, Y)$가 가질 수 있는 모든 변수값 $(x_1, y_1)$, $(x_2, y_2)$, $(x_3, y_3) \cdots (x_n, y_n) \cdots$ 들로 이루어진 곡선을 생산가능곡선(Production Possibility Curve: PPC)이라고 한다.

---

**생산가능곡선**
- 한 사회가 보유한 모든 생산요소를 $n$개 재화·서비스를 생산하는 데 투입할 때 그 사회의 기술력으로 생산할 수 있는 $n$개 재화·서비스의 생산량들로 이루어진 최대 생산량 조합
- 한 사회가 가진 모든 생산요소와 기술력을 사용하여 생산할 수 있는 재화·서비스의 최대량

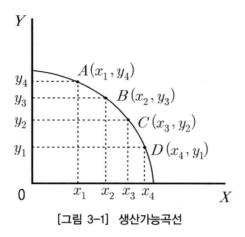

[그림 3-1] 생산가능곡선

　생산가능곡선은 [그림 3-1]과 같이 원점을 향하여 볼록한 모양을 갖는데 이는 기회비용체증법칙(law of increasing rate of opportunity cost)이 작동하기 때문이다. [그림 3-1]의 $A$는 $X$와 $Y$의 최대 생산량이 $(x_1, y_1)$인 재화·서비스 생산 조합이다. 두 재화·서비스의 최대 생산량 조합이 $A$에서 동일 생산가능곡선상의 한 극단, 즉 $B$, $C$, $D$ 방향으로 이동한다고 가정해 보자. 두 재화·서비스 중 $X$의 생산량은 점점 증가하지만 $Y$의 생산량은 점점 감소한다. $X$의 생산량을 점점 늘리려면 더 많은 양의 생산요소를 $X$의 생산에 투입해야 하는데 극단적인 경우에는 $Y$를 생산하는 데 사용하던 생산요소도 $X$의 생산을 위해 사용해야 한다. 이를 다른 말로 표현하면 $X$를 1단위 더 생산할 때마다 그로 인해 발생하는 기회비용, 즉 포기해야 하는 $Y$의 생산량이 증가한다는 것이다.

---

**기회비용**
어떤 재화·서비스를 더 생산하기 위해서 포기해야(또는 줄여야) 하는 다른 재화·서비스의 생산량

---

　[그림 3-1]에서 두 재화·서비스의 최대 생산량 조합이 $A$에서 $B$로 이동할 때와 $B$에서 $C$로 이동할 때의 $X$의 생산량 변화는 $X_B - X_A = X_C - X_B$로 동일하다. 그런데 $X$의 생산량을 늘리기 위해 포기해야 하는 $Y$의 생산량은 $A$에서 $B$로 이동할

때보다 $B$에서 $C$로 이동할 때 더 커지며 $C$에서 $D$로 이동할 때는 더 커진다. 생산가능곡선이 원점을 향해 볼록한 모양을 갖는 이유는 바로 이 기회비용체증 현상 때문이다.

이제 앞서 들었던 '두 가지 사회보장 재화·서비스 $X$, $Y$를 생산하는 사회'의 예로 다시 돌아가 보기로 하자. 이 사회가 가진 모든 생산요소는 $X$와 $Y$를 생산하는 데 사용되기 때문에 두 재화·서비스 중 어느 하나의 생산량을 늘리려면 다른 급여의 생산량을 줄여야만 하는 상황에 처하게 된다. 그렇기 때문에 이 사회에서 사회보장정책을 만들고, 집행하고, 평가하는 사람들(물론 사회보장 재화·서비스를 소비하고 생산하는 사람들도) 중 어떤 사람들은 '어떤 급여를 얼마나 늘리려면 다른 급여를 얼마나 포기해야 하는가?'라는 질문에 대한 답을 찾고 싶어 할지도 모른다. 이 질문에 대한 답을 찾으려면 우리는 생산가능곡선의 기울기인 한계변환율을 알아야 한다. 한계변환율(Marginal Rate of Transformation: MRT)이란 어떤 재화·서비스 $X$를 1단위 더 생산하기 위해서 생산을 포기해야 하는(또는 희생해야 하는) 다른 재화·서비스 $Y$의 양을 나타내는 값, 즉 기회비용이며 다음과 같이 정의되는 값이다.

$$MRT_{XY} = \left| \frac{\Delta Y}{\Delta X} \right|$$

> **한계변환율**
> 어떤 재화·서비스를 1단위 더 생산하기 위해서 포기해야 하는 다른 재화·서비스의 생산량

## 2) 시장의 완전성과 자원의 효율적 배분

사회의 각 영역은 한정된 자원이 왜 각자에게 더 많이 배분되어야 하는지에 대해서 저마다의 분명한 이유를 가지고 있다. 각각의 영역은 사회구성원의 욕구 중 자신의 영역과 관련된 욕구가 가장 우선시되어야 할 중요하고도 시급한 욕구라는 생각을 가지고 있으며 그렇기 때문에 각자 자신의 영역과 관련된 욕구를 충족시키기 위해

더 많은 자원이 배분되어야 한다는 입장을 갖는다.

경제적 자원이 한정되어 있고, 그에 대한 수요가 경쟁적인 이상 그리고 사회의 어느 영역이 다른 영역에 비해 왜 더(덜) 중요한지 판단할 수 있는 절대적인 기준이 없는 이상, 대부분의 사회에서 경제적 자원배분의 바람직성은 그것이 '얼마나 효율적인 배분인가?' 또는 '낭비를 얼마나 줄일 수 있는 배분인가?'라는 기준에서 판단된다. 경제학에서는 시장이 어떤 조건들을 갖추면 완전한 시장 또는 완전경쟁시장이 된다고 본다. 그리고 한 사회가 가진 자원은 그러한 완전경쟁시장에 합리적인 경제주체들이 참여하여 벌이는 경제활동을 통해서 완벽하게 효율적으로 배분될 수 있다고 본다.

즉, 소비자는 [그림 3-2] (a)처럼 자신의 효용을 극대화하는 재화·서비스 조합을 선택하여 소비하기 위해 노력하고, 생산자는 [그림 3-2] (b)처럼 비용을 극소화하는 생산요소 조합을 선택하여 이윤을 극대화하기 위해 노력하며, 사회는 [그림 3-2] (c)처

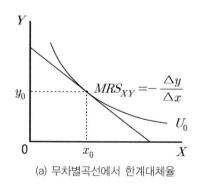

(a) 무차별곡선에서 한계대체율

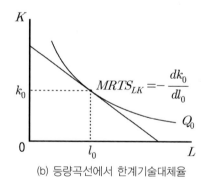

(b) 등량곡선에서 한계기술대체율

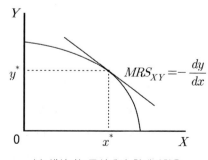

(c) 생산가능곡선에서 한계변환율

**[그림 3-2] 파레토 최적 개념에서 사용하는 한계대체율**

럼 사회적 효용이 극대화되는 재화·서비스 조합을 선택하기 위해 노력하면 그러한 각 주체의 노력을 통해 궁극적으로는 소비자의 선택, 생산자의 선택 그리고 사회적 선택 모두에서 최고의 효율성을 달성할 수 있는 최적의 유일한 균형점을 찾게 된다는 것이다. 이 균형점은 완벽한 시장의 세계를 상징한다. 그리고 한 사회가 가진 자원은 그 유일한 균형점에 맞게 배분될 때 가장 효율적으로 분배된다고 본다.

이러한 완벽한 시장균형에 관한 생각은 이탈리아의 경제학자인 Vilfredo Pareto에 의해서 하나의 이론으로 정립되었는데, 그 이론을 파레토 효율(Pareto efficiency)이라고 한다. 앞서 언급했던 세 주체의 선택 모두에서 최고의 효율성을 달성할 수 있는 최적의 유일한 균형이 바로 파레토 효율이다.

시장의 자원배분이 파레토 효율에 어긋나게 이루어지는 것을 시장실패(market failure)라고 한다. 시장실패는 완전해야 할 시장이 불완전해지는 것을 의미한다. 그리고 이때가 바로 정부가 등장해야 할 때이다. 뒤에서 논의하겠지만 시장은 사실 늘 불완전하기 때문에 정부의 역할은 늘 필요하다. 정부가 이 파레토 최적을 달성하기 위해 펼치는 정책을 경제학 이론이라는 도구로 이해하고 경제적 효율성 관점에서 바라보면 그 정책은 경제정책으로 여겨지지만 사회보장 관점에서 바라본다면 그 정책은 사회보장정책으로 여겨진다. 단, 전자이든 후자이든 정책을 이해하기 위한 도구로서 경제학 이론을 사용해야 한다는 것에는 차이가 없다. 거시사회복지실천가가 경제 이론이라는 도구를 사용할 줄 알아야 하는 이유는 바로 이 때문이다.

### 3) 파레토 효율 소비

파레토 효율 소비, 즉 효율성을 극대화할 수 있는 최적의 소비란 어떤 것인가? 이 질문에 대한 답을 찾기 위해 가장 단순한 자원배분 상황을 예로 들어 보자. 다음의 [그림 3-3] (a)와 (b)는 각각 두 경제주체 $A$와 $B$가 선택한, 두 재화·서비스 $X$, $Y$의 최적 소비량 조합을 보여 주는 그림이다. [그림 3-3] (c)는 두 경제주체의 최적 소비 선택을 하나의 좌표에 나타낸 그림이다. 이 그림에서 왼쪽 아래 모서리는 경제주체 $A$의 최적 소비 선택을 나타내는 좌표의 원점인데, 이 원점은 [그림 3-3] (a)의 원점

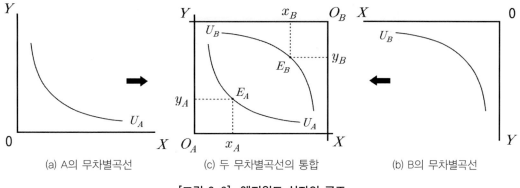

(a) A의 무차별곡선       (c) 두 무차별곡선의 통합       (b) B의 무차별곡선

**[그림 3-3] 엣지워드 상자의 구조**

을 그대로 옮겨 놓은 것이다. 이와 대칭이 되는 [그림 3-3] (c)의 오른쪽 위의 모서리는 경제주체 $B$의 최적 소비 선택을 나타내는 좌표의 원점이며 이 원점을 [그림 3-3] (b)의 원점을 시계 방향으로 180° 회전시킨 것으로 생각하면 [그림 3-3] (c)의 구조를 이해하기가 쉬워진다.[1]

두 경제주체의 최적 소비 선택을 [그림 3-3] (c)처럼 하나의 좌표로 표현하는 이유는 두 경제주체가 각자 자신이 선택한 최적 소비량 조합에 맞는 소비를 할 때 두 재화·서비스 각각을 얼마씩 소비하는지를 하나의 좌표상에서 쉽게 비교하기 위해서이다. 두 경제주체가 소비할 수 있는 재화·서비스 $X$의 총량은 $\overline{O_A O_{BX}}$이다. 그 가운데 $A$는 $\overline{O_A X_A}$ 만큼을, $B$는 $\overline{X_B O_{BX}}$ 만큼을 각각 소비하기로 선택한다. $\overline{X_A X_B}$는 소비되지 않고 남은 $X$의 양이다. 두 경제주체가 각자의 예산제약 아래에서 최적의 소비를 하여 얻을 수 있는 사회적 효용의 총규모는 $U_A + U_B$이다. 예산이 더 있으면 추가 소비를 통해 사회적 효용은 지금보다 더 증가할 수 있다.

이제 [그림 3-3] (c)가 어떻게 만들어지는지를 이해했으므로 [그림 3-3] (c)를 다음의 [그림 3-4]로 확대하고 구체적인 예를 들어 보기로 하자. [그림 3-4]는 두 경제주체 $A$, $B$에게 소득급여와 건강서비스급여를 분배하는 경우를 나타내는 엣지워드 상자(Edgeworth Box)이다. $A$의 관점을 기준으로 하여 엣지워드 상자의 두 축을 설명하면 수평축은 건강보장급여의 양을 나타내는 축이고 수직축은 소득보장급여의 양을

---

[1] [그림 3-3] (c)에서 $B$에게는 수평축이 $X$이고 수직축이 $Y$이다.

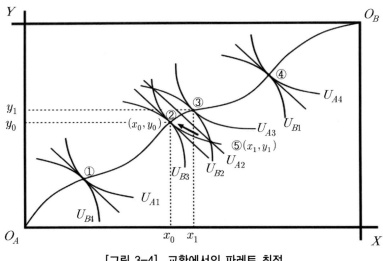

[그림 3-4]　**교환에서의 파레토 최적**

나타내는 축이다.

　물론 $B$를 기준으로 할 때의 수평축과 수직축은 정반대가 된다. 두 경제주체 사이에서 배분할 수 있는 두 재화·서비스의 양은 물론 한정되어 있다. $A$와 $B$ 각각에게 배분되는 두 재화·서비스의 양은 원점 $(0, 0)$에 가까워질수록 적어지고 원점에서 멀어질수록 많아진다.

　$A$와 $B$ 모두 각자의 원점을 향해 볼록한 모양의 무차별곡선을 가지고 있으며 $U_{Ai}$로 표시되어 있는 무차별곡선은 $A$의 무차별곡선이고 $B$의 무차별곡선은 $U_{Bi}$로 표시되어 있다. 배분상자 내 무차별곡선의 위치는 $A$의 복지 효용수준을 나타내는데 더 큰 $i$값을 가진 무차별곡선에서 $A$는 더 높은 수준의 효용을 느낀다. 예를 들어, $A$가 $U_{A2}$에서 느끼는 효용수준은 $U_{A1}$에서 느끼는 효용수준보다 높고 $U_{A3}$에서 느끼는 효용수준보다 낮다.

　이 엣지워드 상자에서 ⑤는 두 경제주체 모두에게 소득보장급여와 건강보장급여가 각각 $(X_1, Y_1)$ 만큼씩 배분된 점이다. ⑤에 해당하는 양만큼의 사회보장급여를 소비함으로써 $A$와 $B$가 누리는 효용의 합은 $U_{A2} + U_{B2}$이다. 이제 ⑤에서 ②로 소비조합점을 이동시켜 보자. ②에서는 두 경제주체 각각에게 $(X_0, Y_0)$의 재화·서비스가 배분되고 이 소비조합에 해당하는 재화·서비스를 소비함으로써 $B$의 효용은 $U_{B3}$

로 증가한다. 이때, $A$의 효용수준은 ⑤에서 누릴 수 있는 효용수준과 변함이 없다. 소비조합을 ⑤에서 ②로 바꾸는 것만으로도 두 경제주체 가운데 어느 한 주체의 효용수준을 떨어뜨리지 않으면서(즉, 희생하지 않으면서) 다른 한 주체의 효용수준을 높일 수 있게 된 것이다. $A$의 효용은 그대로이지만 $B$의 효용이 증가하므로 사회 전체의 총효용은 당연히 증가한다. 따라서 ⑤보다 ②가 더 효율적인(효용 총규모를 늘릴 수 있는) 재화·서비스 배분이라는 것을 알 수 있다.

　②에서는 어느 한 주체의 효용을 낮추지 않으면서 다른 주체의 효용을 높이는 것이 불가능하다. 예를 들어, 소비조합이 ①로 이동하면 $B$의 효용은 높아지지만 $A$의 효용이 낮아지고 ③ 또는 ④로 이동하면 반대로 $A$의 효용은 높아지지만 $B$의 효용이 낮아진다. ②처럼 어느 한 주체의 효용을 희생하지 않고서는 총효용을 늘릴 수 없는 상태를 파레토 효율 소비점, 파레토 균형 소비점 또는 파레토 효율점(Pareto efficiency)이라고 한다. 그리고 ⑤에서 ②로의 이동처럼 파레토 효율 배분점이 아닌 소비조합점에서 파레토 효율 배분점에 가까워지는 모든 이동을 가리켜 파레토 개선(Pareto improvement)이라고 한다.

　이때, [그림 3-4]의 다섯 개 분배조합 중 배분점 ②가 유일한 파레토 효율 배분점이 아니라는 사실을 분명하게 이해할 필요가 있다. 다섯 개 분배조합 중 ⑤를 제외한 나머지 네 개 조합은 모두 누군가의 효용 희생 없이는 총효용을 증가시킬 수 없는 균형 상태가 이루어진 점들이므로 이들 모두는 파레토 효율점이다. 이 네 개의 조합 간 차이는 두 경제주체 $A$, $B$가 느끼는 효용수준이 다르다는 차이, 즉 ①에서 ⑤로 갈수록 $A$의 효용이 증가하고 그와 반대 방향으로 이동할수록 $B$의 효용이 증가하는 차이만 존재한다. 어떤 사회가 ①~⑤ 중 어떤 파레토 효율 소비를 이룰지는 그 사회가 누구의 효용을 상대적으로 더 중요하게 여기는지에 따라 달라진다.

　[그림 3-4]에서 $A$, $B$ 각자의 무차별곡선의 수를 무수히 늘리면 $A$와 $B$의 무차별곡선이 등을 맞대면서 접하는 접점의 개수 또한 무수히 많아진다. 그 무수히 많은 접점이 모이면 [그림 3-4]의 $O_A$와 $O_B$를 연결하는 곡선 모양의 궤적이 만들어지는데 이를 가리켜 계약곡선(contract curve) 또는 파레토 확장이라고 한다.

## 4) 파레토 균형 소비의 필요조건

엣지워드 상자 내의 무차별곡선의 기울기(의 절대값)는 두 재화·서비스 간의 교환비율, 즉 어느 한 재화·서비스의 소비를 1단위 늘리면서 현재 무차별곡선에의 효용수준을 그대로 유지하기 위해 포기해야 하는 다른 재화·서비스의 양을 나타내는 한계대체율($MRS$)이다.

$$\frac{MU_x}{MU_y} = \frac{P_x}{P_y} = MRS_{x,y}$$

모든 파레토 균형점에서 두 경제주체의 효용(무차별)곡선이 접한다는 것은 두 경제주체의 한계대체율이 동일하다는 것을 의미한다. $A$, $B$ 각자가 가진, 소득보장급여를 1단위 더 얻기 위해 건강보장급여를 포기할 의사는 다음의 식과 같이 상대방의 그것과 일치한다는 것이다.

$$MRS^A_{\text{소득, 건강}} - MRS^B_{\text{소득, 건강}} = \frac{P_{\text{소득}}}{P_{\text{건강}}}$$

예를 들어, 한계대체율이 .5라고 가정해 보자. 이는 소득보장급여를 1단위 더 얻으면서 특정 무차별곡선에 해당하는 효용수준을 그대로 유지하려면 건강보장급여를 .5 단위 포기해야 한다는 것을 뜻한다. 파레토 균형점에서 두 경제주체 $A$, $B$ 모두에게 교환비율은 다음과 같이 같아야 한다.

| 소득보장급여 1단위가 주는 효용 | = | 건강보장급여 .5단위가 주는 효용 |
|---|---|---|

또한 파레토 균형점에서는 두 재화·서비스 $X$, $Y$ 모두 가격선과 한계대체율이 일치한다. 그러므로 파레토 균형점에서는 다음의 조건이 만족된다.

$$MRS^A_{x,y} = MRS^B_{x,y} = \frac{P_x}{P_y}$$

이 교환비율과 앞에서 말한 두 가지 조건을 파레토 균형 소비의 필요조건이라고 한다.

> 두 종류의 재화·서비스 $X$, $Y$를 소비할 때의 파레토 균형 소비 필요조건
>
> $$\frac{MU_x}{MU_y} = \frac{P_x}{P_y} = MRS_{x,y} \qquad MRS_{x,y}^A = MRS_{x,y}^B = \frac{P_x}{P_y}$$

## 5) 파레토 효율 생산

재화·서비스를 소비하는 경우에 이어서 이번에는 한정된 양의 생산요소를 사용하여 재화·서비스를 생산하는 경우에 있어서의 파레토 균형점을 이해해 보기로 하자. 앞서 들었던 예와 마찬가지로 생산해야 하는 재화·서비스는 소득보장급여와 건강보장급여이고, 자원이 한정되어 있기 때문에 어느 한 재화·서비스의 생산을 늘리기 위해 더 많은 노동과 자본을 해당 재화·서비스의 생산을 위해 배분하면 당연히 다른 재화·서비스의 생산은 감소한다.

[그림 3-5]는 이러한 상황을 나타내는 엣지워드 상자이다. 엣지워드 상자의 두 원점 각각을 기준으로 수평축은 노동량이고 수직축은 자본량이고, $Q_{X_i}$과 $Q_{Y_i}$은 각각 소득보장급여 $X$의 등량곡선과 건강보장급여 $Y$의 등량곡선이다. 두 재화·서비스의 등량곡선이 등을 마주하는 접점 ①, ②, ④는 파레토 효율 생산요소배분점이고, ③은 파레토 균형점이 아니다. 등량곡선의 기울기는 한계기술대체율이고 등비용곡선의 기울기는 한계비용의 비(ratio)이다. 모든 파레토 효율 배분점에서 두 등량곡선의 한계기술대체율은 일치하고, 한계기술대체율은 두 재화·서비스의 한계비용의 비와 일치한다.

> 두 종류의 재화·서비스 $X$, $Y$를 생산할 때의 파레토 효율 배분 필요조건
>
> $$\frac{MP_L}{MP_K} = MRTS_{L,K} \qquad MRTS_{L,K}^X = MRTS_{L,K}^Y = \frac{MP_L}{MP_K}$$

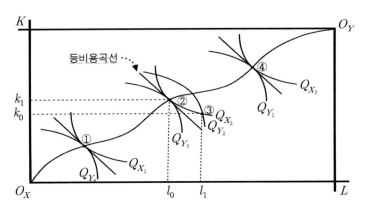

[그림 3-5]  생산에서의 파레토 최적

앞서 살펴본 소비에서의 파레토 균형 논리와 마찬가지로, 이 두 조건을 만족하는 모든 파레토 효율 배분점을 연결하면 두 재화·서비스 $X$, $Y$를 생산할 때의 파레토 효율곡선이 도출된다. 이 곡선상의 모든 점은 비용을 최소화하면서 생산 가능한 $X$와 $Y$의 생산량 조합이다.

[그림 3-6]은 이렇게 도출된 파레토 효율곡선을 수평축이 $X$의 양이고 수직축이 $Y$의 양인 그래프에 생산가능곡선(production possibility curve)으로 나타낸 것이다. 파레토 균형점 ①의 생산곡선상 위치는 $A$이고, ②는 $B$, ④는 $C$에 해당한다. 생산가능곡선의 기울기는 두 재화·서비스 간 한계변환율이다. 예를 들어, 소득보장급여의 생산을 늘리는 대신 건강보장급여의 생산을 줄인다고 가정해 보자. 만일 소득보장급여를 1단위 더 생산하기 위해서 건강보장급여 생산을 2단위 줄여야 한다면 소득보장급여의 한계변환율은 2이다.

$$MRT_{\text{소득, 건강}} = \frac{\Delta \text{건강}}{\Delta \text{소득}} = 2$$

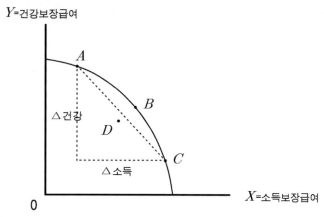

[그림 3-6]  파레토 최적 예: 소득보장급여와 건강보장급여의 분배

현계변환율은 소득보장급여 1단위를 늘리기 위해 치러야 할 대가이고 비용이므로 한계변환율이 2이면 두 재화·서비스의 한계비용의 비(ratio) 역시 2이다. 즉, 소득보장급여의 한계비용이 건강보장급여 한계비용의 2배라는 것이다.

$$MRT_{\text{소득, 건강}} = \frac{MC_{\text{건강}}}{MC_{\text{소득}}}$$

$MC_{\text{건강}}$ : 건강보장급여의 한계비용

$MC_{\text{소득}}$ : 소득보장급여의 한계비용

모든 파레토 효율 배분에서 한계대체율과 한계변환율은 다음과 같이 일치해야 한다. 만일 두 종류의 재화·서비스를 생산하기 위해서 특정량의 노동과 특정량의 자본을 배분했는데 그 배분점에서 해당 재화·서비스의 한계대체율과 한계전환율이 일치하지 않는다면 그 배분은 아직 파레토 효율 배분이 아닌 것이다.

두 종류의 재화·서비스 $X$, $Y$를 생산할 때의 파레토 효율 생산 필요조건

$$MRT_{소득, 건강} = MRS^A_{소득, 건강} = MRS^B_{소득, 건강}$$

$$\frac{MC_{건강}}{MC_{소득}} = MRS^A_{소득, 건강} = MRS^B_{소득, 건강}$$

한계대체율과 한계전환율이 일치하지 않을 경우, 두 재화·서비스를 다시 배분하면 파레토 개선을 이룰 여지가 있다. 파레토 개선을 통해 두 생산요소의 배분 상태가 파레토 효율 배분점에 이르게 되면 한계대체율과 한계전환율은 일치하게 된다. 이러한 논리에서 앞의 두 조건이 생산에 있어서의 파레토 균형을 이루기 위한 필요조건임을 알 수 있다.

## 6) 소비와 생산 모두에 있어서의 파레토 통합 균형

파레토 효율의 마지막 과제는 소비에서의 균형과 생산에서의 균형을 동시에 달성하는 최적 균형점을 찾는 것이다. [그림 3-7]의 곡선 $PP$는 [그림 3-6]에서 파레토 효율곡선에서 도출한 생산가능곡선이다. 한 사회의 생산가능곡선은 그 사회가 직면한 일종의 예산제약이다. 왜냐하면 생산가능곡선은 이름이 의미하듯이 한 사회가 가진 생산요소를 모두 사용하여 생산할 수 있는 두 재화·서비스의 최대량, 즉 한계이고 그렇기 때문에 이 사회에서는 소비 또는 생산과 관련된 모든 결정이 바로 이 한계, 즉 제약하에서 내려져야 한다.[2] 이 사회에는 경제주체가 $A$, $B$ 두 명뿐이므로 생산가능곡선과 원점 사이의 모든 점들은 이 사회가 선택할 수 있는, 생산을 위한 자원배분 조합이다. 물론 배분할 수 있는 재화·서비스의 양이 한정되어 있으므로 $PP$ 곡선 바깥쪽의 자원배분 조합은 선택할 수 없는 조합이다.

---

2) [그림 3-7]의 곡선 $PP$를 효용가능곡선(utility possibility curve)으로 봐도 무방하다. 효용가능곡선은 [그림 3-4]에 제시된 두 경제주체 $A$, $B$의 계약곡선을 수직축이 $A$의 효용이고 수직축이 $B$의 효용인 그래프에 옮겨 놓은 것이다. [그림 3-7]의 곡선 $PP$를 생산가능곡선으로 볼 것인지 효용가능곡선으로 볼 것인지는 파레토 통합 최적 균형을 생산자 관점과 소비자 관점 중 어느 관점에서 설명할 것인지에 따라 달라지는 문제일 뿐 파레토 통합 균형을 설명하는 데는 아무런 차이가 없다.

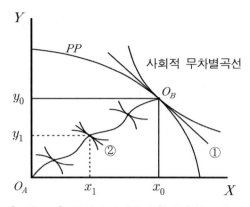

[그림 3-7] 생산과 소비의 통합 효율성 조건

한계변환율 = 한계대체율

$$MRT_{X,Y} = \frac{MC_X}{MC_Y} = \frac{P_X}{P_Y} = MRS^A_{X,Y} = MRS^B_{X,Y}$$

이제 이러한 선택 가능한 $X, Y$의 조합 중 어떤 조합이 개별 생산자나 소비자 차원이 아니라 전체 사회 차원에서의 최적 조합인지 판단해 보자. 이를 위해서 먼저 이 사회의 무차별곡선이 [그림 3-7]과 같다고 가정해 보자. 사회적 무차별곡선(social indifference curve)은 한 사회가 두 재화·서비스 $X, Y$를 생산하여 얻을 수 있는 효용 수준을 나타내는 곡선이다. 이때, 재화·서비스 $X, Y$가 각각 사회보장을 위해 필요한 소득보장 재화·서비스와 건강보장 재화·서비스라고 가정하면 이 사회적 무차별 곡선을 한 사회가 사회보장급여를 생산하여 얻을 수 있는 효용수준을 나타내는 곡선, 즉 무차별사회보장곡선(social security indifference curve)으로 이해할 수 있다. 이 무차별사회보장곡선은 사회구성원 개개인의 효용, 즉 사회보장 수준의 함수이다.[3] 예를 들어, 어떤 사회의 구성원이 총 $n$명이고, $U_i(i = 1, 2, ..., n)$를 $i$명의 사회보장 수준이라고 하면, 무차별사회보장곡선 $SW$는 다음과 같이 정의되는 함수이다.

---

3) 아마도 가장 쉽게 와닿는 직관적 정의는 '개개인의 무차별곡선의 합'이 아닐까 생각한다.

$$SW = SW(U_1, U_2, ..., U_n)$$

이 함수를 그 사회의 사회보장함수로 볼 수 있다. 앞서 이 사회에는 두 명의 경제주체 $A$, $B$만이 존재한다고 가정하였으므로 [그림 3-7]의 무차별사회보장곡선을 다음과 같이 정의할 수 있다.

$$SW = SW(U_A, U_B)$$

생산가능곡선이 사회적 예산제약선이므로 이 사회가 두 종류의 사회보장급여 $X$, $Y$를 생산하여 얻을 수 있는 사회보장 효용수준은 생산가능곡선과 무차별사회보장곡선이 만나는 $O_B$에서 극대화된다.[4] 따라서 두 재화·서비스 $X$, $Y$를 균형생산조합 $O_B$에 맞게 생산하면 $X$는 $O_A X_0$만큼 생산되고 $Y$는 $O_A Y_0$만큼 생산된다.

이제 남은 과제는 다음 질문에 대한 답을 찾는 것이다. 그런데 이 사회가 생산한 사회보장급여를 두 사람 간에 '배분한다'는 것은 이 두 경제주체가 사회보장급여를 '소비한다'는 것과 같은 의미이므로 파레토 소비 효율곡선이 다름 아닌 파레토 배분 효율곡선이라는 것을 이해할 수 있다.

> 이렇게 생산된 두 재화·서비스 $X$, $Y$를 두 경제주체 $A$, $B$에게 얼마큼씩 분배하는 것이 가장 바람직한가 또는 효율적인가?

그런데 우리는 두 경제주체 $A$, $B$의 소비에 관한 파레토 효율곡선이 어떤 모습인지를 [그림 3-4]를 통해서 알고 있고 파레토 배분 효율곡선상의 모든 점들은 파레토 효율 필요조건을 만족하는 점들이므로 우리가 찾고자 하는 최적의 사회보장급여 배

---

4) Musgraves와 Musgraves(1989)는 이상의 내용을 다음과 같은 파레토 효율 정리(theorem)로 제시하였다.

- **제1정리**: 소비자의 선호체계가 강단조성을 가지며 외부성이 존재하지 않으면 완전경쟁시장에서의 자원배분은 파레토 효율배분이 된다.
- **제2정리**: 소비자의 효용곡선이 볼록 곡선일 때 파레토 효율배분은 일반경쟁균형이 된다.

분 조합은 [그림 3-4]의 파레토 효율곡선상의 어느 한 점이 될 것이다.

앞서 생산 이론에서 살펴본 바와 같이 [그림 3-7]의 생산곡선의 기울기는 한계변환율 $MRT$이다. 재화·서비스의 소비와 생산이 모두 파레토 효율적이라고 하면 생산에서의 두 재화·서비스 간의 한계변환율이 소비에서의 두 재화·서비스 간의 한계대체율과 일치할 때 두 재화·서비스의 배분이 최적화된다. [그림 3-7]에서 사회적 효용이 극대화되는 $O_B$에서 한계변환율은 직선 ①의 기울기이다. [그림 3-7]의 엣지워드 상자 내에서 이 한계변환율과 값이 일치하는 한계대체율은 직선 ②의 기울기이다. 그러므로 두 기울기 ①=②인 접점 $E$가 생산과 소비(배분) 모두에서 다음과 같은 파레토 효율 필요조건을 만족하는 '파레토 통합 효율점'이다.

$$MRS^A_{소득, 건강} = MRS^B_{소득, 건강} = \frac{P_{건강}}{P_{소득}} = \frac{MC_{건강}}{MC_{소득}} = MRT_{소득, 건강}$$

따라서 이 사회의 경우, 시장에서 생산된 $O_A X_0$만큼의 사회보장급여와 $O_A Y_0$만큼의 또 다른 사회보장급여가 두 경제주체 $A$, $B$ 간에 다음과 같이 배분되어야 전체 사회의 사회보장 효용수준이 극대화된다는 것을 알 수 있다.

|  | A | B |
|---|---|---|
| 소득보장급여 | $O_A X_1$ | $X_1 X_0$ |
| 건강보장급여 | $O_A Y_1$ | $Y_0 Y_1$ |

## 7) 파레토 효율의 정책적 가치

이상에서 살펴본 파레토 효율 이론을 통해서 우리는 다음과 같은 사실을 이론적으로나마 확인할 수 있다.

희소한 자원을 효율적으로 사용할 수 있는 최적 배분구조(또는 분배조건)가 존재한다.

파레토 최적 분배가 존재하는 이상, 사회는 그 최적점을 시장을 통해서든 국가 정책을 통해서든 찾아 실현해야 한다. 그런데 파레토 최적 분배점을 찾기 위해 노력할 때 한 가지 생각해 봐야 할 것이 있다. 경제학이 최우선 가치로 여기는 효율이 파레토 최적 분배점을 찾기 위한 노력에 있어서 유일한 가치 판단의 기준으로 사용될 때 자칫 정책 현실에서 모든 잠정적인 합의들은 비효율적인 것 또는 비합리적인 것으로 여겨질 수 있다는 것이 바로 그것이다.

경제학에서는 생산과 교환 그리고 사회적 변환율들을 한계의 가치로 일치시키는 방향으로 움직이는 것을 파레토 효율을 달성하는 것이고 합리적인 조치로 판단한다. 그렇기 때문에 경제적 효율성이 국가 정책의 중심적 가치가 되면(이러한 경향은 경제사정이 어려울수록 강해진다.) 합리적 정책이 파레토 최적 방향으로 자원을 배분하는 정책과 동일시될 가능성이 높아진다. 현실의 의사결정에서는(실증적으로 입증하기가 쉽지는 않지만) 어떤 최적점이 있으며 그 최적점과 멀어지는 의사결정은 비합리적인 것으로 간주한다. 그러면서 '합리적인 것이 옳은 것'이라는 생각, 달리 말하면 파레토 최적 효율을 향해 나아가는 의사결정은(또는 정책은) 옳은 의사결정이고 그 외의 모든 결정은 그릇된 의사결정이라는 생각이 사람들 사이에 지배적인 생각으로 자리 잡는다.

그런데 문제는 파레토 최적점은 다양한 '한계적 가치'의 '상대적 비율'이 일치하는 점(들)이기 때문에 '합리적 의사결정'은 순간의 한계를 중시하는 경향이 강하다는 것이다. 그러나 중장기적인 정책들은 일반적으로 한계적 가치와는 거리가 멀다. 상대적 비율로서의 최적점 개념은 '기회비용'과 밀접한 관련이 있고, 경제적 효율성 가치는 기회비용 기준의 가치를 의미한다. 그렇기 때문에 어떤 사안이 사회적으로 매우 높은 중장기적 중요성을 가진 사안임이 확인되더라도 그 사안이 다른 사안들에 비해 상대적인 가치가 높지 않으면 그 사안은 합리적 정책결정 과정에서 우선순위를 갖게 되기 어렵다.

그러나 정책의 영역이 다르면 의사결정의 기준도, 중심적 가치도 다를 필요가 있고 어쩌면 달라야만 할 수 있다. 효율적인 것과 정의로운 것, 효율적인 것과 옳은 것, 효율적인 것과 장기적 관점에서 바람직한 것은, 일치한다면 더없이 좋겠지만 일치하지 않을 가능성이 크다. 그렇기 때문에 사회정책의 대상인 사회문제를 경제학의 시각에서 바라보고 접근할 때는 최적 개념을 적용하는 것에 대해서 신중을 기할 필요가 있다.

　사회보장정책을 포함한 사회정책을 설계하고 실행하는 과정에서 최적의 균형점을 추구하는데 지나치게 집착할수록 파레토 최적의 덫에 갇혀 시급히 내려야 할 정책 결정을 내리지 못하는 위험에 처할 가능성이 커진다. 정책 현실에서는 이론도 중요하지만 그보다 더 절실히 필요한 것이 '지금보다 나은 상태로 나아가기 위한 변화'인 경우가 매우 많다.

　현실의 경제적 현상들을 수치로 변환시키면 파레토 최적점을 찾을 수 있다. 수리적 논리의 구체성과 엄밀성이 정책과 결합하면 정책의 구체적 합리성이 계량적 수치로 표현된다. 그런데 그것이 어떠하다는 것인가? 누군가는 이렇게 물을 수 있다. 필자가 수치로 표현된 파레토 최적 개념이 분명한 유용성을 가진 행동 지침이 될 수 있음을 부정하는 것은 아니며 그렇게 하는 것이 바람직하지도 않다. 왜냐하면 혹시라도 그것이 부정되면 모든 결정은 정치적 결정이 되고 말 것이기 때문이다.

　그러나 그렇다고 해서 파레토 최적 개념이 때로는(사실은 꽤 많은 경우에) 유연하고 상황 적응적인 의사결정이나 그 사회가 가진 지배적인 정의관의 '반대편'에 서 있을 수 있다는 사실도 결코 부정되어서는 안 된다. 왜냐하면 그러한 사실을 부정하게 되면 우리는 모든 것을 경제논리로 설명하는 경제환원주의라는 블랙홀 속으로 빨려들어가 버릴 것이기 때문이다. 거시사회복지실천가는 전체 사회의 효용을 극대화하는 파레토 최적 배분에 관한 이론과 함께 이 두 가지 위험 모두에 대해서도 반드시 알고 있어야 한다.

## 3. 시장실패

　이 장에서 이제까지 살펴본 복지경제학 이론의 핵심을 한마디로 요약하면 다음과 같이 표현할 수 있다.

> 완전한 경쟁시장에서 합리적인 경쟁자로서 경제주체들 간의 자유로운 거래를 통해 자원이 배분될 때 파레토 효율 배분이 이루어진다.

이 내용 중 이제까지 우리가 파레토 최적 균형을 이해하는 데 초점을 맞춰 왔다면 지금부터는 '완전한 경쟁시장'을 이해하는 데 주안점을 두기로 하겠다. 파레토 최적 이론에 따르면 재화·서비스의 소비와 생산에 있어서 최적 균형 상태를 이루는 것이 가능하다. 단, 시장이 완전한 경쟁시장이라는 전제하에서만 가능하다. 그렇다면 우리의 경제활동의 장(場)인 시장은 완전한 시장인가? 시장이 완전성을 갖춘 시장이라면 문제될 것이 없다. 그러나 만일 시장이 완전하지 않다면 어떻게 해야 하는가? 시장을 대신할 수 있는 다른 어떤 효율적인 자원배분 기제가 있는가? 이 질문은 분명 거시사회복지실천가가 답해야 할 질문이 아닐 수 없다.

시장은 이론적으로는 자기조절 기능을 갖춘 완벽한 자원배분 기제이다. 그러나 현실에서 시장이 완벽한 기제로 작동하지 못하는 경우를 적지 않게 찾아볼 수 있는데 그런 경우들을 묶어 시장실패(market failure)라고 부른다. 지금부터 어떤 경우에 시장이 완전성을 갖지 못하는지, 즉 완전한 경쟁시장이 아닌지 살펴보기로 하자.

### 1) 불완전경쟁: 독·과점

시장이 자원을 파레토 최적 배분할 수 있으려면 시장은 완전경쟁시장이어야 한다. 경제주체 간 완전(공정)경쟁을 담보할 수 있는 조건이 형성되어 있지 못할 때 시장은 불완전경쟁시장이 되고 최적의 자원배분 기제로서 작동하지 못한다. 왜 그런가? 제2장에서 살펴본 바와 같이 완전경쟁시장에서 모든 재화·서비스의 생산량은 가격에 의해 결정된다. 더 정확하게 말하면 어떤 재화·서비스 $X$의 생산량은 $X$를 1단위 더 생산할 때의 한계비용과 $X$의 가격이 다음과 같이 일치할 때 결정되며, 시장에 참여하는 모든 경제주체는 완전경쟁자로서 어떤 재화·서비스이든 재화·서비스의 가격을 '주어진 것'으로 받아들이는 가격수용자(price-taker)이어야 한다.

$$MC_X = P_X$$

그런데 모든 경제주체가 완전경쟁자라는 가정은 항상 유효한 가정인가? 다시 말해, 어떤 경제주체가 가격에 적지 않은 영향을 미치거나 가격을 결정할 수 있는 가능성은 없는가? 그런 경우가 실제로 발생하면 시장은 완전성을 잃게 되는데 시장에 특정 재화·서비스를 공급하는 주체가 단 하나밖에 없는 독점(monopoly)과 소수로 한정되어 있는 과점(oligopoly)이 바로 그런 경우이다. 독·과점은 시장실패의 가장 대표적인 경우이다.

독점시장에서는 생산주체가 단 1개만 존재하기 때문에 시장에서 어떤 재화·서비스의 수요곡선은 해당 독점기업의 수요곡선이 된다. 앞서 제2장에서 살펴본 바와 같이 일반적으로 시장의 수요곡선은 우하향한다. 수요곡선은 평균수입곡선이기 때문에 평균값이 감소할 때는 한계값은 평균값보다 아래에 위치한다. 따라서 한계수입곡선은 수요곡선보다 가파른 기울기를 가지며 수요곡선 아래에 형성된다. 비용곡선의 조건은 완전경쟁시장의 경우와 동일하다. 독점시장에서는 '시장의 가격'을 고려한 생산자의 공급곡선이 존재하지 않는다. 왜냐하면 독점기업은 자신이 원하는 수준으로 가격을 정할 수 있는 가격결정자(price-setter)이기 때문이다.[5] 합리적인 가격결정자인 독점기업은 당연히 자신의 비용곡선의 비용 조건을 고려하여 생산량을 결정한다.

[그림 3-8]에서 이윤을 극대화하고자 하는 독점기업은 한계비용과 한계수입이 일치($MR = MC$)하는 $D$점을 기준으로 $q^*$에서 생산량을 결정한다. $q^*$에 해당하는 수요곡선의 시장가격은 $A$점에 해당하는 가격인 $p^*$이다. 따라서 독점기업은 $q^*$만큼의 재화서비스를 생산하여 $p^*$ 가격으로 시장에 공급한다.

독점기업의 총수입은 수요곡선상의 $A$점에 해당하는 생산량과 가격의 곱인 사각형 $0p^*Aq^*$이고 총비용은 평균비용곡선상의 $B$점을 기준으로 한 사각형 $0CBq^*$가 된다. 총수입에서 총비용을 제외한 두 사각형 면적의 차이가 이윤이므로 독점기업은 사각형 $Cp^*AB$만큼의 초과이윤을 얻게 된다. 독점시장에서는 이윤이 발생해도 진

---

5) 독점주체는 독자적으로 가격을 결정하고 소수의 과점 주체들은 소위 말하는 가격담합을 통해서 가격을 결정할 수 있다.

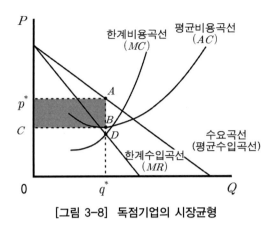

[그림 3-8] 독점기업의 시장균형

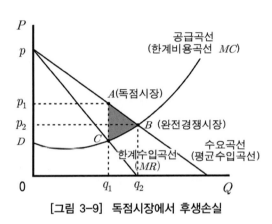

[그림 3-9] 독점시장에서 후생손실

입장벽이 있어 생산자들이 추가로 시장에 참여하지 못하므로 독점기업의 이윤은 장기에도 그대로 유지된다.

그런데 독점이 왜 문제인가? 단 한 개의 기업이 전체 시장을 지배하는 것이 불안하기 때문인가? 아니면 독점기업이 초과이윤을 얻는 것이 옳지 않기 때문인가? 독점이 바람직하지 않은 현상인 이유는 그런 이유 때문이 아니다. 사실 그러한 비판은 정서적인 비판에 불과하다. 경제학은 독점이 바람직하지 않다는 이유를 자원배분의 효율성과 사회적 후생 측면에서 설명한다.

[그림 3-9]는 독점시장에서 사회적 후생손실이 왜 발생하는지 보여 준다. 독점시장 상황에서 독점기업의 이윤극대화를 위한 균형점은 $C$점이며 독점기업의 생산량

은 $q_1$이고 시장가격은 $p_1$이다. 독점시장 균형점 $C$에서 재화·서비스의 가격과 한계비용이 일치하지 않는다. 독점시장에서 가격은 한계비용보다 높은 수준에서 결정되는데, 이는 [그림 3-9]에서 $MR_X = MC_X < P_X$인 것을 통해서 확인할 수 있다. 이런 현상은 완전경쟁시장에서는 발생하지 않는다. 독점기업의 한계비용곡선이 시장의 공급곡선이라 가정하면 완전경쟁시장에서는 수요와 공급이 만나는 $B$점에서 시장균형이 형성되므로 생산량은 $q_2$로 확대되고 가격은 $p_2$로 하락하기 때문이다.

독점이 바람직하지 않은 이유는 사회가 이 두 균형점 $B$, $C$의 차이만큼의 사회적 효용을 잃게 되기 때문이다. [그림 3-8]을 보면 독점시장에서 창출되는 사회적 잉여의 크기는 $DPAC$이고 이는 완전경쟁시장에서 창출되는 사회적 잉여의 크기 $DPAB$보다 작다. 독점으로 인해 발생한 '생산량 감소와 가격 상승' 현상으로 인해 독점시장 균형에서는 완전경쟁시장이었다면 발생하지 않을 삼각형 $ABC$만큼의 사회적 효용 손실이 발생하는 것이다. 이 삼각형 $ABC$를 가리켜 독점으로 인한 사중손실(deadweight loss)이라고 한다.[6]

시장이 독점 상태에 있으면 완전경쟁시장과 비교하여 더 높은 가격에서 더 작은 생산량이 시장에 공급된다. 독점시장에서 자중손실이 발생한 것은 독점기업의 이윤극대화를 위한 합리적인 선택에서 비롯된 것이다. 이는 그 기업의 윤리적인 문제가 아니라 합리적인 경제의 의사결정 논리에서 발생한 것이다.

이런 경우에는 기업의 윤리를 비판하는 권력적 접근보다는 시장의 경쟁을 활성화하는 경쟁정책이 중요하다. 독점시장의 문제들이 발생하면, 시장에 대한 정보제공을 확대하고 참여 가능한 잠재적 기업들에 대한 진입장벽을 약화시키는 경쟁정책이 강화된다. 독점기업 입장에서는 기업규제에 해당하지만 국민경제 전체 관점에서는 시장친화적인 정책이 된다. 같은 정책수단이지만 관점에 따라 해석이 달라진다.

---

[6] 독점시장의 사중손실은 최초 연구자의 이름을 인용하여 Harberger의 삼각형(Harberger's triangle)이라 불린다. Arnold Harberger는 미국 시카고대학교의 교수로 재직하면서 독점시장을 연구하여 독점으로 인한 사중손실의 크기, 즉 [그림 3-8]의 삼각형 $\triangle ABC$의 넓이를 측정했다. Harberger는 독점으로 인한 사중손실은 당시 미국 국내총생산의 0.1% 정도로 계산했다. 이후의 연구에서 자중손실의 크기를 $GDP$의 6% 수준으로 계산한 경우도 있다. 다수의 연구에서는 사중손실을 대체로 0.5~2% 범위에서 계산했다.

다행히 독·과점 주체가 비합리적이어서, 즉 이윤극대화에 그다지 관심이 없어서 '생산량 감소와 가격 상승' 현상이 발생하지 않더라도 독·과점의 존재는 또 다른 종류의 비효율을 발생시킬 수 있는 위험성을 내포하고 있다. 시장 내에 경쟁 상대가 없는 독·과점 주체는 재화·서비스 생산의 효율을 높이고자 노력할 인센티브를 찾기 어렵다. Leibenstein이 말하는 $X$-비효율, 즉 더 효율적인 자원 활용이 가능함에도 불구하고 그러한 가능성을 실현시키지 않는 비효율이 발생할 수 있다는 것이다.

독점적 지위를 갖는 어떤 공기업이 큰 규모의 이윤을 창출한 다음, 그 가운데 일부를 사회구성원(대개의 경우 사회구성원 가운데 일부)을 위한 복지사업의 재원으로 사용하는 경우를 생각해 보자. 공기업이 공기업으로서의 역할을 다하는 데 필요한 최소 이윤만 창출하는 대신 해당 공기업이 생산하는 재화·서비스의 가격을 낮춰 전체 국민이 그 혜택을 고르게 누리는 것과 최소 이윤보다 많은 이윤을 창출한 다음 특정 대상을 위한 소위 선별적 사회복지사업을 펼치는 것 가운데 과연 어느 쪽을 선택하는 것이 공기업의 정체성에 더 부합하는 선택인가? 공기업도 물론 기업이다. 그러나 공익 증진을 위해 설립된 기업이다. 이따금씩 대중매체를 통해 알려지는 '방만한 공공기관 운영' 문제는 또 어떠한가?

전자가 독점시장 균형의 문제를 보여 주는 사례라면, 후자는 $X$-비효율이 이론에서 그치는 것이 아님을 보여 주는 실제 예이다. 이 두 가지 상황에 대한 평가는 우리 사회의 대다수 구성원이 어떤 정의관을 가지고 있는지에 따라 달라질 것이다. 공공기관만이 독·과점의 예는 아니다. 우리 사회의 사회보장제도들 가운데 적지 않은 제도(예를 들면, 국민연금제도나 건강보험제도 같은 사회보험제도)는 법에 의해 만들어진 독점이다. 이러한 독점을 바라보는 시각 또한 어떤 가치를 정의의 기준으로 삼느냐에 따라서 달라진다. 사회보장제도를 더 나은 제도로 만들어 가기 위해 끊임없이 노력해야 하는 이유는 바로 그것이 공인된 독·과점이기 때문이다. 그러한 노력을 게을리할 때, 그래서 득보다 실이 크다고 생각하게 될 때 사회구성원들은 지금과는 다른 가치를 정의의 기준으로 삼을지도 모른다. 이런 생각을 하다 보면 다양한 사회구성원의 다양한 욕구를 충족시키기 어렵다는 것은 독·과점이 가진 문제점 가운데 그나마 심각성이 가장 낮은 문제인 것 같다는 생각이 든다.

독점은 법에 의해서 만들어지기도 하지만 규모나 특화에 의해 자연적으로 발생하기도 한다. 자연적으로 발생하는 독점을 자연독점이라고 하는데 수자원공사에서 공급하는 광역상수도 같이 규모의 경제에 의해 만들어지는 독점이 대표적인 예이다. 자연독점은 철도, 가스, 전기 사업 등 대규모 설비나 특별한 기술이 필요한 분야에서 주로 나타난다. 분명하게 독점권이 인정된 것은 아니지만 사업의 성질로 보아 누구나 경영할 수 없는 사업이기 때문에 독점 상태가 되어 실질적으로는 독점 이윤을 창출하게 된다.

많은 후발기업이 시장에 진입해도 기존 독점기업이 규모의 경제를 통해 확보한 낮은 평균비용에서 오는 경쟁 우위를 후발기업들이 버텨 낼 수 없으면 자연독점이 발생한다. 완전경쟁시장에서는 시장의 자동조정 기능이 독점화를 억제할 수 있지만 규모와 특화는 수확체증 법칙을 작동시켜 자연독점을 가능하게 만든다. 뒤에서 자세하게 살펴보겠지만 바로 이것이 조건의 평등을 위한 정책 개입이 필요하다는 목소리가 등장하는 이유이다.

## 2) 불확실성

미래에 어떤 일이 어떻게 벌어질지 모를 때 우리는 미래가 불확실하다고 말한다. 완전경쟁시장은 소비자와 생산자의 의지와 행위에 대한 확실성이 전제된 시장이다.[7] 시장에 참여하는 경제주체가 합리적인 주체라는 말은 경제주체의 의지와 행위가 어떠하리라는 것에 대한 확신이 시장에 존재한다는 것과 같은 말이다. 시장은 경제주체들이 펼치는 경제활동을 추상화한 개념이다. 시장에 불확실성이 존재한다는 것은 소비자와 생산자의 경제활동을 예측할 수 없다는 것을 뜻한다. 물론 실제로 그런 일이 발생하면 시장은 완전성을 잃게 된다.

소비자나 생산자의 의지나 행위가 불확실하면 수요, 공급, 가격에 관한 정보가 부족내지 부재해진다. 그럼에도 불구하고 경제주체들 간에 거래행위를 하려면 필요한 정

---

[7] 사실 따지고 보면 이제까지 이 책에서 소개한 미시경제 이론과 앞으로 살펴보게 될 거시경제 이론 모두가 그 확실성에 관한 이론인 셈이다.

보를 얻기 위해 치러야 하는 대가인 거래비용(transaction cost)이 증가한다. 특정 재화·서비스를 거래하는 시장이(완전경쟁시장이든 아니든) 형성될 지 여부는 거래비용과 이윤 간의 관계에 따라 결정된다. 높은 거래비용을 들이더라도 거래비용보다 더 큰 이윤을 얻을 수만 있다면 시장은 형성되고 그렇지 않다면 시장은 형성되지 않는다.

다행히 시장이 형성되었다고 하자. 그런데 이 시장이 완전경쟁시장인가? 그렇지 않을 가능성이 매우 높다. 두 가지 이유 때문이다. 첫째, 거래비용이 높을수록 높은 대가를 치를 수 있는 주체만이 정보를 얻어 불확실성을 줄여 더 많은 이윤을 창출할 것이므로 시장은 높은 대가를 치를 수 있는 주체들에 의해 독·과점화될 가능성이 크다. 둘째, 거래비용이 높을수록 높은 대가를 치르고 정보를 얻을 수 있는 주체와 그렇지 못한 주체 간의 정보 비대칭성(asymmetry of information) 또는 불균형이 커진다. 이로 인해 시장이 완전경쟁시장이 되기 어려워진다.

불확실성은 정보의 부재뿐만 아니라 신뢰수준이 낮을 때도 발생한다. 불확실성이 존재하더라도 경제주체들 간에 높은 신뢰감이 존재한다면 각각의 경제주체는 다른 주체가 어떠한 행위를 하거나 하지 않을 것이라는, 확률이 아닌 믿음을 바탕으로 완전경쟁시장에 가까운 시장을 만들 수 있다. 물론 사회구성원 서로가 신뢰하지 못하는 사회에서는 불가능하다.[8]

신뢰 수준이 낮은 사회에서는 필연적으로 여러 가지 규제가 만들어진다. 그런데 어떤 사회의 신뢰 수준이 낮은 이유는 개인 간 신뢰 수준이 낮아서이기도 하지만 개인과 국가 간의 신뢰 수준이 낮아서일 수도 있다(어쩌면 후자가 더 중요한 이유일 수 있다). 이러한 가능성을 인정할 때 우리는 자연스럽게 다음과 같은 질문에 관심을 갖게

---

8) 대학입시 수시 방법 중 하나인 학생부종합전형제도는 어떤 사람이 다른 사람을 평가한(그것도 질적으로) 결과와 그 결과에 근거한 추천에 거의 의존하여 대학 입학 여부를 판단하는 제도라고 해도 과언이 아니다. 저자는 이 제도야말로 사회적 신뢰가 기반이 되어야 하는 대표적인 제도 중 하나라고 생각한다(사실 이 제도와 유사하게 비교과를 대입 평가에 반영하고 있는 국가는 미국과 영국뿐이다). 대입 수시 제도가 우리 사회에 1997년 처음 도입된 이후 오늘날까지의 변화 과정을 규제의 양에 초점을 맞추고 한번 살펴본다면 우리 사회의 사회적 신뢰 수준을 구태여 OECD 국가 간 비교 결과를 들여다보는 수고를 하지 않더라도 쉽게 가늠할 수 있다. 토양의 성질과 상관없이 씨만 뿌리면 싹이 튼다고 생각하는 정치인들이나 관료들이 규제가 신뢰를 대신할 수 있다는 고집을 버리고 토양에 맞는 씨앗을 찾는 노력을 해야 할 것이다. 몇 년이 더 지나 규제의 종합판이 되어 있을 학생부종합전형의 내용을 이해할 수 있는 입학사정관이 몇 명이나 될지 매우 궁금하다.

된다. 이에 대해서는 이 장의 뒷부분에서 다시 논의하기로 하겠다.

> 정부가 실패할 가능성은 시장이 실패할 가능성보다 작은가, 같은가, 아니면 큰가?

## 3) 정보 비대칭성: 불충분한 정보

경제주체 간에 정보량에 상당한 차이가 존재하는 현상을 정보 비대칭성이라고 한다. 정보 비대칭성이 존재하면 도덕적 해이(moral hazard)와 역선택(adverse selection) 같은 문제가 발생할 수 있다. 정보를 상대적으로 많이 가진 경제주체 $A$와 상대적으로 적게 가진 경제주체 $B$가 있을 때 도덕적 해이란 정보를 더 많이 가진 $A$가 자신에 대한 $B$의 기대와 다른 선택, 비합리적인 선택을 하는 현상을 말한다. 모든 경제주체는 각자가 다른 누구보다 자신에 관한 정보를 가장 많이 가지고 있다. 즉, 각자가 자신에 대해서만큼은 다른 사람보다 항상 정보우위에 있다는 것이다. 이러한 정보 비대칭성 또는 정보량 차이를 이용하여 정보우위에 있는 $A$가 (또는 $A$, $B$ 모두가) 자신의 이익을 위해, 정보열위에 있는 $B$가 자신에 대해 가진 기대와 동떨어진 선택, 즉 정보가 대칭적이라면 하지 않았을 행동을 할 수 있다. 그러한 행동은 자신에게 비합리적인 선택일 뿐만 아니라 상대방의 합리적인 선택을 방해하는 선택이다. 따라서 도덕적 해이가 발생할 경우 시장은 합리적인 경제주체를 위한 거래의 장(場)으로서의 기능을 상실하게 된다.

보험자와 피보험자 간의 도덕적 해이가 정보 비대칭성으로 인해 발생시키는 도덕적 해이의 대표적인 예이다. 건강보험제도는 건강보험 피보험자로 하여금 건강서비스를, 해당 건강서비스를 실제로 생산하는 데 드는 비용보다 낮은 가격에서 이용할 수 있게 함으로써 건강서비스에 대한 비용 접근성을 높이기 위해 만들어진 제도이다. 그렇기 때문에 건강보험에 가입한 사람은 건강서비스를 실제 가격보다 낮은 가격에서 소비할 수 있는 실질소득 상승효과를 누릴 수 있다.

문제는 실질소득이 상승하여 건강서비스의 상대적 비용이 낮아질 때(그리고 그 결과로 건강서비스 소비량이 늘어날 때) 소비자의 비용의식이 함께 낮아지는 것이다. 건강보험이 없다면 자신이 모두 부담해야 하는 비용을 건강보험에 가입함으로써 일부만 부담하고도 이용할 수 있게 되어 건강보험 가입자가 소위 '내 돈 내는 것도 아닌데 뭐'라는 생각을 갖게 되는 것이다. 이처럼 낮아진 비용의식이 건강보험의 보험자인 정부가 가입자 개개인이 어떤 행동을 하는지를 알지 못한다는 사실과 결합하면 건강보험이 없었다면 하지 않았을 행동을 할 가능성이 높아진다. 예를 들면, 운동을 게을리하거나, 건강에 해로운 행동을 하거나, 병원에 가지 않아도 될 사소한 상황에서도 건강서비스를 받기 위해서 병원을 방문하는 행위 등이다.

이처럼 건강보험이라는 거래가 성사된 후 정보우위에 있는 거래주체가 비합리적인 선택을 하면 경제적 비효율이 발생한다. 불필요한 건강서비스 이용이 바로 비효율이다. 물론 건강서비스를 생산하는 실제 비용은 건강보험이 있건 없건, 도덕적 해이가 발생하건 발생하지 않건 일정하므로 불필요한 건강서비스 이용량이 증가하면 그 만큼의 비용을 누군가는 부담해야 한다. 그 비용을 도덕적으로 해이 현상을 보이는 가입자가 모두 부담하지 않고 도덕적으로 해이해지지 않는 다른 가입자가 부담하거나 건강보험료를 올려 충당할 때 그 비용은 바로 불필요한 사회적 비용이 되는 것이다. 건강보험이 적용되는 서비스와 종류가 많아질수록 그리고 실제 비용과 건강서비스 이용 시 건강보험 가입자가 지불해야 하는 가격 간의 차이가 커서 소비자의 비용의식이 낮아질수록 도덕적 해이 가능성, 즉 건강서비스를 해가 되지 않는 한 더 이용할 수 있는 가능성 또한 증가한다.

도덕적 해이는 주인-대리인 관계 속에서 정보 격차로 인해 발생하기도 한다. 건강서비스 이용자는 주인이고 의료인은 주인을 위해 서비스를 제공하는 대리인이다. 그런데 건강서비스가 전문성을 필요로 하는 재화·서비스이다 보니 전문성을 인정받은 의료인만이 건강서비스를 생산할 수 있게 법으로 규제하고 있기 때문에 대리인에게 법에 의한 독점권이 주어진다. 그 결과, 주인-대리인 간에 엄청난 정보 비대칭이 존재하게 된다. 이러한 정보 비대칭성을 이용하여 의료인 중 일부는 자신의 이익을 위해 의학적 필요성이 없거나 매우 낮은 건강서비스를 만들어 내는 행위를 할 수 있는데 그러한 도덕적 해이 현상을 가리켜 공급자에 의한 수요창출행위(supply-induced demand)라고 한다. 물론 이러한 수요창출이 발생할 가능성은 매우 낮겠지만 누가 어떤 건강서비스를 얼마나 이용해야 하는지는 의료인만이 결정할 수 있으므로 수요창출행위가 발생하더라도 그것이 창출된 수요인지 의학적으로 필요한 서비스인지 판정하는 것도 의료인에게 의존할 수밖에 없는 것이 현실이다.

건강보험으로 인해 낮아진 비용의식과 의료인의 수요창출행위가 맞물려 상승효과가 발생하면 의료비용이 급속하게 증가한다. 전 세계에서 전례를 찾아볼 수 없을 정도로 빠르게 진행 중인 우리나라의 인구고령화와 OECD 평균보다 낮은 건강보험료를 고려하면 도덕적 해이로 인한 사회적 비용 증가는 결코 가볍게 볼 일이 아니다. 현행 건강보험제도에 본인부담금 제도를 두고 있고 건강보험심사평가원이라는 기구를 두어 진료비 심사와 건강보험 요양급여의 적정성을 평가하게 하고 있으나 도덕적 해이 같은 시장실패는 결코 쉽게 해결할 수 있는 문제가 아님이 분명하다.

정보 불충분성에서 비롯되는 또 다른 형태의 비효율은 역선택(adverse selection)이다. 역선택은 경제주체들 상호 간에 정확한 정보를 제공하지 않아 거래 시 정보열위에 있는 주체가 불리한 선택을 하게 되는 현상을 말한다. 민간건강보험을 예로 들어보자. 합리적인 건강보험회사는 가능한 한 건강한 사람만을 회원으로 받아 비용을 최소화하고자 한다. 그런데 건강이 좋지 않은 주체일수록 건강보험의 혜택을 더 필요로 하기 때문에 건강이 좋지 않은 주체들은 자신의 건강 상태를 숨기고서라도 건강보험에 가입하려고 가능한 한 모든 방법을 동원한다. 물론 건강보험자는 가입 희망자 가운데 건강이 상태가 좋지 않은 희망자를 선별하는 소위 '거품 거둬내기(cream skimming)'를 통해 비용 발생 가능성을 낮추고자 하지만 정보격차로 인해 그러한 선택은 여의치 않다. 이때, 건강보험자는 건강 상태가 나쁜 주체들이 보험에 가입함으로 인해 비용이 발생할 것에 대비하여 선제적으로 보험료를 인상하는 조치를 취할 수 있다. 그럴 경우 소비자 선택에 있어서 더 낮은 비용으로 누릴 수 있는 수준의 효용을 더 높은 비용을 지불하고 누려야 하는 비효율이 발생한다.

## 4) 공공재

공공재(public goods)란 〈표 3-1〉과 같은 세 가지 특성을 갖는 재화·서비스이다.[9]
공공재는 이 세 가지 특성 중 어떤 특성을 얼마나 가지고 있는지 등에 따라 순수공공
재와 준공공재로 나뉜다.

〈표 3-1〉 **공공재의 특성**

| 비배제성<br>(non-excludability) | • 누구에 대해서는 소비를 허용하고 누구에 대해서는 불허할 수 없음<br>• 따라서 가격을 지불하지 않고 소비하는 무임승차(free-rider) 문제가 발생함 |
|---|---|
| 비경합성<br>(non-rivalness) | • 한 사람의 추가 소비가 다른 사람이 소비량을 감소시키지 않음<br>• 따라서 소비가 경쟁적이지 않음 |
| 불가분성<br>(non-divisibility) | • 재화·서비스를 나눌 수 없기 때문에 다수가 동시에 사용할 수 있음<br>• 따라서 집합적 소비가 가능함 |

출처: Musgrave, R., & Musgrave, P. (1975). *Public Finance in Theory and Practice* (4th ed.). Richard D
    Irwin Inc. pp. 41-58.

순수공공재는 경합성과 배제성을 모두 가진 재화·서비스이며, 준공공재는 어떤 경
우에는 경합적이거나 배제적이지 않다가 어떤 경우에는 경합적 또는 배제적이게 되
는 재화·서비스이다. 단, 순수공공재와 준공공재의 구분은 절대적인 구분이 아니라
상대적인 구분이다. 예를 들어, 공원을 이용하는 사람이 많지 않을 때 공원은 순수공
공재이지만 공원을 이용하는 사람이 많아져서 정해진 시간에 정해진 수의 사람만 공
원을 이용할 수 있게 하면 소비가 경합적이 돼서 공원은 준공공재가 된다.

Musgrave와 Musgrave(1975)는 재화·서비스의 종류를 〈표 3-2〉와 같이 공동체
적 욕구를 충족시키는 가치재, 공적 욕구를 충족시키는 사회재, 사적욕구 충족을 위
한 사적재로 구분한다. 이 가운데 사적재와 대비되는 특성을 가진 가치재와 사회재
가 공공재에 해당한다. 거시사회복지실천 관점에서 볼 때 사회보장급여는 가치재에

---

9) 공공재의 특성은 절대적인 것이 아니다. Rosen(1995)은 비배제성, 비경합성, 불가분성으로 공공재를 정의할
   때 주의해야 할 6가지 사항을 제시하고 있는데, 예를 들면 공공재의 구분은 절대적인 것이 아니라 시장의 조건
   과 기술 수준에 따라 달라진다는 것을 지적한다. 보다 자세한 논의는 Rosen, H. (1995). *Public Finance* (4th
   ed.). Richad D. Irwin Inc. pp. 61-63을 참고하기 바란다.

**〈표 3-2〉 사적재와 공공재의 특성**

| 재화·서비스 종류 | | 특성 |
|---|---|---|
| 사적재<br>(private goods) | | • 개인적 욕구 충족을 위한 재화·서비스<br>• 시장실패가 발생하지 않음에 따라 시장을 통한 거래 가능 |
| 공공재<br>(public goods) | 가치재<br>(merit goods) | • 공동체 구성원의 공동체에 대한 책임감, 연대감 등에 기반한 공동체적 욕구(communal wants) 충족을 위한 재화·서비스<br>• 민간부문이 생산할 수 있으나 시장실패 발생 시 정부가 공급해야 하며 필요하다면 소비자의 선택 자유가 제한될 수 있음 |
| | 사회재<br>(social goods) | • 공적 또는 사회적 욕구 충족을 위한 재화·서비스<br>• 시장실패로 인해 시장을 통한 공급이 불가능하기 때문에 정부가 공급해야 함 |

출처: Musgrave, R., & Musgrave, P. (1975). *Public Finance in Theory and Practice* (4th ed.). Richard D Irwin Inc. pp. 41-58의 표 내용을 수정하여 제시함.

가까운 공공공재이고, 사회재는 공원, 소방, 경찰, 등대, 국방 등과 같은 순수공공재이다.

사회 전체의 효용 또는 복지 증진을 위해 필요한 재화·서비스 가운데 대부분은 공공재이다. 그런데 공공재는 앞에서 소개한 특성을 가지고 있기 때문에 사회적 필요(need)는 분명히 존재하지만 수요(demand)를 알 수 없는 재화·서비스이다. 왜냐하면 합리적인 그러나 이기적인 소비자는 공공재에 대한 자신의 수요, 즉 특정 가격에 얼마만큼을 소비할 의사가 있는지를 밝히지 않고 공공재가 생산될 때까지 기다렸다가 무임승차한다. 무임승차 상황이 발생하면 수요곡선을 확인할 수 없기 때문에 공공재의 가격을 정할 수 없고 시장균형점을 찾을 수 없다. 따라서 합리적인 경제주체들이 경쟁하는 사회에서 공공재는 결코 사회가 필요로 하는 만큼 생산되지 않는다.

## 5) 외부성

외부성(externality)은 어떤 경제주체의 경제행위가 제3자에게 의도하지 않은 이득 또는 손해를 주지만 그 이득 또는 손해에 해당하는 비용이 해당 경제행위와 관련된 누구에게도 귀속되지 않는 현상이다. 외부성은 다음과 같은 특성을 갖는다.

> • 외부성은 소비에 의해서 발생하기도 하고 생산에 의해서 발생하기도 한다.
> • 외부성 가운데 혜택이 발생한 경우를 긍정적 외부성(positive externality) 또는 외부경제라고 하고 손해가 발생한 경우를 부정적 외부성(negative externality) 또는 외부불경제라고 한다.
> • 외부성은 한 주체가 일방적으로 발생시킬 수도 있고 다수 주체가 상호적으로 발생시킬 수도 있다.
> • 외부성과 공공재는 그 구분이 매우 모호하다. 영향을 받는 제3자의 범위가 한정적일 수록 외부성이고 광범위할수록 공공재이다.

외부성은 어떤 경제주체가 제3자에게 영향을 미친 일이 시장 기제 내에서 발생한 일이 아니어서 그 영향이 가격에 반영되지 않을 때 발생한다. 누군가의 소비 또는 생산 활동의 결과가 가격 변화를 통해 제3자에게 이득 또는 손해로 나타나면 시장의 자동조정 기능이 작동하여 이득 또는 손해가 사라질 때까지 조정이 이루어진다. 그러한 조정을 통해 가격과 한계대체율이 일치하게 되면 다시 효율적인 자원배분이 이루어진다. 외부성이 시장실패인 이유는 제3자가 입은 영향이 가격 변화에 의한 것이 아니라는 데 있다.

어떤 경제주체가 어떤 재화·서비스 $X$를 소비함으로써 부정적인 외부효과가 발생한다고 가정해 보자. 완전경쟁시장에서 재화·서비스 $X$의 1단위 가격은 소비자가 $X$를 1단위 소비할 때 얻는 한계효용과 같고, 생산자가 $X$를 1단위 더 생산할 때의 한계비용과도 같다.

$$P_X = MC_X = MB_X$$

모든 소비자와 생산자는 경제활동을 할 때 자기 자신 개인 차원의 한계효용과 한계비용을 생각하면서 경제활동을 할 뿐 자신의 행위로 인해 영향을 받게 될지 모르는(사실 영향을 받을지 받지 않을지 자체를 알 수 없는) 다른 경제주체의 한계효용이나 한계비용까지 생각하지는 않는다. 외부성이 발생하면 비용이 발생하는데 그 비용은 어떤 개인에게 귀속되지 않기 때문에 사회에 존재하는 비용이 된다. 이러한 의미에서 위에서 말한 한계효용과 한계비용을 각각 다음과 같이 구분한다.

$$\text{사적한계효용: } MB_X = PMB_X, \text{사적한계비용: } MC_X = PMC_X$$

그리고 사회의 한계효용과 한계비용을 각각 다음과 같이 구분한다.

$$\text{사회적한계효용: } SMB_X, \text{사회적한계비용: } SMC_X$$

효율적인 자원배분은 다음의 조건이 만족될 때 가능하다.

$$PMB_X = P_X = PMC_X \text{ 또는 } SMB_X = P_X = SMC_X$$

그런데 외부성이 발생하면 다음과 같은 문제가 발생한다.

$$PMB_X \neq SMB_X \text{ 또는 } PMC_X \neq SMC_X$$

예를 들어, 부정적 외부성이 발생하면 사회적한계비용이 사적한계비용보다 커지는데 왜냐하면 사적한계비용에 외부효과로 인해 발생한 비용이 더해진 것이 사회적한계비용이기 때문이다.

$$SMC_X = (PMC_X + \text{외부효과 비용}) > PMC_X$$

사회의 관점에서 보면 이 사회적한계비용과 사적한계효용이 일치하는 점인 $Q_E$가 $X$의 균형 소비량이지만 $X$의 실제 소비량은 사적한계비용과 사적한계효용이 일치하는 점인 $Q_1$이다. 즉, 부정적 외부성으로 인해 $Q_1 - Q_E$만큼의 과잉소비 또는 과다공급이 발생하는 것이다. 동일 논리에서 긍정적 외부성이 발생하면 과소소비 또는 과소공급 문제가 발생한다. 외부성은 이와 같은 원리에서 시장의 최적 균형 생산량보다 더 많거나 더 적은 재화·서비스가 생산되는 시장실패, 즉 비효율을 발생시킨다.

외부효과로 인해 발생한 비효율을 줄이는 방법은 크게 정부개입에 의존하는 접근 방법과 시장에 의존하는 접근 방법으로 구분할 수 있다. 이 가운데 정부개입에 의존하는 접근 방법들은 이어서 소개할 정부개입 부분에서 소개하기로 하고 여기서는 시장의존 방법들에 대해서 살펴보기로 하자.

시장의 기능에 의존하여 외부효과를 통제하는 방법 가운데 하나는 외부효과를 발생시킬 수 있는 권리를 거래하는 시장을 형성하는 것이다. 예를 들면, 어떤 경제주체가 온실가스 같은 외부성을 발생시키려면 해당 외부성을 발생시킬 수 있는 권리를 시장에서 구매한 다음 자신이 보유한 권리만큼의 외부성만 배출할 수 있게 하는 것이다. 국가 간 온실가스배출권(Green House Gas Emission Right)을 거래하는 탄소시장(Carbon Market)이 바로 이 수단이 실제로 사용되고 있는 대표적인 예이다.[10]

이 제도는 마치 각국의 중앙은행이 시중에 유동시키고자 하는 유동성의 양을 결정한 다음 적절한 양의 채권을 발행하여 유통시키는 것과 마찬가지로 제도에 참여하는 국가들이 적절한 수준의 온실가스 배출 양을 먼저 정하고 그에 해당하는 양의 배출권만을 발행하여 국가 간에 거래할 수 있게 하는 제도이다.

외부효과 발생권 거래시장 접근 방법이 가진 큰 장점은 경제주체들로 하여금 외부효과와 관련된 각자의 선호를 올바르게 표출할 수 있게 만든 점이다. 외부효과의 가치를 배출권의 가격으로 표현할 수 있게 함으로써 올바른 선호 표출이 가능해짐에 따라 거래가 가능해지고 그 결과 정부의 개입 없이도 시장을 통한 자율적인 조정이 이루어질 수 있게 한 것이다. 아울러 외부성 발생을 줄이기 위해 노력할수록 더 많은 보상이 주어지는 반면, 게으리할수록 더 많은 손해가 따르게 만듦으로써 경제주체들로 하여금 외부효과를 자발적으로 내부화(internalize), 즉 외부효과로 인해 발생한 비용을 자신에게 귀속시키게 만드는 인센티브를 제공한다는 점 또한 장점으로 꼽을 수 있다.

이런 장점에도 불구하고 외부효과 거래시장 방법을 사용하는 데는 몇 가지 해결해야 할 문제점이 있다. 경제주체들 간에 권리를 어떻게 분배할지에 대한 기준이 시장

---

10) 탄소시장 및 탄소시장 형성과정 상의 여러 가지 이슈에 관한 자세한 논의는 The World Bank. (2018). Carbon Markets Under the Kyoto Protocol: Lessons Learned for Building an International Carbon Market Under the Paris Agreement를 참고하기 바란다.

형성에 앞서 마련되어야 한다. 아울러 하나의 기준으로 모든 외부효과에 대한 권리를 배분하는 것이 적절한지에 각각의 외부효과마다 별도의 기준을 마련해야 하는지에 대한 합의도 필요하다. 권리가 수요-공급 원칙에 따라 거래되기도 하지만 시간이 지날수록 일반 재화·서비스와 마찬가지로 자금력이 풍부한 경제주체는 더 많은 권리를 보유하게 되고 자금력이 부족한 경제주체는 권리를 갖지 못하는 현상이 나타날 수 있음에도 대비해야 한다. 극단적인 경우, 풍부한 자금력을 바탕으로 모든 또는 대부분의 권리를 한 개 또는 소수의 경제주체에 의한 독·과점이 발생할 수 있는 가능성도 배제할 수 없다.

외부효과를 줄이기 위한 또 다른 시장 의존적 방법은 소유권 확립(Property Rights Establishment)이라고 알려진 방법이다. 이 방법은 외부성이 발생하는 원인 가운데 하나가 주인이 없기 때문이라는 사실에 착안한 접근 방법이다. '만일 제 것이면 저렇게 하겠는가?'라는 말이 의미하는 바가 이 접근 방법의 핵심이다. 자신의 행위 또는 누군가의 행위가 제3자가 아닌 바로 자신에게 해가 되어 돌아온다면 어느 누구도 그런 행위를 하거나 다른 사람이 하게 내버려 두지 않을 것이다. 강물이나 공기를 오염시키는 행위로 인해 피해를 입은 사람들이 오염 행위를 하지 못하게 적극적으로 막지 못하는 이유는 강물도 공기도 누군가에 의해 소유된 것이 아니기 때문이다. 그렇기 때문에 소유권을 분명하게 하는 것이 외부효과의 발생을 막는 효과적인 방법이 되는 것이다.

Coase(1960)에 따르면 소유권이 외부효과를 발생시키는 주체에게 주어지든 영향을 받는 주체에게 주어지든 상관이 없이 일단 소유권이 명확해지기만 하면 두 주체가 자발적인 협상을 통해서 외부효과를 감소시킬 수 있다고 하는데 이를 가리켜 코즈 정리(Coase Theorem)라고 한다. 예를 들어, 강물 오염이 뒤따르는 어떤 재화·서비스를 생산하는 $A$와 그로 인해 피해를 보는 $B$가 있을 때 강의 소유권이 $A$에게 주어지는 경우 $B$는 $A$에게 강물 오염을 줄이기 위해 재화·서비스 생산을 줄여 줄 것을 부탁하면서 그 대신 감소한 이윤에 대한 대가를 지불할 의사를 밝힐 것이고, 소유권을 $B$가 가질 경우 $A$는 $B$에게 강물을 오염시키는 대가를 지불해야 하므로 강물 오

염 행위를 줄일 것이라는 것이다.[11]

그런데 이 접근 방법은 외부효과로 인해 영향을 받게 되는 경제주체의 수가 한정적이지 않을 때 현실성이 매우 낮아진다는 문제점을 가지고 있다. 예를 들어, 공기 오염처럼 외부효과를 발생시키는 주체도 다수이고 피해를 입는 주체도 다수라면 누구에게 소유권을 줄지를 어떻게 결정할 수 있는가 하는 것이다. 또한 이처럼 외부성에 관련된 주체가 다수일 경우, 도대체 누가 누구와 협상을 해야 하는지도 문제가 아닐 수 없다. 더 큰 문제는 비록 Coase는 소유권이 누구에게 주어지든 상관이 없다고는 하지만 어떤 자원이든 자원은 희소하기 때문에 누군가에게 자원에 대한 소유권을 주는 것은 결코 가볍게 다루어질 사안이 아니다. 즉, 소유권을 인정을 정당화할 수 있는 모든 관련 주체가 동의할 수 있는 근거가 없는 한 이 접근 방법을 사용하는 것은 현실적으로 불가능하다고 판단된다.

외부성은 경제학적 관점에서 볼 때뿐만 아니라 거시사회복지실천의 관점에서 볼 때에도 매우 중요한 문제이다. 앞서 논의했던 도덕적 해이가 외부성의 한 형태라는 사실에 주목해 볼 필요가 있다. 어떤 경제주체의 행위가 다른 경제주체에게 손해를 입히지만 정보 불균형으로 인해 손해를 발생시키는 행위 주체가 누구인지 파악할 수 없음에 따라 손해로 인해 발생하는 비용을 부담하게 할 수 없다. 그 결과, 건강보험의 경우를 예로 들면, 건강서비스라는 사회보장 재화·서비스가 과잉 생산되는 비효율이 발생하고, 그로 인해 발생하는 사회적 비용은 실제로 건강보험료 인상에 반영되어 모든 건강보험 가입자에 의해 내부화된다.[12]

여기서 저자는 이러한 식의 내부화가 자원배분의 효율성을 회복시킬 수 있는지 여부에 대한 논의는 잠시 보류한 상태에서[13] 독자들과 함께 '이러한 내부화 방식이 정의로운가?'라는 질문에 대해서 생각해 보고자 한다. 정의롭다면 더 이상의 논의는 필요 없다. 그러나 만일 도덕적 해이로 인해 발생한 부정적 외부효과의 비용을 발생시

---

11) 코즈 정리에 관한 내용은 Rosen, H. (1995). *Public Finance* (4th ed.). Richard Irwin Inc. pp. 104-106를 참고한 것임을 밝힌다.

12) 저자는 어느 누구도 도덕적 해이가 건강보험료 인상의 유일한 원인이라는 오해는 하지 않을 것이라 확신한다.

13) 그렇게 하는 이유는 이 단락의 끝부분에 언급되어 있다.

키는 행위주체가 아니라 모든 건강보험 가입자에게 부담시키는 것이 정의롭지 않다면, 지금과 같은 내부화 방식이 가진 문제점(즉, 정의롭지 않는 부분)을 보완할 수 있는 정책을 병행하는 것에 대해서는 적어도 공감대가 형성될 수 있을 것이다.

그러한 보완책 가운데 대표적인 예가 바로 담배나 술 소비에 대해서 이른바 죄악세(sin tax) 또는 교정세(corrective tax)를 부과하는 정책이다. 술과 담배 가운데 담배를 예로 들자면 담배에 과세되는 세금은 1996년 이전에는 담배소비세뿐이었으나 1996년 교육세, 1999년에 부가가치세, 2002년에 국민건강증진부담금이 연이어 추가되었다. 그리고 가장 최근인 2015년에는 담배소비세가 인상됨과 동시에 개별소비세가 추가되어 2015년 1월 1일부터 담배가격이 한 갑당 최고 80%까지 인상되었다.[14]

이 정책의 결과에 초점을 맞춘 한 연구에 따르면 담배가격 80% 인상 정책이 흡연으로 인한 후생감소효과, 즉 부정적인 외부효과가 정부의 세수증대효과와 담배소비량 감소에 따른 외부비용 절감효과에 의해 상쇄되고 오히려 순후생이 증가하는 결과를 가져올 수 있는 것으로 보고되었다.[15] 그런데 이제까지 알려진 바에 따르면 담배과세 정책의 실제 효과는 '담배소비억제 효과는 크지 않고 세수효과는 크다'는 것이 일반적이다. 담배소비억제 효과가 크지 않은 가장 주된 이유는[16] 담배가격이 아직 낮기 때문이다. 담배소비억제 효과를 거두기 위해서 담배가격을 200% 이상 인상(한 갑당 약 1만 6천 원 수준)해야 한다는 전문가들의 제안이 정책에 반영되지 않는 데는 분명 이유가 있을 것이다. 아마도 저자는 그 이유가 자원을 효율적으로 배분하는 방법을 몰라서가 아니라 정치인들이 정의(justice)를 정확하게 누구인지는 모르겠으나 그들이 서민이라 부르는 누군가의 표와 동일시하기 때문이라 생각한다.[17] 그리고

14) 흡연으로 인해 발생하는 국민건강 악화, 의료비 증가, 비흡연자의 권리 침해 등 부정적 외부성을 없애야 할 필요성과 함께 OECD 회원국 중 최고의 흡연율(2014년 성인 남성 기준 43.3%)을 낮춰야 한다는 정치적 결정도 이 정책이 실행될 수 있었던 이유 중 하나였던 것으로 판단된다. 흡연의 사회적 비용에 관해서는 박선은 외. (2008). 2007년 흡연의 사회경제적 비용 추계. 대한임상건강증진학회지, 8(4), 219-227을 참고하기 바란다.

15) 박환재 (2016). 담배가격인상의 후생효과. 산업경제연구, 29(1), 51-71.

16) 최성은 외. (2017). 담배과세 인상의 흡연율 및 경제적 영향 분석. 한국조세재정연구원은 낮은 가격과 함께 현행 담배세가 물가반영률이 전혀 반영되지 않는 종량세이어서 그간의 정책에도 불구하고 실제로는 담배가격의 실질 하락 효과가 나타나고 있다는 것을 또 한 가지 중요한 이유로 지적하고 있다.

17) 담배 시장이 개방된 현실에서 자국 담배회사의 이익을 보호해야 한다는 것이 쉽게 무시할 수 있는 이유가 아니라는 것은 분명하다. 그러나 동일한 상황하에서 다수의 OECD 국가들이 담배 가격을 우리나라의 인상 폭인

어쩌면 그보다 더 근본적인 이유는 그러한 정치인들의 행위를 묵인하는 사회구성원의 수가 아직 다수(물론 일부라고 표현하는 것이 정치적 올바름이겠지만)이기 때문이 아닌가 추측해 본다.

## 4. 정부개입

시장실패로 인해 시장이 효율적인 자원배분 기제로서의 기능을 일부 또는 전부 상실하거나 시장의 기능과 무관하게 시장 효율성 외의 다른 어떤 가치 실현이 사회적으로 요구될 때 정부는 시장에 개입한다(시장을 대체할 수는 없으므로). 어떤 사회도 정부의 시장개입 역할의 필요성을 전적으로 부정하지는 않는다. 다만, 정부개입의 수단과 강도에 대한 입장 차이는 존재한다. 예를 들면, 어떤 사회는 정부 역할이 상실된 시장의 기능을 회복시켜 시장의 수요와 공급곡선이 이상적인 균형점에 도달할 수 있게 보조하는 수준에서 그쳐야 한다고 보는가 하면, 어떤 사회는 사회적 가치 영역에서는 시장이 아닌 정부가 자원배분의 주체로서의 역할을 담당해야 한다고 본다.

정부가 어느 정도까지 어떤 수단을 사용하여 시장에 개입할지는 각각의 사회가 처한 환경과 조건에 따라 달라지는 문제인 바 그에 관한 논의는 다른 기회에 하되 저자가 확신하는 한 가지 것만 언급하기로 하겠다. 시장에 대한 정부개입의 정당성, 수단 그리고 강도 등은 한 사회의 구성원들이 공유하는 정의관(justice) 함수이고, 정의관은 자유와 평등이라고 하는 두 가지 상호보완적이면서 동시에 경쟁적인 가치에 대해 사회구성원들이 부여하는 상대적 중요성의 함수이다.[18]

민주주의 정치체제와 자본주의 경제체제가 결합하여 작동하는 사회에서는 사회구성원들이 선호하는, 그리고 그들의 사고와 판단과 행동의 준거가 되는 가치가 다양할 때만 그 사회가 건강해진다. 경제적 효율은 그 다양한 가치 중 하나이다. 경제적

---

80%보다 큰 폭(영국은 200%)으로 인상했다는 사실이 무엇을 의미하는지 반드시 생각해 볼 필요가 있다.

**18)** 이에 관한 자세한 논의는 유태균. (2023). 거시사회복지실천 심화편 I: 정의, 권리 그리고 분배. 학지사를 참고하기 바란다.

효율이 모든 사회문제를 해결하지 못하는 이상, 경제적 가치 실현 위주의 정책은 유일한 해결책이 아니라 다양한 해결 방안 중 하나로 여겨져야 한다.

　그럼에도 불구하고 점점 더 희소해지는 자원 앞에서 우리는 일부이어야 할 경제적 가치로 전체를 이끌고 가는 오류를 범하곤 한다. 모든 사회문제를 시장적 논리 체계로 바라보고 해결책을 찾으려는 시도가 초래할 위험을 명확하게 인식해야 한다. 물론 시장이 사회문제 해결에 도움이 되지 않는다는 것은 결코 아니다. 시장을 대체할 만한 기제를 아직 찾을 수 없는 것도 사실이지만 시장은 정치적인 접근을 통해서 해결하기 어려운 문제를 해결하는 데 실로 엄청난 효과를 발휘해 왔다. 오늘날 모든 사회에서 시장이 1차적 자원분배 기제로 작동하고 있는 것은 결코 우연이나 강제의 산물이 아니다. 그렇기에 중요한 것은 시장이냐 정부냐의 극단적 선택이 아니라 해결해야 문제의 실체별로 적합한 수단을 고민하고 신중하게 선택·조정하는 판단 능력이다.

　사회적(시장과 대비되는 의미에서) 영역에서는 각 부문이 각 부문 나름의 고유 가치를 논리적으로 정리하고 사회적 합의를 형성하고 활성화하기 위해 노력해야 한다. 그 가운데서도 사회보장 영역은 특히 그러하다. 국가경쟁력이나 성장잠재력 등과 같은 경제적 영역의 효율성 논리에 지나치게 의존하거나 주눅들면 지난 1960년대 이후 줄곧 그래 왔던 것처럼 사회보장은 앞으로도 부차적 지위에 머물게 된다. 21세기는 다양성을 존중하는 사회의 생존 가능성이 높을 수밖에 없는 시대이고, 다양성을 존중하는 사회는 시장뿐만 아니라 그 어떤 기제나 체계도 맹신하거나 절대성을 부여하지 말아야 한다.

　희소한 자원을 배분하는 의사결정에서는 절대적 이득보다는 기회비용이 판단의 기준이 된다. 예를 들어, 사회보장이나 환경의 경제적 가치가 장기적인 관점에서 볼 때 아무리 커도 동일 규모의 재정을 물리적 SOC와 같은 경제개발 부문에 투자하면 상대적으로 더 많은 사회적 효용이 산출된다. 그러면 사회투자는 경제투자 후에 남는 재정으로 적당히 채우면 되는 부차적인 영역이 된다. 기회비용의 논리는 사회적 관점에서 인식하는 절대 가치의 중요성과 재정배분 과정에서 경제적 의사결정 기준이 일치하지 않을 수 있는 현상을 설명한다. 어찌되었든 정부의 시장개입 역할은 현

대 사회를 유지하고 발전시키는 데 필수불가결한 요소이다. 정부의 이러한 역할 수
행은 다양한 수단을 통해서 이루어진다. 이 장에서는 대표적인 정부개입 수단인 재
정지원, 규제, 직접 생산·공급을 거시사회복지실천 관점에서 이해해 보기로 하겠다.

## 1) 재정지원: 보조금

정부는 소비자 또는 생산자에게 보조금을 지원함으로써 시장에 개입할 수 있다.
앞서 제2장에서 소비·공급 이론을 소개하면서 설명했듯이 소비자에게 보조금은 실
질 소득을 상승시키는 요인이며, 생산자에게 보조금은 생산비용을 낮추는 요인이다.
소비자와 생산자에게 제공된 재정 지원은 재화·서비스의 소비량과 생산량이 증가하
는 결과를 가져온다. 그 결과, 소비와 생산에 있어서의 시장균형을 변화시킨다.

정부의 재정지원은 또한 시장의 재화·서비스 공급량을 증가시킴으로써 사회적 후
생을 증대하는 효과도 가져오기도 하고, 경제주체들 사이에 재정지원을 안분함으로
써 소득분배 효과도 가져올 수 있다. 그런가 하면 보조금을 통한 정부개입이 부정적
인 결과를 가져오기도 한다. 초과부담(excess burden) 같은 비효율이 내표적인 부정
적 효과이다.[19]

정부는 보조금을 수단으로 사용하여 시장실패에 어떻게 대응하는가? 앞서 소개한
시장실패의 여러 유형 가운데 외부효과를 예로 들어 이 질문에 답해 보기로 하자. 앞
서 언급한 바와 같이, 외부효과로 인해 발생한 비효율을 줄이는 방법은 크게 정부개
입에 의존하는 접근 방법과 시장에 의존하는 접근 방법으로 나뉘는데 전자의 접근
방법에서는 조세와 보조금이 주된 정책 수단으로 사용된다.

외부효과를 줄이기 위한 정부개입의 목표는 [그림 3-10]의 외부성을 발생시키는
$X$의 생산(또는 소비)을 $Q_E$ 수준으로 낮추는 것이다. 이를 위해 정부가 사용할 수 있
는 수단 중 하나는 $X$의 생산자에게 세금을 부과하는 것이다.

생산자에게 조세는 생산요소 비용 증가를 의미하므로 세금을 부과하여 생산자

---

**19)** 이에 관해서는 앞서 소비자잉여와 생산자잉여 개념을 소개하면서 자세하게 설명했으므로 반복하여 설명하지
않기로 하겠다.

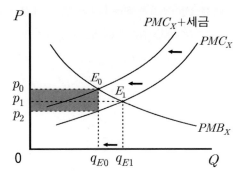

[그림 3-10]  피구세의 외부효과 감소 효과

의 사적 한계비용을 $PMC_X$에서 $PMC_X$+세금으로 증가시키면 $X$의 생산량은 새로운 사적한계비용 $PMC_X$+세금과 사적한계효용이 만나는 점인 $Q_E$로 감소한다. 이처럼 사적한계비용을 사회적한계비용으로 만들기 위해 부과하는 세금을 피구세(Pigouvian Tax)[20]라고 한다. [그림 3-10]의 경우, 피구세의 규모는 다음과 같이 정의할 수 있다.

$$(Q_E \times P_E) - (Q_E \times P_2)$$

정부가 사용할 수 있는 또 다른 수단은 생산자에게 $X$의 생산을 $Q_1 - Q_E$만큼 줄이는 데 대한 보상으로 보조금을 지급하는 것이다. [그림 3-10]에서 $X$의 생산량을 $Q_1 - Q_E$만큼 줄이면 생산자의 사적한계비용은 $PMC_X$에서 $PMC_X$+세금으로 증가한다. 사적한계비용의 증가는 가격 상승으로 이어지고 가격 상승은 소비량이 감소로 이어져 생산자의 이윤이 감소한다. 따라서 생산자로 하여금 $X$의 생산량을 $Q_E$로 낮추게 하려면 줄어든 이윤을 보조금으로 보상하는 정책이 필요하다. 이러한 목적을 가진 보조금을 가리켜 피구보조금(Pigou Subsidy)이라고 한다. [그림 3-11]의 경우, $X$의 생산량 감소를 이끌어 내는 데 필요한 보조금의 규모는 음영 부분과 같다.

---

20) 이러한 목적의 세금을 처음 제안한 영국의 경제학자 Arthur Cecil Pigou의 이름을 따서 피구세라고 부른다.

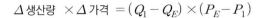

$$\Delta \text{생산량} \times \Delta \text{가격} = (Q_1 - Q_E) \times (P_E - P_1)$$

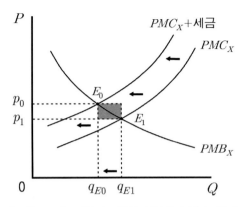

[그림 3-11] 피구보조금의 외부효과 감소 원리

이론적으로는 보조금을 수단으로 사용하든 세금을 수단으로 사용하든 외부성 감소 효과에 있어서는 차이가 없어 보이지만 현실 정책에서는 그렇지 않은 경우가 종종 있다. 이 두 가지 수단을 실제 정책 수단으로 사용하려면 〈표 3-3〉의 다음과 같은 사항들에 대한 면밀한 검토가 선행되어야 하는데 고려해야 할 사항들에 있어서의 차이만큼이나 이론과 현실은 다를 수 있다. 아울러 정부의 모든 정책개입은 항상 또다른 비효율을 낳을 위험성을 내포하고 있다는 점 또한 염두에 두어야 한다.

〈표 3-3〉 보조금과 과세 비교

| | |
|---|---|
| **보조금** | • 보조금을 어떻게 마련할 것인가?<br>• 보조금 마련을 위해 조세를 신설 또는 증세하는 경우 그로 인해 발생하는 납세자의 효용 감소와 부정적 외부효과 가운데 어느 쪽이 더 큰가? |
| **과세** | • 과세로 인해 더 높아진 재화·서비스 가격을 지불해야 하는 소비자들의 효용 감소와 부정적 외부효과 가운데 어느 쪽이 더 큰가?<br>• 징수한 세금을 어떻게 사용할 것인가? 더 높은 가격을 지불하게 된 소비자들을 위해서 사용하는 것이 바람직한가, 아니면 부정적 외부효과로 인해 피해를 입은 사람들을 위한 보상으로 사용할 것인가? 후자라고 한다면 피해를 입은 사람이 누구인지 알 수 있는가?<br>• 보상을 목적으로 사람들이 피해를 입을 수 있는 행위를 할 가능성은 없는가? |

## 2) 규제

일반적으로 규제(regulation)는 공급자의 경제활동에 영향을 미치기 위한 수단으로 사용된다. 정부 규제는 그 내용에 따라 공급 변화가 다르게 나타나지만 일반적으로는 공급을 감소시키는 결과를 가져온다. 예를 들어, 정규가 특정 재화·서비스의 가격을 일정 수준 이하로 유지하기 위해 해당 재화·서비스의 가격을 공급가격보다 낮추도록 가격을 규제하면 공급량은 감소하거나 심할 경우 중단되는 경우가 발생할 수 있다. 앞서 순사회편익 개념을 설명하면서 소개했던 정부의 가격 규제가 대표적인 예이다.

정부 규제 또한 앞에서 예로 들었던 외부효과를 줄일 수 있는 효과적인 방법 가운데 하나이다. 규제를 다른 말로 표현하면 외부성을 발생시키는 행위를 하지 못하게 하는 '강제'이다. 예를 들면, 기업으로 하여금 공해물질 배출량을 일정 시점까지 현재의 50% 수준으로 줄이게 하는 법을 만들어 특정 행위를 하거나 하지 못하게 강제하는 것이다.

정부가 이러한 규제를 가하면 생산자는 재화·서비스의 생산량을 줄여 외부효과 발생을 줄이거나, 공해물질 배출을 줄일 수 있는 설비를 도입하여 외부효과를 줄이는 방법 가운데 어느 하나를 선택하거나 두 방법 모두를 사용하여 변화된 상황에 대처한다. 물론 어떤 선택을 하든 결과는 생산비용 증가로 나타난다. 앞서 생산자 합리적 선택 이론 부분에서 살펴보았듯이 한계비용과 한계수입이 일치하지 않는 생산은 비용을 최소화하는 생산이 아니기 때문이다. 또한 공해물질 저감 설비는 당연히 자본 생산요소의 비용 증가를 의미한다. 합리적인 생산자는 증가된 비용을 재화·서비스의 가격에 반영할 것이고 가격 상승이 발생한다. 해당 재화·서비스가 가격에 대해 얼마나 탄력적인지에 따라 정도는 다르겠지만 재화·서비스의 소비량은 일반적으로 감소한다. 그 결과, 사회적 효용은 감소한다.

얼핏 보기에 규제가 보조금이나 조세보다 단순한 방법인 것처럼 보일 수 있으나 규제를 외부성을 없애기 위한 수단으로 사용하는 데는 두 가지 전혀 단순하지 않은 문제가 있다. 첫째, 모든 경제주체에 대해서 동일 양 또는 동일 %의 생산 또는 소비 감소를 강제하는 경우, 각각의 경제주체가 받는 영향의 크기가 다를 수 있다. 그러한 차이는 경제주체의 규모, 지역, 기술력 등 여러 가지 요인에 의해서 발생한다. 예를 들면, 대기업이 체감하는 생산량 10% 감축과 중소기업이 체감하는 10% 감축이 결코 같을 수 없는 것과 같은 차이이다.

또 한 가지 문제는 경제주체의 한계효용 또는 한계비용이 동일하지 않을 수 있다는 것이다. 예를 들면, 한계효용이나 한계비용에 있어서의 차이를 고려하지 않고 모든 경제주체에 대해서 하나의 기준을 적용하여 생산량 또는 소비량을 줄이게 하는 규제를 실시할 경우 어떤 경제주체는 다른 경제주체에 비해 필요 이상 또는 이하로 생산 또는 소비를 줄이는 문제가 발생할 수 있다. 예를 들면, [그림 3-12]에서 두 경제주체 $A$, $B$는 서로 다른 기울기를 가진 한계비용곡선을 가지고 있는데, $B$는 $A$가 줄여야 하는 생산량보다 훨씬 더 많은 양을 줄여야만 사회적 효율을 이룰 수 있다. 이 문제를 해결하려면 각각의 경제주체의 한계효용 및 한계비용에 맞게 규제 차별 적용해야 하는데 이는 현실적으로 불가능하다.

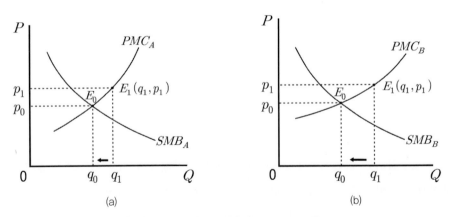

[그림 3-12] 한계비용곡선과 규제 효과

또한 강제 규정을 위반할 때 어떤 조치를 취할 것인지를 고려하지 않을 수 없다. 예를 들어, 규정을 위반한 경제주체에 대해 벌금을 부과하면 규제와 세금은 동일하게 생산요소 비용을 상승시켜 생산량을 감소시키지만 규제는 세금과 달리 행정비용이라는 또 다른 형태의 사회적 비용을 유발한다.

## 3) 직접 생산·공급

정부는 재화·서비스를 직접 생산·공급함으로써 시장실패에 대응하기도 한다. 이 방법은 생산해야 하는 재화·서비스가 공공재 또는 공공재적 성격이 강한 재화·서비스일 때 효과적인 방법이다. 공원, 가로등, 도로, 항만, 사회간접자본, 국방 등은 시장에서의 교환 또는 거래를 통해서는 생산되지 않으나 사회적 욕구가 분명히 존재하는 재화·서비스이다.

시장에서 재화·서비스가 생산되지 않는 이유가 수요 파악이 불가능해서가 아니라 한 사회의 경제발전 정도가 낮아서 시장 자체가 형성되지 않는 경우에도 정부의 공급자 역할이 필요하다. 정부가 사회적으로 필요하다고 판단되는 재화·서비스의 초기 공급자로 나서서 수요를 창출하는 노력이 해당 재화·서비스 관련 산업을 활성화하는 마중물이 될 수 있다.

그런가 하면 규모와 특화로 인해 자연독점권이 형성될 수밖에 없는 경제 영역의 경우, 정부에 의한 재화·서비스의 직접 생산·공급은 시장실패에 대한 대응책 수준을 넘어서서 시장에 대한 대안이(여전히 불완전하기는 하지만) 될 수도 있다. 독·과점이 불가피하다면 정부가 독점권을 갖고 최적 가격과는 거리가 먼 가격으로 인해 사회적 편익이 감소하는 정도를 낮추는 것이 차선책이 될 수 있다.

앞서 시장실패에 관한 논의 부분에서 살펴보았듯이 공공재는 그 자체가 시장실패이다. 따라서 효율적 자원 활용 관점에서 보더라도 공공재는 조세를 재원으로 하여 정부가 공급하는 것이 바람직하다. 그런데 항상 그런가? Rosen(1995)에 따르면 어떤 재화·서비스가 공공재인지 아닌지는 해당 재화·서비스가 얼마나 비경합적, 비배제적, 불가분적인지에 따라 달라지기 때문에 절대적이지 않다고 한다.[21] 또한 Rosen은 이에 덧붙여서 어떤 재화·서비스가 공공재인지 여부는 시장 조건과 기술 수준에 따라 달라진다는 것을 강조한 바 있다. 이 말은 공급주체가 반드시 공공부문이어야만 한다고 여겨지든, 다시 말해서 심지어 순수공공재라고 여겨지든 어떤 재화·서비스도

---

[21] 이에 관한 자세한 내용은 Rosen, H. (1995). *Public Finance* (4th ed.). Richard Irwin Inc. pp. 63-89을 참조하기 바란다.

시장 조건이 바뀌고 기술수준이 발전하면서 합리적 경제주체들에 의해 공급될 수 있다는 가능성을 제시해 준다.

예를 들면, 교육은 한때 전적으로 민간부문에 의해 공급된 재화·서비스였다. 그러다가 근대에 들어와 공공부문의 역할이 사회의 모든 영역으로 확대되면서 공교육 개념이 등장하게 되었다. 오늘날 교육서비스의 주된 공급주체가 공공부문이라는 사실은 의심의 여지가 없는 사실이다. 그리고 교육 소비는 배제적이지만 비경합적이고 불가분적이다. 그렇다면 21세기 우리나라 사회에서 교육은 공공재인가? 저자는 우리 사회의 모든 구성원이 이 질문에 대해 '그렇다'라고 답할 것이라고는 생각하지 않는다. 교육을 백년대계라고 할 만큼 교육은 사회의 다른 어떤 분야와 비교해도 절대 뒤지지 않는 중요성을 가진 영역이다. 그리고 교육은 사회보장만큼이나 그 소비의 혜택을 사회 전체가 누릴 수 있는 재화·서비스이다. 그런데 한번 생각해 보자. 전체 교육 재화·서비스 가운데 정부가 직접 생산·공급하는 교육 재화·서비스가 차지하는 비중이 얼마인지. 그리고 질은 어떤지. 저자에게 교육은 시장실패에 대한 대응 방법을 아는 것과 대응 의지 가운데 어느 것이 더 중요한지를 잘 보여 주는 좋은 예이다.

그런가 하면 공공성(publicness)이라는 개념 안에 좋은 것, 바람직한 것, 옳은 것, 정의로운 것 등의 의미를 의도적으로 주입하면 할수록 공공재 생산은 공공재의 본질적 의미와 무관하게 정치적인 도구로 활용될 위험이 크다는 사실에 대해서도 주의를 기울일 필요가 있다. 우리 사회에서 '공공성 강화'라는 말이 '획일적' 또는 '용납할 수 없는 차이'와 동의어로 여겨지고 '누구나 할 수 없으면 누구도 할 수 없어야 한다.'는 것이 목표인 것 같은 정책들이 자주 눈에 보이는 것이 그런 위험이 가능성 차원을 넘어서서 현실화되고 있는 예라고 저자는 생각한다.

오늘날 실제로 많은 공공재의(혹은 공공재라고 여겨지던 재화·서비스의) 공급이 공공부문과 민간부문에 의해서 혼합적으로 이루어지고 있다. 민영화(privatization)를 둘러싼 논쟁이 그러한 사실을 대변한다. 민영화의 실체에 대해서는 연구자 간에 견해 차이가 있을 수 있기 때문에 민영화를 정의하기는 쉽지 않다.

그러나 일반적으로는 공공부문이 소유하고 있던 사업이나 기업 등을 민간부문에 매각하고 그 운영을 민간에 맡기는 것으로 이해된다. 이러한 민영화는 공공재가 혼합적으로 공급되는 여러 가지 방식 중 하나일 뿐이다. 즉, 꼭 민영화가 아니더라도 공공재를 생산하고 공급하는 과정 중에 민간부문이 참여하는 경우는 매우 많다. 오히려 공공재를 전적으로 공공부문이 생산하고 공급하는 예를 찾기가 더 어렵다.

특히 대표적인 가치재인 사회보장급여의 경우, 현금성 급여를 제외한 거의 모든 급여는 민간부문이 생산한다. 사회서비스나 건강보험은 말할 것도 없고 그 밖의 사회보험이나 공공부조 방식으로 운영되는 제도에서도 많은 급여들이 민간주체에 의해 생산되고 공급된다. 그렇다면 사회보장급여 공급에 있어서 공공부문은 어떤 역할을 하는가? 공공부문은 크게 볼 때 다음과 같은 네 가지 역할을 담당해 왔다.

> • 재정을 통해 재원을 확보하여 생산량을 일정 수준으로 유지하는 역할
> • 재화·서비스의 가격을 규제하는 역할
> • 수급자의 자격을 관리하는 역할
> • 생산에 참여할 수 있는 민간주체의 자격을 관리하는 역할

우리나라는 문재인 행정부 시절 정부는 사회서비스 공공성 강화라는 목표 아래 사회서비스원이라는 공공기관을 설립하는 정책을 도입하였다. 그 결과, 2022년 기준 전국에 14개의 사회서비스원이 설립되어 운영되고 있다. 원래 계획대로라면 사회서비스원의 역할은 위의 네 가지 역할에서 그치는 것이 아니라 생산에 필요한 생산요소, 즉 자본(시설)과 노동을 직접소유, 직접고용하여 재화·서비스를 직접 생산하는 역할을 담당할 것이다.[22] 정책을 입안한 주체들이 생각하고 있는 공공성이 무엇인지는 아직도 확실치 않기에 사회서비스원이 어떤 변화를 일으킬지 지켜볼 일이다.

북유럽 국가 중 스웨덴이 한때 공공부문 일자리 창출과 국민 삶의 질 향상이라는 두 마리 토끼를 한번에 잡기 위해 대대적으로 사회서비스를 공공부문이 직접 생산하

---

[22] 물론 전례가 없는 것은 아니다. 사회서비스원과 다소 차이가 있지만 보건소, 국공립병원, 국공립어린이집 등이 그 예이다. 사회서비스원 설립 정책과 관련해서 공청회 등의 형식을 빌어 여러 차례의 의견수렴 절차가 진행되었다. 국공립어린이집이 민간어린이집에 비해 만족도가 상대적으로 높다는 것은 매우 강조된 반면, 보건소나 국공립병원, 건강보험공단이 직접 운영하는 일산과 분당의 두 병원 등의 서비스 질, 만족도, 동일 기능을 하는 민간기관들과의 차별성은 강조된 바가 없다는 것이 저자의 기억이다.

고자 시도한 적이 있다. 그 당시 스웨덴은 우리나라와는 비교가 되지 않는, 잘 발달한 기초지방자치단체 중심의 지방자치제도하에서 그런 정책을 펼쳤다. 물론 스웨덴은 그 정책을 지금도 유지하고 있다. 그러나 그 정책을 원래 계획했던 수준에서 실행하고 있지는 않다. 왜 그런가? 1990년대 초반부터 2000년대 초반까지의 약 10년 동안 스웨덴이 어떤 경험을 했는지 살펴본다면 사회서비스원의 미래가 어떻게 전개될지는 대략 예상할 수 있다.

물론 모든 것은 불확실하다. 불확실성 앞에서는 시장도 실패하니 어쩔 수 없다. 그러나 한 가지 분명한 것은 있다. 그것은 단기적으로든 장기적으로든 긍정적인 변화가 나타나면 그것이 바로 정책을 통해 높이고자 했던 공공성일 것이고 긍정적인 변화가 없거나 생각했던 것과 다른 변화가 나타나면 그 원인은 역시 다른 조건이 뒷받침되지 않아서일 것이라는 사실이다.


## 5. 정부실패

시장실패가 정부개입을 정당화하는 논리의 근거인 것은 분명하지만 그렇다고 해서 정부가 시장과 달리 실패할 가능성이 없는 것은 아니다. 시장실패 개념이 부각되면서 시장은 불완전한 것이고, 정부는 이를 고칠 수 있는 완벽한 능력을 가진 것으로 암묵적으로 전제하는 경향이 있다. 그런데 현실은 그렇지 않다. 시장실패 못지않게 정부실패 문제도 심각하다. 효율적이어야 할 시장이 효율적이지 않아 시장실패가 발생하는 것과 마찬가지로 정부의 시장개입도 비효율을 발생시킨다. 시장주의 관점에서 볼 때 정부의 정책은 비효율적이기 때문에 정부도 실패한다고 본다. 따라서 정부의 시장개입은 아주 정교한 정책을 통해서 이루어지거나 시장실패 영역에서 최소한의 수준에 머물러야 한다고 주장한다.

정부실패란 시장실패에 대응하는 개념으로 정부관료제의 특성으로 인해 조직의 생산성이 낮고 자원배분의 효율성을 달성하지 못하는 현상을 말한다. 이 개념은 미국의 경제학자 Charles Wolf가 1979년에 처음 소개한 비시장실패(nonmarket failure)

라는 개념에서 유래하였다.[23] 정부실패 가능성이 존재하기 때문에 시장에 대한 정부의 개입이 자원의 최적 배분 등 본래 의도한 결과를 가져오지 못하거나 기존의 상태를 오히려 악화시킬 수 있다는 가능성을 배제할 수 없다.

아이러니하게도 정부실패 가능성은 민주주의가 발달한 선진국일수록 높다고 볼 수 있는데, 이익집단의 정치적 개입으로 인해 정부가 비효율을 발생시킬 가능성이 높아지기 때문이다. 즉, 정부의 정책과 제도가 대다수 국민의 공익보다는 조직화된 이익집단의 사익 보호를 위한 수단으로 사용될 가능성이 높다는 것이다.

정부실패는 왜 발생하는가? 많은 경우 무능한 관료들의 개인 특성에서 정부실패의 원인을 찾는다. 그런가 하면 정부실패가 관료나 정치인들 때문에 발생하는 것이 아니라 정부라는 공공 조직에 내재하는 구조적 요인 때문에 발생하고 그래서 시장실패보다 더 보편적이고 구조적인 현상이라고 보기도 한다. 정부실패는 주로 다음과 같은 요인에 의해 발생한다.

## 1) 내부성

내부성(internalities)이란 조직에서 비공식적 목표가 공식적인 조직 목표를 대체하는 현상을 말한다.[24] 공익을 추구해야 할 정부 관료조직이 관료 자신의 이익이나 부서의 예산 확대에만 집착하여 재정을 낭비하는 경우 이를 내부성 또는 목표전치(goal displacement)에 의한 정부실패라고 한다.

---

23) Wolf가 말한 비시장실패는 정부행정의 비효율성과 자원배분의 왜곡 등의 합리성 측면과 아울러 질 낮은 행정 서비스나 관료주의 행태의 만연과 같은 행정 및 정책수행 능력 등도 포괄하는 개념이다. 자세한 논의는 Wolf, C. (1979). A Theory of Nonmarket Failure: Framework for Implementation Analysis. *The Journal of Law & Economics, 22*(1), 107-139를 참고하기 바란다.

24) 시장실패 개념과 정부실패 개념은 하나의 명확한 이론 체계로 정립된 개념이 아니다. 그러다 보니 이 두 개념을 논의할 때 연구자들이 사용하는 용어의 의미에 있어서 혼란이 있을 수 있다. 대표적인 경우가 바로 내부성과 외부효과이다. 일단 이 개념은 서로 연관 짓기보다는 별개로 이해하는 것이 바람직하다. 시장실패의 외부성 이론에서는 '외부효과를 내부화하여 시장실패를 교정한다'는 표현을 많이 사용한다. 이때 말하는 내부화는 정부실패이론에서 말하는 '내부성'과는 다른 개념이다. 전자는 긍정적 의미를 가진 개념이지만, 후자는 부정적인 개념이다. 시장실패 이론에서는 의도하지 않은 손실과 이득을 함께 묶어서 '외부효과'라고 규정한다. 정부실패에서는 정부 정책(규제) 등에서 발생한 의도하지 않은 결과를 '파생적 외부효과'라고 한다. 두 개념 역시 논리적 기반이 다르기 때문에 별개 개념으로 이해해야 편리하다.

앞서 소개한 경제학자 Wolf(1979)는 정부가 시장실패를 교정하려고 하지만 계속 실패하는 이유 중 하나로 관료조직의 내부성을 지적했다. 관료들이 형식적으로는 공익을 표방하지만 실제는 조직 내부의 사적인 이익을 추구한다는 것이다. 관료조직의 구성원들이 단결하여 예산 늘리기, 자리(공직) 늘리기, 불필요한 설비나 집기 구입·교체하기, 내부 정보 통제하기 등의 행태를 보이는 것이 대표적인 경우이다. 구성원들이 단합하는 것 자체가 문제는 아닐지 모르나 민주적 통제에서 벗어난 관료들이 공익이 아니라 자기들만의 목표를 만들어 자신들만을 위해 일하는 것은 비효율 차원을 넘어서는 상당히 심각한 위험을 초래할 수 있다.

## 2) $X$-비효율

어떤 재화·서비스를 효율적으로 생산한다는 것은 최적 조합의 생산요소를 사용하여 생산가능성 곡선상의 어느 한 점에 해당하는 산출물을 생산하는 것이다. 그런데 조직 내부의 이유로 인하여 생산이 생산가능성 곡선에 미치지 못하는 수준에서 이루어지는 경우, $X$-비효율($X$-Inefficiency)이 발생했다고 한다. 이 개념은 미국의 경제학자 Harvey Leibenstein (1978)에 의해 소개된 개념인데 Leibenstein은 독점시장에서 자원배분의 비효율을 추계한 결과 독점 기업들에 내부요인으로 인한 비효율성이 존재하는 것을 확인하고 그 비효율을 $X$-비효율이라 명명하였다(Leibenstein, 1978).[25]

$X$-비효율은 기업이 경영효율성을 추구하는 노력이나 유인이 감소하여 나태 또는 방만해질 때 주로 발생한다. 또한 $X$-비효율은 노동계약이 불완전할 때, 조직의 생산함수가 완전하게 파악되지 않을 때, 생산활동의 투입요소들이 시장에서 거래되지 않거나 거래가 되어도 동일한 조건으로 거래가 이루어지지 않을 때도 나타난다.

대개의 경우 정부조직은 민간조직에 비해 효율성이 낮다. 이는 이론 차원의 주장이 아니라 실증적으로 증명된 사실이다. 관료주의는 관료조직이 처음 생겼을 때부

---

25) Leibenstein, H. (1978). *X-Inefficiency Theory and Economic Development*. Oxford University Press.

터 항상 존재해 왔던 일종의 사회적 병리 현상이다. 고객(또는 국민)보다 인사권자를 먼저 생각할 수밖에 없고 성과보다는 절차를 중요시할 수밖에 없는 것이 관료조직의 기본적인 속성이고 그러한 속성은 비효율과 무관할 수 없다.

### 3) 파생적 외부효과

시장실패를 해결하기 위해 정부가 개입하지만 의도하지 않은 부작용을 창출할 때 발생하는 문제들을 가리켜 파생적 외부효과(Derived Externality)라고 한다. 예를 들어, 정부가 주택경기 활성화를 위해 부동산 규제를 대폭 완화하는 조치를 취하면 곧바로 부동산 투기와 부동산 거품이 발생한다. 정부의 규제 완화가 서민 주거생활 안정에 역행하는 의도하지 않은 결과를 가져오는 것이다. 이러한 의도하지 않은 부작용이 바로 파생적 외부효과이다.

또 다른 예로는 정치적 경기순환 현상을 꼽을 수 있다. 선거 기간에 정치인들은 유권자들로부터 표를 얻기 위해 복지지출을 확대하는 선심성 공약과 적극적인 경기부양 지출 정책을 제시한다. 이러한 공약이 국가 예산에 실제로 반영되면 경기침체기에 단기적으로 실업률은 감소하겠지만 의도하지 않았던(물론 당연히 예상은 하지만) 물가상승 현상, 즉 인플레이션이 발생한다. 만일 물가상승을 억제하려고 정부 또는 공공부문의 재정지출을 축소하면 다음 선거에 즈음해서는 다시 의도하지 않은(역시 예상 못하는 것은 아닌) 실업률 증가 현상이 나타난다. 이처럼 정치적 목적에서 시작된, 때로는 필요하지만 때로는 무분별한 정책 집행으로 인해 나타나는 경기순환 현상을 가리켜 정치적 경기순환이라고 한다.

### 4) 지대추구행위

지대추구((Rent Seeking)라는 개념은 미국의 경제학자 Gordon Tullock(1967)[26]에

---

26) 지대추구 개념에 관한 더 자세한 설명은 Tullock, G. (1967), The Welfare Costs of Tariffs, Monopolies, and Theft. *Western Economic Journal*, 5, 224-32와 Tullock, G. (1971), The Costs of Transfers. *Kyklos*, 4, 629-

의해 처음 소개된 개념이다. 사회의 어떤 영역에서든 독점은 특권이나 특혜를 발생시키는데 독점에서 오는 특권이나 특혜를 이용하여 확보한 이익을 지대(rent)라고 한다. 지대추구 이론에서 문제시하는 지대는 자연적으로 형성되는 특혜가 아니라 경제주체(기업)가 정치권과 결탁해서 인위적으로 만들어 낸 특혜이다. 정부개입에 의해 발생하는 인위적 지대를 획득하기 위해 자원을 낭비하는 행위(합법적 행위와 불법적 행위 모두)를 가리켜 지대추구행위(Rent Seeking Behavior)라고 한다.[27]

경제적 영향력을 행사할 수 있는 이익집단들이 자신들의 조직역량을 동원해서 정부에 압력을 행사하여 사익을 취하면 국민들에게 직·간접적인 비용이 발생하는 결과를 야기시킬 수 있다. 그런가 하면 관료에게 승진이나 예산 배정을 통해 영향력을 발휘할 수 있는 정치인들이 이익집단이나 압력단체의 지대추구행위에 협조적인 경우가(어느 사회를 막론하고) 종종 있다. 관료들이 퇴직 이후 전관예우를 목적으로 이익집단이나 특정 민간기업에게 유리한 방향으로 정책구조를 의도적으로 설계하는 경우도 적지 않다. 공공기관의 장(長) 가운데 관료출신이 차지하는 비중이 높은 것은 결코 우연이 아니다. 정부의 시장개입이 정치인-관료-이익집단의 지대추구 구조를 형성하는 시장실패로 이어지면 그 사회의 모든 영역에서 부정부패가 발생한다. 그리고 그러한 정부실패로 인해 발생한 사회적 비용은 대개의 경우 지대추구 구조 밖의 주체들이 치르게 된다.

### 5) 편익과 비용의 괴리

이기적이고 합리적인 경제주체들이 활동하는 시장에서는 편익을 얻는 자가 비용을 지불한다. 이들의 합리적 경제활동은 사회 전체적으로 순편익을 극대화하는 방향

---

643을 참고하기 바란다.

**27)** 중세 봉건제도하에서 지배계급은 토지에 대해서 신분이 주는 독점권을 가졌다. 그러한 독점권을 바탕으로 지배계급은 절대다수가 농노였던 소작인들에게 토지를 빌려주는(rent) 대신 그들이 생산한 농작물을 대가로 받았다. 지배계급이 노동하지 않으면서 소작인들로부터 상납받아 누린 농작물은 독점이 준 특권에서 비롯된 이익, 즉 토지를 빌려준 대가인 지대(地代)이다. 지대추구의 일반적인 의미는 마치 중세 지배층이 그랬던 것처럼 누군가가 자신이 가진 독점적 지위를 이용하여 이익을 추구한다는 것이다.

으로 작용한다. 그런데 정부의 공공서비스에서는 편익(공공재 조달)과 비용(조세)을 담당하는 주체가 분리되어 있어 정부 각 조직들이 공공지출에 따른 순편익 극대화 방향으로 지출활동을 한다는 보장이 없다. 이에 따라 재정지출 활동을 수행하는 사업부서들은 관련 이해관계집단들의 정치적 지지에 바탕을 두고 지출극대화를 과도하게 추구하는 경향이 있다.

## 6) 권력에 의한 자원배분의 불공정 또는 불공평성

정부개입은 강제력을 가진 권력(power)을 수단으로 사용하여 자원을 (강제적으로) 배분하는 것이다. 그러한 자원배분이 공정 또는 공평한지는 정당한지 여부와 무관한 또 다른 문제이다.[28] 정부개입은 항상 공익이라는 명분하에서 이루어지지만 정부의 권력적인 행위가 항상 공정하게 이루어지거나 공평한 결과를 가져온다는 보장은 없다. 권력을 통해서 최적 시장균형점을 달성할 수는 있다. 그리고 사실 시장이 그 기능을 잃었기 때문에 정부가 등장한 것이다. 그러나 시장과 비교하면 권력을 통해 시장 균형을 이룰 수 있는 가능성이 낮다는 것이 일반적인 평가이다.

## 7) 정부실패에 대한 대응

정부실패가 심각한 수준이라 판단되면 정부실패를 바로잡기 위해 다시 시장 기제를 활용하는 방법이 대안으로 제시된다. 구체적인 방법으로는 민간화, 민영화, 민간위탁, 아웃소싱 등이 있다. 시장에 의존하여 정부실패에 대응해야 한다는 입장을 견지하는 연구자들은 공공조직만이 공익을 보호할 수 있다는 편견을 다른 어떤 것보다 먼저 버려야 한다고 주장한다. OECD 국가들 가운데 여러 국가에서 대중교통, 교육, 건강서비스, 에너지, 방범 등의 영역에서 공공서비스를 민간이 정부보다 효율적으로 제공하는 사례를 적지 않게 찾아볼 수 있다.

---

28) 공정과 공평은 다른 개념이다. 이 두 가지 개념에 관한 논의를 포함한 정의, 평등 개념에 관한 자세한 논의는 유태균. (2023). 거시사회복지실천 심화편 I: 정의, 권리 그리고 분배. 학지사를 참고하기 바란다.

  그런데 시장실패에 대한 대응으로 등장한 것이 정부인데 정부실패를 다시 시장 논리로 대응하는 것이 맞는 것인가? 경제학에서 말하는 시장 개념은 근대에 들어와 사람들 사이에서 급속하게 퍼지기 시작했지만 효율성이라는 가치는 인간 공동체를 통치하는 정부라는 주체를 근대 훨씬 이전부터 재정의하고 시장의 논리 속에 흡수되게 만들었다. 공공선택론자들이 국가를 리바이던의 괴물로 비판하였던 것과 비슷한 방식으로 이제 시장이 인간의 삶을 규정하는 리바이던이 되고 있다.[29) 더욱이 역사적으로 시장은 정부가 국가를 통치하는 수단으로 사용되어 왔기 때문에 정치나 권력의 관점에서는 '정부가 실패했다'고 시장이 비판하는 상황을 쉽게 수용하기 힘들다.

  그렇다면 시장 외에 무엇이 정부실패에 대한 대응 기제가 될 수 있는가? 저자는 이 질문에 대한 답이 국민임을 확신한다. 정부를 비판할 수 있는 주체는 국민이지 시장 또는 시장 논리가 아니다. 왜냐하면 국민은 1인 1표의 민주주의 의사결정 원칙 안에서 행동하지만 시장은 1원 1표의 원칙 속에서 작동하기 때문이다. 국가는 자신에게 주권을 부여해 준 사회구성원들이 어떤 삶을 살아갈 수 있을지를 그 무엇보다 먼저 고민해야 한다. 그것이 정치권력을 국민에게서 허락받은 사람들이 국민에 대해서 지켜야 할 의무이다. 시장은 그 의무를 다하기 위해 활용해야 할 수단이다.

  그런데 시간이 가면 갈수록 수단과 목적이 뒤바뀌는 것 같다. Colin Crouch(1984)가 포스트 민주주의 시대의 정치는 국민의 보편적 요구보다는 기업 엘리트의 특수한 이해관계를 더 잘 관철되는 것이라 말하면서 정치가 국민을 배신한다고 경고했던 바가 현실에서 그대로 벌어지고 있는 듯하다. 시장이 먼저이고 시장의 효율을 위한 국가와 정치 그리고 국민이 구속되고 있다.[30) 그렇다고 정부와 관료가 잘하고 있다는 것은 분명 아니다. 정부실패라는 비판 역시 상당한 설득력을 가지고 있다.

  21세기 사회에서 정부과 시장, 공공과 민간 가운데 어느 한 주체에 전적으로 의존

---

29) 영국의 경영학자 Charles Handy는 과거 인간이 추구하였던 삶을 4F로 표현했다. 즉, 가족(Family), 친구(Friend), 축제(Festival), 재미(Fun) 등이다. 그런데 시장논리가 글로벌 표준이 되면서 이것이 이윤(Profit), 성과(Performance), 보수(Pay), 생산성(Productivity)의 4P로 바뀌면서 '보이지 않는 손'의 배반이 발생했다고 하였다. 보다 자세한 내용은 Handy, C. (1994). *The Age of Paradox.* Harvard Business School Press를 참고하기 바란다.

30) Crouch, C. (2004). *Post Democracy.* Polity Press.

하고 다른 주체를 전적으로 배제하는 입장을 견지하는 것은 바람직하지 않을 뿐만 아니라 허락되어서는 안 된다. 중요한 것은 국민이 주체가 되어 정부와 시장의 두 수단이 상호보완적인 수단으로 작동하게 하는 더 나은 방법을 찾고 실제로 그렇게 되게 만드는 것이다. 이러한 맥락에서 볼 때 경제 논리와 정치 논리를 이해하는 데 필요한 지식과 정보를 습득하는 것은 거시사회복지실천의 중요한 과제 가운데 하나임이 분명한 것 같다.

# 6. 시장·정부실패 외의 또 한 가지 한계

이상에서 살펴본 복지경제학 이론의 핵심은 사회가 가진 희소한 자원을 효율적으로 분배함에 있어서 시장과 정부가 다음과 같은 역할을 하고 있고, 그러한 역할을 수행함에 있어서 시장과 정부 모두 시장실패와 정부실패라고 일컬어지는 한계를 가지고 있다.

> - 시장은 희소 자원을 효율적으로 배분할 수 있는 파레토 최적 배분 구조를 가지고 있다.
> - 정부는 다양한 수단을 통해 시장의 불완전성을 보완 또는 극복할 수 있다.

그런데 시장과 정부의 한계 가운데 시장실패나 정부실패 개념을 설명할 때 일반적으로 잘 언급되지 않는 두 가지 한계가 있다. 이제 마지막으로 이 두 가지 한계가 어떤 것인지 살펴보는 것으로 복지경제학 이론에 대한 이해를 매듭짓기로 하겠다.

## 1) 불가능성정리

두 재화·서비스 $X, Y$의 배분 상태가 [그림 3-13] $q_1$ 같이 파레토 최적 균형이 아닌 어떤 사회가 있다고 가정해 보자. 이제까지 배운 바에 따르면 $q_1$ 같은 비효율적 자원배분은 시장실패에서 기인한 것일 수도 있고 정부실패에 따른 것일 수도 있다. 원인이 무엇이든 이 사회에 $q_2$와 $q_1$ 간의 차이가 존재한다는 것은 그 만큼의 사회적 효용을 높일 수 있는 실현되지 않은 가능성이 존재한다는 것을 의미한다. 따라서 파레토 균형을 이루기 위한 노력이 필요하다는 것이다. 이때 $q_2$와 $q_1$의 차이가 시장실패에서 비롯된 비효율이고 이 비효율을 없애기 위해 정부가 시장에 개입한 결과 더 큰 비효율, 예를 들면 $q_3$와 $q_1$ 간의 차이가 발생했다고 가정해 보자.

이러한 정부개입이 정당화되기 위해서는 $q_3$을 균형점으로 선택함으로써 $A$의 효용을 증가시키는 것이 자원을 $q_1$ 상태로 배분하는 것보다 이 사회의 지배적인 정의관에 부합하거나 적어도 그와 유사한 내용의 어떤 사회적 합의가 존재해야 한다. 그런데 그런 합의가 가능한가? 그리고 $q_1$ 상태로 자원을 배분하는 것보다 $A$의 효용을 높이는 것이 어떤 이유에서든 더 바람직하더라도 $q_3$과 같은 극단적인 선택이 아니라 $q_4$ 같은 덜 극단적인 선택을 할 수는 없는가? 그런 선택이 가능하더라도 $q_3$보다 $q_4$가 더 나은 선택이라는 근거는 무엇인가?

다음과 같은 경우를 생각해 보자. [그림 3-13] 네 가지 배분 조합 $q_1$, $q_2$, $q_3$, $q_4$ 중에서 $q_2$, $q_3$은 사회적 무차별곡선과 효용가능곡선이 접하는 점이므로 파레토 균형점인 반면, $q_1$, $q_4$는 파레토 효율 배분점이 아니다. 효율성 기준에서 보자면 이 사회는 파레토 효율 배분점인 $q_2$와 $q_3$ 중 어느 하나를 선택 또는 지향하는 것이 바람직하다.

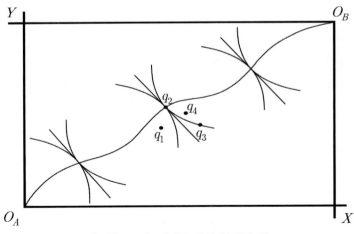

[그림 3-13] 파레토 효율 분배의 예

그러나 판단의 기준이 효율성이 아니라 정의(justice)가 되면 이야기는 전혀 달라진다. 사회구성원 중 누구의 효용을 더 중요시되는지에 따라 사회는 파레토 효율 배분이 아닌 $q_2$나 $q_4$를 선택할 수도 있다. 만일 '$B$의 효용을 높이는 것도 중요하지만 $A$의 효용을 극소화하는 것이 더 중요하다'라는 주장이 이 사회가 가진 정의관에 부합하는 주장이라면, 이 사회는 효용수준이 가장 낮고 파레토 효율 배분도 아닌 $q_1$을 가장 바람직한 선택으로 여길 수도 있다. 이와 달리 사회 전체의 효용을 극대화함과 동시에 특정 사회구성원의 이익이 우선시되지 않는 배분이 중요하다고 생각한다면 이 사회는 $q_4$를 이상적인 배분으로 여길 것이다.

결국 어떤 배분이 이상적인 또는 바람직한(효율적인이 아니라) 배분인지는 그 사회의 구성원들이 어떤 정의관을 가지는가에 따라 달라진다. 어떤 사회든 정부개입의 정당성이 어느 정도까지는 인정될 수밖에 없는 이유는 정부실패가 시장실패보다 사회적 효용을 감소시킬 가능성이 낮다는 확신이나 정부개입이 더 나은 배분 기제라는 확신이 있어서가 아니라 대개 사회구성원이 정부개입을 자신들 사이에서 합의된 정의(justice)를 (부분적으로나마) 실현하는 자원배분 상태를 만들어 낼 수 있는 수단이라는 생각을 가지고 있기 때문이다. 이러한 맥락에서 저자는 정의관이야말로 사회복지함수의 외생변수 가운데 가장 강력한 외생변수임에 틀림이 없다고 생각한다.

문제는 시장은 물론이거니와 정부가 개입을 한다고 하더라도 정의로운[31] 자원배분 결정을 이끌어 내는 것조차 불가능하다는 사실이다.[32] 미국의 경제학자 Kenneth Arrow는 이러한 사실을 논리적으로 증명하여 이론으로 제시한 바 있는데 그의 이론을 불가능성정리(Impossibility Theorem)라고 한다.

한 사회가 가진 한정된 자원을 효율성을 기준으로 분배하든 정의를 기준으로 분배하든 한 가지 분명한 것은 자원 분배를 위해서는 해당 사회의 사회복지함수를 구할 수 있어야 한다. 그런데 Arrow의 불가능성정리(Impossibility Theorem)에 따르면 사회복지수준을 적절하게 평가할 수 있는 바람직하고 민주적인 집단적 선호 체계는 존재

---

31) 더 정학한 표현은 '정의의 필요조건을 만족하는 자원배분 결정'이다.
32) 만일 정의로운 자원배분 결정을 내리는 것이 불가능하다면 정의를 자원배분에 반영하는 것이 가능한지에 대해서는 논의할 필요조차 없을 것이다.

하지 않는다.

왜 그런가? Arrow는 그 이유를 다음과 같이 설명한다. 먼저 세 명 이상의 개인들로 이루어진 어떤 사회 또는 공동체 같은 집합(이하 '사회')이 있고, 그 사회가 선택할 수 있는 세 가지 이상의 정책 대안들로 이루어진 정책 집합이 있다고 가정한다. Arrow에 따르면 어떤 사회에서든 정책을 선택하는 과정이 공정하고 합리적이기 위해서는 〈표 3-4〉의 다섯 가지 조건이 만족되어야 한다고 한다.[33]

Arrow가 말하는 불가능성은 조건 $U, P, I, D$를 만족시키면서 개인들의 합리적 선호를 하나의 일관된 사회적 선호로 만들 수 있는 방법은 존재하지 않는다는 것이다. 즉, 개인들의 선호가 합리적이라고 하더라도 합리적인 사회적 선택을 도출하는 방식은 없다는 것이다. Arrow는 이러한 사실을 수학적으로 증명했지만 그러한 증명은 이 책의 수준을 넘어서는 것이므로 이 책에서는 투표의 역설(voting paradox)을 예로 들어서 심지어 우리가 가장 일반적으로 사용하는 의사결정방식인 과반수제하에

**〈표 3-4〉 합리적 정책 결정을 위한 다섯 가지 조건**

| | |
|---|---|
| 이행성 조건 $S$ (Social Ordering) | 모든 사회구성원은 합리적 선호, 즉 완전하고 이행적인 선호 체계를 가지고 있다. 선호가 완전하다는 것은 모든 대안에 대하여 더 좋은지, 더 나쁜지, 같은지를 판단할 수 있다는 것이며, 이행적이라는 것은 예를 들면, 대안 $i$가 대안 $j$보다 선호되고, 대안 $j$가 대안 $k$가 선호되면, 대안 $i$는 대안 $k$보다 선호된다는 것이다. |
| 완비성 조건 $U$ (Unrestricted Domain) | 사회구성원은 누구나 모든 대안들에 대해서 어떤 선호도 자유롭게 가질 수 있다. |
| 파레토 원칙 조건 $P$ (Pareto Optimality or Unanimity) | 사회구성원 모두가 특정 대안을 다른 대안에 비해 선호하면, 사회 역시 모든 사회구성원이 선호하는 대안을 선호해야 한다. |
| 독립성 조건 $I$ (Independence of Irrelevant Alternatives) | 대안 $i$와 대안 $j$에 대한 사회 선호는 이 두 대안과 관련 없는 대안 $k$에 대한 선호 변화로 인해 변하지 않아야 한다. |
| 비독재성 조건 $D$ (Non-dictatorship) | 특정 사회구성원의 선호가 다른 구성원의 선호와 관계없이 사회 선호를 결정해서는 안 된다. |

출처: Arrow, K. (2012). *Social Choice and Individual Values* (3rd ed.). Yale University Press.

---

33) Arrow, K. (2012). *Social Choice and Individual Values* (3rd ed.). Yale University Press.

서조차도 개인들의 합리적 선호를 사회적 선호로 변환하는 것은 불가능하다는 것을 설명하기로 하겠다.

어떤 사회가 단 세 명의 사회구성원 $A$, $B$, $C$로 이루어져 있고, 이들이 자신이 살고 있는 사회의 복지수준에 영향을 미치게 될 세 가지 정책 대안인 대안 1, 대안 2, 대안 3에 대해서 다음과 같은 다른 선호를 가지고 있다고 가정해 보자.

|  | 대안 1 | 대안 2 | 대안 3 |
|---|---|---|---|
| $A$의 선호 | 1순위 | 2순위 | 3순위 |
| $B$의 선호 | 3순위 | 1순위 | 2순위 |
| $C$의 선호 | 2순위 | 3순위 | 1순위 |

이러한 상황에서는 어떤 두 대안을 먼저 비교하는가에 따라서 다음과 같이 최종적으로 어떤 대안이 선택되는지가 달라지는데 이를 투표의 역설이라고 한다.

| 비교 순서 | 1차 비교 결과 | 2차 비교 결과 | 최종 선택 |
|---|---|---|---|
| 대안 1과 대안 2 비교 후 대안 3과 비교 | 대안 1 > 대안 2 | 대안 3 > 대안 1 | 대안 3 |
| 대안 2와 대안 3 비교 후 대안 1과 비교 | 대안 2 > 대안 3 | 대안 2 < 대안 1 | 대안 1 |
| 대안 3과 대안 1 비교 후 대안 2와 비교 | 대안 3 > 대안 1 | 대안 3 < 대안 2 | 대안 2 |

투표의 역설은 다수의 대안에 대해 다봉선호(multi-peaked preference)가 존재할 때 발생한다. 다수의 대안에 대한 선호를 정할 때 가장 일반적으로 사용하는 방법은 모든 대안이 공유하고 있는 특정 속성을 기준으로 삼아 해당 속성의 양이 많거나 적은 순서에 따라 선호를 정하는 것이다. 예를 들어, 재분배 효과의 크기를 기준으로 세 가지 대안을 비교한 결과가 다음과 같다면 세 가지 대안에 대한 선호는 일반적으로 다음과 같은 순서가 된다.

| 대안 / 재분배 효과 | 대안 1 | 대안 2 | 대안 3 |
|---|---|---|---|
|  | 가장 큼 | 중간 | 가장 작음 |

| 대안 1 > 대안 2 > 대안 3 | 또는 | 대안 1 < 대안 2 < 대안 3 |
|---|---|---|

[그림 3-14] (a)의 $A$와 $B$의 선호가 바로 그러한 선호에 해당한다. 두 사람 중 $A$는 재분배 효과가 큰 쪽을, $B$는 재분배 효과가 작은 쪽을 일관되게 선호하기 때문에 두 사람 모두 한쪽 극단을 가장 선호하는 것으로 나타나고 있는데 이러한 선호를 가리켜 단봉선호(single-peaked preference)라고 한다. 단봉선호의 또 다른 형태는 [그림 3-14] (a)의 $C$와 [그림 3-14] (c)의 $A$, $B$, $C$의 선호이다. 이들은 공통적으로 재분배 효과가 아주 크거나 아주 작은 극단보다 중간 수준의 재분배 효과를 선호하는 그렇기에 피라미드처럼 한 개 봉우리를 갖는 단봉선호를 보인다.

그런데 사회구성원 중 어떤 사람들은 재분배 효과가 가장 큰 정책을 가장 바람직한 대안으로 여기는가 하면 어떤 사람들은 재분배 효과가 어중간한 대안 2보다는 차라리 기여에 비례한 분배가 보장되는 대안 3을 더 바람직한 대안으로 생각할 수도 있다. 후자의 경우, 재분배 효과가 가장 작은 대안 3이 중간 수준인 대안 2보다 선호되는 '대안 1>대안 3>대안 2'의 순서가 된다. [그림 3-14] (b)의 $B$가 바로 그런 경우인데 중간보다 양쪽 극단이 더 선호되기 때문에 두 개의 봉우리에 의해 만들어지는 V자 골짜기 모양의 다봉선호(multi-peaked preference)가 나타나는 것을 볼 수 있다.

앞서 소개한 예에서 투표의 역설이 발생하는 이유는 같이 세 사람 중 $A$와 $B$는 단봉선호를 보이는 반면, $C$는 양극단을 중간보다 더 선호하는 다봉선호를 가지고 있기 때문이다. 다봉선호가 존재한다는 것은 사회구성원들 중 어떤 사람들은 Arrow의 다섯 가지 조건 중 이행성 조건을 만족하지 않는 선호를 가지고 있다는 것을 의미한다. 물론 다봉선호가 합리적인 선호인지 그렇지 않은지는 관점에 따라 달라지는 문제이며 그렇기 때문에 정작 중요한 것은 사람들의 선호가 다양하다는 것을 이해하는 것이다. 다만, 다봉선호의 존재가 투표의 역설을 낳는 것은 사실이며 우리는 그러한 사실을 통해서 개인의 합리적인 선호들을 하나의 일관된 사회적 선호를 변환하는 것은 불가능하다는 것을 (수학적 증명보다는) 쉽게 이해할 수 있다.

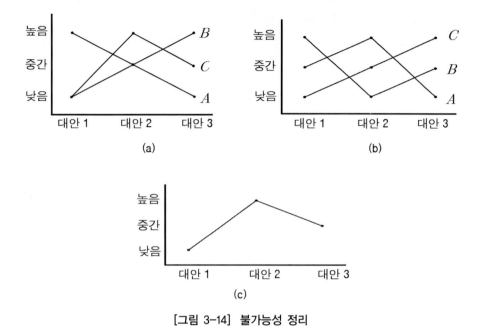

[그림 3-14] 불가능성 정리

출처: Musgrave, R., & Musgrave P. (1975). *Public Finance in Theory and Practice* (4th ed.). Richard D Irwin Inc. p. 90의 그림을 수정하여 제시함.

　그런데 이처럼 개인들의 선호를 집합적이고 합리적인 사회적 선호로 변환해 낼 수 있는 사회복지함수를 도출하는 것이 불가능하다면 우리가 할 수 있는 것 또는 해야 하는 것은 도대체 무엇인가? 이 질문에 대해서 저자는 다음과 같은 생각을 가지고 있다. 첫째, 완벽한 사회복지함수를 도출하는 것이 불가능하다면 불완전한 사회복지함수를 가지고서라도 현실 속에서 우리가 끝없이 직면하게 되는 사회복지와 관련된 여러 가지 문제를 해결하고자 노력하는 것이 바로 거시사회복지실천가가 해야 하는 실천이라는 생각이다.[34] 물론 그 전혀 쉬워 보이지 않는 역할을 다른 학문 분야의 전문가들에게 맡기고 우리는 지난 수십 년간 해 왔던 것처럼 앞으로도 사회복지사 1급 국가고시 대비 교육에 전념할 수도 있겠지만 저자는 후자 역할 못지않게 전자 역할

---

[34] 그런데 Lipsy & Lancaster(1956)의 차선이론(Second Best Theorem)에 따르면 어떤 이유에서든 파레토 효율을 위한 조건 가운데 이미 한 개 조건이 만족되지 않는다면 나머지 조건들을 모두 만족하는 대안이 반드시 차선의 선택은 아닐 수 있다고 한다. 물론 그럴지라도 저자는 우리가 차선책이 무엇인지 알 수 있다면 모를까 그렇지 않다면 주어진 제약하에서 최선의 노력을 다하는 것 자체를 멈출 수는 없다고 생각한다.

이 (좀 더 솔직히 말하면 더) 중요하다고 생각한다.

둘째, 우리의 역할은 정의(justice)를 실현할 수 있으면서 동시에 그 사회가 가진 희소한 자원을 가장 효율적으로 배분할 수 있는 배분 기제를 찾는 것이다. 복지경제학의 이론 체계는 그러한 배분 구조를 제시해 주지 못하는 한계를 가지고 있다. 따라서 그런 배분 기제는 복지경제학의 논리 체계 내에서는 찾을 수 없다. 그러나 그러한 배분 구조를 찾는 노력은 그 사회구성원 모두의 삶의 질을 높이기 위해 그리고 사회보장제도의 지속 가능성을 높이기 위해 계속되어야 한다.

아울러 앞에서도 언급했듯이 저자는 정의(justice)를 비롯한 다양한 기준을 가지고 자원배분 상태의 사회적 바람직성을 평가함으로써 정치인들로 하여금 정의와 효율 가운데 어느 하나를 철저하게 외면하게 되는 선택이 아니라 합리적 정치과정을 통해 (비록 그것이 제한적인 합리성일지라도) 국민을 위한 최선의 선택을 하게 만드는 역할을 거시사회복지실천가들이 해야 한다고 생각한다.

셋째, 이상에 말한 두 가지 노력을 거시사회복지실천가들이 지금부터 지속적으로 해 나아간다면 우리 사회의 구성원들은 '정치와 정책이 분리되어야 한다'는 인식을 생각보다 훨씬 빨리 갖게 될 것이고, 시간이 조금 더 지나면 인식에서 그치지 아니하고 정치인들에게 더 나은 정책을 요구하는 적극적인 행동을 취하는 날이 올 것이라고 저자는 확신한다. 주권은 국민에게 있으며 정치인은 국민의 대리인이라는 사실을 각인시키기는 데 이 방법보다 더 좋은 방법은 없다.

마지막으로, 저자는 이미 이 책의 제1장과 『거시사회복지실천 입문편: 법, 행정, 재정의 이해』에서 저자가 생각하는 사회복지함수의 세 가지 정책독립변수인 법, 행정, 재정은 종속변수에 대한 설명력은 그다지 높지 않으며 그보다는 분배 정의관이나 복지정치 같은 외생적 요인의 영향력이 훨씬 크다는 것을 언급한 바 있다. 이 말은 결국 사회구성원들 간의 복지 관계는 법학이나 행정학이나 재정학이나 정치학 가운데 어느 한 학문의 지식 체계만으로 이해 또는 설명할 수 있는 사안이 아니라는 것이다. 군이 명명하자면 사회복지정치경제학적 접근이 가장 타당할 것이며 그렇기 때문에 거시사회복지실천가를 양성하는 교육 역시 그 내용과 교육방식을 새롭게 할 필요가 있다고 생각한다.

　　사회복지학은 실천적 학문이면서 동시에 사회 '과학'이다. 그렇기 때문에 사회복지학 연구자들에게 전체 사회 차원의 복지를 이해하는 데 필요한 이론적 모형이 불완전하다는 사실은(적어도 현실의 모든 것들이 무작위적 내지는 절대적 존재에 의해 결정된다고 믿는 연구자만 아니라면) 아직도 우리에게는 더 많은 연구를 통해 지식의 촛불을 밝힘으로써 무지의 어둠을 더 몰아낼 수 있는 여지가 다른 학문 분야의 연구자들에 비해 상대적으로 더 많이 남아 있다는 희소식이 아닐 수 없다. 그리고 그것이 저자가 이 책을 쓴 이유 가운데 하나이기도 하다.

제4장
<u> </u>

# 불평등과
# 빈곤

제4장
# 불평등과 빈곤

## 1. 불평등, 빈곤 그리고 거시사회복지실천

복지국가의 정부가 사회보장과 관련하여 수행하는 역할을 크게 나누면 두 가지로 구분할 수 있다. 첫째, 정부는 시장을 통해 이루어진 1차 분배의 결과를 수정하는 역할을 수행한다. 이 역할을 가리켜 2차 분배 또는 소득재분배 역할이라고 하고 이 목적을 달성하기 위해 정부가 펼치는 다양한 정책을 소득재분배정책이라고 한다. 정부가 수행하는 두 번째 역할은 사회보장에 필요한 재력을 마련하고 관리하고 지출하는 사회보장 재정 역할이다. 이 목적을 달성하기 위한 정부 정책을 사회보장재정정책이라고 부르기로 한다.

사회구성원 간의 복지 관련 이익·부담 관계는 정부가 어떤 소득재배분정책과 사회보장재정정책을 펼치는가에 따라 크게 달라진다. 그렇기 때문에 '다양한 정책안 중 어떤 정책을 선택해야 하는가?'라는 문제는 경제학자들뿐만 아니라 한정된 자원을 가지고 사회와 사회구성원의 복지 수준을 극대화해야 하는 소득분배정책 전문가와 사회보장재정정책 전문가에게 있어서도 중요한 선택 문제이다.

그런데 소득재분배와 사회보장 영역에서는 '어떤 정책이 최선의 정책인가?'를 판단할 때 효율성이 유일한 기준으로 작동하지 않는다. 물론 사회의 다른 모든 영역도 그러하겠지만 특히 소득재분배와 사회보장재정은 어느 특정 학문의 이론·지식 체계에만 의존하여 현실 문제를 해결할 수 있는 영역이 아니다. 현대 사회에서 소득재분배와 사회보장재정은 경제학 연구자들뿐만 아니라 사회복지학을 비롯한 다양한 사회과학 연구자들의 관심 영역이기도 하다. 그렇기 때문에 경제학 연구자들에게는 효율 외의 다양한 사회적 가치들이 갖는 중요성을 이해할 수 있는 안목이 요구되고, 거시사회복지 연구자들을 포함한 사회과학자들에게는 소득재분배와 사회보장재정을 연구함에 있어서 경제학 이론과 분석 방법을 활용할 수 있는 능력이 요구된다.

다양한 가치 기준에서 소득재분배정책과 사회보장재정정책을 분석하고 평가할 수 있을 때 그리고 소득재분배정책과 사회보장재정정책을 이데올로기적 당위성보다 좀 더 '현실'에 근거하여 분석하고 평가할 수 있을 때 더 나은 선택지가 포함된 대안을 정부에게 제시할 수 있는 가능성은 분명히 커질 것이라고 저자는 생각한다. 이러한 맥락에서 보면 거시사회복지실천가가 소득재분배와 사회보장재정을 이해해야 하는 이유는 지극히 자명하다.

이쯤에서 우리는 한 가지 매우 본질적인 질문에 대해서 생각해 볼 필요가 있을 것 같다. 그 질문은 다름 아닌 '정부가 왜 소득을 재분배하는 역할을 수행하는가?'이다. 사실 엄밀히 말하면 정부가 사회보장재정정책을 실시하는 궁극적인 이유도 정부가 소득을 재분배해야 하는 이유와 다르지 않다. 어떤 사회에서든(자본주의 경제체제를 가진 사회이든 사회주의 경제체제를 가진 사회이든 상관없이) 시장을 통해 이루어진 1차 분배는 그 사회에 빈곤과 불평등이라는 문제를 만들어 내기 때문이다. 그럼 이제 소득재분배정책과 사회보장재정정책을 이해하기 위한 노력의 첫걸음을 이 두 가지 정책이 필요한 이유, 즉 빈곤과 불평등에 대한 이해에서부터 시작해 보기로 하자.

단, 본격적인 논의를 시작하기에 앞서 우리가 빈곤과 불평등에 관한 어떤 내용을 살펴볼 것인지를 밝혀 둘 필요가 있는데 이 책에서는 빈곤과 불평등을 어떻게 조작적으로 정의하고 측정하는지에 초점을 맞추고 빈곤과 불평등을 이해할 것이다. 논의의 범위를 이처럼 한정하는 이유는 빈곤과 불평등의 본질적 정의, 종류, 속성, 발생

원인, 역사적 변화 과정, 정도 등을 이해하는 것이 빈곤과 불평등을 어떻게 조작화하고 측정하는지를 이해하는 것보다 덜 중요하기 때문이 아니라 이 책이 목적하는 바를 고려해 볼 때 이 책의 범위를 그러한 내용을 다루는 정도까지 확대하는 것이 적절하지 않다고 판단되기 때문이다. 빈곤과 불평등에 관한 보다 자세한 그리고 포괄적인 내용을 원하는 독자들은 (저자의『거시사회복지실천 심화편 I: 정의, 권리 그리고 분배』를 포함한) 다른 이론서를 참고하기 바란다.

## 2. 불평등

### 1) 불평등 개념

불평등에 관한 논의를 하기 위해서는 무엇보다 먼저 다음의 두 가지 질문에 대해 답함으로써 불평등 개념을 분석적으로 논의할 수 있는 수준까지 구체화해야 한다. 이 두 가지 질문 중 첫 번째 질문은 불평등의 내용과 단위가 무엇인지 묻는 질문이다. 이 책에서는 불평등을 개인, 가구 또는 계층 간에 존재하는 소득(income) 또는 부(wealth)의 차이로 정의하고 소득과 부를 경제력이라고 부르기로 하겠다.

> • 불평등의 본질인 차이 또는 다름은 무엇에 관한 무엇 간의 차이인가?
> • 불평등에 관한 무엇이 정책의 목표 또는 대상이 되어야 하는가?

두 번째 질문은 개인, 가구 또는 계층 간에 경제적 불평등이 존재할 때 그것과 관련해서 무엇을 해야 하는지를 묻는 질문이다. 무엇을 해야 할지를 알기 위해서는 무엇이 문제인지를 먼저 알아야 한다. 무엇이 문제인가? 무엇과 무엇 간에 경제력에 있어서 차이가 있다는 사실 그 자체를 문제시할 수는 없다. 그렇다면 우리는 어떤 이유에서 소득이나 부를 재분배하는 정책을 통해서 불평등을 줄여야 한다고(물론 정도의 차이는 있지만) 주장하는가?

누군가에게는 불평등을 유발하는 원인이 그 이유일 수도 있고, 누군가에게는 불평등으로 인해 발생하는 또 다른 문제가 그 이유일 수도 있으며, 누군가에게는 일반적으로 사람들이 불평등을 싫어한다는 사실 그 자체가 그 이유일 수도 있다. 불평등을 부정적인 시각에서 바라보는 이유가 이루 말할 수 없을 만큼 다양함에도 불구하고 그 이유를 아는 것은 매우 중요하다. 정책의 내용과 방향이 달라지기 때문이다. 불평등의 원인을 없애는 정책과 불평등의 결과를 줄이는 정책은 전혀 다른 정책이다.

그런데 앞에서도 언급했듯이 불평등에 관한 이러한 논의는 이 책의 범위를 벗어나는 논의이다. 따라서 이 책에서는 불평등에 대한 우리 사회의 일반적인(또는 지배적인) 시각을 그대로 수용하여 불평등을[1] 정부가 2차 분배 정책을 통해 줄이는 것이 마땅한 부정적인 성격의 것으로 규정하겠다.

대다수 독자가 이미 잘 알고 있듯이 소득과 부는 상호연관성이 매우 높기는 하지만 서로 다른 개념이며 측정 방법 또한 다르다. 그런데 일반적으로 알려진 바에 따르면 소득이 부보다 정의하거나 측정하기가 상대적으로 쉽다. 따라서 소득과 부 중에서 소득에 먼저 초점을 맞추고 불평등에 관한 논의를 시작하기로 하겠다.

## 2) 소득불평등 측정 방법

소득재분배를 위해서는 먼저 소득이 얼마나 불평등하게 분배되어 있는지 알아야 한다. 소득의 불평등 정도는 매우 다양한 방법으로 측정할 수 있다. 이 장에서는 그 중 가장 널리 사용되는 네 가지 측정 방법(이하 '측도')을 살펴보기로 하겠다.

### (1) 로렌츠 곡선

로렌츠 곡선은 한 사회의 구성원 모두를 소득이 낮은 사람부터 높은 사람 순서로 나열하여 전체 사회구성원을 100으로 하는 누적인구비율과 총소득을 100으로 하는

---

1) 그것이 정당한 불평등인지 정당하지 않은 불평등인지 여부와 상관없이 그리고 불평등의 긍정적인 측면과 부정적인 측면 중 어느 것이 더 큰지 여부와 상관없이.

누적소득비율을 구해 [그림 4-1]과 같이 가로축과 세로축에 표시할 때 나타나는 두 누적비율의 대응관계를 나타내는 (곡)선이다. 로렌츠 곡선을 이해하기 위해서 소득 불평등 정도가 서로 다른 다음과 같은 세 개의 사회가 있다고 가정해 보자.

$A$: 모든 사회구성원의 소득이 동일한 사회
$B$: 소득이 약간 불평등하게 분포되어 있는 사회
$C$: 소득 불평등 정도가 가장 심한 사회

어떤 사회가 $A$사회처럼 모든 사회구성원이 동일 소득을 갖는 완전평등사회라면 그 사회의 누적인구비율과 누적소득비율은 일치한다. 왜 그런가? 모든 사회구성원의 소득이 동일하므로 사회 $A$의 총소득을 $m$이라고 하면 사회 $A$의 모든 구성원은 $m$을 인구 수로 나눈 값만큼의 소득을 각각 갖는다. 따라서 완전평등한 사회 $A$에서는 사회구성원 중, 예를 들어 10%의 사회구성원이 가진 소득은 바로 그 10%의 인구가 가진 소득의 합이고 그 값은 전체 소득의 10%에 해당하는 값과 같다. 동일 논리에서 완전평등사회의 사회구성원 중 25%가 가진 소득은 전체 소득의 25%에 해당하고, 50%까지의 사회구성원이 가진 소득은 전체 소득의 50%를 차지하며, $n$%의 사회구성원이 가진 소득은 전체 소득의 $n$%를 차지한다. 따라서 완전평등사회에서는 누

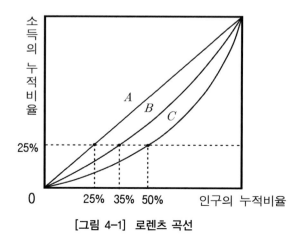

[그림 4-1] 로렌츠 곡선

적인구비율과 누적소득비율이 일치하고 두 비율 간의 이러한 정비례 대응관계는 [그림 4-1]의 곡선 $A$와 같은 기울기 45°의 대각선 모양으로 나타난다.

[그림 4-1]의 곡선 $B$는 소득이 약간 불평등한 $B$사회의 로렌츠 곡선이고, 곡선 $C$는 소득이 매우 불평등한 $C$사회의 로렌츠 곡선이다. 이 두 곡선을 비교해 보면 곡선 $C$가 곡선 $B$보다 대각선으로부터 더 멀리 떨어진 곳에 위치하고 있는데 이는 대각선과 로렌츠 곡선 간의 거리가 불평등 정도와 비례하기 때문이다. [그림 4-1]에서 완전평등사회인 $A$사회는 사회구성원 중 25%가 전체 소득의 25%를 소유하지만 소득이 완전평등하지 않은 $B$사회는 25%의 사회구성원이 전체 소득의 25%보다 많은 양인 35%의 소득을 소유하는데 이러한 차이는 곡선 $B$가 곡선 $A$보다 오른쪽 아래쪽에 위치해야만 나타날 수 있는 차이이다. 소득이 가장 불평등한 $C$사회는 25%의 사회구성원이 전체 소득 중 무려 50%를 소유하고 있으며 그렇기 때문에 곡선 $C$는 곡선 $B$보다 대각선으로부터 더 멀리 떨어진 곳에 위치해 있다.

이처럼 소득 불평등 정도가 심할수록 로렌츠 곡선과 완전평등사회의 로렌츠 곡선인 대각선 간의 거리는 점점 벌어지고 로렌츠 곡선의 모양은 [그림 4-1]의 오른쪽 아래 모서리를 향해 더 볼록한 모양을 갖게 된다. 그러다가 사회의 모든 소득을 단 한 명의 사회구성원이 독차지하는 극단적인 소득 불평등이 발생하면 로렌츠 곡선은 영어 알파벳 대문자 L의 좌우를 바꿔 놓은 모양의 곡선이 된다.

로렌츠 곡선은 이처럼 곡선들 간의 상대적 위치를 통해서 서로 다른 사회의 불평등 정도를 직관적으로 파악할 수 있게 해 주기 때문에 국가 간 불평등 비교 연구 등에서 많이 사용되지만 다음과 같은 두 가지 한계를 가지고 있다.

첫째, 로렌츠 곡선은 어느 한 사회의 소득분배 상태가 다른 사회에 비해 더 또는 덜 평등한지는 보여 줄 수 있으나 얼마나 더 또는 덜 평등한지는 보여 주지 못한다. 따라서 로렌츠 곡선을 가지고 우리가 할 수 있는 것은 불평등 정도의 서열을 매기는 것이지 불평등의 정도를 파악할 수는 없다. 둘째, 서로 다른 사회의 소득불평등 상태를 비교할 때 이따금 로렌츠 곡선이 교차해서 불평등 정도 비교가 어려워지는 경우가 발생하기도 한다. 예를 들면, [그림 4-2]처럼 두 사회의 로렌츠 곡선이 교차하는 경우, 두 사회의 소득불평등 정도를 저소득층(상대적 개념)의 소득불평등에 초점을

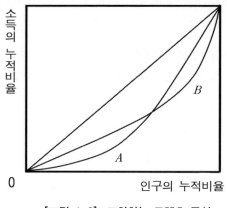

**[그림 4-2] 교차하는 로렌츠 곡선**

맞추고 $a$구간으로 범위를 한정하여 비교할지 아니면 중·고소득층의 소득불평등에 초점을 맞추고 $b$구간을 비교할지에 따라 비교 결과가 매우 달라질 수 있다.


(2) 지니계수

지니계수(Gini coefficient: $G$)는 다음과 같은 두 가지 방법으로 불평등을 측정하여 나타내는 값이다.


① 로렌츠 곡선을 이용하는 방법

[그림 4-1]에서 완전평등을 의미하는 대각선 $A$와 어떤 로렌츠 곡선에 의해서 정의되는 면적(즉, 대각선과 어떤 로렌츠 곡선 사이의 면적)을 $\eta$이라 하고, 가로축과 세로축과 대각선으로 정의되는 삼각형의 면적에서 $\eta$을 뺀 면적을 $\theta$라고 하면, 지니계수는 다음과 같이 정의되는 값이다.

$$G = \frac{\eta}{\eta + \theta}$$

사회구성원 간에 소득이 완벽하게 평등 분배된 어떤 사회가 있다고 가정해 보자. 이 사회의 로렌츠 곡선은 완전평등에 해당하는 로렌츠 곡선, 즉 [그림 4-1]의 대각선

$A$이므로 이 사회의 로렌츠 곡선과 대각선 $A$ 사이의 면적은 $\eta = 0$이 되어 지니계수의 값은 0이 된다. 이번에는 이 사회의 소득분배 상태가 (어떤 이유에 의해) 나빠지게 되어서 소득 불평등이 발생하기 시작한다고 가정해 보자. 소득 불평등이 심화하면 할수록 로렌츠 곡선은 점점 더 오른쪽 아래 모서리를 향해 볼록한 모양을 갖게 되고, 그렇게 되면 면적 $\eta$이 점점 커져서 면적 $\theta$는 점점 작아질 것이기 때문에 지니계수는 점점 더 1에 가까운 값을 갖게 된다. 그러다가 이 사회 전체의 소득을 단 한 명의 사회구성원이 독차지하는 완전불평등 상태가 되면 로렌츠 곡선 $A$는 L자의 좌우를 바꿔 놓은 모양이 되므로 면적 $\eta$와 면적 $\theta$가 일치하게 되어 지니계수의 값은 1이 된다. 지니계수는 이처럼 완전평등 상태에 가까울수록 0에 가까운 값을 갖고 완전불평등 상태에 가까워질수록 1에 가까운 값을 갖는다.

---

- 지니계수값이 0이다.              = 소득이 완전 평등하다.
- 지니계수값이 0에 가까운 값을 갖는다.  = 소득불평등 정도가 낮다.
- 지니계수값이 1에 가까운 값을 갖는다.  = 소득불평등 정도가 높다.
- 지니계수값이 1이나.              = 소득이 완전 불평등하디.

---

② 평균소득차이를 이용하는 방법

지니계수를 구하는 또 다른 방법은 다음의 식을 이용하는 방법이다.

$$G = \frac{\Delta}{2\mu}, \quad \Delta = \frac{1}{n(n-1)} \sum_{i=1}^{n} \sum_{j=1}^{n} |y_i - y_j|$$

$n =$ 사회구성원의 수

$y_i$와 $y_j$는 각각 $i, j$ 번째 $(i \neq j)$ 사회구성원의 소득

$\mu =$ 사회구성원 전체의 평균소득

앞의 식에서 $\Delta$는 $n$명의 사회구성원을 순서를 고려하면서[2] 두 명씩 짝지어 두 사

---

2) 순서를 고려한다는 것은, 예를 들면 첫 번째 사람과 두 번째 사람을 한 쌍으로 묶어 두 사람 간의 소득차이를 구하고 나서 이번에는 두 번째 사람이 첫 번째 사람이 되고 첫 번째 사람이 두 번째 사람이 되는 새로운 쌍을 만들

람 간의 소득차이를 구하고 그렇게 구한 모든 차이 값을 합한 다음 $n(n-1)$으로 나누어 구한 평균소득차이이다. 지니계수는 이렇게 구한 평균소득차이 값을 전체 사회구성원의 평균소득에 2를 곱한 값으로 나눈 불평등 지수이다.

소득차이의 합은 한 사회의 구성원들이 소득에 있어서 얼마나 이질적 또는 동질적인지를 보여 주는 값으로서 이 값이 크다는 것은 사회구성원 간에 소득 이질성, 즉 소득 불평등이 심하다는 것을 뜻한다. 위의 식을 이용하여 구한 지니계수 역시 소득 불평등 정도가 심할수록 1에 가까운 값을 갖는다.

### (3) 5분위·10분위배율

5분위배율(quintile share ratio)은 한 사회의 구성원 중 소득 기준 상위 20%에 속하는 사람들의 소득이 전체 사회의 소득에서 차지하는 %를 분자로 하고, 소득 기준 하위 20%에 해당하는 사회구성원들이 소유하고 있는 소득이 사회 전체의 소득에서 차지하는 %를 분모로 하는 비(ratio) 값이고, 10분위배율은 위 식의 분자와 분모를 각각 상위 10%의 사회구성원이 소유한 소득이 차지하는 %와 하위 10%의 사회구성원이 차지하는 %로 대체하여 구한 비(ratio) 값이다.

$$5분위배율 = \frac{상위\ 20\%가\ 차지하는\ 소득의\ \%}{하위\ 20\%가\ 차지하는\ 소득의\ \%}$$

5분위배율과 10분위배율은 모두 어떤 사회의 소득분배 상태가 완전평등에 가까울수록 1에 가까운 값을 갖고, 소득이 불평등하게 분배되어 있을수록 큰 값을 갖는다. 예를 들어, 어떤 사회의 5분위배율이 10이라면 이는 이 사회의 소득 상위 20%에 해당하는 고소득층이 하위 20%에 해당하는 저소득층보다 무려 10배나 많은 소득을 가지고 있다는 것을 의미한다. 즉, 고소득층과 저소득층을 5분위로 구분하든 10분위로 구분하든 두 소득계층 간의 소득 격차가 크면 클수록 5분위배율과 10분위배율 모두 더 큰 값을 갖게 된다.

---

어 두 사람 간의 소득차이를 또 구해야 한다는 것이다.

### (4) 애킨슨 지수

애킨슨 지수는 영국의 경제학자 Anthony Atkinson이 제안한 불평등 측도이다. Atkinson은 모든 불평등 지수에는 지수를 개발한 연구자의 주관적 가치관이 반영되어 있기 때문에 어떤 가치관이 반영되었는지에 따라 지수가 의미하는 바가 달라진다는 점을 지적하였다. 예를 들어, 지니계수의 경우, 앞에서 소개한 '평균소득차이를 이용한 식'을 다음과 같이 표현할 수 있는데 이 식을 보면 모든 사회구성원을 소득 크기 순서대로 나열한 다음 각 사람의 소득에 그 소득의 서열에 해당하는 가중치가 부여되고 있다는 것을 알 수 있다.

$$G = 1 + \frac{1}{n} - (\frac{2}{n^2\mu})(y_1 + 2y_2 + \ldots + ny_n)$$

소득이 낮은 사람에게 작은 가중치를 부여하고 소득이 높은 사람에게 큰 가중치를 부여한다는 것은 지니계수에 '높은 소득을 낮은 소득보다 상대적으로 더 중요시하는 가치관'이 반영되어 있다는 것을 의미한다. 물론 어떤 가치관이 더 또는 덜 바람직한 것인지를 판단할 수 있는 절대적인 기준은 없다. 그렇기 때문에 만일 어떤 사회의 구성원들이 지니계수에 반영된 가치관과 매우 다른 가치관을 가지고 있다면 그 사회의 불평등 정도를 지니계수로 측정하는 것이 과연 적절한 것인지에 대해서 생각해 보지 않을 수 없다.

Atkinson은 기존의 불평등 지수들이 이러한 한계를 가지고 있음을 지적하면서 한 사회의 지배적 가치관이 변할 때 그러한 변화를 반영할 수 있는 불평등 지수를 개발하고자 시도하였다. Atkinson은 적어도 각각의 불평등 지수가 어떤 가치관을 전제로 하는 지수인지는 밝혀야 각각의 지수로 측정한 불평등의 의미를 올바르게 이해할 수 있다고 주장하면서 자신이 제안하는 불평등 지수가 다음을 전제로 하는 지수라는 것을 명시하였다.[3]

---

3) Atkinson, A. (1983). *The Economics of Inequality* (2nd ed.). Oxford Press.

소득이 평등하게 분배될수록 증가하는 사회후생함수(social welfare function)를 가진 어떤 사회
가 있다. 현재 이 사회의 소득은 불평등하게 분배되어 있고 사회후생수준은 $\hat{W}$이고 평균소득은 $\mu$
이다. 만일 사회후생수준을 $\hat{W}$로 유지하면서 모든 사회구성원이 동일 소득 $y_e$을 갖도록 소득을 재
분배할 수 있다면 모든 구성원이 갖게 될 소득 $y_e$는 현실의 평균소득 $\mu$보다 낮은 수준일 것이다.

Atkinson은 이러한 동일 소득 $y_e$를 균등분포대등소득(Equally Distributed
Equivalent Income: EDEI)이라고 명명하고 평균소득(mean income)은 극단적인 소득에
의해 크게 영향을 받기 때문에 불평등이 심할수록(소득격차가 클수록) 평균소득과 균
등분포대등소득 간의 차이가 커지는 원리를 이용하여 다음과 같은 새로운 불평등 지
수를 제안했는데 이를 애킨슨 지수라고 한다.

$$I = 1 - \frac{y_e}{\mu}$$

만일 어떤 사회가 완전평등사회라면 그 사회의 평균소득은 $\mu = y_e$일 것이므로 애
킨슨 지수는 0이 된다. 이와 반대로 어떤 사회가 단 한 명이 모든 소득을 소유하고 나
머지 $n-1$명의 소득은 0인 극단적인 불평등사회라면 모든 소득을 독차지한 그 한 사
람의 가치관(후생함수)이 곧 그 사회의 가치관(후생함수)이고, 사회후생을 현재 수준
으로 유지하려면 $y_e = 0$이어야 하므로 애킨슨 지수는 1 값을 갖게 된다.[4]

Atkinson은 위의 지수를 다음과 같이 수정하여 어떤 사회의 가치관이 완전평등에
더 가까운지 가치관인지 완전불평등에 더 가까운 가치관인지를 반영할 수 있는 지수
를 제안하였다.

---

4) 예를 들어, $I = 40$이라면 이는 $y_e$가 $\mu$의 60%라는 것을 의미한다. 즉, 모든 사회구성원이 현재 평균소득의
60%에 해당하는 균등소득을 가질 수 있게 소득을 재분배해도 사회효용은 현재 수준을 그대로 유지된다는 것이
다. 이 말을 달리 표현하면 소득이 완전히 균등해진다면 현재 국민소득의 60%만 가지고도 현재와 동일한 수준
의 사회효용을 얻어 낼 수 있다는 것이 된다.

$$I = 1 - \left[ \sum_{i=1}^{n} \left( \frac{y_i}{\overline{y}} \right)^{1-\varepsilon} f_i \right]^{\frac{1}{(1-\varepsilon)}}$$

$y_i$ : $i$ 번째 소득계층에 속하는 사람들의 평균소득

$\overline{y}$ : 평균소득

$f_i$ : $i$ 번째 소득계층에 속하는 사람들이 전체 인구에서 차지하는 %

위 식에서 $\varepsilon$ 은 소득분배에 대해서 사회가 부여하는 가중치로서 그 사회의 가치관 또는 사회후생함수에 의해 결정되는 분배변수(distributive parameter)이다. 어떤 사회가 '소득이 평등해져야 한다'는 가치관을 가진 사회일수록 그 사회의 $\varepsilon$ 은 큰 값을 갖게 되고 소득불평등에 대해서 무관심한 사회일수록 $\varepsilon$ 은 0에 가까워진다.[5] 애킨슨 지수와 다른 불평등 지수들과의 차이는 애킨슨 지수가 바로 이 $\varepsilon$ 값을 통해서 사회적 가치관에 있어서의 변화를 반영할 수 있게 한 지수라는 점이다.

## 3. 빈곤

빈곤에 대한 개념 정의는 연구자마다 다르지만 한 가지 요소만큼은 예외 없이 모든 정의에 포함되어 있는 것 같다. 그것은 다름 아닌 부족함이다. '무엇이 부족하다'라는 말이 완전한 의미를 갖게 하려면 무엇의 내용을 정해야 하고 그 무엇이 부족한 정도를(부족 여부를 포함하여) 판단하는 기준을 정해야 한다. 이 말을 달리 표현하면 빈곤을 정책의 대상으로 만들기 위해서는 빈곤을 다음과 같이 정의할 수 있어야 한다는 것이다.

> $X$ 가 $Y$ 기준을 가지고 판단할 때 $Z$ 만큼 부족하다

---

5) Atkinson, A. (1970). *On the Measurement of Inequality*. Journal of Economic Theory. pp. 244-264.

앞의 정의에서 세 변수 $X$, $Y$, $Z$가 어떤 변수값을 갖는지에 따라 우리는 빈곤을 절대적, 상대적 그리고 주관적 빈곤으로 구분할 수 있다.

## 1) 절대적 빈곤

절대적 빈곤은 용어가 의미하는 바 그대로 빈곤을 어떤 절대적인(객관적이고 수량적인) 기준에서 볼 때 무엇이 얼마나 부족한지 또는 무엇이 그 기준에 얼마나 미치지 못하는지로 정의한 것이다. 대표적인 절대적 빈곤 개념으로는 Rowntree 절대 빈곤 개념과 Orshaski 절대 빈곤 개념을 꼽을 수 있다.

### (1) Rowntree 빈곤 개념

영국의 대표적인 빈곤 연구자이면서 빈곤에 관한 체계적인 연구를 처음으로 실시한 Benjamin Rowntree는 19세기 말 영국의 York 지역 빈곤층을 대상으로 수년간에 걸쳐 실시한 연구의 결과로서 다음과 같이 정의되는 절대적 빈곤 개념을 소개하였다.

> - $X$ : 순전히 신체적 능률 유지, 즉 생존하는 데 필요한 최저한의 필수품
> - $Y$ : 가구소득
> - $Z$ : 필수품 구입에 필요한 금액과 실제 가구소득 간 차이

위의 정의에서 필수품에는 전적으로 생존에 필요한 영양을 얻을 목적으로 소비하는 식료품과 의류, 주거, 난방만 포함되며, 그 밖의 재화·서비스는 사치품으로 여겨져 제외되었다. 필수품 구입에 필요한 소득액은 가구구성에 따라 차등적으로 설정되었으며 각각이 가구규모별 빈곤선으로 제시되었다. 이처럼 인간의 생존에 필요한 재화·서비스를 필수품으로 정하고 필수품의 시장가격을 바탕으로 필수품을 실제로 구입하는 데 필요한 금액을 계산해서 그에 기초하여 빈곤선을 정하는 방식을 전물량방식 또는 장바구니 접근방식(market basket approach)이라고 한다.

Rowntree는 이러한 빈곤선을 이용하여 빈곤을 1차적 빈곤과 2차적 빈곤으로 구분하였는데, 1차적 빈곤이란 실제 소득이 최저한의 필수품 구입에 필요한 소득에 미치지 못하는 상태를 말하고 2차적 빈곤은 합리적인 소비를 한다면 빈곤선 이상의 생활, 즉 필수품을 구입하여 생존을 유지해 나아갈 수 있는 상태를 말한다.

이러한 빈곤 개념은 신체적 건강 유지라고 하는 지극히 단순화된 목적을(물론 건강이 인간 삶의 가장 기본이기는 하지만) 달성할 만큼의 경제력이 있는지 여부에만 초점을 맞추는 점, 식료품의 중요성이 과대하게 평가되는 점 그리고 빈곤 문제를 삶이나 생활이 아니라 자칫 생존 차원에서 해결하기만 하면 문제로 여기게 만들 수 있는 등의 한계를 가지고 있다.

### (2) Orshaski 빈곤 개념

미국 사회보장청의 경제학자 Mollie Orshaski는 Rowntree의 빈곤 개념과 매우 유사한 빈곤 개념을 제시하였다. Orshaski는 미국의 가구 가운데 가구규모가 3인 이상인 가구의 엥겔계수(Engel's coefficient), 즉 총지출에서 식료품비 지출이 차지하는 비율이 1/3이라는 점에 주목하여 최저한의 식료품비를 계산한 다음 그 금액에 3배에 해당하는 금액을 최저생계비, 즉 빈곤선으로 사용하는 방법을 제안하였다. 이때, 식료품비는 미국 농무부가 제안한 네 가지 표준식단 가운데 가장 저렴한 식단에 해당하는 식료품을 구입하는 데 드는 비용이 사용되었다. 이와 같은 방식으로 빈곤선을 계산하는 방식을 엥겔방식이라고 한다.

Orshaski의 빈곤 개념은 다음과 같이 정의할 수 있는데 이는 앞서 소개한 Rowntree의 빈곤 개념과 비교해 볼 때 빈곤수준을 측정하는 방식에 있어서만 차이가 있을 뿐 본질적으로는 동일 개념이라고 볼 수 있다.

---

- $X$ : 신체적 건강을 유지하는 데 필요한 최저한의 식료품
- $Y$ : 가구소득
- $Z$ : 식료품비 지출액의 3배만큼의 금액과 실제 가구소득 간 차이

이러한 동질성 때문에 Orshaski 역시 Rowntree의 빈곤 개념이 가진 한계, 즉 필수품 선정이 연구자의 자의성에 의존하여 이루어지고 있다는 점, 시간과 지역에 따라 필수품의 구성이 달라질 수 있음이 고려되지 못한다는 점 등을 그대로 가지고 있다. 저자는 아마도 그중에서 가장 큰 한계가 우리가 빈곤을 '생존을 위해 필요한 영양을 섭취하고자 하는 욕구를 충족시키지 못하는 상태'로 이해한다면 우리는 자칫 다음과 같은 논리에 빠지게 될 수도 있다는 것이 아닐까라고 생각한다.

> 한정된 자원 제약하에서 빈곤이라는 문제를 해결하려면 빈곤한 사람들이 생존할 수 있게 하는 데 주안점을 두어야 하며 빈곤한 사람들이 자신이 속한 사회에서 빈곤하지 않은 사회구성원들처럼 생활할 수 있는지 여부나 그 사회가 얼마나 불평등한지에 대해서는 큰 관심을 기울일 필요가 없다.

## 2) 상대적 빈곤

저자는 인간의 삶이 내용이라고 하는 씨줄과 방식이라고 하는 날줄로 짜여진 맥락이며 그 맥락을 다른 말로 표현한 것이 바로 삶의 수준이라고 생각한다. 인간은 누구나 삶의 수준이라고 하는 변수에 대해 저마다의 변수값을 갖는다. 따라서 한 사회의 구성원은 삶의 수준 변수의 모집단이다. 모든 모집단에는 중심이 존재하는데 상대적인 빈곤은 누군가의 삶의 수준이 모집단의 중심으로부터 얼마나 중심보다 낮은 방향으로의 벗어나 있는지를 그 본질로 하는 빈곤 개념이다.

앞서 설명한 바와 같이 삶의 수준은 삶의 내용과 삶의 방식의 함수이므로 삶의 내용과 방식이 바뀌면 달라질 수 있다. 한 사회의 빈곤은 다른 사회의 빈곤과 다를 수 있고 동일 사회 내에서도 현재 빈곤은 과거 빈곤과 다를 수 있다. 빈곤이 이처럼 가변적인 개념이라는 사실에 주목한 Peter Townsend는 다음과 같이 정의되는 상대적 빈곤 개념을 제시하였다,

- $X$ : 가구소득
- $Y$ : 전체 가구의 평균 가구소득의 일정 % 이하인지 여부
- $Z$ : 평균 가구소득의 %로 표현된, 평균소득과 실제 가구소득 간의 차이

Townsend의 상대적 빈곤 개념은 전체 가구(모집단)의 평균 가구소득(중심)으로부터 개별 가구의 가구소득이 중심보다 낮은 방향으로 벗어나 있는 정도를 기준으로 사용하여 빈곤 여부를 결정하는 빈곤 개념이다. 예를 들어, 어떤 가구의 가구소득이 그 사회의 평균 가구소득의 80% 이하이면 그 가구를 빈곤층으로 정의하고, 50% 이하이면 극빈층으로 정의하는 식이다. 현재는 상대적 빈곤을 정의할 때 중위소득(median income)을 중심으로 사용하는 것이 일반적이다.

중심을 평균소득으로 하든 중위소득으로 하든 상대적 빈곤 여부를 판단하는 방식은 동일한데 한 사회 내의 모든 가구를 가구소득의 크기에 따라 낮은 가구소득부터 높은 가구소득 순으로 나열한 다음, 최저 가구소득을 가진 가구에서부터 중심 소득의 일정 % 이하 또는 미만의 가구소득을 가진 가구까지의 범위에 해당하는 가구를 빈곤층으로 정의한다. 그런데 빈곤층을 이렇게 정의하는 것은 앞서 소개한 불평등 지수 중 5분위배율이나 10분위배율을 가구소득을 기준으로 하여 구한 다음, 일정 분위까지의 가구를 빈곤층으로 정의하는 것과 전혀 다르지 않다. 즉, 상대적 빈곤은 불평등과 동일 개념인 것이다.

상대적 빈곤 개념은 매번 생존에 필수적인 재화·서비스의 품목을 정하고 각각의 가격을 조사하는 번거로움 없이 빈곤을 정의할 수 있다는 장점을 가지고 있으며, 사회구성원의 삶의 수준이 변할 때 모집단의 중심인 중위소득도 함께 변하기 때문에 삶의 수준에 있어서의 변화가 항상 반영된다는 장점도 가지고 있다. 또한 상대적 빈곤은 전체 사회의 중심이 기준이 되는 빈곤 개념이기 때문에 빈곤을 육체적 건강이나 생물학적 필요만으로 이해하는 것이 아니라 삶의 다양한 측면을 아우르는 개념으로 확장하여 이해할 수 있게 해 주는 장점도 가지고 있다.[6]

---

6) 제2차 세계대전이 끝나고 1950년대와 1960년대를 거치면서 빠른 경제발전과 소득 증가로 인해 의식주, 건강, 교육 등과 같은 기본적인 욕구가 어느 정도 충족되고 삶의 수준이 전반적으로 향상되던 시기에 상대적 빈곤 개

물론 그렇다고 해서 상대적 빈곤 개념에 한계가 없는 것은 아니다. 예를 들면, Amartya Sen(1985)은 빈곤을 상대적 개념의 것으로 이해할 때 우리는 자칫 빈곤을 해결 불가능한 것으로 여기거나 더 극단적인 경우에는 빈곤을 정책 대상으로 여기지 않음으로써 빈곤 정책을 불필요한 것으로 여기는 오류를 범할 수도 있다는 점을 지적하였다.[7]

빈곤을 상대적 빈곤 개념으로 이해할 때 발생하는 또 다른 문제는 자칫 빈곤을 해결할 수 없는 문제로 이해하게 될 할 수 있다는 점이다. 앞서 저자는 빈곤을 정책 대상으로 만들기 위해서는 무엇이 어떤 기준에서 얼마나 부족한지를 분명하게 밝혀야 한다고 언급한 바 있다. 이 말은 결국 그 무엇을 부족하지 않을 만큼 공급한다면 빈곤을 해결할 수 있다는 것을 의미한다.

그런데 이 논리는 빈곤이 상대적 빈곤, 즉 불평등이라면 설득력을 잃는다. 경제가 지속적으로 발전하여 소득이 아무리 높아진다고 하더라도 사회구성원들 간에 소득 격차가 완전히 사라지지 않는 이상(즉, 소득의 분산이 0이 아닌 이상) 상대적 빈곤은 사라지지 않기 때문이다. 사실 전 세계적으로 소득불평등은 자본주의가 산업자본주의에서 금융자본주의로 발전함에 따라 더욱 심각해져 왔다. 인류의 삶의 수준은 항상 과거에 비해 높아져 왔지만 불평등, 즉 상대적 빈곤은 그 수준이 오히려 악화되었다. 저자는 이 문제가 상대적 빈곤 개념으로는 선진국의 빈곤과 후진국의 빈곤을 비교할 수 없다는 한계나 선진국의 빈곤층이 후진국의 부유층보다 높은 수준의 삶을 누리고 있다는 문제와는 비교가 되지 않을 정도로 심각한 문제라고 생각한다.

어떤 사람들은 그러하기에 소득재분배정책만이 답이라는 주장을 할 수도 있을 것이다. 그러나 누군가가 저자에게 '재분배가 또 다른 불평등을 낳지 않는다는 전제가 타당한 전제인가?'라고 묻는다면 저자는 솔직히 '확신하지 못한다'라는 답을 줄 수밖에 없다. 저자는 다음과 같은 생각을 가지고 있다.

---

넘이 논의되기 시작한 것은 결코 우연이 아닌 것 같다.

7) Sen, A. (1985). *A sociological approach to the measurement of poverty: A reply to Professor Peter Townsend*. Oxford Economic Papers 37. pp. 669-676.

> 중위소득이 현재 우리가 목격하고 있는 삶의 내용과 방식이 바람직한 내용과 방식임을 말해 주는 지표가 결코 아님에도 불구하고 그러한 내용과 방식의 삶을 살기에는 자원이 부족하다는 것을 빈곤으로 정의하면 빈곤은 한낱 삶의 내용과 방식에 관한 선호의 문제로 전락한다.

만일 빈곤을 상대적 빈곤으로 이해하는 것이 단순히 선호의 문제에 불과한 것이라면 빈곤이 정책 대상이냐 아니냐에 관한 논의는 차치하고 나의 선호를 실현시키기 위해 다른 사람들에게 그들의 선호를(비록 그것이 내가 보기에는 가치 없는 것으로 보일지라도) 포기할 것을 강제하는 재분배정책을 정의롭지 않는 것으로 여기는 것도 결국 선호의 문제이지 도덕성의 문제는 아니다. 따라서 저자는 재분배가 자신 외의 다른 어떤 사람에게 절대로 강제해서는 아니 되는 것은 아니라고 생각한다.

## 3) 주관적 빈곤

주관적 빈곤 개념을 이해히기 위해서 앞서 소개했던 빈곤의 세 가지 요소로 다시 돌아가 보자. 이 세 가지 요소 중 어떤 빈곤이 객관적 빈곤인지 아니면 주관적 빈곤인지를 결정하는 요소는 $Y$, 즉 기준 요소이다. 객관적 빈곤은 그것이 절대적 빈곤이든 상대적 빈곤이든 객관적인 기준에 의해 빈곤 여부가 결정되는 빈곤이다.

> $X$가 $Y$를 기준에서 판단할 때 $Z$만큼 부족하다.

예를 들면, '신체적 건강을 유지하기 위한 필수품을 구입할 수 있을 만큼의 소득'이라거나 '중위소득의 50% 미만의 소득'이라는 기준은 언제든 어디서든 그리고 누구에게든 동일하게 적용되는 객관적인 기준이며 이러한 기준을 이용하여 빈곤 여부가 결정되는 빈곤이 객관적 빈곤인 것이다.[8]

---

8) 구체적인 하나의 목적을 빈곤 여부의 판단기준으로 삼으므로 절대적 빈곤이다. 이와 달리 '다수의 사회구성원이 누리고 있는 삶의 수준을 허락하는'이라는 목적은 매우 일반적이고 모호한 목적이고, 그 목적을 이루는 데

주관적 빈곤은 이와 대조적으로 빈곤 여부가 주관적 기준에 준하여 판단되는 빈곤이다. 빈곤은 분명 사회적인 것이지만 그에 앞서 개인적인 것이기도 하다. 왜냐하면 빈곤은 그것의 어떤 원인에 의해 발생했든 간에 그 결과가 개인의 삶을 통해 나타나기 때문이다. 그렇기 때문에 삶 속에서 빈곤을 직접 경험하면서 살아가는 개개인의 주관적 느낌은 빈곤을 측정하고 연구하는데 있어서 결코 간과할 수 없는 중요한 요소가 아닐 수 없다.

주관적 빈곤은 자신의 현재 경제 상황을 고려하는지 아니면 다른 사람의 경제 상황을 고려하는지에 따라서 측정 방법이 두 가지로 나뉜다.

### (1) 여론조사 방법

여론조사 방법은 특정 형태의 가구(가족), 예를 들면 부모와 두 자녀로 구성된 4인 가구를 상정한 다음 조사대상에게 그 가구가 한 달을 빠듯하게 살아가는 데 필요한 최소한의 비용(또는 소득)이 얼마인지 물어서 조사대상들이 답한 최소비용의 평균을 최저생계비(또는 빈곤선)로 정하는 방법이다.

이 방법은 현실이 반영된 빈곤선을 파악할 수 있는 장점을 가진 반면, 조사대상에게 자신의 현재 경제상황에 관한 질문을 던지는 것이 아니라 가상적인 가구의 경제상황에 관한 다소 막연한 질문을 던지고 그 질문에 대해서 조사대상이 제3자적 관점에서 답한 내용에 근거하여 최저생계비를 파악하기 때문에 추정 결과의 정확성이 자칫 떨어질 수 있는 단점을 가지고 있다.

### (2) Lyden 방법

Lyden 방법은 여론조사 방법의 장점은 유지하면서 단점을 보완한 측정 방법이다. 이 방법을 통해 측정한 빈곤선을 라이덴 빈곤선(Leyden Poverty Line)이라고 하는데, 라이덴 빈곤선은 여론조사 방법과 마찬가지로 다수의 사람에게 그들이 느끼는 최저

---

필요한 소득이 중위소득이므로 중위소득이 기준이 되는 빈곤이 바로 상대적 빈곤이다. $X$의 기준이 될 수 있는 목적의 개수는 $1 \sim \infty$일 수 있다. 예를 들면, 소득뿐 아니라 삶의 다양한 영역에서의 빈곤을 말하는 다차원 빈곤은 빈곤 여부를 판단하는 기준이 되는 목적의 개수가 $1 < $목적의 개수$\leq \infty$인 빈곤 개념이라고 볼 수 있다.

생계비 수준을 물어 파악한 빈곤선이다.

빈곤선을 도출하기 위해서는 먼저 각각의 조사대상 가구에게 자신의 가구가 소득이 얼마일 때 한 달을 살아가기가 넉넉하다고 느끼고, 빠듯하다고 느끼고, 부족하다고 느끼는지를 묻는다. 그런 다음 조사대상 가구 각각의 실제소득을 조사하여 조사대상 가구가 주관적으로 판단한 최소소득과 그들의 실제소득 간의 관계를 분석하여 최저생계비를 추정한다.

빈곤선 추정을 위해서는 넉넉, 빠듯, 부족 중 빠듯하다고 느끼는 소득을 사용하는데, 추정 방법에는 두 가지가 있다. 첫 번째 방법은 빠듯하다고 느끼는 소득과 조사대상의 실제소득이 일치하는 점을 회귀분석을 통해 찾아내는 방법이다.[9]

[그림 4-3]에서 직선 $A$는 실제소득 $Y_{actual}$를 독립변수로 사용하여 최소소득 $Y_{min}$을 추정하는 회귀식이고 직선 $B$는 원점으로부터 출발하면서 기울기가 45°인 직선이다. 직선 $B$의 기울기가 45°라는 것은 최소소득과 실제소득이 정비례 관계임을 뜻하므로 직선 $B$가 최소소득과 실제소득이 일치함을 나타내는 직선이다. 따라서 조사대상의 주관적 인식에 근거하여 회귀식 $A$를 추정한 다음 그 회귀식이 직선 $B$와 교차하는 점을 찾으면 바로 그 점에 해당하는 소득이 사람들이 생각하는 최저생계비와 그들의 실제소득이 일치하는 소득이라는 것을 알 수 있다. 이렇게 빈곤선을 결정하는 방법을 Lyden 방법이라고 부르고 이 방법을 사용하여 도출한 빈곤선을 라이덴 빈곤선이라고 한다.

두 번째 방법은 Deleeck 방법이라고 부르는 방법인데, 빠듯하다고 느끼는 소득과 실제소득이 일치하는 조사대상만을 뽑아 그들의 가구소득의 평균을 빈곤선, 즉 최저생계비로 보는 방법이다. 그런데 최소소득과 실제소득이 일치하는 조사대상들의 소득은 [그림 4-3]에서 두 직선 $A$, $B$의 교차점에 해당하는 소득이므로 Deleeck 방법은 사실상 Lyden 방법과 이론적으로 동일한 방법이라는 것을 직관적으로 알 수 있다.

---

**9)** 주관적 빈곤선 추정방법에 관한 더 구체적인 논의는 이 책의 범위를 벗어나므로 이 책에서는 이 정도에서 논의를 마치기로 하고 보다 자세한 내용은 Flik, R. J., & van Praag, B. M. S. (1991). Subjective poverty line definitions. *De Economist*, *139*, 311-330, https://doi.org/10.1007/BF01423569를 참고하기 바란다.

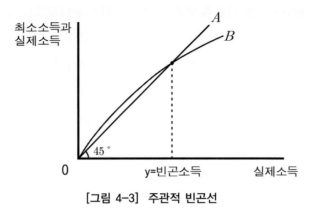

[그림 4-3]  주관적 빈곤선

이 두 가지 방법 모두는 다른 가구의 생계비를 제3자적 관점에서 가늠하게 하는 것이 아니라 자기 자신의 경제적 상황을 고려하여 생계비를 답하게 하기 때문에 여론조사 방법에 비해 현실성과 정확성이 모두 높은 추정을 할 수 있다는 장점을 가지고 있다.

주관적 빈곤은 앞서 소개한 빈곤의 세 가지 요소를 가지고 다음과 같이 정의할 수 있다.

---

- $X$: 현재 자신이 처한 경제적 상황 또는 현재 자신이 누리고 있는 삶의 수준
- $Y$: 가구소득
- $Z$: 가구규모별로 자신의 현재 삶의 수준을 유지하기에 넉넉하다, 빠듯하다, 부족하다고 느껴지는 정도의 효용을 가져다줄 수 있는 소득과 자신의 실제소득 간의 차이

---

- **내 가구**: 자신이 처한 현재의 경제 상황, 즉 구체성
- **넉넉, 빠듯, 부족**: 소득이 주는 효용의 수준에 관한 각자의 느낌, 즉 주관성
- **한 달을 살아가기**: 삶의 특정 영역이 아니라 삶 전반에 관한 관심, 즉 일반성

---

저자는 주관적 빈곤 개념이 절대적 빈곤의 장점인 구체성과 상대적 빈곤의 장점인 일반성을 포괄하는 빈곤 개념이라고 생각하며 이러한 이유에서 주관적 빈곤 개념으

로 빈곤을 이해하는 것을 객관적 빈곤 개념으로 빈곤을 바라보는 것보다 항상 선호한다.[10]

절대적 빈곤이 '신체적 건강 유지'라는 단차원적인 기준을 사용하는 데 비해 주관적 빈곤은 '한 달 살아가기'라는 일반적인 기준을 사용한다는 점에서, 상대적 빈곤이 중위소득이라는 모호한 기준으로 제시하는 데 비해 주관적 빈곤은 자신의 현재 삶의 수준이라는 구체적인 기준을 제시함으로써 비교적 현실성 높은 소득 정보를 얻어 이를 토대로 빈곤선을 추정한다는 점에서, 그리고 연구자의 자의성에 근거하지 아니하고 각 사회구성원이 주관적으로 느끼는 넉넉, 빠듯, 부족 수준의 효용을 가져다주는 소득 크기에 근거하며, 그러한 주관적 느낌이 사회구성원 전체의 소득수준 변화와 연동한다는 점에서 더 나은 빈곤 개념이라 판단된다.

그러나 객관성을 확인할 길이 사실상 없는 각자의 주관적 느낌에 의존하여 빈곤선을 정의한다는 점과 개인의 주관적 판단은 자신이 속한 사회의 여러 가지 조건과 독립적인 것이 아니므로 주관적 빈곤 개념을 가지고는(상대적 빈곤도 마찬가지이지만) 상이한 조건을 가진 국가 간 빈곤 비교가 어렵다는 점 등은 주관적 빈곤이 갖는 분명한 한계이다.

## 4) Amartya Sen의 빈곤 개념

앞서 살펴본 세 가지 빈곤 개념이 모두 '누가 무엇을 얼마나 가지고 있지 못한지 또는 그렇게 느끼는지'에 주목하는 빈곤 개념이라면, Amartya Sen의 빈곤 개념은 '사람이 무엇을 할 수 있는지 또는 무엇이 될 수 있는지'에 초점을 맞춘 빈곤 개념이라고 할 수 있다.[11] Sen은 빈곤을 바라보는 우리의 초점이 삶의 수단(means of living)에서 기회, 즉 개인의 기능(functionings)과 잠재능력(capabilities)으로 옮겨 가야 한다고 주

---

10) 다만, 주관적 빈곤 개념에 입각하여 측정한 빈곤선을 정책 지표로 사용하기 위해서는 사람들 간에 넉넉함, 빠듯함, 부족함이라는 표현이 의미하는 바가 크게 다르지 않다는 전제가 필요하다는 사실 또한 분명하게 이해해야 한다.

11) Sen, A. (1982). *Equality of what? Choice, welfare and measurement.* Oxford University Press; Hick, R. (2012) The Capability Approach: Insights for a New Poverty Focus. *Journal of social policy*, 291-308.

장하였는데,[12] 기능이란 개인이 이루고자 하는 것 또는 되고자 하는 것을 말하며 잠재능력은 그러한 기능을 이룰 수 있는 실질적인 자유를 말한다.

Sen은 삶의 수준이 일정 수준 이하인 것과 자원의 양이 일정 수준 이하인 것을 구분하였다. 어떤 사회에서는 기본적인 자원 자체가 부족해서 다수의 사회구성원이 낮은 수준의 삶을 살아가는데 이는 절대적 빈곤이며 이 경우에 상대적 빈곤을 이야기하는 것은 적절하지 않은 반면, 다른 사회에서는 자원이 풍부하더라도 어떤 사회구성원의 삶의 수준이 다른 사람들에 비해 낮을 수 있는데 이것이 상대적 빈곤이라는 것이다.

또한 Sen은 사람마다 처한 조건이 다르기 때문에 동일 수준의 삶을 누리기 위해서도 각자가 필요로 하는 자원의 종류와 양이 다를 수 있다는 것을 지적하였다. 그렇기 때문에 Sen은 삶의 수단인 자원도 중요하지만 자원에 대해서 개개인이 가진 상이한 모든 욕구를 충족시키는 것은 불가능하므로 그보다는 자원을 자신이 이루고자 하는 것 또는 되고자 하는 것으로 전환하는 요소(conversion factor)인 기본적인 잠재능력(basic capabilities)이 더 중요하다고 주장한다. 이러한 맥락에서 Sen은 빈곤을 다음과 같은 절대적 빈곤으로 정의하고, 빈곤 문제를 해결하기 위해서는 사회정책을 통해 사회구성원의 잠재능력을 높이는 데 힘써야 한다고 주장하였다.

> • 빈곤은 어떤 기본적인 잠재능력의 결핍 상태이다.
> • 기본적 잠재능력이 무엇인지는 삶의 수준에 따라 달라질 수 있다.

이러한 Sen의 빈곤 개념은 그 전까지는 자원에만 맞춰져 있던 빈곤 문제의 초점을 사람에게로 옮기는 데 크게 기여하였으며, 상대적 빈곤 개념이 등장하면서 연구자들과 정책결정자들의 관심에서 다소 멀어졌던 절대적 빈곤의 중요성을 다시금 일깨우는 데 기여했다는 평가를 받았다. 그리고 Sen의 빈곤 개념은 한 걸음 더 나아가 유엔개발계획(United Nations Development Programme: UNDP)의 인간개발지수(Human

---

12) Sen, A. (2009). *The Idea of Justice*. Allen Lane. pp. 225-268.

Development Index: HDI) 개발에 실제로 반영되었다.[13]


## 4. 재분배정책

'시장의 1차 소득분배 결과를 정부가 정책을 통해 재분배하는 것이 정당한가?' 이 질문은 '정의로운 또는 공정한(fair) 소득분배란 무엇인가?'라는 질문과 본질적으로 같은 질문이다. 저자는 이 질문에 대해서 '불평등과 빈곤이 전체 사회 차원에서 볼 때 바람직한 것이 아닌 이상 재분배는 정당하다'라는 답을 가지고 있다. 정의와 분배에 관한 논의는 『거시사회복지실천 심화편 I: 정의, 권리 그리고 분배』에서 심도 있게 하고 있으므로 이 책에서는 다음과 같은 전제하에 불평등과 빈곤 상태를 수정하기 위한 시장 외적 노력을 서로 다른 몇 가지 대표적인 가치 기준에서 바라본다(또는 모든 가치 기준에서 벗어나 바라 볼 때).

> 소득이 개인의 한계생산성에 의해서 결정되지 않고, 어떤 소득을 얻을 수 있는 일자리를 누가 갖게 되는지가 개인이 가진 능력에 따라 결정되지 않음으로 인해 발생하는 소득불평등은 수정할 필요가 있다.

이때, 다음 두 가지 질문에 대한 답이 어떻게 다를 수 있는지를 경제 이론을 분석적 사고의 도구로 이용하여 조망해 보는 데 초점을 맞추기로 하겠다.

> • 수정이 정당한 근거는 무엇인가?
> • 어느 수준까지 수정하는 것이 바람직한가?

---

[13] HDI는 기대수명, 교육, 소득을 종합하여 한 국가의 개발수준을 평가하는 지수로서, Amartya Sen과 파키스탄 출신의 경제학자인 Mahbubul Haq에 의해서 개발되었다. UNDP는 1990년부터 HDI로 측정된 각국의 인간 개발수준을 발표하고 있다. 자세한 내용은 http://hdr. undp.org/en/content/ 2019-human-development-index-ranking을 참고하기 바란다.

## 1) 가치적 관점: 공리주의와 이타적 자유주의

### (1) 공리주의

공리주의자들에게 있어서 정의의 기준은 한마디로 말해서 효용의 양이다. 이를 효용원칙(principle of utility)이라고 한다. 한 사회의 효용이 그 사회의 구성원 개개인의 효용에 의해서 결정된다고 가정할 때 사회효용 $U_S$는 다음과 같이 정의된다.

$$U_S = f(U_1, U_2, U_3, \ldots U_n)$$

$U_i$ 는 $i$번째 사회구성원의 효용

공리주의에서 말하는 정의로운 분배는 한 사회의 효용을 극대화하는 분배이며 사회효용이 증가하는 이상 사회구성원 중 누구 또는 어느 계층의 효용이 증가하거나 감소하는지는 중요하지 않다고 본다. 이 말의 의미를 좀 더 명확하게 이해하기 위해서 위의 사회효용함수를 Edgeworth와 Pigou가 제안한 다음의 식으로 단순화하고 개인의 한계소득효용에 관하여 다음과 같이 가정해 보자.

$$U_S = U_1 + U_2 + \ldots + U_n$$

- 모든 사회구성원이 동일한 효용함수를 가지고 있다.
- 개인의 효용은 소득에 의해서만 결정된다.
- 소득이 증가할수록 한계소득효용은 감소한다.
- 사회구성원들 사이에 분배할 수 있는 소득의 양은 고정되어 있다.

[그림 4-4]는 이와 같은 다섯 가지 가정하에서 $A$, $B$ 두 사람 간에 소득이 어떻게 분배되는가에 따라 사회효용이 어떻게 변하는지를 보여 주는 그림이다. 두 사람의 한계소득효용곡선은 동일한 기울기를 가지고 있으며 소득이 증가할수록 체감한다. 일단 두 사람 간의 소득이 $a$ 상태로 분배되어 있다고 가정해 보자. $a$는 두 사람 중 $B$에게 더 많은 소득이 분배된 상태이므로 불평등한 소득분배이다.

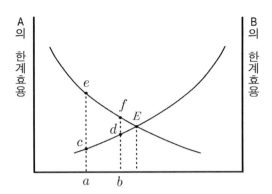

[그림 4-4] 소득분배 상태 변화에 따른 사회적 효용수준의 변화

정부가 어떤 이유에서든 이 소득분배 상태가 바람직하지 않다고 판단하여 재분배정책을 통해 $B$의 소득 중 일부를 $A$의 몫으로 돌림으로써 소득분배 상태를 $a$에서 $b$로 바꾼다. 그 결과, $B$의 효용은 $abcd$만큼 감소하는 대신, $A$의 효용은 $abef$만큼 증가하여 전체 사회의 효용은 $cdef$만큼 증가한다. 공리주의 정의관에 따르면 이 재분배는 사회효용을 증가시키는 재분배이고 따라서 이 재분배정책은 정의로운 정책으로 여겨진다. 동일 논리에서 두 사람 간의 소득분배 상태를 $b$에서 $E_l$로 바꾸는 재분배정책도 사회효용을 $dEf$만큼 순증시키는 바람직한 정책으로 평가된다.

이번에는 정부가 재분배정책을 실시하여 $A$, $B$ 두 사람 간의 소득분배 상태가 두 사람의 한계소득효용곡선이 만나는 점인 $E_l$와 같아졌다고 가정해 보자. $E_l$는 가로축의 중간에 해당하는 점이므로 두 사람 간에 소득이 평등하게 분배되어 있음을 나타낸다. 소득이 이처럼 평등하게 분배된 상태에서 $A$가 얻는 효용의 양은 자신의 한계소득효용곡선 아래 면적 중에서 소득이 0인 점에서부터 $E_l$까지의 면적이다. $B$도 $A$와 동일 한계소득효용곡선을 가지고 있으므로 동일 면적만큼의 효용을 갖는다.

이때, 사회가 얻을 수 있는 효용의 양은 이 사회를 구성하는 $A$, $B$ 두 사람의 효용의 합이므로 위에서 말한 두 면적의 합이며 이 값은 [그림 4-4]에서 얻을 수 있는 최대값이다. 따라서 소득분배 상태가 완전평등일 때 사회효용이 극대화된다는 것을 알 수 있다. 공리주의적 관점에서 볼 때 불평등을 줄이기 위한 정부의 재분배정책은 바로 이러한 논리에서 정당성을 인정받을 수 있으며, 완전히 평등한 소득분배가 최적의 분배이므로 정부의 재분배정책의 궁극적인 목표가 된다.

　문제는 이러한 논리가 위에서 소개한 다섯 가지 가정이 모두 만족되고, 사회효용함수가 Edgeworth와 Pigou가 제안한 식과 같다는 전제하에서만 정부의 재분배 노력에 정당성을 부여하는 근거가 될 수 있다는 점이다. 그런데 사회효용함수가 Edgeworth와 Pigou의 함수와 같은지 여부는 차치하더라도 일단 앞에서 제시한 다섯 가지 조건을 현실에서 만족될 수 있는 조건으로 보기 자체가 매우 어렵다. 더 나아가서 [그림 4-4]에서 애초의 소득분배 상태가 $a$가 아니라 $E_l$를 기준으로 볼 때 가로축의 정반대에 있는, $a$에 대응하는 어떤 점이었다고 가정해 보자. 이 경우, 소득분배가 $E_l$에서 이루어지기 위해서는 소득이 $A$에서 $B$에게로 재분배되어야 한다. 즉, 앞의 예와 정반대되는 상황이 되는 것이다.

　물론 그렇게 하더라도 문제 될 것은 전혀 없다. 왜냐하면 공리주의 정의관에서 볼 때 중요한 것은 소득분배 상태가 $E_l$인지 아닌지 여부일 뿐 소득이 누구에게서 누구에게로 재분배되는지는 전혀 중요하지 않기 때문이다. 이 말은 두 사람의 한계소득효용곡선이 다르고 혹시라도 부자의 한계소득효용곡선이 사회효용을 극대화하는 데 더 유리한 형태를 가지고 있어서 더 많은 소득을 빈자로부터 부자에게로 재분배해야 하더라도 그 결과가 사회효용의 증가로 나타나기만 한다면 그러한 재분배 역시 정의로운 분배로 여겨져 마땅하다는 것을 뜻한다. 저자는(물론 저자만이 아니라) 바로 이 점이 바로 공리주의 효용원칙이 가진 가장 치명적인 한계라고 생각한다.

### (2) 이타적 자유주의: Rawls의 최소극대화 원칙

　이타적 자유주의 정의관을 대표하는 John Rawls의 정의관은 다음의 사회효용함수로 표현할 수 있는 정의관으로서 한 사회의 구성원 중 가장 낮은 사회효용을 가진 사람(이하 '최저효용자')의 효용을 최대화하는 것이 사회효용함수를 극대화하는 방법임을 주장하는 정의관이다.

$$U_S = f_{\text{최소 } U_i \text{의 최대화}}(U_1, \ U_2, \ U_3, \dots U_n)$$

한 사회의 구성원 모두를 소득을 기준으로 최저효용자에서부터 최고효용자까지 순서대로 나열할 때 모든 사회구성이 무지의 베일에 싸여 어느 누구도 자신이 그 순서상의 어느 위치에 있게 될지를 모른다고 가정해 보자. 이런 상황에서 합리적인 사람이라면 누구나 위와 같은 사회효용함수를 갖게 된다는 것이 Rawls의 정의관의 핵심이다.

모든 사회구성원이 이러한 사회효용함수를 공유하고 있다고 가정해 보자. 그렇다면 불평등과 빈곤 문제를 해결하기 위한 재분배정책은 설령 그것이 또 다른 소득불평등을 발생시키더라도 재분배정책의 결과로 최저효용자의 효용이 가장 크게 증가한다면 정당성을 인정받을 수 있다. Rawls의 정의 관점에서 볼 때, 정부의 소득재분배정책은 위와 같은 논리에서 그것이 최소극대화원칙(maximin principle), 즉 가장 낮은 소득을 가진 사회구성원의 소득을 최대화하는 원칙에 부합하는 정책이라면 정당한 정책으로 여겨진다.

물론 이러한 Rawls의 정의관도 한계가 없는 것은 아니다. 저자는 그중 가장 극복하기 어려운 한계가 아마도 사회효용함수에 관한 가정일 것이라 생각한다. 즉, 아무리 원초적 입장에서 사람들이 자신의 사회효용함수를 선택한다고 하더라도 가장 낮은 소득을 가진 사람의 소득을 조금이라도 높이기 위해서 다수의 사람이 불이익을 감수하는 선택을 할 것이라는 기대는 현실성이 매우 낮은 기대이다.

태어나서 죽을 때까지의 생애 전 과정 중에 자신이 그 사회에서 가장 불리한 상황에 처한 사람이 될 수 있는 확률이 0인 사람은 없다고 볼 수 있다. 그러나 그 확률이 0에 가깝다고 판단되는 또는 실제로 0인 시점이 생애주기 가운데 초기라면 몰라도 후반부가 될수록 사람들은 미래에 대한 불확실성 때문에 자신의 소득을 남을 위해 포기할 가능성이 낮아질 것이기 때문이다.

## 2) 탈가치적 관점

### (1) 사회보험으로서의 소득재분배

앞서 소개한 Rawls의 주장과 매우 유사한 주장이 Buchanan과 Tullock(1962)에 의해서 시기적으로 Rawls보다 먼저 소개된 바 있다.[14] Buchanan과 Tullock은 조세와 소득이전 체계를 통한 소득재분배를 일종의 소득보험(income insurance)으로 보았으며 소득재분배정책을 보험원리를 바탕으로 개인과 정부 간에 이루어지는 사회계약으로 볼 수 있다고 주장하였다.

저자는 Rawls의 최소극대화 주장의 기본 가정인 사회효용함수가 위험 회피적 개인의 합리적인 선택이라는 점에서 Buchanan과 Tullock의 주장과 본질적으로 크게 다르지 않다고 생각한다. 오히려 Buchanan과 Tullock의 주장이 소득재분배를 위한 정부 정책의 정당성을 특정 가치에 대한 선호에 입각한 정의관에 근거하지 않고서도 뒷받침할 수 있다는 점에서 이타주의에 의존한 Rawls의 주장보다 가치중립적이고 그렇기 때문에 더 일반적인 주장이다.

### (2) 공공재로서의 소득재분배

이 책의 3장에서 우리는 공공재는 시장을 통해서 적정량을 공급하는 것이 불가능하기 때문에 정부가 공급하는 것이 바람직하다고 논의한 바 있다. 만일 소득재분배가 공공재라면 정부의 소득재분배정책은 그것을 어떤 가치 기준에서 바라보는가와 상관없이 정당성을 인정받을 수 있다. 미국의 정치경제학자인 Lester Thurow(1971)는 실제로 소득불평등 완화가 공공재이기 때문에 정부가 조세를 재원으로 소득재분배정책을 펼치는 것이 마땅하다고 주장한다.[15]

이러한 주장을 이해하려면 먼저 개인의 효용함수가 자신의 소득뿐만 아니라 다른 사람의 소득에 의해서도 영향을 받을 수 있다는 다음과 같은 가정이 필요하다.

---

- 부자인 $A$의 효용함수는 빈자인 B의 효용이 증가할 때 함께 증가한다.
- $A$의 효용은 자신이 $B$를 위해 자신의 소득을 1단위 포기할 때 감소하는 양보다 $B$의 소득이 증가한다는 사실로 인해 증가하는 양이 더 크다.

---

[14] Buchanan, J. M., & Tullock, G. (1962). *The Calculus of Consent: Logical Foundations of Constitutional Democracy.* Michigan University Press. pp. 140-147.

[15] Thurow, L. (1971). The Income Distribution as a Pure Public Good. *The Quarterly Journal of Economics,* *85*(2), 327-336.

이러한 가정하에서 부자인 $A$는 자신의 효용을 증가시키기 위해서 자신의 소득 중 일부를 $B$에게 이전, 즉 재분배할 의사를 갖는다. 이때, $A$가 사회구성원 중 누가 $B$인지 모른다면 $A$는 정부가 자신을 대신해서 자신과 $B$ 간에 소득을 재분배하는 역할을 대신해 줄 것을 원할 것이다. 이처럼 $A$가 자신의 소득 중 일부를 다른 사람을 위해 포기하는 행위는 시장이 아닌 정부를 통해서 빈곤한 제3자인 $B$에게 긍정적인 영향을 미치는 것이므로 긍정적 외부화이다. 더 나아가서 $A$가 기꺼이 하려는 소득불평등 완화 행위는 일단 실행되면 $A$와 $B$ 모두에게 영향을 미치는 일종의 공공재로 볼 수 있으므로 소득불평등 완화 행위는 소득재분배정책의 형식으로 정부에 의해서 공급되는 것이 바람직하다고 볼 수 있다.

물론 이러한 주장이 설득력 있는 주장으로 여겨지려면 적어도 한 가지 전제는 꼭 필요하다는 생각이 든다. 사회구성원 중 절대다수가 $A$와 같은 이타적인 사람이라는 전제가 그것이다. 왜냐하면 시장을 통해 이루어진 1차 소득분배 상태를 조금이라도 바꾸고자 할 때 강제력을 동원하지 않아도 되는 국가를 찾아보기란 바늘구멍을 유유히 걸어 통과할 수 있는 낙타를 찾는 것보다 어려우면 어려웠지 결코 더 쉽지는 않기 때문이다.

그러나 그렇다고 해서 희망이 전혀 없는 것은 아니다. 현실이 그러한 이상적인 상황과 크게 다르지 않은 국가들이(물론 정도 차이는 있으나) 실제로 존재하기 때문이다. 다시 강조하건대, 그렇기 때문에 거시사회복지실천가에게는 자신이 살고 있는 사회의 구성원들 사이에 어떤 정의관이 지배적인 정의관으로 자리 잡고 있는지를 아는 것이 어쩌면 다른 어떤 것보다 더 중요한 과제일 수 있다.

# 거시경제의
# 기초개념과 지표

제5장
# 거시경제의 기초개념과 지표

## 1. 거시경제의 기초개념

거시경제가 무엇인지 한마디로 표현해 보라고 하면 저자는 항상 '한 사회 또는 국가의 경제는 어떻게 움직이는가?'라는 질문을 개념 정의 대신 제시한다. 거시경제는 이 질문과 관련된 사회·경제적 현상이며, 거시경제학은 이 질문에 대한 답, 즉 국가 전체를 하나의 단위로 하는 경제가 순환적으로 작동하는 원리를 연구하는 학문이며, 거시경제 이론은 그 과정에서 경제학 연구자들이 축적해 놓은 지식·정보 체계이다.

경제학은 균형의 학문이라고 할 만큼 균형을 중요시하고 추구한다. 저자는 미시경제와 거시경제의 구분이 바로 이 균형이 무엇에 있어서의 균형인지를 기준으로 한 구분이라고 생각한다. 미시경제에서의 균형은 우리가 이 책의 앞부분에서 살펴보았듯이 수요와 공급 그리고 소비자와 생산자 사이에서 형성되는 시장가격균형이다. 이에 비해 거시경제에서의 균형은 국가 전체를 단위로 하는 국가경제 또는 국민경제 (national economy)에서 가계, 기업, 정부 등의 경제주체들이 행하는 생산, 소비, 투

[그림 5-1] 국민경제: 생산·소득·지출의 순환 과정

자, 저축, 분배, 재분배 등의 경제활동들 간의 균형이다.[1]

국민경제를 시장에서 이루어지는 경제활동 위주로 표현하면 [그림 5-1]과 같이 나타낼 수 있다. 한 국가 내에서 누군가가 재화·서비스를 생산하는 경제활동을 펼치면 누군가는 그 생산활동을 통해서 소득 또는 이윤을 얻게 되고, 그 소득과 이윤은 누군가의 소비, 저축 또는 투자 형태의 경제활동을 통해 지출되고, 그 지출은 다시 누군가의 생산을 이끌어 낸다. 이러한 과정을 경제의 순환적 흐름이라고 하는데 국민경제는 이러한 순환적 흐름이 끊임없이 반복되는 현상이며, 다른 말로 표현하면 이러한 경제활동들 간에 균형이 형성되고 깨지고 형성되기를 반복하는 현상이라고 할 수 있다.

이번에는 국민경제를 경제주체 위주로 표현해 보자. 이 책의 미시경제 이론 부분에서 저자는 경제활동의 주체를 가계, 기업, 정부로 구분하고 가계는 소비의 주체이고, 기업은 생산의 주체이며, 정부는 소비와 생산 모두의 주체라고 소개한 바 있다. 거시경제에서는 이 세 가지 경제주체 모두가 생산과 소비 모두에 직간접적으로 참여하는 생산의 주체이면서 동시에 소비의 주체이다.

---

1) 오늘날과 같은 글로벌 경제체제하에서 독립된 경제단위로서의 한 국가는 동일 단위의 경제주체인 다른 국가들과 교역 등의 경제활동을 한다. 그러한 과정에서 한 국가의 국민경제는 다른 국가의 국민경제에 의해서 상당한 영향을 받게 된다. 따라서 거시경제는 자국의 가계, 기업, 정부 외에 미시경제에서는 고려하지 않았던 다른 국가들, 즉 해외 부문이라고 하는 또 하나의 경제주체를 고려해야 한다. 그렇기 때문에 엄밀한 의미에서 보면 거시경제의 작동 원리를 이해한다는 것은 국민경제에 대한 이해와 함께 세계 경제 체제 및 국가 간 경제 상호의존성에 대한 이해까지를 포함한다. 그러나 그러한 수준까지의 거시경제를 이해하는 이 책의 범위를 벗어나는 과제이므로 이 책에서는 국민경제 경제주체의 범위를 한 국가의 가계, 기업, 정부로 한정하고 국민경제가 순환적으로 돌아가는 원리를 이해하는 데만 초점을 맞추기로 하겠다.

| 정부 |
|---|
| • 조세 수입<br>• 재정정책을 통한 지출<br>• 재화·서비스 소비 지출<br>• 생산요소 공급 |

| 기업 | 가계 |
|---|---|
| • 재화·서비스 생산·판매<br>• 이윤 획득<br>  자본 획득을 위한 투자<br>  임금 지불<br>  조세 납부 및 사회보장 기여<br>• 사회보장 소비 | • 노동 생산요소 제공<br>• 소득 획득<br>  재화·서비스 소비 지출<br>  저축을 통한 투자<br>  조세 납부 및 사회보장 기여<br>• 사회보장 소비 |

[그림 5-2] 국민경제의 세 가지 주체: 정부, 기업 그리고 가계

가계는 노동을 제공하고 얻은 소득 중 일부는 재화·서비스 소비를 위해 지출하고, 일부는 저축을 통해 기업에 투자하고, 일부는 세금으로 납부하고 정부가 제공하는 사회서비스를 소비한다. 기업은 노동과 자본을 결합하여 재화·서비스를 생산하고 판매함으로써 이윤을 얻고 그중 일부는 자본 획득을 위해 투자하고, 일부는 노동의 대가로 지불하고, 일부는 세금과 사회보장 기여금 형태로 지출하고 사회보장을 소비한다. 그런가 하면 정부는 가계와 기업이 납부한 조세를 통해 조성한 재원 중 일부를 재화·서비스 소비를 위해 지출하고, 일부는 생산요소 공급을 위해 지출하고 일부는 사회보장을 포함한 재정정책을 통해 전체 사회를 위해 지출한다.

이러한 모든 경제활동 역시 생산, 소득, 지출 생산으로 이어지는 순환적인 흐름 속에서 동시에 그리고 끊임없이 이루어진다. 경제가 이러한 순환 과정을 반복할 때 $t$번째 순환 과정에서의 생산, 소득 또는 지출의 규모가 $t-1$ 순환 과정에서의 생산, 소득 또는 지출의 규모에 비해 증가하는 것을 가리켜 경제가 발전 또는 성장한다고 하고, 이와 반대 현상이 나타나는 것을 가리켜 경제가 후퇴 또는 위축한다고 한다.

거시경제를 이해하는 것은 이러한 순환적 흐름 안에서 작동하고 있는 원리를 이해하는 것이다. 그런데 거시경제 균형을 이해하는 것이 왜 중요한가? 이 질문에 대한 답은 당연히 연구자마다 다를 수 있다. 그렇지만 거시경제 균형에 대한 이해가 국민

경제의 작동 원리에 대한 다소 순수한 학문적 호기심을 충족시켜 준다는 이유를 제외하면 다양한 연구자들이 말하는 얼핏 보기에는 다양해 보이는 이유들이 사실 하나의 이유로 수렴한다고 볼 수 있다. 그것은 '국민경제의 안정, 발전 및 지속 가능성을 높일 수 있는 방법을 찾기 위해서'이다.

현대로 올수록 국민경제에서 정부가 차지하는 역할의 상대적 비중은 점점 커져 왔다. 정도의 차이는 분명 있으나 오늘날 모든 국가의 정부는 다음 두 가지 정책을 통해서 국민경제의 안정과 발전을 도모하는 역할을 담당하고 있다.

> • **재정정책**: 정부가 세입과 세출의 크기를 조정하거나 조세 등을 재원으로 하여 정부지출을 통해 경기를 안정시키거나 부양하는 정책
> • **통화정책**: 중앙은행과 정부가 통화량, 이자율 등을 주된 수단으로 사용하여 경기를 조절하는 정책

한 국가의 사회보장은 그 국가의 경제상황과 불가분의 관계에 있다. 분배와 성장은 이분법적 구분의 대상이 아니며 한 개 동전의 양면과 같은 것이다. 자본주의 경제와 사회보장이라고 하는 사회 제도는 아무리 짧게 잡아도 지난 2세기 동안 서로가 서로의 발전을 디딤돌 삼아 발전해 왔다. 그렇기 때문에 오늘날의 사회에서는 경제의 안정과 지속적 발전 없이 한 사회의 구성원들에게 높은 수준의 사회보장을 제공하는 것도, 사회보장의 발전 없이 국민경제를 안정적이고 지속적으로 발전시키는 것도 현실적으로는 불가능하다.

사회보장이 거시사회복지실천의 핵심 관심사인 이상 국민경제의 작동 원리를 이해하고 국민경제의 안정과 발전을 이끌어 내는 방법을 모색하는 것과 우리 사회가 더 높은 수준의 복지국가로 발돋움하는 데 필요한 사회보장정책과 넓은 의미에서의 (재)분배정책을 만드는 것은 궁극적으로는 일맥상통하는 노력이다.

위에서 소개한 정부의 두 가지 정책 중 구태여 중요성을 따지자면 거시사회복지실천가는 재정정책에 좀 더 많은 관심을 기울일 필요가 있다. 왜냐하면 Musgrave와 Musgrave(1975)에 따르면 정부 재정지출의 기능 중에는 자원배분, 경제안정화와 함

께 소득재분배 기능이 포함되어 있기 때문이다.[2]

저자가 『거시사회복지실천 입문편: 법, 행정, 재정의 이해』에서 언급한 바와 같이 한 사회의 사회복지는 그 사회의 법, 행정, 재정의 함수이다. 그런데 재정 그리고 더 나아가서 거시경제를 교육하고 이해하려는 노력은 상대적으로 부족했다. 이러한 현실은 바뀌어야 한다. 단순히 활동 영역 간 균형을 이루기 위해서가 아니다. 사회복지함수의 2/3를 통제할 능력밖에 없는 전문가는 전문가가 아니기 때문이다. 그럼 지금부터 이러한 현실을 바꾸기 위해 거시경제를 이해하는 노력을 함께 시작해 보기로 하자.

## 2. 거시경제지표

생산-소득-지출의 순환적 흐름으로서의 거시경제를 이해한다는 것은 국가 단위에서 이루어지는 이러한 경제활동의 모든 측면, 즉 총생산, 총소득, 총지출, 총수요, 총공급, 물가, 이자율, 인플레이션, 통화, 실업, 국제수지, 경제성장 등의 개념과 이러한 개념들 간의 관계를 설명하는 이론 그리고 한 걸음 더 나아가서 이들 모두에 영향을 미치는 정부의 거시경제정책까지를 이해하는 것이다.

이 모든 개념과 관련 이론을 소개하고 설명하는 것은 당연히 이 책의 범위를 넘어서는(이 책이 거시사회복지실천에 필요한 다양한 이론을 다루는 책임에도 불구하고) 일이다. 따라서 이 책에서는 거시사회복지실천가가 다음 장에서 살펴볼 재정정책과 통화정책을 이해하기 위해 반드시 미리 알고 있어야 한다고 판단되는 개념들을 선별하여 그것들을 중심으로 거시경제를 소개하기로 하겠다.

거시경제를 이해하기 위해 제일 먼저 해야 하는 것은 거시경제지표를 이해하는 것이다. 거시경제지표는 어떤 시점에 국가경제가 어떤 상태인지를(주로 규모 위주로) 나타내 보여 주는 수치들이다. 어떤 시점에 사람의 상태를 이해하기 위해서 사람의 체

---

2) 재정정책의 기능에 관한 보다 자세한 논의는 제6장에서 살펴보기로 하겠다.

중, 신장, 혈압, 심박동수 등을 측정해서 그 사람의 상태를 종합적으로 판단하는 것과 마찬가지로 국민경제 또한 그 상태를 이해하기 위해서는 국민경제의 상태를 나타내는 지표들을 수시로 점검해야 한다. 물론 그렇게 하기 위해서는 먼저 거시경제지표 각각의 정의와 의미를 이해해야 한다.

거시경제는 크게 실물부문, 금융부문, 대외부문으로 구분하는데 거시경제지표 또한 이 세 부문으로 구분한다. 거시경제지표는 그 종류와 수가 매우 많기 때문에 모든 지표를 하나하나 자세하게 소개하는 것은 의미가 없으며, 필요할 때마다 맥락적으로 이해하는 것이 가장 현명한 방법이다. 이러한 이해를 바탕으로 이 책에서는 저자가 보기에 거시사회복지실천을 위해 알아 둘 필요가 있다고 판단되는 거시경제지표들로 그 범위를 좁혀 소개하기로 하겠다.

## 1) 국민경제의 생산 관련 지표

### (1) 국가의 부

개인이나 기업처럼 국가도 국가경제의 전체 규모 또는 총량을 그 국가가 보유하고 있는 부(wealth)와 소득(income)으로 파악한다. 국가가 보유한 부(wealth)를 국부(national wealth)라고 한다. 국부는 한마디로 말해서 국가가 소유하고 있는 토지와 자본이다. 토지는 말 그대로 땅을 말하는 것이고, 자본은 건물, 공장, 기계, 설비 등과 같은 실물자산, 즉 실제로 존재하는 자산을 말한다.

국가는 국민의 집합체이므로 한 국가의 부는 결국 그 국가를 구성하는 국민이 보유한 부의 합이라고 할 수 있다. 단, 국부를 국민이 가진 부의 총합으로 이해할 때 한 가지 주의해야 할 것은 개인의 금융자산은 국부에 포함되지 않는다는 점이다. 왜냐하면 개인이 보유한 현금, 은행예금, 주식, 채권 등의 금융자산은 개인의 경제력 또는 실물자산에 대한 개인의 소유권 또는 청구권일 뿐 그 자체가 실체를 가진 자산이 아니기 때문이다. 즉, 국부는 국민 개개인이 보유한 실물자산의 총합으로만 이해해야 한다.

## ⑵ 국민총생산

국민경제에서 생산은 국가가 보유한 부(토지와 자본)와 국민의 노동이 결합되어 이루어진다. 한 국가가 일정 기간 동안[3] 생산한 최종생산물의 시장가치를 그 국가의 그 기간의 국민총생산 $GNP$ (Gross National Production) 또는 국민총소득 $GNI$ (Gross National Income)라고 한다. 국민총생산은 한 국민경제 내에서 일정 기간 동안 이루어진 경제활동의 규모를 가늠할 수 있게 해 주는 지표이다.

---

국민경제 내에서 생산된 최종생산물의 시장가치 = 국민총생산 $GNP$ = 국민총소득 $GNI$

---

물론 엄밀히 말하면 국가가 생산활동을 하는 것이 아니라 국가에 존재하는 기업들이 생산활동을 하는 것이지만 국민총생산 개념을 논할 때는 모든 기업들의 집합체로서의 국가를 생산의 단위로 본다. 국민총생산이 곧 국민총소득인 이유는 국민경제 내에서 생산된 모든 재화·서비스는 결국 그 국민경제 내에서 모두 누군가의 소득으로(그리고 지출로) 전환되기 때문이다.

국가의 실체는 그 국가를 구성하는 국민, 즉 가계와 기업이다. 국민총생산 $GNP$ 가 한 국가의 '국민'이 생산해 낸 최종생산물이므로 $GNP$ 는 속인주의의 적용을 받는다. 따라서 우리나라의 $GNP$ 에는 우리나라 국민이 국내 또는 국외에서 생산한 생산물은 포함되지만 외국인이 우리나라 안에서 생산한 생산물이나 외국인이 외국에서 생산하여 우리나라로 수입한 생산물은 포함되지 않는다.

국민총생산 $GNP$ 개념에서 말하는 최종생산물이란 다음 두 조건을 모두 만족하는 재화·서비스이다. 따라서 최종생산물에는 재화·서비스를 생산하는 데 들어간 원재료는 포함되지 않으며, 다른 생산물을 만드는 데 사용하기 위해 생산된 중간생산물 역시 제외된다.

---

3) 예를 들면, 1년, 6개월, 1분기 등이 될 수 있으나 보통은 1년을 기간으로 한다.

> • **조건 1**: 생산된 후 바로 소비되는 생산물
> • **조건 2**: 생산 후 바로 이루어진 소비가 최종 소비(생산된 본래의 형태와 용도가 해당 소비 때까지 그대로 유지되는 소비)인 생산물

예를 들어, 다음과 같은 과정을 거쳐 자동차가 생산된다고 가정해 보자. 채굴업자가 제철소에 판매한 철광석은 원재료이고, 제철소가 제조하여 자동차 회사에 판매한 철판은 자동차 제조에 필요한 중간생산물 또는 중간재이며, 자동차 회사가 생산하여 소비자에게 판매한 자동차는 최종생산물이다. 자동차는 생산 후 바로 이루어진 소비가 최종 소비인데 처음 만들어진 자동차의 형태가 생산 직후 소비 때 그대로 유지되고, 사람이나 화물의 운반이라는 용도가 실제 최종 용도인 생산물이기 때문이다. 이 예에서 생산된 재화·서비스는 철광석, 철판, 자동차 세 가지이지만 국민총생산 $GNP$에는 최종생산물인 자동차만이 포함된다.

| 채굴업자<br>철광석 채굴 후<br>제철소에 판매 | ⇨ | 제철소<br>철판 생산 후<br>자동차사에 판매 | ⇨ | 자동차사<br>자동차 제조 후<br>소비자에게 판매 | ⇨ | 소비자<br>자동차<br>최종 소비 |
|---|---|---|---|---|---|---|

국민총생산 $GNP$는 국민경제 내에서 창출된 부가가치의 합 개념으로도 이해할 수 있다. 위의 예에서 채굴업자, 제철소, 자동차 회사는 철광석에서 자동차가 만들어질 때까지의 모든 생산 단계에서 제각기 생산활동을 통해 부가가치를 창출하였다. 이들이 창출한 모든 부가가치의 합을 국민순생산 $NNP$(Net National Product) 또는 국민순소득이라고 하고 여기에 각 생산 단계에서 발생한 감가상각액을 더한 것이 국민총생산 $GNP$이다.

> 국민총생산 $GNP$ = 국민순소득 $NNP$(또는 국민순생산) + 감가상각액

국민총생산 *GNP* 개념을 이해하기 위해 마지막으로 알아야 할 개념은 시장가치 (market value)이다. 앞에서 들었던 자동차 제조 예의 경우, 시장에서 생산자와 소비자 간에 '거래된 자동차의 가치'를 시장가치라고 한다. 시장가치를 다른 말로 표현하면 시장거래 시 화폐액으로 평가된 재화·서비스의 가치라고 표현할 수 있다.

예를 들어, 자동차 한 대를 경제주체들 간에 사고 판 경우와 자동차 한 대를 부모가 자식에게 물려주거나 친구 간에 선물로 주고받은 경우를 비교해 보자. 전자는 시장에서 이루어진 거래이고 후자는 거래가 아니다. 국민총생산 *GNP*는 거래 과정에서 창출된 부가가치의 총합이다. 따라서 경제주체들 간에 상속되거나 선물로 주고받은 자동차의 가치는 *GNP*에 포함되지 않는다.

한 국가 내에서 일정 기간 동안 종류의 재화·서비스가 생산되었다고 가정하면 국민총생산 *GNP*의 규모는 다음과 같은 식으로 계산한다.

$$GNP = \sum_{i=1}^{n} p_i q_i = p_1 q_1 + p_2 q_2 + \ldots + p_n q_n$$

단, $p_i =$ 생산물 $i$의 가격, $q_i =$ 생산물 $i$의 생산량

이 식에서 생산물의 양은 국민총생산 *GNP*를 계산하는 당해연도의 생산량을 사용하되 시장가격으로 당해연도 시장가격을 사용하는지 아니면 특정 기준연도의 시장가격을 사용하는지에 따라서 다음과 같이 두 종류로 나뉜다.

| 당해연도 시장가격과 당해연도 생산량 사용 | = | 명목 *GNP* 또는 경상가격 *GNP* |
|---|---|---|
| 당해연도 시장가격을 기준연도 시장가격으로 환산한 가격과 당해연도 생산량 사용 | = | 실질 *GNP* 또는 불변가격 *GNP* |

### (3) 국내총생산과 1인당 국내총생산

국내총생산 $GDP$(Gross Domestic Production)란 한 국가 내에서 생산된 최종생산물의 시장가치이다. 중요한 것은 최종생산물이 한 국가 내에서 생산된 것인지 여부(속지주의)이며, 최종생산물의 생산주체가 내국인인지 외국인인지 여부(속인주의)는 상관이 없다. 우리나라 국민이 외국에서 생산한 최종생산물은 속지주의를 적용하여 $GDP$에서 제외되는 반면, 외국인이 우리나라에서 생산한 최종생산물은 역시 속지주의를 적용하여 $GDP$에 포함된다.

우리나라 국민이 외국에서 최종생산물을 생산하여 얻은 소득을 대외수취요소소득[4]이라고 하고, 외국인이 우리나라에서 최종생산물을 생산하여 얻은 소득을 대외지불요소소득[5]이라고할 때 $GDP$와 $GNP$ 간에는 다음과 같은 관계가 존재한다.

$$GNP = GDP + (대외수취요소소득 - 대외지불요소소득)$$

즉, $GDP$에 외국으로부터 받은 소득을 더한 것이 앞서 배운 $GNP$인 것이다. 따라서 $GNP$는 소득 성격이 강한 지표이고, $GDP$는 그에 비해 생산 성격이 강한 지표이다. 우리나라는 1993년부터 UN(United Nations)이 발표한 국민계정회계체계인 SNA(System of National Accounts)의 권고를 받아들여 $GNP$ 대신 국내생산 상황을 나타내기에 더 적합한 $GDP$를 총생산과 경제성장률의 지표로 사용하고 있다.

국내총생산 $GDP$를 총인구수로 나눈 것을 1인당 국내총생산이라고 한다. 국내총생산 $GDP$가 보여 주는 국민경제의 규모는 인구수를 고려한 경제규모가 아니다. 동일 규모의 국내총생산을 가진 두 국가 $A$, $B$가 있다고 가정해 보자. 두 국가 중 $A$국가의 인구 규모가 $B$국가의 세 배라면 $A$국가 국민은 $B$국가 국민이 누리는 생활수준의 1/3 정도 수준의 생활밖에 누리지 못한다. 왜냐하면 $A$국가는 동일 양의 국내총생산을 $B$국가의 총인구수보다 세 배나 많은 사람들에게 분배해야 하기 때문이

---

[4] 외국에서 받은 임금, 이자, 배당, 로열티 등을 말하며 우리나라 국민이 그러한 요소소득을 국내로 가져온다는 의미에서 대외수취요소소득이라고 한다.

[5] 외국인이 그렇게 획득한 요소소득을 국외로 가져갈 것이므로 대외지불요소소득이라고 한다.

다. 즉, 국내총생산 *GDP*가 국민경제의 규모를 말해 주는 지표이기는 하지만 국내총생산과 인구수의 함수인 국민 생활수준을 보여 주지는 못한다는 것이다. 따라서 국가 간에 인구수를 고려한 국민경제의 규모를 비교할 때는 국민총생산 *GDP* 그 자체가 아니라 1인당 국내총생산 *GDP*를 비교해야 한다.

### (4) 명목 *GDP*와 실질 *GDP*

명목 *GDP*(Nominal *GDP*)와 실질 *GDP*(Real *GDP*)의 차이는 전자는 말 그대로 표면적 또는 액면적으로 보여지는 국가경제규모이고 후자는 물가변동이나 생산량 변화를 고려한 실질적인 국가경제규모라는 차이이다.

명목 *GDP*는 한 국가의 당해연도 경제활동규모, 경제성과, 생산력 등을 파악하는 데는 더없이 좋은 지표이지만 물가변동이나 생산량 변화에 의해 쉽게 영향을 받는 단점이 있다. 예를 들어, 생산량은 전년 대비 그대로여도 물가가 큰 폭으로 변하면 명목 *GDP*는 큰 폭으로 증가 또는 감소한다. 문제는 명목 *GDP*만 봐서는 *GDP* 변화가 무엇에 따른 변화인지를 알 수 없다는 것이다. 그렇기 때문에 위의 상황에서 명목 *GDP*상의 변화가 사실은 물가 상승에서 기인한 것임에도 불구하고 그것이 마치 그 국가의 경제활동규모가 변해서 나타난 변화인 것처럼 착각할 수도 있다.

이러한 단점 때문에 국가경제가 일정 기간 동안 실질적으로 얼마나 변했는지를 파악할 때는 명목 *GDP* 대신 물가변동에 의해서는 영향을 받지 않고 생산량 변화에 의해서만 영향을 받는 실질 *GDP*를 지표로 사용한다.

### (5) 실제 *GDP*와 잠재 *GDP*

*GDP*는 실제 *GDP*(Actual *GDP*)와 잠재 *GDP*(Potential *GDP*)로도 구분한다. 실제 *GDP*란 위에서 설명한 명목 또는 실질 *GDP*처럼 드러내 보여진 국가경제규모이다. 이와 달리 잠재 *GDP*는 한 국가가 그 국가 내에 존재하는 생산요소를 '인플레이션을 유발하지 않는 수준까지 고용하여 생산활동을 한다면' 만들어 낼 수 있는 모든 최종생산물의 시장가치를 말한다. 이때, 생산요소를 인플레이션이 발생하지 않는 수준까지 고용한다는 것은 다음을 뜻한다.

- 인플레이션을 가속화하지 않는 수준까지만 고용률을 높인다.
- 일정 수준의 실업률을 유지하면서 생산활동을 한다.
- 자본에 노동을 결합한 것이 생산이므로 결국 생산요소 중 특히 노동에 초점을 맞추고 고용율에 주목하면서 생산활동을 한다.

한 국가의 고용률이 인플레이션을 가속화하지 않는 수준까지 높아진 상태를 가리켜 완전고용이라고 하고, 완전고용일 때의 실업률을 자연실업률(약 3~6% 실업률)이라고 한다. 앞서 소개한 잠재 $GDP$를 요즘은 자연 $GDP$(Natural $GDP$)라고 부르는데, 이는 잠재 $GDP$가 그 국가가 생산요소를 최대한, 즉 실업률이 자연실업률 수준으로 낮아질 때까지 고용하여 이룰 수 있는 최대 $GDP$라는 점을 분명하게 강조하기 위해서인 것 같다.

중요한 것은 자연 $GDP$와 실제 $GDP$ 간의 차이를 나타내는 $GDP$ 갭(gap)의 크기이다. $GDP$ 갭은 다음을 나타내는 지표이다.

- 실제 국가경제활동규모와 최대 국가경제활동규모 간의 차이
- 실현되지 않은 경제성장 가능성

어떤 국가경제에 $A$만큼의 $GDP$ 갭이 존재한다는 것은 그 국가의 현재 경제활동규모가 주어진 생산요소를 가지고 달성할 수 있는 최대 경제활동규모에 $A$만큼 미치지 못한다는 것을 의미한다. 즉, 아직 실현되지 않은 경제성장 가능성을 생산요소의 고용을 늘림으로써 실현할 수 있는 여지가 존재한다는 것이다.

$GDP$ 갭은 동시에 그만큼의 경제성장 가능성을 실현하기 위한 정부 정책의 필요성을 의미하는 것이기도 하다. 대개의 경우 그러한 정책은 경제성장뿐만 아니라 전반적인 국민복지 수준 상승으로도 이어지기 때문에(물론 파이의 크기가 증가하면 분배역시 증가한다는 전제하에서) 저자는 거시사회복지실천가들이 $GDP$ 갭에 대해 '많은 거시경제 지표 가운데 하나' 정도보다는 큰 중요성을 부여하고 눈여겨볼 필요가 있다고 생각한다.

⑹ 경제성장률

경제가 성장한다는 것은 일정 기간 동안 국내총생산의 규모가 증가한다는 것을 뜻한다. 경제성장률은 서로 다른 두 시점 간에 한 국가의 국민경제가 얼마나 성장했는지 나타내는 지표로서 보통 1년을 비교 기간으로 하여 금년도의 국내총생산이 전년도에 비해 얼마나 증가하였는지를 다음과 같이 백분율로 나타낸다.

$$경제성장률(\%) = \frac{금년도\ 실질\ GDP - 전년도\ 실질\ GDP}{전년도\ 실질\ GDP} \times 100$$

## 2) 국민경제의 지출 관련 지표

⑴ 국민총지출

국민총지출(Gross National Expenditure: GNE)은 앞서 소개한 국민총생산의 반대 개념으로서 한 국가가 일정 기간 동안 소비활동을 통해 지출한 총액을 말한다. 국민총지출은 국민총생산과 동일 값을 가져야 하는데, 왜냐하면 국민경제 내에서 생산된 모든 재화·서비스는 그 국민경제 내에서 누군가에 의해 모두 소비되기 때문이다.

$$국민총생산\ GNP = 국민총지출\ GNE$$

공급자로서의 경제주체가 생산한 최종생산물은 수요자로서의 경제주체에 의해서 소비된다. 최종생산물에 대한 수요자를 가리켜 최종수요자 또는 최종소비자라고 한다. 최종수요자에는 국민경제의 경제주체인 가계, 기업, 정부 그리고 해외가 포함된다. 이들 중 어떤 경제주체가 소비지출을 하는가에 따라 지출은 소비가 되기도 하고 투자가 되기도 한다. 최종생산물에 대한 소비지출은 경제주체에 따라 다음과 같이 구분한다.

> • 가계의 소비지출 = 민간소비지출
>
> • 기업의 소비지출 = 민간투자        • 정부의 소비지출 = 정부투자

### (2) 국내총투자

앞서 소개한 세 가지 지출 중 기업소비지출인 민간투자와 정부소비지출인 정부투자를 합하여 국내총투자(Gross Domestic Investment: GDI)라고 한다. 국내총투자에 가계의 민간소비지출이 포함되지 않는 이유는 기업과 정부의 지출은 자본형성을 위한 투자적 지출(investiment)인 데 비해 가계의 지출은 소비적 지출(consumption)이기 때문이다. 이러한 차이를 강조하는 의미에서 국내총투자를 국내총자본형성(gross domestic capital formation)[6]이라고 부르기도 한다.

> 국내총투자 = 자본형성적 투자 = (민간투자 + 정부투자) = 국내총자본형성

정부의 소비지출과 관련해서 한 가지 주의해야 할 사항은 정부소비지출 중 어떤 지출은 투자로 분류되지 않는다는 점이다. 정부소비지출은 자본 형성을 위한 투자목적의 지출과 비투자목적의 지출로 구분된다. 정부는 공익 실현을 목적으로 하는 공법인이다. 모든 공법인이 그러하듯이 정부 또한 공법인으로서 자신의 고유 업무인 공익 실현을 위해 많은 소비활동을 한다. 정부가 공익 실현을 위해 최종생산물을 소비하는 지출을 일반정부소비지출이라고 하는데 사회보장 지출을 포함한 정부의 다양한 이전지출(transfer expenditure)이 이에 해당한다. 이러한 일반정부소비지출은 투자를 목적으로 한 소비지출이 아니므로 국내총투자 $GDI$에 포함되지 않는다.

| 정부소비지출 | 투자목적 지출 | • 자본형성을 위한 투자적 지출<br>• $GDI$에 포함 |
|---|---|---|
| | 비투자목적의<br>정부일반소비지출 | • 공익실현을 위해 최종생산물을 소비하는 지출<br>• $GDI$에 비포함 |

---

6) 국내총투자를 '한 국가 안에서 이루어지는 자본형성적 총투자'의 줄임말로 이해하면 기억하기 쉽다.

　　한 국가 안에서 생산된 최종생산물 중 일부는 그 국가의 국민이 아니라 외국 국민에 의해 소비된다. 이것이 바로 수출(export)이다. 마찬가지로 외국 기업에 의해 생산된 최종생산물 중 일부는 내국인에 의해 소비되며 이것이 수입이다. 수출총액과 수입총액 간의 차이를 순수출액 또는 순수출(net exports)이라고 한다.

　　이상의 내용에 대한 이해를 바탕으로 국민총생산, 국민총지출 그리고 다양한 소비주체에 의한 다양한 소비지출 간의 관계를 정리하면 다음과 같이 나타낼 수 있다. 결국 국민총생산 $GNP$ 는 최종생산물의 시장가치인 동시에 최종수요자가 최종생산물을 소비하기 위해 지불한 총액이다.

---

국민총생산 $GNP$ = 국민총지출 $GNE$

= (민간소비지출 + 국내총투자 + 정부일반소비지출 + 순수출)

---

## 3) 국민경제의 소득 관련 지표

### (1) 국민소득과 국민총소득

　　국민총생산 $GNP$ 를 요소소득의 총합으로 개념화하기도 한다. 요소소득이란 재화·서비스의 생산이 여러 단계에 걸쳐 이루어질 때 각 생산단계별 생산활동에서 사용된 각각의 생산요소가 받은 소득이다. 최종생산물을 생산하는 데는 토지, 자본, 노동이 필요하다. 기업은 이러한 생산요소를 결합하여 재화·서비스를 생산하는 이른바 기업활동을 하는 데 기업활동 역시 생산요소 중 하나이다. 각각의 생산요소는 생산활동에 참여한 대가로 지대, 이윤, 임금, 이자 등을 받는다. 이렇게 받은 대가는 각 생산요소가 벌어들인 소득이고, 이 소득들의 합이 요소소득의 총합이다.

　　요소소득의 총합이 모든 생산요소가 벌어들인 소득의 합이라는 사실을 강조하는 의미에서 요소소득의 총합을 국민소득 $NI$ (National Income)라 부른다. 그리고 국민소득 $NI$ 에 각 생산단계에서 발생한 감가상각액 및 최종생산물에 부과된 간접세를 합하고, 정부가 생산활동을 지원하기 위해 생산주체들에게 제공하는 보조금을 제한 것이 국민총소득 $GNI$ (Gross National Income)이다.

$$\boxed{\begin{aligned} &\text{국민소득 } NI = \text{요소소득의 총합} = (\text{지대} + \text{이윤} + \text{임금} + \text{이자}) \\ &\text{국민총소득 } GNI = \text{국민소득 } NI + \text{감가상각} + \text{간접세} - \text{보조금} \end{aligned}}$$

이제 국민총소득 개념까지 포함해서 국민총생산 $GNP$ 또는 국내총생산 $GDP$를 다음과 같이 정리할 수 있는데, 이러한 관계를 국민총생산 $GNP$의 3면 등가법칙 또는 국내총생산 $GDP$의 3면 등가법칙[7]이라고 한다.

$$\boxed{\begin{aligned} &\text{국민총생산 } GNP = \text{국민총지출 } GNE = \text{국민총소득 } GNI \\ &\text{국민총생산 } GDNP = \text{국민총지출 } GDE = \text{국민총소득 } GDI \end{aligned}}$$

한 국가의 국민경제 규모를 가늠해 볼 때는 생산, 지출, 분배의 세 가지 차원 모두에서 이해해 보는 것이 바람직하다. 우리나라의 2020~2022년 기간 중 국민경제 규모를 위에서 소개한 세 가지 차원별로 분석해 보면 우리나라의 국민경제 구성은 〈표 5-1〉과 같다.

(2) 국민총가처분소득

국민총가처분소득 $GNDI$(Gross National Disposable Income)란 국민총생산 $GNP$에 다음과 같이 대외수취경상이전을 합하고 대외지급경상이전을 뺀 값이다.

$$\boxed{GNDI = GNP + \text{대외수취경상이전} - \text{대외지급경상이전}}$$

대외수취경상이전은 생산활동과 무관하게 외국으로부터 국내로 들어온 소득을 말한다. 예를 들면, 해외 교포가 국내로 송금한 금액 등이 이에 해당한다. 대외지급경상이전은 이와 정반대 개념으로서 생산활동과 무관하게 해외로 송금된 금액을 말하는데 해외 유학생에게 보낸 학비라든지 해외이주비 등을 대표적인 예로 꼽을 수 있

---

[7] 엄밀히 말하면 국민총생산과 국민총소득 간에는 교역조건 변화(예를 들면, 환율 변화 등)에 따른 무역 손익 차이에 해당하는 차이가 있을 수 있으므로 동일 개념이 아니라고 할 수 있다.

다. 국민총가처분소득 $GNDI$에서 감가상각을 뺀 것을 국민가처분소득 $NDI$ (Ntional Disposable Income)라고 한다.

$$NDI = GNDI - 감가상각$$

(3) 개인소득과 개인가처분소득

개인소득 $PI$ (Personal Income)는 국민경제의 네 가지 경제주체 중 가계(개인)가 획득한 소득을 말한다. 개인은 기업에 생산요소인 노동을 제공하고 그 대가로 소득을 얻으므로 개인소득은 기업의 이윤 중 개인에게 지급할 수 있는 금액이다. 기업은 이윤 중 일부를 국민연금, 건강보험, 고용보험, 산재보험, 노인장기요양보험 등에서 요구하는 사용자 분담금(이하 '사용자 사회보장 분담금')으로 지출하고, 일부는 법인세로 납부하며, 일부는 주주들에게 배당금으로 지급하고, 일부는 사내유보금으로 사내에 보유한다.

따라서 개인소득을 구하려면 이 금액을 국민소득 $NI$에서 제해야 한다. 그런데 정부는 개인에게 다양한 이전지출을 제공하므로 정부가 지급한 이전지출은 개인소득에 포함되어야 한다. 이상의 내용을 정리하면 개인소득 $PI$는 다음과 같이 정의된다.

개인소득 $PI$ = 국민소득 $NI$ - 사회보장부담금 - 법인세 - 사내유보이윤 + 이전지출

이 개인소득 $PI$에서 개인이 국가에 납부해야 하는 소득세를 제하고 남은 것이 개인이 언제든 자유롭게 소비 또는 저축으로 처분할 수 있는 개인가처분소득 $PDI$ (Personal Disposable Income)이다.

개인가처분소득 $PDI$ = (개인소득 $PI$ - 개인소득세) = (민간소비지출 + 개인저축)

〈표 5-1〉 국민경제의 구성

| 계정항목별 | 2020 | 2021 | 2022 |
|---|---|---|---|
| 국내총생산(명목, 원화표시) (십억원) | 1,940,726.2 | 2,071,658.0 | 2,150,575.8 |
| 국내총생산(명목, 달러표시) (억달러) | 16,446.1 | 18,102.3 | 16,643.3 |
| 국민총소득(명목, 원화표시) (십억원) | 1,957,669.9 | 2,094,721.3 | 2,178,875.7 |
| 국민총소득(명목, 달러표시) (억달러) | 16,589.7 | 18,303.8 | 16,862.3 |
| 요소비용국민소득(명목) (십억원) | 1,365,736.5 | 1,450,859.9 | 0.0 |
| 국민처분가능소득(명목) (십억원) | 1,554,750.8 | 1,658,266.8 | 0.0 |
| 국민총처분가능소득(명목) (십억원) | 1,954,513.2 | 2,090,758.5 | 2,176,651.8 |
| 가계총처분가능소득(명목) (십억원) | 1,098,173.0 | 1,154,794.2 | 0.0 |
| 1인당 국내총생산(명목, 원화표시) (만원) | 3,744.0 | 4,003.6 | 4,165.5 |
| 1인당 국내총생산(명목, 달러표시) (달러) | 31,727.1 | 34,983.7 | 32,236.8 |
| 1인당 국민총소득(명목, 원화표시) (만원) | 3,776.6 | 4,048.2 | 4,220.3 |
| 1인당 국민총소득(명목, 달러표시) (달러) | 32,004.1 | 35,373.1 | 32,661.0 |
| 1인당 가계총처분가능소득(명목, 원화표시) (만원) | 2,118.5 | 2,231.7 | 0.0 |
| 1인당 가계총처분가능소득(명목, 달러표시) (달러) | 17,953.0 | 19,500.8 | 0.0 |
| 국내총생산(실질성장률) (%) | -0.7 | 4.1 | 2.6 |
| 농림어업 (%) | -5.8 | 3.8 | -1.3 |
| 광공업 (%) | -1.1 | 6.9 | 1.3 |
| (제조업) (%) | -1.1 | 6.9 | 1.4 |
| 전기, 가스 및 수도사업 (%) | 4.1 | 4.0 | 1.9 |
| 건설업 (%) | -1.3 | -2.6 | 0.3 |
| 서비스업 (%) | -0.8 | 3.8 | 4.2 |
| 순생산물세 (%) | 1.4 | 3.1 | -2.0 |
| 국내총소득 (%) | 0.0 | 3.1 | -1.2 |
| 국민총소득 (%) | 0.1 | 3.4 | -1.0 |
| 최종소비지출(실질증감률) (%) | -2.2 | 4.2 | 4.3 |
| 민간 (%) | -4.8 | 3.7 | 4.3 |
| 정부 (%) | 5.1 | 5.6 | 4.1 |
| 총고정자본형성 (%) | 3.5 | 2.8 | -0.8 |
| 총고정자본형성(민간) (%) | 3.6 | 4.4 | 0.2 |
| 총고정자본형성(정부) (%) | 3.4 | -5.3 | -6.2 |
| 건설투자 (%) | 1.5 | -1.6 | -3.5 |
| (건물건설) (%) | 0.2 | 1.1 | -1.7 |
| (토목건설) (%) | 4.8 | -8.1 | -8.3 |
| 설비투자 (%) | 7.2 | 9.0 | -0.5 |
| (기계류) (%) | 9.0 | 12.8 | 2.2 |
| (운송장비) (%) | 2.6 | -1.5 | -9.3 |
| 지식재산생산물투자 (%) | 3.4 | 4.4 | 4.7 |
| 재화와서비스의수출 (%) | -1.7 | 10.8 | 3.2 |
| (재화) (%) | -0.2 | 10.5 | 3.4 |
| 재화와서비스의수입 (%) | -3.1 | 10.1 | 3.7 |
| (재화) (%) | 0.3 | 12.8 | 4.7 |

**〈표 5-1〉 국민경제의 구성** (계속)

| 계정항목별 ⌃ ⌄ ⊟ | 2020 ⌃ ⌄ ⊟ | 2021 ⌃ ⌄ ⊟ | 2022 ⌃ ⌄ ⊟ |
|---|---|---|---|
| 농림어업(생산구조-명목) (%) | 1.9 | 2.0 | 1.7 |
| 광공업 (%) | 27.2 | 28.0 | 28.1 |
| (제조업) (%) | 27.1 | 27.9 | 28.0 |
| 전기, 가스 및 수도사업 (%) | 2.4 | 1.9 | 1.0 |
| 건설업 (%) | 6.0 | 5.6 | 5.6 |
| 서비스업 (%) | 62.4 | 62.5 | 63.6 |
| 최종소비지출(지출구조-명목) (%) | 64.4 | 64.3 | 67.1 |
| 민간 (%) | 46.4 | 46.1 | 48.4 |
| 정부 (%) | 18.0 | 18.2 | 18.7 |
| 총고정자본형성 (%) | 31.3 | 31.6 | 32.0 |
| 재화와서비스의수출 (%) | 36.4 | 42.0 | 48.3 |
| (공제)재화와서비스의수입 (%) | 32.7 | 38.5 | 48.5 |
| 총본원소득(GNI)의분배 | 0.0 | - | - |
| 요소소득별 | 0.0 | - | - |
| 피용자보수 (%) | 47.8 | 47.4 | 0.0 |
| 기업 및 재산소득 (%) | 22.0 | 21.9 | 0.0 |
| 고정자본소모 (%) | 20.4 | 20.6 | 0.0 |
| 생산및수입세(공제)보조금 (%) | 9.8 | 10.1 | 0.0 |
| 제도부문별 | 0.0 | - | - |
| 가계 (%) | 61.5 | 61.2 | 0.0 |
| 기업 (%) | 25.0 | 25.1 | 0.0 |
| 정부 (%) | 13.5 | 13.7 | 0.0 |
| 요소소득별 | 0.0 | - | - |
| 피용자보수 (%) | 47.8 | 47.4 | 0.0 |
| 기업 및 재산소득 (%) | 22.0 | 22.0 | 0.0 |
| 고정자본소모 (%) | 20.5 | 20.7 | 0.0 |
| 생산및수입세(공제)보조금 (%) | 9.8 | 10.1 | 0.0 |
| 국외순수취경상이전 (%) | -0.2 | -0.2 | 0.0 |
| 제도부문별 | 0.0 | - | - |
| 가계 (%) | 56.2 | 55.2 | 0.0 |
| 기업 (%) | 22.4 | 21.9 | 0.0 |
| 정부 (%) | 21.4 | 22.9 | 0.0 |
| 총조정처분가능소득의분배 | 0.0 | - | - |
| 제도부문별 | 0.0 | - | - |
| 가계 (%) | 66.1 | 65.2 | 0.0 |
| 기업 (%) | 22.4 | 21.9 | 0.0 |
| 정부 (%) | 11.5 | 12.9 | 0.0 |
| 피용자보수비율 (%) | 68.4 | 68.4 | 0.0 |
| 총저축률 (%) | 36.0 | 36.3 | 33.7 |
| 민간 (%) | 32.5 | 31.4 | 0.0 |
| (가계 및 비영리단체) (%) | 11.1 | 10.5 | 0.0 |
| (기업) (%) | 21.4 | 20.9 | 0.0 |

〈표 5-1〉 **국민경제의 구성** (계속)

| 계정항목별 | 2020 | 2021 | 2022 |
|---|---|---|---|
| 정부 (%) | 3.5 | 4.9 | 0.0 |
| 국내총투자율 (%) | 31.7 | 31.8 | 32.8 |
| (국내총고정투자율) (%) | 31.1 | 31.3 | 31.6 |
| (가계순저축률) (%) | 12.4 | 11.6 | 0.0 |
| 수출입의 대 GNI 비율(명목) (%) | 72.3 | 83.9 | 100.5 |
| 총수출 (%) | 38.4 | 44.3 | 50.8 |
| (재화) (%) | 31.3 | 35.5 | 40.5 |
| (서비스) (%) | 4.8 | 6.1 | 7.2 |
| 총수입 (%) | 33.9 | 39.6 | 49.7 |
| (재화) (%) | 26.3 | 31.4 | 40.2 |
| (서비스) (%) | 6.1 | 6.6 | 7.7 |
| GDP 디플레이터 (2015=100) | 105.502 | 108.137 | 109.453 |
| (등락률) (%) | 1.6 | 2.5 | 1.2 |

e: 추정치, p: 잠정치, -: 자료없음, …: 미상자료, x: 비밀보호, ▽: 시계열 불연속

출처: 통계청 국가통계시스템. 2023. 3. 25. 인출, https://kosis.kr/statHtml/statHtml.do?orgId=301&tblId=DT_200Y 001&vw_cd=MT_ZTITLE&list_id=Q_301009_001_001&scrId=&seqNo=&lang_mode=ko&obj_var_id=&itm_id=&conn_path=MT_ZTITLE&path=%252FstatisticsList%252FstatisticsListIndex.do.

## 4) 국민경제의 물가 관련 지표

물가보다 우리 삶에 큰 영향을 미치는 것은 없다고 할 만큼 물가는 국민경제(사회보장을 포함한)에 있어서 중요한 조건 요소이다. 그렇기 때문에 모든 경제활동과 정부 정책은 물가 동향을 반영하여 이루어진다. 예를 들면, 정부가 다양한 공공부조제도의 수급자격 및 급여수준 결정의 기준이 되는 최저생계비를 결정하거나, 최저임금, 각종 사회보장 기여금 및 급여수준, 공무원 보수 인상률, 대중교통 이용료 등을 결정할 때 물가변동에 대한 이해 없이는 현실성 있는 결정을 내리기 어렵다.

### (1) 물가지수

물가는 재화·서비스의 전반적인 가격수준이다. 시장에서 거래되는 각 재화·서비스의 가격은 경제주체들이 각각의 재화·서비스에 대해서 부여하는 가치이다. 경제가 곧 가격이라고 할 수 있을 만큼 재화·서비스의 시장가격, 즉 물가는 경제를 이해하는

데 있어서 그 무엇보다 중요한 정보로서 생산, 교환, 소비, 분배, 투자, 저축을 망라한 모든 경제활동의 기준이 되는 정보이다.

물가지수는 시장에서 거래되는 수많은 재화·서비스의 가격이 어느 방향으로 얼마나 변동하는지를 종합적으로 나타내어 경기 동향을 판단할 수 있게 해 주는 지수이다. 물가지수를 구하기 위해서는 기준 품목과 기준 시점을 정해야 하는데 기준 품목이란 물가를 계산할 때 기준으로 사용할 재화·서비스의 종류이고 기준 시점은 물가지수를 구할 때 기준이 되는 연도를 말한다. 그런 다음 물가지수를 구하고자 하는 연도(이를 비교연도라고 함)에 기준 품목을 미리 정해 둔 양만큼 구입하는 데 드는 비용을 조사하여 그 값을 기준연도 물가로 나눈 다음 100을 곱한 값으로 나타낸다.

즉, 물가지수는 비교연도의 물가를 기준연도 물가 100에 대한 상대적 수치로 나타낸 것인데, 예를 들어 비교연도의 물가지수가 110이라면 이는 비교연도의 물가가 기준연도의 물가에 비해 10% 상승했다는 것을 의미한다. 물가지수는 그 종류를 생산자물가지수, 수출입물가지수, 소비자물가지수로 구분한다. 이 가운데 생산자물가지수와 수출입물가지수는 한국은행이, 소비자물가지수는 통계청이 각각 5년 단위로 기준연도를 바꿔 가면서 월단위로 작성한다. 2023년도 물가지수 산정에 기준이 되는 기준연도는 2020년이다.

## (2) 생산자물가지수

생산자물가지수는 국내시장의 1차 거래단계에서 기업 간에 거래되는 모든 재화·서비스의 평균적인 가격변동을 파악하기 위해 작성하는 물가지수이다. 생산자물가지수는 모든 산업부문에 대해서 원재료, 중간재, 소비재, 자본재 모두를 포함하여 작성하는데 국내 생산품의 경우 생산자판매가격을 물가 계산에 사용하고 수입품은 수입업자판매가격을 사용한다.

조사대상이 되는 재화·서비스는 2022년 기준 도시지역에서 거래되는 품목 중 국내출하액이 전체 제품출하액, 즉 모집단거래액에서 차지하는 거래비중이 1/10,000 이상인 781개 상품과 거래비중이 1/2,000 이상인 103개 서비스를 합하여 총 884개 품목으로 정해져 있다. 이들 884개 품목의 가격에 각 재화가 갖는 상대적 중요도에 따라 가중치를 달리 부여한다.

한국은행은 매월 단위로 생산자물가지수를 발표하는데,[8] 생산자물가지수 수치가 의미하는 바는 전월(년)대비 상승률, 즉 전월(년)과 비교한 금월(년)의 생산자물가수준 변동률이다. 예를 들어, 2023년 3월의 생산자물가지수가 1.9라면 이는 해당 월의 생산자물가지수가 전 월, 즉 2023년 2월에 비해 1.9% 상승했다는 것을 의미한다.

### (3) 소비자물가지수

소비자물가지수는 도시가계가 일상생활을 영위하기 위해 구입하는 상품가격과 서비스 요금의 변동을 측정하기 위해 통계청이 매월 단위로 작성하는 지수로서, 물가상승에 따른 소비자부담, 구매력 등에 관한 유용한 정보를 제공하는 지수이다. 2023년 현재 소비자물가수준은 2020년을 기준연도로 하여 가계소비지출에서 차지하는 비중이 1/1,000 이상인 460개 품목을 조사대상품목으로 지정하여 각 품목에 대한 소비자 구입가격을 기준으로 작성한다. 통계청은 소비자물가지수와 함께 다음의 세 가지 지수를 월단위로 작성한다.

생산자물가지수와 소비자물가지수 중 물가변동에 더 민감하게 반응하는 지수는 생산자물가지수이다. 물가가 상승하거나 하락하면 생산자물가지수에 그러한 변화가 더 빠르게 반영되어 생산자물가지수가 소비자물가보다 먼저 변한다. 이러한 차이가 발생하는 이유는 다음과 같다. 재화·서비스를 생산하는 데 필요한 생산요소의 가격이 변하면 기업은 그러한 변화를 재화·서비스의 판매가격에 반영하고 그 결과 생산자물가가 변한다. 생산된 재화·서비스 중 중간재는 완제품을 생산하는 기업에게 생산요소로 판매되고 소비재는 여러 단계의 유통 과정을 거친 후에야 비로소 소비자에게 전달된다. 소비자는 생산요소 가격 변화가 반영된 생산자 가격에 소매업자의 이윤까지 포함된 가격을 지불하고 재화·서비스를 소비하게 되고 소비자물가지수가 그러한 소비자 가격에 근거하여 산정된다. 그렇기 때문에 소비자물가지수는 생산자물가지수보다 물가변동을 반영하는 속도가 느리다. 이러한 이유에서 생산자물가지

---

8) 모든 물가지수는 기획재정부 e-나라지표에서 쉽게 찾아볼 수 있다. http://www.index.go.kr/potal/main/EachDtl PageDetail.do?idx_cd=1061.

수를 소비자물가지수의 선행지수, 즉 먼저 변하는 지수라고 한다.

---

- **생활물가지수**: 소비자들의 체감물가를 설명하기 위해 구입 빈도가 높고 지출 비중이 높아 가격변동을 민감하게 느끼는 141개 품목으로 작성한 지수
- **근원물가지수**: 소비자물가 산정을 위한 460개 기준 품목 중 계절적으로 영향을 받는 농산물과 외부적 요인에 크게 영향을 받는 석유류 등 53개 품목을 제거하고 나머지 407개 품목을 별도로 집계한 지수. 물가변동의 장기적인 추세를 파악하기 위한 것으로 근원 인플레이션 지수라고도 부름
- **신선도물가지수**: 근원물가지수와 반대되는 지수. 생선류, 채소류, 과실류 등과 같이 기상조건이나 계절에 따라 가격변동이 큰 품목으로 작성한 지수

---

### (4) 수출입물가지수

수출입물가지수는 수출입 품목을 대상으로 작성한다는 차이가 있을 뿐 앞에서 설명한 생산자물가지수와 개념적으로 동일한 물가지수이다. 수출입물가지수는 당해 연도 총 수출입액을 모집단거래액으로 하여 산출한다. 2022년 기준 우리나라는 모집단거래액 중 1/2,000 이상의 거래비중을 가진 209개 수출품목과 229개 수입품목을 대상 품목으로 선정하여 작성한다.

### (5) GDP 디플레이터

*GDP* 디플레이터란 국민소득에 영향을 주는 모든 물가요인(즉, 생산자물가지수와 소비자물가지수뿐만 아니라 임금지수, 환율 등의 모든 요인을 망라한)의 가격변동을 포함하는 종합적인 물가지수이다. *GDP* 디플레이터는 재화·서비스의 가격을 실제로 조사하여 구하는 지수가 아니라 다음과 같이 정의되는 지수, 즉 명목 *GDP*를 실질 *GDP*의 상대적 크기로 나타낸 백분율이다.

$$GNP \text{ 디플레이터} = \frac{\text{명목 } GDP}{\text{실질 } GNP} \times 100$$

앞의 식에서 실질 $GDP$는 앞서 배운 바와 같이 기준연도의 물가를 기준으로 하는 $GDP$이다. 따라서 예를 들어, 2020년도의 $GDP$ 디플레이터를 2015년도를 기준연도로 하여 구하면 다음과 같다.

$$2020년\ GDP\ 디플레이터 = \frac{2020년\ 가격 \times 2020년\ 총생산물의\ 양}{2015년\ 가격 \times 2020년\ 총생산물의\ 양} \times 100$$

위의 식으로 구한 2020년 $GDP$ 디플레이터가 예를 들어, 150이라면 그 값은 2020년의 종합적인 물가가 2015년에 비해 50% 상승했다는 것을 의미한다.

### (6) 인플레이션, 통화량, 이자율, 실업

인플레이션이란 물가수준이 전반적으로 상승하는 현상이다. 인플레이션이 발생하면 생산물가지수, 소비자물가지수 모두가 증가한다. 인플레이션은 경기가 호황일 때 발생한다. 경기(economic conditions)란 국민경제의 총제적 활동수준을 뜻하는데 앞서 거시경제지표를 설명하면서 잠깐 언급했던 국민경제의 세 가지 부문에서 이루어지는 모든 경제활동, 즉 다음과 같은 경제활동의 수준을 말한다.

- **실물부문**: 생산, 거래, 소비, 투자, 분배, 고용 등의 경제활동
- **금융부문**: 통화량, 이자율 등의 경제활동
- **대외부문**: 수출, 수입 등의 경제활동

경기가 변동한다는 것은 경기가 어떤 한 상태로 고정적인 것이 아니라 [그림 5-3]과 같은 네 가지 서로 다른 상태 또는 국면으로 변하는 것을 뜻한다. 앞서 정의했던 실질 $GDP$는 어떤 시점에는 장기성장추세(즉, 장기적으로 예상되는 평균적인 성장 수준)보다 낮을 수도 있고 어떤 때는 높을 수도 있다. 이처럼 실질가 장기성장추세보다 높거나 낮은 상황이 반복적으로 나타나는 것을 경기순환 또는 경기변동(economic or business cycle)이라고 하고, 경기순환에서 어느 한 저점 또는 정점에서 그다음 저점 또는 정점까지를 경기순환주기라고 한다.

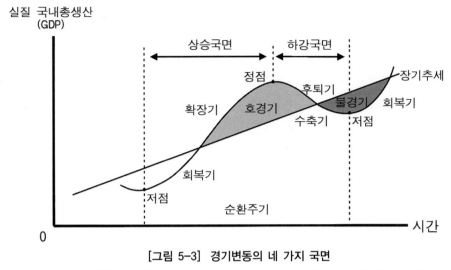

[그림 5-3] 경기변동의 네 가지 국면

출처: KDI 경제정보센터. https://eiec.kdi.re.kr/material/conceptList.do?depth01=0000200001000010001080&idx=149

[그림 5-3]에서 실질 $GDP$가 저점을 지나 회복기가 시작되면 '경기가 상승국면에 접어들었다'고 한다. 경기 상승국면은 실질 $GDP$가 정점에 다다를 때까지 지속된다. 이와 반대로 실질 $GDP$가 정점을 지나 후퇴기가 시작되면 경기는 하강국면으로 접어든다. 경기 하강은 실질 $GDP$가 후퇴기와 수축기를 거쳐 저점에 다다를 때까지 지속된다. 경기가 회복, 확장, 후퇴, 수축의 네 가지 국면을 거치는 것을 경기순환(economic cycle or business cycle)이라고 한다. 경기는 이러한 순환 과정을 반복하면서 지속적으로 변동한다.

위의 [그림 5-3]에서 실질 $GDP$가 장기추세보다 높은 경기변동 구간을 호경기 또는 경기 호황이라고 하고, 실질 $GDP$가 장기추세보다 낮은 경기변동 구간을 불경기 또는 경기 불황이라고 한다. 경기가 변할 때 거시경제지표들은 다음과 같이 변하는 경향이 있다.[9]

---

9) 단, 이러한 경향은 과거 경제 자료를 분석한 결과로서 나타난 실질 $GDP$ 변화와 거시경제지표 변화 간의 강한 상관일 뿐이며 법칙이 아님을 이해하기 바란다. 따라서 이러한 경향은 어떤 상황에서는 [그림 5-3]처럼 나타나지만 어떤 상황(예를 들면, 경기 상승 또는 하강의 원인이 무엇인지에 따라)에서는 다르게 나타날 수도 있다.

| 호경기 | 개인소득↑ | 기업이윤↑ | 소비↑ | 생산·투자↑ | 고용↑ | 실업↓ | 이자율↑ |
|---|---|---|---|---|---|---|---|
| 불경기 | 개인소득↓ | 기업이윤↓ | 소비↓ | 생산·투자↓ | 고용↓ | 실업↑ | 이자율↓ |

경기가 호황이라는 것은 소비, 생산, 투자 등의 모든 경제활동이 활발하다는 것을 의미한다. 경제활동이 활발해지면 기업은 이윤이 증가하고 그 결과 고용이 증가하여 개인의 소득이 증가한다. 기업이 투자를 늘리면 자금 수요가 증가하고 그로 인해 이자율이 증가한다. 물론 이와 함께 임금, 주가 그리고 물가도 함께 상승하는데 바로 이 물가 상승 현상이 인플레이션이다.

인플레이션이 발생하면 중앙은행이 물가 폭등과 경기 과열을 막기 위해 시중에 유통되는 통화량을 줄여 이자율을 높인다. 통화량이 준다는 것은 시장에서 유통되는 돈의 양이 준다는 것이다. 모든 재화·서비스가 그러하듯이 돈 역시 양이 줄면 모든 경제주체가 줄어든 돈을 얻기 위해 경쟁하게 되므로 돈의 가치가 상승한다. 이자율은 다름 아닌 돈의 가치를 나타내는 지표이다. 돈을 지출하지 않고 금융기관, 즉 은행에 맡기면 은행은 그 돈의 가치에 상승하는 대가인 이자를 돈을 맡긴 주체에게 지불한다. 그렇기 때문에 이자는 돈의 기회비용인 셈이다.

> 이자(율) = 화폐의 가치 = 화폐의 기회비용

이자율이 상승한다는 것은 돈의 가치가 귀해졌다는 것을 의미하고 이자율이 하락한다는 것은 돈의 가치가 낮아졌다는 것을 의미한다. 이자율이 상승하면 돈을 빌려야 하는 개인과 기업은 물어야 할 이자비용이 부담되기 때문에 돈을 빌려 투자하는 행위를 줄인다.

올라가는 모든 것이 언젠가는 내려오듯이 경기 또한 정점을 지나면 후퇴하기 시작된다. 높은 이자율로 인해 투자가 줄면 경제활동이 위축되고 과열되었던 경기가 식기 시작한다. 과열되었던 경기가 식으면서 생산, 소비, 투자, 고용이 감소하고 실업이 증가한다. 물론 그에 따라 임금, 주가, 물가가 내림세로 돌아서게 된다.

그런데 문제는 물가를 낮춰 인플레이션은 잡지만 경기가 침체되어 자연실업률 이상의 실업이 발생하는 것이다. 이 문제를 해결하기 위해서 정부는 이번에는 통화량을 늘리고 이자율을 낮춰 생산, 소비, 투자 등의 경제활동 활성화를 시도한다. 그러다가 경기가 회복, 확장을 거쳐 다시 과열되고 인플레이션이 발생하면 정부는 정반대 개입을 시도한다.[10]

이렇듯 인플레이션과 실업은 단기 상충관계에 있기 때문에 정부와 중앙은행은 통화량, 이자율, 정부지출이라는 정책수단을 사용하여 인플레이션과 실업 두 가지 문제가 국민경제에 미치는 부정적인 영향을 감소시키기 위해 노력한다. 이처럼 중앙은행이 이자율과 통화량을 조절하여 경제 안정화를 도모하는 것을 통화정책(monetary policy)이라고 한다.

이 장의 첫 머리 부분에서 언급한 바와 같이 통화정책과 재정정책은 정부(중앙은행과 함께)가 경제안정화 또는 총수요관리라고 하는 거시경제의 궁극적인 목표를 달성하기 위해 사용하는 가장 핵심적인 두 가지 수단이다. 이 두 가지 정책은 또한 복지국가의 등장 및 발전과도 밀접한 관련이 있는데 정부의 총수요관리정책은 경제뿐만 아니라 사회보장 전반에도 엄청난 영향을 미치기 때문이다. 그럼 앞으로 이어지는 제6장과 제7장 각각에서 재정정책과 통화정책에 대해서 살펴보기로 하자.

---

10) 이때 정부개입을 경기순환의 원인으로 잘못 이해하지 않기 바란다. 정부개입은 경기순환이 나타날 때 정부가 취하는 행동일 뿐 경기순환의 원인이 아니다.

# 국민경제와
# 재정정책

제6장

# 국민경제와 재정정책

## 1. 재정정책과 거시사회복지실천

정부가 국가 운영에 필요한 자금을 마련하고 정해진 계획에 따라 지출하는 행위를 재정(finance, 財政)이라고 한다. 재정은 다음과 같이 크게 수입부문과 지출부문으로 구분한다.

| | |
|---|---|
| **수입부문** | 조세 등의 수단을 통해 자금을 마련하는 정부수입 또는 재정수입 |
| **지출부문** | 정책 실현 등을 위해 자금을 지출하는 정부지출 또는 재정지출 |

Musgrave와 Musgrave(1975)는 정부가 재정지출을 통해 자원배분, 소득재분배, 경제안정화라는 세 가지 기능을 수행한다고 보았다. 이들 각각의 기능은 정부가 재정지출을 통해 달성하고자 하는 목적이기도 한데 정부가 이 세 가지 목적을 달성하기 위해서 재정지출을 수단으로 사용하여 펼치는 다양한 정책을 총괄하여 재정정책(fiscal policy)이라고 한다.

- **자원배분 기능**(allocation function): 어떤 사회재를 얼마나 생산할지, 사회재와 사적재의 혼합 비율을 어느 정도로 하는 것이 적절한지 등을 결정함으로써 제한된 자원을 사회재와 사적재의 생산을 위해 효율적으로 배분하는 기능
- **소득재분배 기능**(distribution function): 소득 및 부의 분배 상태를 사회구성원이 생각하는 정의로운 분배에 부합하도록 조정하는(즉, 재분배하는) 기능
- **경제안정화 기능**(stabilization function): 높은 수준의 고용률을 유지하고, 가격을 안정시키고, 적절한 수준의 경제발전을 이끌어 내는 등의 기능

이 세 가지 목적 간의 상대적 중요성, 다시 말하면 어떤 목적을 우선시할 것인지는 우리가 어떤 가치관을 가지고 이 질문에 답하고자 하는지에 따라 달라질 수 있다. 어떤 사람은 우리 사회가 이제까지 경제안정화 기능을 최우선시해 왔으므로 이제부터는 소득재분배 기능을 우선시하는 것이 바람직하다고 보는 반면, 어떤 사람은 경제안정화가 도모되지 않는 상태에서 재분배를 논하는 것은 의미가 없다는 입장을 견지할지도 모른다.

이 문제에 대해서 저자는 '어떤 목적이 더 중요한지에 대한 판단은 세 가지 목적 모두를 충분히 이해한 후에 각자가 하도록 하는 것이 가장 바람직하다'는 생각을 가지고 있다. 종종 사람들은 '가치 차이가 문제일 때는 답이 없다'는 말을 한다. 가치가 '불변의 진리'라는 상수가 되어 버리면 나머지 모든 것들은 그 상수를 정당화하기 위해 얼마든지 희생 가능한 어떤 것들로 전락해 버린다. 그리고 바로 그 순간 거시사회복지실천을 포함한 모든 사회정책은 적어도 Karl Popper가 과학의 본질이라고 불렀던 '틀릴 수 있는 가능성'이 인정되는 세상에 머물 수 있는 자격을 상실하게 되어 버릴 것이다.

현실이 이러하기 때문에 우리는 돌이키기 어려운 판단을(사실 돌이킬 수는 있으나 일단 결정을 내리고 나면 바꾸기가 매우 어려우므로) 내리기 전에 반드시 먼저 숙고해야 한다. 오늘날의 사회보장 현실은 재정정책에 대한 이해가 거시사회복지실천 전문가가 갖춰야 할 필수 요건임을 부정할 수 없는 상황이 되어 버린 지 오래이다. 적어도 저자는 그렇게 생각한다. 이미 수년 전부터 우리나라 정부 예산의 절반 이상이 복지·

고용·교육 분야에 분배되고 있다는 현실이 이를 뒷받침한다. 정부의 재정정책이 국민의 삶에 지대한 영향을 미친다는 것은 부정할 수 없는 명백한 사실이다. 특히 국민 간 복지 관련 이익부담 관계에 미치는 영향은 말할 것도 없다.

한 사회의 사회보장은 그 사회의 법, 행정, 재정의 함수이다. 거시사회복지실천의 역사를 뒤돌아보면 거시사회복지실천가의 실천 활동이 이 세 가지 영역 중 법 영역과 행정 영역에 상대적으로 치우친 반면, 재정 영역에서의 실천 활동은 극히 미미한 수준에 머물러 왔다는 것을 쉽게 알 수 있다. 이러한 현실은 바뀌어야 한다. 단순히 활동 영역 간 균형을 이루기 위해서가 아니다. 사회복지함수의 2/3를 통제할 능력밖에 없는 전문가는 전문가가 아니기 때문이다.

정부 재정정책의 내용을 이해하는 것은 어렵지 않다. 사실 사회과학 학문 분야 가운데 사회복지학만큼 정부 정책을 전문성 있게 공부하는 학문도 찾아보기 힘들다. 그런데 사회복지학 교육에서 가르치지 않는 것이 있다. 그 결과, 정부 재정정책을 이해하는 데 어려운 것이 있다면(사실 어렵지 않기 때문에) 내용이 아니라 '왜 그런 선택을 해야 하는가?' 또는 '그런 선택을 하면 어떤 결과가 나타나는가?'를 이해하는 것이다. 이를 위해 필요한 지식인 경제학 지식을 접해 볼 기회가 없었기 때문이다. 경제학 이론 가운데서도 거시경제 이론을 접할 수 있는 기회는 특히 없었고 지금부터라도 노력하지 않으면 앞으로도 없을 것 같다는 것이 저자의 생각이다. 그럼 지금부터 이러한 현실을 바꾸기 위한 작지만 꾸준한 노력을 함께 시작해 보기로 하자.


## 2. 국민소득결정 이론-고전학파 이론

제5장에서 우리는 국민소득이라는 개념을 *GNP*, *GDP*, *NI*, *NNI* 등의 지수로 조작 정의한 바 있다. 저자는 독자들에게 지금부터 우리가 함께 살펴볼 국민소득이라는 개념을 '한 국가 또는 국민경제의 국민이 누릴 수 있는 경제수준'으로 이해해 볼 것을 제안한다.[1]

---

1) 독자들에게도 도움이 될지는 모르겠지만 저자는 어떤 개념들을 처음 접하면 그것이 어떤 학문 분야의 개념들

'국민이 누릴 수 있는 경제수준은 무엇에 의해 어떻게 결정되는가?' 이 질문은 모든 거시경제 이론의 출발점에 해당하는 질문이다. Adam Smith 이후부터 John Meinard Keynse의 등장 이전까지 시기에 해당하는 고전학파 경제학자들은 이 질문에 대해서 '공급에 의해서 결정된다'는 답을 제시하는 반면, Keynse와 Keynse 이후 케인즈학파로 분류되는 경제학자들은 '수요에 의해서 결정된다'는 정반대의 답을 제시한다.

그런데 이 질문 또는 이 질문에 대한 답이 왜 중요한가? 국민경제의 경제수준이 어떻게 결정되는지를 이해하는 것은 결국 국민경제의 작동 원리를 이해하는 것과 같고 그것이 바로 거시경제 이론의 궁극적인 목적이다. 어떤 체계의 작동 원리를 부분적으로나마 이해할 수 있다면 우리는 그 체계를 어느 정도까지는 통제할 수 있다. 거시 사회복지실천의 관점에서 볼 때 재정정책과 다음 장에서 살펴볼 통화정책은 국민경제의 작동 요소 중 원인 부분에 대한 개입을 통해 사회보장 증진이라는 '계획된 변화'를 이끌어 내는 정책 수단이다. 그렇기 때문에 한 사회의 경제수준이 어떻게 결정되는지를 이해하는 것은 바로 그 수단을 사용하는 방법을 배우는 것이다. 그럼 지금부터 위에서 소개한 두 가지 대립되는 이론적 입장 중 먼저 고전학파의 입장을 이해하고 이어서 케인즈학파의 입장을 이해해 보기로 하자.

## 1) 고전학파의 기본 가정과 국민소득결정 원리

고전학파의 국민소득결정 이론은 다음과 같은 가정을 토대로 하는 이론 체계이다.

### 가정 1. 공급이 스스로 수요를 창출한다

세이의 법칙(Say's Law)이라고 알려진 이 가정은 공급(생산)이 소득에 영향을 미치고, 소득이 수요(지출)에 영향을 미치고, 수요가 다시 공급에 영향을 미치는 순환관계

---

이든 상관없이 각각의 개념을 그것의 본질을 저자 나름대로 간략하게 서술하여 정의하는 방식으로 이해하고자 노력한다. 그렇게 하는 것이 저자에게는 다른 어떤 이해 방식보다 복잡한 개념을 직관적으로 이해하는 데 더 도움이 되기 때문이다. 저자가 독자들에게 한 제안은 이러한 지극히 개인적이고 주관적인 생각에 근거한 제안이다.

가 존재하고 이 순환관계의 출발점은 공급이라는 가정이다. 이 가정에 따르면 국민 소득은 공급에 의해서 결정되고 수요는 국민소득에 전혀 영향을 미치지 않는다.

### 가정 2. 생산요소의 가격은 완전신축적이다

시장에서 거래되는 모든 생산물(재화·서비스)의 가격이 수요와 공급의 변화에 따라 신축적으로 변하는 것과 마찬가지로 생산요소의 가격, 즉 명목임금, 물가, 명목이자 율 또한 완전 신축적으로 변한다. 완전 신축적이라는 말은 어떤 변화에 대해 임금, 물가, 이자율이 즉각적으로 반응하여 변한다는 것을 의미한다.

### 가정 3. 노동시장은 완전경쟁시장이다

노동시장은 일하고자 하는 사람은 누구나 참여하여 일할 수 있는 시장이고, 일자 리를 놓고 자유로운 경쟁을 벌일 수 있는 시장이다. 노동의 대가인 임금은 노동에 대한 수요와 공급에 의해서 결정된다. 노동의 수요자인 기업은 노동시장에서 결정된 가격을 받아들여야 하는 가격수용자이다. 노동에 대한 수요와 공급은 모두 실질임금 의 함수(실질임금에 의해 결정)이다. 실질임금은 명목임금을 가격(물가수준)으로 나눈 값이다.

### 가정 4. 노동시장은 항상 균형상태에 있다

노동시장에서 노동에 대한 수요나 공급에 초과 또는 부족 현상이 발생하여 균형이 깨지면 임금이 신축적으로 반응하여 초과 또는 부족이 자동적으로 조절되므로 노동 시장은 늘 균형상태에 있게 된다. 이러한 노동시장에서 실업은 자발적 실업만 존재 하고 비자발적(구조적) 실업은 존재하지 않는다. 고용량은 노동의 수요와 공급에 의 해서 결정된 균형임금에 의해서 결정된다. 이렇게 결정된 고용량은 일할 의지가 있 는 사람이 모두 일할 때의 고용량인 완전고용량이고, 완전고용 상태에서 존재하는 실업의 수준은 자연실업률 수준(3~5%)에 지나지 않는다.

　　이러한 네 가지 가정을 토대 삼아 고전학파는 국민총소득이 다음과 같은 원리에 의해 결정된다고 본다. 고전학파에게 노동시장은 완전경쟁시장이고 신축적 적응력 또는 조절력을 가진 시장이다. 이러한 적응력을 가진 노동시장에서 고용량은 항상 균형적으로 결정되고, 균형적인 고용량에 국민경제가 보유하고 있는 기술 수준이 결합되어 국민경제의 총생산(즉, 총공급)이 결정된다. 고전학파는 총공급이 이렇게 결정되면 총수요는 자연스럽게 뒤따라 나타난다고 본다.

| 신축적 노동시장에서<br>고용량 결정 | ⇨ | 주어진 기술수준으로<br>고용량과 자본량(고정)<br>결합 | ⇨ | 총생산량<br>결정 | ⇨ | 국민총소득<br>결정 |

## 2) 총생산함수

　　앞서 언급한 바와 같이 고전학파는 균형적인 고용량이 국민경제가 보유한 기술수준에 의해 고정된 자본량과 결합되어 생산이 이루어진다고 본다. '국민경제가 보유한 기술'에서 기술은 노동과 자본을 결합하여 생산물로 전환하는 기술, 즉 생산요소의 함수를 말한다. 이러한 의미에서 한 국민경제가 보유한 기술수준을 그 국민경제의 총생산함수라고 한다.

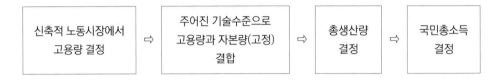

국민경제가 보유한 기술 수준 = 국민경제가 생산요소를 생산물로 전환하는 기술력
= 국민경제의 총생산함수

　　고전학파는 단기에 국민경제 내의 국민총생산 $Y$를[2] 다음과 같은 고용과 자본의 함수로 본다. 단기에 한 국가가 보유한 총자본량은 그 값이 $\overline{K}$로 고정되어 있다고 가정하며, 기술 수준과 인구규모 또한 변하지 않는다고 가정한다. 즉, 고전학파는 단기 국민총생산이 고용량에 의해서만 결정된다고 보는 것이다.

---

2) 앞서 소개한 3면 등가법칙에 따라 실질국민총생산은 실질국민총소득이면서 실질국민총지출이다.

$$Y = F(N, \overline{K})$$

단, $N$은 총고용량, $K$는 총자본량[3]

　노동의 한계생산물은 고용량이 증가하면 증가하지만 [그림 6-1] (a)와 같이 체감하기 때문에 단기 총생산함수는 [그림 6-1] (b)과 같이 위쪽으로 볼록한 포물선 모양을 갖는다.

　노동의 수요자는 기업이고 공급자는 노동자이다. 기업이 노동자에게 노동의 대가로 지불하는 임금을 명목임금 $w$(wage)라고 한다. 기업은 노동자가 제공한 1단위 노동에 대해서 얼마의 임금을 지불하는가? 이윤을 극대화하려는 기업의 입장에서 볼 때 명목임금의 수준은 기업이 1단위 노동을 들여 만들어 내는 생산물의 가치, 즉 노동의 한계생산물가치(vale of marginal product of labor) $VMP_L$와 일치하는 것이 가장 적절하다.

　왜 그런가? 만일 기업이 노동의 한계생산물가치보다 낮은 수준의 임금을 명목임금으로 지불한다면 기업의 입장에서는 좋을지 모르지만 노동자의 입장에서 보면 자신들이 제공한 노동의 가치가 보다 낮은 부당한 보상이 이루어지는 것이기 때문에 노동자들은 그 명목임금을 받고는 노동을 제공하지 않을 것이다.

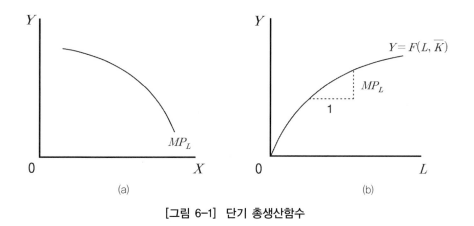

[그림 6-1] 단기 총생산함수

---

[3] 총고용량을 $N$으로 표기한 이유는 총고용량이 실업률을 자연실업률, 즉 Natural Unemployment 수준이 되게 만드는 고용량임을 강조하기 위해서이다.

이와 반대로 노동자들이 기업에게 1단위 노동에 대해서 한계생산물가치보다 높은 수준의 명목임금을 지불할 것을 요구하면 기업은 이윤을 극대화할 수 없으므로 노동수요를 당연히 줄일 것이고 그렇게 되면 결국 노동자들이 손해를 보게 된다. 따라서 이윤을 극대화하려는 기업과 노동자 모두가 만족하면서 노동을 공급하고 수요할 수 있는 가장 적절한 수준의 임금은 노동의 한계생산물가치 $VMP_L$ 과 일치하는 수준의 임금이다.

노동의 한계생산물가치는 노동의 한계생산물(양)과 생산물 가격의 곱이므로 명목임금 $w$ 은 다음과 같이 정의된다.

$$w = VMP_L = MP_L \times P$$

명목임금은 물가 변화에 따른 구매가치를 고려하지 않은 회폐액수 임금이므로 실질임금을 구하려면 명목임금을 생산물의 가격(즉, 물가수준)으로 나누어 줘야 한다. 앞서 미시경제 부분에서 설명한 바와 같이 실질임금은 다름 아닌 노동의 한계생산물이다.

$$실질임금 \ = \frac{w}{P} = 노동의 한계생산물$$

## 3) 노동시장균형

모든 재화·서비스의 가격이 그러하듯이 국민경제 내에서 노동의 가격인 임금 역시 노동에 대한 총수요와 총공급이[4] 균형을 이루는 점에서 결정된다. 고전학파는 노동에 대한 총수요곡선 $N^D$ 를 [그림 6-2] (a)와 같이 실질임금의 함수로 본다. 즉, 기업 또는 생산자의 노동에 대한 수요는 노동의 대가로 지불해야 할 실질임금의 수준에 따라 달라진다고 보는 것이다. 이러한 이유에서 노동에 대한 총수요곡선을 한계노동

---

4) 지금 논의하고 있는 경제가 개별 기업 차원의 경제가 아니라 국민경제이므로 총수요, 총공급이라는 용어를 사용한다. 총수요, 총공급은 각각 개별 기업의 수요, 공급을 모두 더한 수요, 공급이라는 것을 기억하기 바란다.

생산물곡선이라고 부르기도 한다.

$$N^D = N^D(\frac{w}{P}) = MP_L$$

노동의 총공급곡선 $N^S$ 은 국민경제 내의 모든 개별 노동자가 가진, 소득·여가에 대한 선호를 더해 구한 곡선이며 실질임금의 함수이다. 국민경제 내에 소득과 여가 중 소득을 선호하는 노동자가 많을수록 노동공급량은 증가하고 여가를 선호하는 노동자들이 많을수록 노동공급량은 감소한다. 따라서 총공급곡선 $N^S$ 는 우상향 기울기를 갖는다.

[그림 6-2] (a)에서 노동시장의 균형은 총수요곡선 $N^D$ 와 총공급곡선 $N^S$ 이 만나는 $E$ 에서 형성된다. 이 균형점에서 노동자들은 균형임금 $w_E/P$ 를 실질임금으로 받으면서 $N_E$ 만큼의 노동을 공급한다. 이 균형점은 '일하기 원하는 모든 사람이 고용상태에 있을 때의 노동 공급량'이라는 의미에서 단기 완전고용량 또는 단기 완전고용수준이라고 한다.

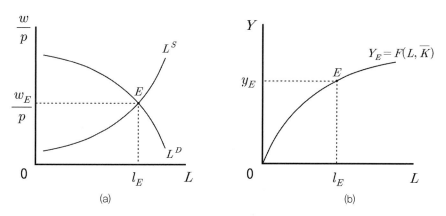

[그림 6-2]  노동시장균형과 단기 총생산가능함수

## 4) 균형국민소득결정

### (1) 단기 균형국민소득결정

[그림 6-2] (b)의 단기 총생산가능함수는 주어진 기술 수준을 가지고 완전고용수준의 노동 $l_E$을 단기 고정 자본 $\overline{K}$와 결합하면 $Y_E$만큼의 재화·서비스가 생산된다는 것을 보여 준다. 이렇게 생산된 $Y_E$를 가리켜 완전국민소득 또는 균형국민소득이라고 부른다.[5]

$Y_E$ = 완전(고용 상태에서 국민경제가 달성 가능한) 국민소득
= 균형(수요공급 상태에서 국민경제가 달성 가능한) 국민소득

미시경제에서 개별 기업이 생산요소인 자본과 노동을 결합해서 개별 기업의 생산함수라는 기술을 사용하여 재화·서비스라는 실물 성과를 만들어 내는 것과 마찬가지로 거시경제에서는 한 국가 내의 모든 기업들이 자본과 노동을 결합하여 총생산함수라는 기술을 사용하여 총생산물을 만들어 낸다. 거시경제의 성과는 그렇게 생산된 총생산물의 시장가치인 실질국민소득이다.[6]

• 미시경제 성과 = 재화·서비스    • 거시경제 성과 = 실질국민소득

### (2) 장기 균형국민소득결정

단기와 달리 장기에는 국민경제 내의 다음과 같은 조건들이 변하기 때문에 국민총소득이 앞서 소개한 국민총소득결정원리에 따라 결정되지 않는다고 보는 것이 합리

---

[5] 아래 식을 다음과 같이 이해하는 것이 용어의 의미를 좀 더 쉽게 이해하는 데 도움이 될 수 있을 것이라 생각한다. $Y_E$ = 완전(고용)국민소득 또는 (노동 수요·공급)균형국민소득

[6] 모든 생산물은 해당 국가 내에서(혹은 수출을 통해 외국에서) 균형가격에 판매된다. 그 결과, 총생산물의 시장가치, 즉 총생산물의 양에 가격을 곱한 값만큼의 소득이 발생하여 국민 사이에 배분될 것이므로 총생산물의 시장가치가 곧 국민소득인 것이다.

적이다.

> • 자본량 변화
> • 자본 외 변수, 예를 들면 생산가능인구규모, 생산기술수준, 근로자의 소득-여가 선호 성향, 생산
>   자 물가(원자재 가격수준) 등의 변화

　그럼에도 불구하고 고전학파는 위와 같은 변화가 발생해도 노동시장은 완전경쟁시장이고 완전신축시장이어서 모든 변화에 빠르게 적응할 수 있기 때문에 어떤 불균형이 시장에 발생하더라도 시간이 지나면 시장은 모든 불균형을 청산(market cleaning)할 수 있다고 주장한다. 그렇기 때문에 고전학파는 장기에도 변화는 공급 측면에서만 발생하고 수요 측면에서는 발생하지 않는다고 가정한다.

　이러한 고전학파의 국민소득결정 이론은 1929년에 시작된 대공황에 의해서 그 타당성이 의심받게 되었다. 고전학파의 주장대로 국민소득이 공급에 의해서만 결정되고 수요와는 무관한 것이라면, 그리고 시장이 어떤 불균형도 즉각적으로 청산할 수 있는 조절 능력을 가지고 있다면 국민경제 내에 일시적인 과잉공급이 발생하더라도 그러한 불균형은 즉각 청산되어야 한다.

　그런데 1920년대 말부터 나타나기 시작한 생산 과잉 현상은 청산되기는커녕 1929년 10월 주식시장 붕괴로 이어졌고 세계 경제는 1939년까지 무려 10년이 넘는 기간 동안 장기 침체의 늪에서 벗어나지 못하는 대공황 시기를 맞게 되었다. 이러한 현상은 고전학파의 공급 중심 이론으로는 설명할 수 없는 현상이었기에 대공황을 경험하면서 연구자들은 국민경제의 공급 측면뿐만 아니라 수요 측면에 대해서도 관심을 기울여야 한다는 것을 깨닫게 되었다.

## 3. 국민소득결정 이론–케인즈학파 이론

대공황의 발생 원인을 적절히 설명하지 못하는 고전학파의 이론과 달리 Keynes에 의해서 대표되는 케인즈학파의 경제 이론은 수요 부족이 경제 붕괴의 원인이라는 주장을 제기하였다. 공급이 충분하더라도 생산물에 대한 수요가 부족하면 생산된 재화·서비스가 소비되지 않아 재고가 발생하고, 재고 누적은 생산과 고용 감소로 이어져 실업이 증가하며, 실업의 증가는 소비수요와 투자수요를 위축시켜 총수요가 감소하는 악순환이 지속된다는 것이다. 이러한 주장과 함께 케인즈학파는 국민소득은 공급에 의해서 결정되는 것이 아니라 수요에 의해서 결정된다는 고전학파의 이론과 정반대되는 이론을 제시한다.

### 1) 케인즈학파의 기본 가정

케인즈학파의 국민소득결정 이론의 토대가 되는 기본 가정은 다음과 같다.

- 가정 1: 국민경제는 잉여생산능력을 보유한 경제이다. 한 국가의 국민경제는 수요가 증가하면 이에 부응하여 공급을 늘릴 수 있는 능력을 가지고 있다.
- 가정 2: 물가는 고정되어 있다. 수요가 증가하더라도 잉여생산능력을 가지고 있어서 증가한 수요를 충족시킬 수 있는 충분한 공급이 가능하므로 물가는 오르지 않는다.
- 가정 3: 소비는 소득의 증가함수이다. 단, 소비 변화가 소득 변화만큼 일어나지는 않는다. 한계소비성향(marginal propensity of consumption), 즉 소비변화량을 소득변화량으로 나눈 비(ratio) 값은 0과 1 사이의 값을 갖는다.
- 가정 4: 기업투자지출, 정부지출, 순수출은 외생적으로 결정된다. 기업의 투자지출, 정부지출, 순수출 모두 소득수준이나 이자율과 무관하게 외생적으로 결정된다.

## 2) 케인즈 단순모형

케인즈학파는 국민소득결정 이론을 단순모형을 가지고 먼저 설명한 다음 일반모형으로 설명한다. 단순모형은 국민경제를 가계와 기업만으로 구성된 민간경제로 단순화한 모형이다. 단순모형을 가리켜 2부분 모형이라고도 하는데, 이는 이 모형이 가계와 기업 두 부문만을 고려하는 모형이라는 의미에서 붙여진 명칭이다.

단순모형에서는 총수요가 가계의 민간소비지출 기업의 투자지출만으로 구성되어 있다고 가정하고 정부소비지출과 순수출은 제외한다.

---

**케인즈 단순모형**
- 국민경제가 가계와 기업으로만 구성되어 있다고 보는 2부분 모형
- 총수요가 민간소비지출과 기업투자지출로만 구성되어 있다고 보고 정부소비지출과 순수출은 제외하는 모형(기업투자지출은 외생적으로 결정됨에 따라 고정되어 있다고 가정)

---

### (1) 총수요

케인즈학파의 국민소득결정 이론은 총소득이 총수요에 의해서 결정된다는 가정을 출발점으로 삼는다. 이는 공급이 국민소득을 결정한다고 보는 고전학파의 입장과 정반대 입장이다.

한 국민경제 내의 총수요는[7] 최종생산물에 대해 가계, 기업, 정부, 해외부문이 가진 수요의 총합이다. 그러나 앞서 소개한 바와 같이 단순모형은 정부와 해외부문을 생각하지 않는다. 따라서 단순모형은 국민경제의 총수요 $Y^D$가 민간소비 $C$와 기업투자 $I$에 의해서만 결정된다고 본다.

---

[7] 소비는 소비수요와 소비지출로 구분할 수 있다. 소비수요(consumption demand)는 소비주체가 구매력을 가지고 있기 때문에 공급이 있으면 소비 행위로 옮겨질 수 있는 소비로서 일반적으로 말하는 재화·서비스에 대한 수요와 공급의 수요가 이에 해당한다. 소비지출(actual consumption)은 실제로 이루어진 소비이며 기업의 투자와 가계의 민간소비지출이라고 말할 때의 지출이 소비지출이다. 위의 소비함수에서 소비 $C$는 소비지출이고, 단순모형에서 말하는 총수요 $Y^D$는 소비수요이다.

$$Y^D = C + \bar{I}$$

총수요 = 민간소비 + 기업투자(단, 기업투자는 고정)

국민경제의 총수요는 곧 총소득(3면 등가법칙)이므로 이하 내용에서는 두 변수 모두를 한 개 기호 $Y$로 표기하되 두 변수를 구별하기 위해 총수요를 $Y^D$로 표기하고 총소득은 $Y$로 표기하기로 하겠다.[8)]

(2) 소비수요

단순모형에서 민간의 소비수준 $C$는 실질소득 $Y$, 이자율 $r$, 생산물의 가격 $P$에 의해서 결정된다고 가정한다. 실질소득이 증가하면 민간의 구매력이 증가하여 소비가 증가하는 반면, 실질소득이 감소하면 소비가 줄어든다. 물가가 변하지 않아도 실질소득이 변하면 재화·서비스의 상대적 가격을 변화시키는 효과가 나타나기 때문에 소비수준이 변하는 효과를 가져온다.

| 실질소득↑, 이자율↓, 생산물 가격↓ | 민간소비↑ |
|---|---|
| 실질소득↓, 이자율↑, 생산물 가격↑ | 민간소비↓ |

재화·서비스의 가격 역시 소비에 영향을 미친다. 물가가 상승하면 명목소득이 변하지 않더라도 실질소득이 감소하기 때문에 민간소비가 감소한다. 마지막으로 소비수준은 이자율 변화에 의해서도 영향을 받는다. 예를 들어, 이자율이 높아지면 저축동기가 생겨 소비가 줄어들 가능성이 큰 반면, 이자율이 낮아지면 저축 대신 소비를 선택할 가능성이 커진다.

이 세 가지 요인 중 소비수준에 가장 큰 영향을 미치는 요인은 실질소득 절대액(current and absolute income level)이다. 따라서 일단 이자율과 생산물 가격은 고정되어 있다고 가정한다. 또한 소비는 소득수준과 무관하게 반드시 해야만 하는 절대소

---

8) 케인즈학파의 국민소득결정 이론에서는 총수요가 곧 총소득을 결정하므로 총수요와 총소득 모두를 $Y$로 표기하되, 수요임을 나타내기 위해서 위첨자 $D$를 붙인다.

비와 소득수준에 의해 영향을 받는 소비로 구분된다.

이상의 내용을 바탕으로 소비결정함수(이하 '소비함수')를 다음과 같이 정의할 수 있다. 이 소비함수식의 기울기 $b$는 실질소득의 변화량 $\Delta Y$에 대한 소비의 변화량 $\Delta C$의 비(ratio) 값이므로 $b$가 한계소비성향(Marginal Propensity to Consume: MPC)이라는 것을 알 수 있다.

$$C = C(Y, \bar{r}, \bar{P}) = a + bY$$
$$a \text{는 절대소비 } a > 0, \quad b = \frac{\Delta C}{\Delta Y} = MPC, \, 0 < b < 1$$

### (3) 투자수요

투자수요(investment demand)는 기업이 가지고 있는 투자의지, 즉 이윤이 발생하면 그 이윤을 즉시 투자 행위로 실현하고자 하는 의지이다. 투자수요는 유발투자와 독립투자로 구분된다. 유발투자(induced investment)란 이자율과 국민소득에 따라 결정되는 투자이고, 독립투자(independent investment)는 이자율이나 국민소득과 무관하게 결정되는 투자이다. 독립투자는 주로 생산기술 향상을 위한 R&D 투자나 사회간접자본 형성을 위한 투자 등과 같이 주로 장기적인 계획하에 결정되고 고정적으로 진행되는 투자이다. 단순모형은 단기 모형이므로 단순모형에서는 독립투자수요 $I^D$가 특정값 $I_0$로 고정되어 있다고 가정한다.

$$I^D = I_0$$

이상의 내용을 반영하는 단순모형의 총수요를 유효수요(effective demand)라고 한다. 유효수요곡선은 다음과 같이 정의된다.

$$Y^D = a + I_0 + bY = C + I_0$$

앞서 언급했듯이 케인즈학파의 국민소득결정 이론은 총수요가 총소득을 결정한다는 가정에서부터 출발하기 때문에 총수요와 총소득의 관계는 다음 조건을 만족하는 관계이어야 한다. 이 관계를 균형조건이라고 한다.

$$Y^D = Y$$

국민소득은 유효수요곡선이 이 균형조건을 만족할 때, 즉 유효수요곡선이 균형조건식과 교차하는 점에서 균형을 이루게 되고 그때 균형국민소득 $Y_E$가 결정된다. 따라서 위에서 소개한 유효수요곡선과 균형조건으로부터 균형국민소득 결정식을 도출하면 다음과 같다.

$$\text{균형국민소득 } Y_E = \frac{1}{1-b}(a+I_0) = \frac{1}{1-b}a + \frac{1}{1-b}I_0$$

### ⑷ 국민총소득결정 원리

[그림 6-3]은 케인즈학파의 국민총소득이 어떻게 결정되는지 보여 주는 그래프이다. [그림 6-3]의 곡선(직선) ①은 독립투자수요가 $I^D = I_0$임을 나타내는 식이다. 곡선 ②는 절편이 $a$이고 기울기가 $b$인 소비함수이다. 주어진 소득수준 $y_1$, $y_E$, $y_2$에서 이 소비함수에 의해 결정되는 소비수준 $c_1$, $c_E$, $c_2$ 각각을 원점과 잇는 점선은 각 소득수준에서의 평균소비성향(Average Propensity to Consume: APC), 즉 소득 $Y$에서 소비 $C$가 차지하는 비중을 나타낸다.

$$APC = \frac{C}{Y}$$

[그림 6-3]에서 소득곡선의 기울기가 평균소비성향을 나타내는 모든 점선의 기울기보다 작은 것은 한계소비성향이 평균소비성향보다 항상 작다는 것을 의미하며, 이는 소득이 증가할 때 소비도 증가하지만 소비증가분은 소득증가분보다 항상 작다는 것을 의미한다.

| 소득곡선의 기울기가 평균소비성향의 기울기보다 작다. | = | 한계소비성향이 평균소비성향 보다 작다. | = | 소득이 증가하면 소비가 증가하지만 소비증가분은 소득증가분보다 적다. |
|---|---|---|---|---|

[그림 6-3]의 기울기 45° 직선 ④는 기울기가 1인 균형조건식 $Y^D = Y$ 이다. 이 균형조건식은 '이 직선상에서 총수요와 총생산과 총소득이 일치한다'는 조건을 나타내는 식이다. 곡선 ③은 절편이 $a + I_0$ 이고 기울기가 $b$ 인 총수요곡선으로서 소비함수 ②에 독립투자 ①을 더해서 소비함수 ②를 기울기를 그대로 유지하면서 $I_0$ 만큼 위쪽으로 이동시킨 곡선이다.

케인즈의 단순모형에서 단기 균형국민소득은 총수요에 의해서만 결정된다. 총수요는 소비와 투자의 합, 즉 $Y^D = C + I_0$ 이고 투자는 고정되어 있다고 가정하므로 균형국민소득은 결국 소비할 수 있는 능력, 즉 유효수요에 의해서 결정된다. [그림 6-3]에서 균형국민소득은 총수요곡선 ③이 균형조건식 ④와 만날 때의 국민소득인 $y_E$ 이다. 왜냐하면 앞서 설명한 바와 같이 균형조건식은 총수요와 총소득이 일치하는 조건식이므로 총수요곡선이 이 식과 만난다는 것은 총수요가 총소득과 균형을 이룬다는 것이므로 그 균형점에 해당하는 국민소득이 바로 균형국민소득이기 때문이다.

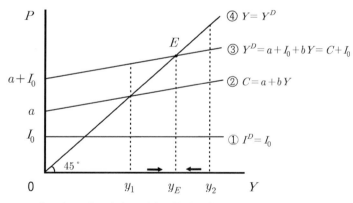

[그림 6-3] 케인즈 단순모형의 균형국민소득결정 원리

이제 다음과 같은 두 가지 경우를 생각해 보자. 첫 번째 경우는 국민소득이 균형국민소득보다 많은 $y_2$ 인 경우이다. 국민소득이 $y_2$ 일 때 총수요곡선 ③은 균형조건식 ④보다 아래 있게 되는데 이는 총수요가 총생산보다 적다는 것을 의미한다. 즉, 과잉생산이 이루어져 재고가 발생하는 상황이 벌어지고 있다는 것이다. 재고가 발생하면

재고가 소진될 때까지 생산이 감소할 것이고 생산이 줄어들면 소득이 감소한다.[9] 따라서 국민소득 $y_2$ 는 생산이 줄어듦에 따라 균형국민소득 $y_E$ 방향으로 감소한다.

이번에는 국민소득이 균형국민소득보다 적은 $y_1$ 인 경우를 생각해 보자. 위의 경우와는 정반대 현상이 벌어진다. 국민소득이 $y_1$ 수준일 때 총수요곡선은 균형조건식보다 위에 위치하므로 수요가 생산을 초과하여 생산 부족 현상이 발생한다. 따라서 생산 부족 현상이 사라질 때까지 생산이 늘어날 것이고 그렇게 되면 국민소득 $y_1$ 은 균형국민소득 $y_E$ 방향으로 증가한다.

이 두 가지 경우를 통해 알 수 있듯이 케인즈 단순모형은 국민소득을 결정하는 데 있어서 국민경제가 가진 생산 능력이 얼마인지가 중요한 것이 아니라 생산된 재화·서비스를 소비할 수 있는 능력인 유효수요(총수요)의 수준이 얼마인지가 중요하다는 것을 말해 주는 모형이다.

### 3) 승수효과

이상에서 살펴본 바와 같이 케인즈 단순모형에서 국민소득은 총수요 수준에 의해 결정된다. 이러한 이론적 가정에 근거하여 케인즈학파는 정부가 국민경제의 안정과 성장을 위해서 유효수요를 관리하는 적극적인 역할을 해야 한다고 주장한다.

이러한 케인즈학파의 주장은 승수효과(multiplier effect) 개념에 의해서 뒷받침된다. 승수효과는 다음과 같이 정의되는 값으로서 총수요가 1단위 변할 때 국민소득이 얼마나 증가하는지를 보여 주는 값이다.

$$승수효과 = \frac{\Delta 균형국민소득}{\Delta 총수요}$$

이 식에서 분모를 재정지출로 대체하면 확대재정정책을 통해 정부지출이 한계적으로 증가할 때 국민소득이 증가하는 정도를 나타내는 재정승수 또는 정부지출승수가 된다.

---

9) 3면 등가법칙을 기억하기 바란다.

$$재정승수효과 = \frac{\Delta\,균형국민소득}{\Delta\,총정부지출}$$

만일 재정승수가 1보다 큰 값을 갖는다면 정부는 확대재정정책을 펼칠 수 있는 분명한 명분을(기회비용을 잠시 생각하지 않기로 한다면) 갖게 된다.

케인즈 단순모형에서 총수요는 독립투자의 증가함수이므로(즉, 독립투자가 증가하면 총수요가 증가하므로) 위의 승수효과 식에서 분모의 $\Delta$총수요를 $\Delta$독립투자로 대체하면 승수효과는 이제 독립투자승수효과가 된다. 독립투자가 $\Delta I_0$만큼 변할 때 균형국민소득이 $\Delta Y_E$만큼 변한다면 앞서 소개한 균형국민소득식을 다음과 같이 표현할 수 있다.

$$Y_E + \Delta Y_E = \frac{1}{1-b}(a + I_0 + \Delta I_0)$$

$$\Delta Y_E = \frac{1}{1-b}\Delta I_0$$

$$\frac{\Delta Y_E}{\Delta I_0} = \frac{1}{1-b} = \frac{1}{1-MPC} = \frac{1}{MPS}$$

위의 식에서 균형소득은 독립투자증가분 $\Delta I_0$과 $1/(1-b)$의 곱만큼 증가하므로 투자승수는 아래의 식과 같다. 이 식에서 $b$는 한계소비성향으로서 $0 < b < 1$ 범위 값을 가지므로 투자승수 $1/(1-b)$는 항상 1보다 큰 값을 갖는다는 것을 알 수 있다. 따라서 투자수요가 증가하면 균형소득은 항상 투자수요 증가분보다 이상으로 증가한다.

$$1/(1-b) = 투자승수(\text{investment multiplier})$$

그런데 총수요는 독립투자뿐만 아니라 소득이나 이자율과 무관한 다른 지출이 증가할 때도 증가한다. 이러한 지출을 가리켜 독립지출이라고 하는데 대표적인 예가 정부가 조세 등을 재원으로 하여 행하는 이전지출(tax transfer)이다.[10] 정부가 재정지

---

10) 앞서 소개한 소비함수의 절편 $a$ 소득이나 이자율과 상관없이 반드시 해야 하는 기초소비 또는 절대소비도 독립지출에 해당한다.

출을 늘리면 국민소득은 독립투자를 늘릴 때와 마찬가지로 재정지출 증가 정도보다 큰 폭으로 증가한다. 바로 이 주장이 총수요 관리를 위해 적극적인 정부개입이 필요하다는 케인즈학파의 주장을 뒷받침하는 또 하나의 이론적 근거이다.

이러한 이론적 관점에서 보면, 저축은 그것이 투자로 이어지지 않으면 국민경제에 악영향을 미치는 요소가 된다. 왜냐하면 저축이 투자로 이어지지 않는다면 저축은 가처분소득을 감소시켜서 소비를 위축시키고, 궁극적으로는 총수요를 감소시키기 때문이다.

케인즈 단순모형에서 국민소득은 총수요의 크기에 의해 결정되므로 총수요가 감소하면 국민소득 역시 감소한다. 소비가 늘수록 국민경제가 성장하고 저축이 늘수록 국민경제가 오히려 위축되는 이러한 현상을 절약의 역설(paradox of thrift)이라고 한다.

> 절약의 역설: 소비↑, 저축↓, 국민경제↑　vs.　소비↓, 저축↑, 국민경제↓

## 4) 케인즈 혼합경제모형

앞서 소개한 케인즈 단순모형은 국민경제가 가계와 기업만으로 구성되어 있다고 보는 다소 현실성이 낮은 모형이다. 이 단순모형에 정부부문을 포함시켜 현실 경제에 좀 더 가깝게 만든 모형을 혼합경제모형이라고 한다. 혼합경제모형에서 '혼합'은 민간부문과 정부부문을 모두 고려한다는 것을 의미한다.

단순모형에 정부지출 $G$와 조세 $T$를 포함시키면 혼합경제모형의 총수요 $Y^D$와 총소득 $Y$는 각각 다음과 같이 정의된다.

$$Y^D = C + I^D + G$$
$$Y = C + S + T \quad \text{단, } S = \text{저축}$$

위의 두 식에서 총수요와 총소득이 다음과 같이 일치한다.

$$I^D + G = S + T$$

이상의 내용을 다음과 같은 여섯 개의 식으로 정리할 수 있다.

$$Y^D = C + I^D + G$$
$$C = a + b(Y - T) \quad 단, Y - T = 가처분소득^{11)}$$
$$I^D = I_0$$
$$G^D = G_0$$
$$T = T_0 \qquad 단, 조세는 개인에게만 부과되는 정액세로 가정함.$$
$$Y^D = Y$$

이 여섯 개 식을 결합하면 다음과 같은 균형국민소득식을 도출할 수 있다.

$$혼합경제모형의 균형국민소득 \quad Y_E = \frac{1}{1-b}(a + I_0 + G_0 - bT_0)$$

혼합경제모형에서 투자승수는 단순모형의 투자승수와 동일하고, 정부지출승수와 조세승수는 각각 다음과 같다.

$$정부지출승수 \quad = \frac{\Delta Y_E}{\Delta G_0} = \frac{1}{1-b} = \frac{1}{1-MPC} = \frac{\Delta Y_E}{\Delta I_0} = 투자승수$$

$$조세승수^{12)} \quad = \frac{\Delta Y_E}{\Delta T_0} = -\frac{b}{1-b} = -\frac{MPC}{1-MPC}$$

조세승수가 음(-)의 부를 갖는 이유는 조세가 증가하면 국민소득이 감소하기 때문이다. 또한 조세승수식의 분자와 정부지출승수식의 분자를 비교해 보면 후자가 전자에 비해 작으므로 조세승수의 절대값이 정부지출승수의 절대값보다 작다는 것을 알 수 있다. 이는 국민소득을 늘리고자 할 때 정부지출을 일정 금액 늘리는 것이 조세를

---

11) 가처분소득은 $Y - T - S$이지만 혼합경제모형에서는 정부 부문과 무관한 저축은 $S = 0$이라고 가정한다.

동일 금액만큼 감면하는 것보다 국민소득을 더 크게 증가시킬 수 있다는 것을 의미한다.[12]

## 5) 혼합경제모형에 근거한 정부정책: 정부지출과 조세

이처럼 재정지출의 국민소득 증가 효과가 조세감면에 비해 크기 때문에 혼합경제모형에서는 정부지출을 조세감면보다 효율적인 정책수단으로 여긴다. 바로 이 차이가 혼합경제모형과 단순모형의 핵심적인 차이이다. 단순모형에서는 고용수준이 완전고용수준보다 낮아서 균형국민소득이 완전고용국민소득에 미치지 못하더라도 균형국민소득을 증가시킬 수 있는 방법이 없다. 그러나 혼합경제모형에서는 정부가 정부지출을 늘리거나 조세를 감면하는 확대재정정책을 통해 총수요를 증가시켜 균형국민소득을 완전고용국민소득까지 증가시킬 수 있다.

[그림 6-4]를 통해서 이 원리를 이해해 보기로 하자. [그림 6-4] (a)에서 곡선 ④는 총수요곡선 $Y_0^D = C + I^D + G + \Delta G$ 이다. 이 총수요곡선과 균형조건식 ⑤ $Y = Y^D$ 가 만나는 균형점 $E_0$ 에서 완전고용국민소득 $y_F$ 가 결정된다. 이 상황에서 경기침체로 인해 총수요가 감소하여 총수요곡선이 ③ $Y_1^D = C + I^D + G$ 로 낮아진다고 가정해 보자. 이 식과 균형조건식 $Y = Y^D$ 가 만나는 점 $E_1$ 에 해당하는 국민소득 $y_{E1}$ 은 균형소득이기는 하지만 완전고용국민소득 $y_F$ 보다 낮은 소득이다. 총수요곡선이 ④와 ③ 간의 차이는 경기침체로 인해 유효수요가 감소하여 발생한 차이이며 이를 경기침체갭 또는 디플레이션갭이라고 하고 $y_F$ 와 $y_{E1}$ 간의 차이는 경기침체로 인해 발생한 국민소득의 차이라는 의미에서 $GNP$ 갭이라고 부른다.

[그림 6-4] (a)에서 디플레이션갭을 없애려면 정부가 $\Delta G$ 만큼 정부지출을 늘리거나 조세를 감면하여(또는 두 수단을 모두 사용하여) 유효수요의 양을 ③에서 ④로 끌어 올려야 한다. 정부가 수요 확대 정책을 통해서 디플레이션갭을 없애면 $E_1$ 이 $E_0$ 이 되므로 균형국민소득이 다시 완전고용국민소득 $y_F$ 수준으로 증가하여 $GDP$ 갭

---

12) 조세승수가 왜 이렇게 정의되는지는 이 장의 뒷부분에서 자세하게 설명하기로 하겠다.

이 사라진다.

　앞서 소개한 승수효과는 총수요가 정부지출 확대에 의해서든 조세감면에 의해서든 1단위 변할 때 *GDP* 갭 또는 균형국민소득이 얼마나 변하는지를 보여 주는 값이다. 앞서 설명한 바와 같이 정부지출승수와 조세승수 중 정부지출승수의 절대값이 더 크므로 정부지출 확대가 조세감면보다 유효수요를 늘리는 데 더 효과적인 정책수단이라는 것을 알 수 있다.

　[그림 6-4] (b)는 [그림 6-4] (a)와 정반대로 경기가 과열되어 총수요가 고용이 완전고용수준일 때 달성할 수 있는 최대 국민소득인 $y_F$를 넘어선 경우이다. 경제가 완전

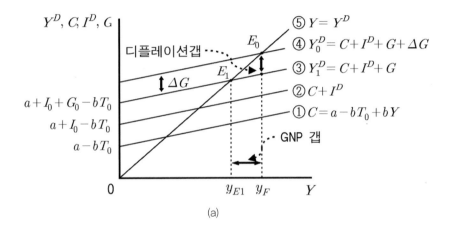

(a)

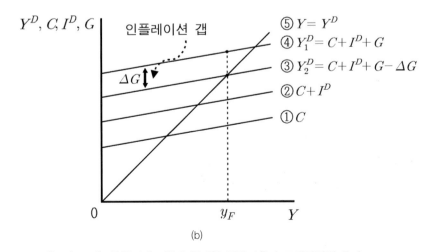

(b)

**[그림 6-4] 혼합경제모형에 근거한 정부지출과 조세감면의 효과**

고용국민소득에 다다르면 고용을 추가로 늘리는 것이 어려우므로 생산기술이 혁신적으로 발전하지 않는 이상 생산을 더 늘리는 것은 불가능하다. 따라서 초과수요가 발생하고 이는 물가상승으로 이어져 $Y_1^D - Y_2^D = |\Delta G|$ 만큼의 인플레이션갭이 발생한다.

이 경우, 정부는 인플레이션을 없애기 위해 긴축재정정책을 펴야 한다. 이번에도 정부지출과 조세를 정책수단으로 사용할 수 있다. 앞서 언급한 바와 같이 정부지출승수가 조세승수보다 크기 때문에 이론적으로는 정부지출이 더 효과적이고 그렇기 때문에 우선시되어야 할 정책수단이다. 그러나 현실에서는 정부지출을 정책수단으로 사용하기가 생각보다 쉽지 않다. 정부지출을 줄이는 것은 국민이 받던 급여 또는 혜택이 줄어드는 것을 의미하기 때문에 정부지출 삭감에 대한 불만이 만만치 않다. 정부 사업은 '늘리기는 쉬워도 줄이기는 어렵다'고 하는 이유가 바로 이 때문이다. 정부지출을 늘리는 것이 조세를 감면하는 것보다 정책을 즉각 시행할 수 있기 때문에 단기적으로는 좋아 보여도 결국 언젠가는 부담이 되어 돌아오기 때문에 대개의 경우 정부는 조세감면을 통해 민간과 기업의 경제적 부담을 더는 것을 더 선호하는 경향이 있다.

이러한 이유 등으로 인해 정부가 정부지출 대신 조세를 정책수단으로 사용한디고 가정해 보자. $T_0$ 수준이던 조세를 $\Delta T_0$ 만큼 증세할 때 소비가 위축되는 양을 $\Delta C$라고 하면 증세를 고려한 소비함수는 다음과 같아진다.

$$C + \Delta C = a + b(Y - T_0 - \Delta T_0)$$
$$\Delta C = -b \times \Delta T_0 = -MPC \times \Delta T_0$$

증세로 인해 소비가 위축되면 총수요가 감소하고 그로 인해 균형국민소득이 감소한다. 이때, 소비 감소는 총수요에 소비감소량에 승수효과를 곱한 만큼의 영향을 미칠 것이다. 따라서 조세승수와 투자승수가 같다고 가정하면 소비 감소로 인한 국민소득 감소 정도는 다음과 같이 정의할 수 있다.[13]

---

13) 이 식을 보면 왜 조세승수가 $-\dfrac{MPC}{1-MPC}$ 인지 쉽게 이해할 수 있다.

$$\Delta Y = \frac{1}{1-b}\Delta Y^D = \frac{1}{1-MPC}\Delta Y^D = \frac{1}{1-MPC}\Delta C = -\frac{MPC}{1-MPC}\Delta T_0$$

[그림 6-4] (b)의 인플레이션갭은 소비 증가로 인한 초과수요이고 그 규모는 다음과 같다.

$$인플레이션갭 = \Delta C = -MPC \times \Delta T_0$$

따라서 인플레이션갭을 없애려면 조세를 다음과 같은 수준으로 증액하여 소비를 억제하는 긴축재정정책이 필요하다는 것을 알 수 있다.

$$\Delta T_0 = -\frac{1}{MPC} \times 인플레이션갭$$

이번에는 마지막으로 정액세 가정을 완화하여 조세가 현실에 더 가까운 정률세라고 가정해 보자. 정률세 $T$는 소득에 따라 세액이 결정되므로 정률세를 통해 거두어들일 수 있는 세수의 규모는 다음 식과 같다.

$$T = tY \quad 단, \ 0 < t < 1$$

이제 위의 식에 정률세 $T$를 대입하면 소비함수는 다음과 같아지므로 정액세일 때에 비해서 한계소비성향이 $(1-t)$ 배 감소한다.

$$C = a + b(Y - tY) = a + b(1-t)Y$$

한계소비성향이 감소하면 한계소비성향에 의해 영향을 받는 투자승수, 정부지출승수 등의 승수효과가 감소한다. 따라서 조세를 정책수단을 사용하더라도 정률세를 사용할 때가 정액세를 사용할 때에 비해 정책수단의 효과, 즉 국민소득에 미칠 수 있는 영향의 크기가 작다는 것을 알 수 있다.

## 4. 케인즈학파의 일반균형 이론

국민경제는 마치 살아 있는 생명체처럼 한시도 멈춰 있는 법이 없다. 국민경제의 국내총생산은 장기적 평균 수준보다 높아지고 낮아지기를 반복하는 경기순환(또는 경기변동)을 거듭하면서 끊임없이 변동한다. 그렇기 때문에 국민경제는 사실 항상 불안정한 상태에 있다. 경제가 불안정해지면 정부와 중앙은행이 나서서 경제가 안정을 찾을 수 있게 돕는 경제안정화정책을 펼친다. 앞서 언급한 바와 같이 경기가 과열되거나 지나치게 침체되면 정부가 정부지출과 조세를 수단으로 사용하여 총수요를 조절하는 재정정책(fiscal policy) 또는 재량적 재정정책이 대표적인 경제안정화정책이다.[14] 그런가 하면 중앙은행은 이자율을 수단으로 사용하여 통화량을 조절함으로써 국민경제를 안정화하는 통화정책(monetary policy)을 펼친다.[15]

재정정책과 통화정책은 모두 국민경제의 총수요에 직접적인 영향을 미쳐 국민소득과 물가에 영향을 미친다. 그런데 흥미롭게도 정부와 중앙은행의 총수요정책이 어떤 결과를 거둘지는 국민경제의 총공급곡선이 어떤 모양인지에 따라서 달라진다. 그렇기 때문에 재정정책과 통화정책의 효과를 이해하기 위해서는 총수요와 총공급 모두를 살펴봐야 하는데 특히 총수요와 총공급 간의 균형이 어떻게 이루어지는지를 이해해야 한다.

이러한 이유에서 저자는 거시사회복지실천 전문가라면 누구나 정부의 적극적인 시장 개입의 필요성에 근거가 되는 케인즈학파의 일반균형 이론을 이해하는 기회를 가져 볼 필요가 있다고 생각한다. 일반균형 이론을 한마디로 정의하면 총수요와 총공급의 균형에 관한 이론이라고 정의할 수 있다. 독자들 중에 혹시 일반균형 이론의 이름이 왜 '일반'균형 이론인지 궁금해하는(과거에 저자가 그랬던 것처럼) 독자들이 있다면 일단 지금은 일반균형 이론을 다음과 같이 이해해 볼 것을 권하고자 한다.

---

14) 재량적(discretionary)이란 경기가 침체 상황인지 과열 상황인지에 따라 상황에 적합한 정책수단과 정책강도를 분별적으로 판단하여 총수요를 관리한다는 의미를 강조하기 위해 붙인 수식어일 뿐이다.
15) 통화정책에 관한 자세한 논의는 제7장에서 살펴보기로 하겠다.

> **일반균형 이론**
>
> 국민경제의 일부 부분에 초점을 맞춘 이론이 아니라 국민경제의 '모든 부분'이 어떻게 상호작용하면서 균형을 이루는지를 분석하는 이론 또는 생산물시장, 화폐시장, 노동시장 등을 비롯한 국민경제 내의 모든 시장과 생산기술 간의 상호작용이 실질국민소득, 물가, 화폐 등에 미치는 영향을 분석하는 이론

물론 지금은 이 답이 궁금함을 해소하는 데 그다지 도움이 되지 않겠지만 이 장의 내용을 어느 정도 이해하게 되었을 때에 즈음해서 이 답을 다시 한 번 읽어 본다면 적어도 이 이론이 왜 부분균형 이론이 아니라 일반균형 이론인지는 이해할 수 있을 것이라 믿는다.

케인즈학파의 일반균형 이론을 이해하기 위해서는 $IS-LM$ 모형과 $AD-AS$ 모형이라는 두 가지 이론 모형을 이해해야 한다. 이 장의 뒷부분에서 자세하게 설명하겠지만 케인즈학파와 통화주의학파 간의 견해 차이 그리고 새케인즈학파와 새고전학파 간의 차이의 핵심은 다름 아닌 이 두 모형에 관한 가정(좀 더 구체적으로 말하면 임금과 가격이 신축적 또는 탄력적인지에 관한 가정과 $AS$곡선의 기울에 관한 가정)에 있어서의 차이라고 할 수 있다.

## 1) $IS-LM$ 모형

$IS-LM$ 모형은 생산물시장과 화폐시장이 어떻게 상호작용하여 동시에 균형을 이루는지를 설명하는 이론 모형이다. 이 모형은 다음과 같은 가정을 필요로 한다.

> **가정 1:** 물가수준은 고정되어 있으며 외생적인 것, 즉 주어진 것이다.
>
> **가정 2:** 이자율을 제외한 모든 변수는 실질변수라고 가정한다. 실질변수란 경상시장가격을 일반물가수준으로 나누어 기준연도시장가격으로 표시한 변수이다.

앞서 살펴본 케인즈학파의 단순모형은 이자율이 소비수요나 투자수요에 전혀 영

향을 미치지 않는다고 가정함으로써 이자율과 총수요를 독립적인 것으로 본다.[16] 그러나 현실 경제에서 이자율과 총수요는 결코 독립적이지 않다. 다시 말하면, 이자율이 결정되는 화폐시장과 재화·서비스의 가격이 결정되는 생산물시장이 독립적으로 움직이는 것이 아니라 서로 맞물려 움직인다는 것이다.

| 단순모형 | | $IS-LM$ 모형 |
|---|---|---|
| 화폐시장과 생산물시장이 독립 | vs. | 화폐시장과 생산물시장이 상호작용 |

따라서 국민소득을 결정함에 있어서 생산물시장과 화폐시장이 어떻게 상호작용하고 균형을 이루는지를 알아야 한다. $IS-LM$ 모형은 바로 이러한 목적을 위해 만들어진 모형이기는 하지만 앞으로 살펴볼 재정정책과 통화정책을 이해하는 데도 매우 유용한 모형이므로 반드시 알아 둘 필요가 있다.

### ⑴ $IS$ 곡선

모든 시장에서 균형은 수요와 공급이 만나는 점에서 형성되며 생산물시장도 예외가 아니어서 생산물시장의 균형은 다음의 조건이 만족될 때 이루어진다. $IS$ 곡선은 바로 이 조건을 만족하는, 즉 재화·서비스가 거래되는 생산물시장에 균형을 가져오는 모든 이자율·국민소득 조합들로 이루어진 곡선이다.

| 총수요 = 총공급 |
|---|

$IS$의 $I$는 투자 Investment를 뜻하고 $S$는 저축 Savings를 뜻한다. 한 국민경제 내에서 기업의 투자와 민간의 저축은 재화·서비스를 생산하는 데 필요한 자원(resource)을 형성하는데, 이 자원의 양을 결정하는 것이 다름 아닌 이자율이다. 자원의 양이 결정되면 생산이 이루어지고 그 결과로서 국민소득이 결정된다. 즉, 이자율

---

16) 그렇기 때문에 케인즈학파의 단순모형에서는 투자는 독립투자만 존재하고 이자율이나 국민소득에 따라 결정되는 유발투자는 존재하지 않는다고 가정하는 것이다.

과 국민소득은 다음과 같은 일련의 순환 과정 속에서 서로 연결된다.

| 이자율 | ⇨ ⇦ | 투자·저축 | ⇨ ⇦ | 생산 | ⇨ ⇦ | 국민소득 |
|---|---|---|---|---|---|---|

$IS$곡선이라는 명칭은 위의 연결 과정 중 두 번째 과정인 투자·저축을 강조하는 명칭이기는 하지만 $IS$곡선이 의미하는 바는 투자·저축만이 아니라 다음과 같다는 것을 분명하게 이해해 둘 필요가 있다.

> **$IS$곡선**
> 생산물시장이 균형 상태에 있으려면 이자율-투자저축-생산-국민소득으로 이어지는 연결 과정의 맨 첫 과정인 이자율과 맨 마지막 과정인 국민소득이 어떻게 조합되어야 하는지 나타내는 곡선

$IS$곡선이 생산물시장을 균형적으로 만드는 조합들로 이루어진 곡선이라는 말의 의미는 이 곡선이 어떻게 도출된 곡선인지를 이해하면 쉽게 이해된다. 앞서 설명했던 케인즈학파의 단순모형을, 다른 변수들은 그대로 두고 투자수요를 이자율의 감소 함수로 표현하여 다음과 같이 다시 정의하기로 한다.

$$Y^D = C + I^D + G$$
$$C = a + b(Y - T) \quad \text{단, } a > 0, \ 0 < b < 1$$
$$I^D = I(r) = I_0 + R \quad \text{단, } I_0 > 0, \ R < 0$$
$$G^D = G_0$$
$$T = T_0$$
$$Y^D = Y$$

[그림 6-5] (a)에서 최초 이자율이 $r_0$일 때 투자수요 $I^D$는 다음과 같은 $r_0$의 함수 이다.

$$I^D = I(r_0) = I_0 + R_0$$

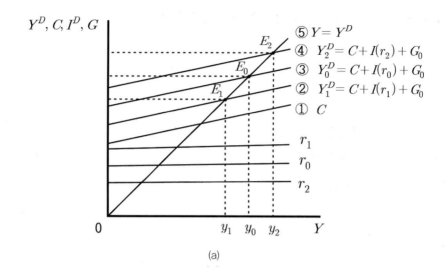

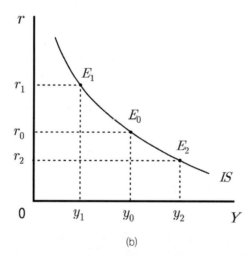

[그림 6-5]  $IS$ 곡선: 생산물시장의 균형을 이룰 때의 국민소득

최초 이자율은 국민소득과 무관하게 결정되는 이자율이므로 투자수요는 소득축에
대해 수평인 직선의 모양을 띤다. 최초 이자율이 $r_0$ 일 때 최초 총수요곡선 ③ $Y_0^D$ 는
소비함수 ①을 기울기를 그대로 유지한 상태에서 위쪽으로 $I(r_0) + G_0$ 만큼 이동시
킨 곡선이다. 이 총수요곡선이 균형조건식 ⑤와 만나는 균형점 $E_0$ 에 해당하는 국민
소득 $y_0$ 이 균형국민소득이다. 이때의 이자율 $r_0$ 과 균형국민소득 $y_0$ 의 조합이 [그림

6-5] (b)의 $IS$ 곡선상의 $E_0$ 에 해당하는 이자율과 국민소득의 조합인 ( $r_0$ , $Y_0$)이다.

[그림 6-5] (b)의 $IS$ 곡선은 우하향 기울기를 갖는데, 이는 이자율과 국민소득의 관계는 이자율과 국민소득이 변화 방향이 반대 방향이라는 것을 나타낸다. 즉, 이자율과 국민소득은 이자율이 낮아지면 민간소비와 기업투자가 늘어 총수요와 총소득이 증가하고, 이자율이 높아지지만 소비와 투자가 위축되어 총수요와 총소득이 감소하는 역의 관계를 갖는다.

이제 [그림 6-5] (a)에서 이자율이 $r_1$ 로 상승한다고 가정해 보자. 투자수요는 이자율에 대한 음(-)의 함수이므로 이자율이 높아지면 투자수요가 감소하고 그 결과 총수요선이 아래쪽으로 이동하여 ② $Y_1^D = C + I(r_1) + G_0$ 이 된다. 이 새로운 총수요선이 균형조건식과 만나는 $E_1$ 에 해당하는 국민소득 $y_1$ 은 이자율이 상승하기 전의 균형국민소득 $y_0$ 보다 낮은 수준이다. [그림 6-5] (b)에서 $E_1$ 에 해당하는 이자율과 국민소득 조합은 ( $r_1$ , $y_1$)이며 이 조합을 ( $r_0$ , $Y_0$)과 비교해 보면 이자율이 상승함에 따라 국민소득이 감소한 것을 알 수 있다.

동일 논리에 따라 이자율이 최초 이자율보다 낮은 $r_2$ 로 하락하면 투자수요가 증가하여 총수요선이 ③에서 ④로 이동한다. 그 결과, 균형국민소득이 $y_2$ 로 증가한다. 이러한 변화는 [그림 6-5] (b)에서 균형점이 $E_0$ 에서 $E_2$ 로 이동하는 변화로 나타난다. 이러한 원리에 따라 이자율이 하락 또는 상승하면 국민소득이 바뀌기 때문에 매번 이자율이 바뀔 때마다 이자율과 균형국민소득 조합이 새롭게 만들어진다. [그림 6-5] (b)의 $IS$ 곡선은 이처럼 이자율이 변할 때마다 새로 나타나는, 총수요=총생산=총소득 조건을 만족하는 이자율과 국민소득의 조합들로 이루어진 곡선이다. $IS$ 곡선은 투자수요와 총수요에 영향을 미치는 이자율 외의 요인들이 변할 때 다음과 같이 이동한다.[17]

---

[17]　이자율이 변해서 균형점이 $IS$ 곡선상에서 이동하는 것과 이자율 외의 요인이 변해서 $IS$ 곡선 자체가 변하는 것은 다른 것임을 이해하기 바란다.

| 정부지출 증가, 투자 증가,<br>절대소비 증가, 조세 감소 | ⇨ | 오른쪽 또는 위쪽으로 이동 |
|---|---|---|
| 정부지출 감소, 투자 감소,<br>절대소비 감소, 조세 증가 | ⇨ | 왼쪽 또는 아래쪽으로 이동 |

$IS$ 곡선의 이동 원인을 이해하면 정부 재정정책이 어떤 효과를 가져오는지를 쉽게 이해할 수 있다. 예를 들어, 정부가 확대재정정책을 실시한다고 가정해 보자. 확대재정정책에 따라 정부지출 $G$ 가 증가하면 이는 $IS$ 곡선이 오른쪽 또는 위쪽으로 이동하는 원인으로 작용한다. 즉, 초과수요가 발생하는 것이다. 초과수요가 발생하면 이에 대응하여 생산물 공급이 증가하고 그 결과 국민소득이 증가한다. 이 과정에서 물가가 상승하고 화폐수요가 증가하여 이자율이 상승하는 효과도 나타난다. 물론 정부가 긴축재정정책을 펼치면 이와 정반대 효과가 나타난다.

### (2) $LM$ 곡선

$LM$ 곡선의 $L$ 은 화폐수요를 의미하는 유동성 선호 Liquidity Preference의 첫 글자이고 $M$ 은 화폐공급 Money Supply의 첫 글자이다. $LM$ 이라는 명칭이 말해 주듯이 이 곡선은 화폐시장의 수요·공급에 관한 이론 모형이다.

케인즈학파는 국민경제 내의 화폐수요 $M^D$ 가[18] 다음과 같이 물가, 국민소득 그리고 이자율에 의해 결정된다고 본다. 케인즈학파는 또한 단기에는 국민경제 내의 화폐공급 $M^S$ 가 일정 수준 $\overline{M_0}$ 으로 고정되어 있고, 물가 또한 $\overline{P}$ 로 고정되어 있다고 가정하기 때문에 화폐수요 $M^D$ 는 결국 국민소득과 이자율의 함수이다. 물론 장기에는 물가와 화폐공급 모두 변할 수 있다.

---

18) $M^D$ 는 Money Demand를 뜻한다.

$$M^D = \overline{P} \times L(Y, r)$$

$P$: 물가, 단기에 $\overline{P}$로 고정

$Y$: 국민소득

$r$: 이자율

위의 함수식이 말해 주고 있듯이 화폐수요 $M^D$는 국민소득 Y의 증가함수이고 이자율 $r$의 감소함수이다. 국민소득이 증가하면 소비와 투자가 늘어 화폐에 대한 수요는 증가하고 화폐수요 증가는 이자율 상승으로 이어진다. 이자율이 높아지면 돈을 빌린 대가로 지불해야 하는 이자 부담이 늘기 때문에 화폐수요는 일반적으로[19] 감소한다. 화폐수요가 감소한다는 것은 기업의 투자와 가계와 소비가 위축된다는 것이고 그렇게 되면 생산이 둔화되어 국민소득이 감소하는 결과가 발생한다. 즉, 화폐시장에서는 이자율과 국민소득이 다음과 같은 순환 과정을 통해 서로에게 영향을 미치는 것이다.

[그림 6-6] (a)의 $LM$곡선은 화폐시장을 균형을 이루려면 이 순환 과정의 첫 단계인 국민소득과 맨 마지막 단계인 이자율이 어떻게 조합되어야 하는지를 보여 주는 곡선이다. 최초 국민소득과 이자율을 각각 $Y_0$, $r_0$이라고 하면, 최초 화폐수요곡선 $M_0^D$는 이자율의 감소함수이므로 [그림 6-6] (a)와 같이 우하향 기울기를 갖는다. 다른 모든 재화·서비스 시장에서와 마찬가지로 화폐시장에서도 시장균형은 다음과 같이 화폐에 대한 수요와 공급이 일치할 때 이루어진다.

$$M^D = M^S = M_0$$

$M_0$: 최초 균형화폐량

---

앞의 식에서 최초 균형화폐량 $M_0$은 최초 균형점 $E_0$에 해당하는 화폐량이다. 이 화폐량은 중앙은행이 그 양을 결정하고 발행하여 현재 시중에 유통되고 있는 화폐의 양이다. [그림 6-6] (a)에서 최초 균형은 화폐수요와 화폐공급이 일치하는 $E_0$에서 이루어져 있다. 이 최초 균형점은 [그림 6-6] (b)의 $E_0$이다.

이제 실질국민소득이 $Y_1$로 증가한다고 가정해 보자. 국민소득이 증가한다는 것은 더 많은 양의 재화·서비스가 생산되고 거래된다는 것을 의미한다. 더 많은 거래가 이루어지기 위해서는 더 많은 양의 화폐가 필요하므로 화폐수요는 증가한다. 따라서 국민소득이 증가하면 [그림 6-6] (a)의 최초 화폐수요곡선 $M_0^D$이 $M_1^D$로 우측 이동하고, 그 결과 이자율이 $r_1$로 상승하고 새로운 균형이 $E_1$에서 이루어지는 것을 알 수 있다.

동일 논리에 의해서 국민소득이 변할 때마다 균형조건 $M^D = M^S$을 만족시키는 새로운 이자율과 국민소득의 조합들이 만들어진다. [그림 6-6] (b)의 $LM$곡선은 이렇게 만들어진 조합점들로 이루어진 곡선이다.[20]

$LM$곡선은 화폐량 또는 물가가 변할 때 변한다. 먼저 화폐량이 변하는 경우를 살펴보자. [그림 6-6] (a)에서 화폐공급곡선이 $M_0$에서 $M_1$으로 증가한다고 가정해 보자.[21] 두 화폐수요곡선 $M_0^D$, $M_1^D$이 새로운 화폐공급곡선 $M_1$과 만나면 새로운 균형점 $E_0'$, $E_1'$이 만들어지는데, 각각의 균형점에 해당하는 이자율은 최초 이자율보다 낮은 $r_0'$, $r_1'$이다. 이러한 변화는 [그림 6-6] (c)의 $LM$곡선이 $LM_1$로 우측(또는 아래)으로 이동하는 현상으로 나타난다. 동일 논리에서 화폐공급량이 감소하면 $LM$곡선은 왼쪽으로 이동한다.

물가수준의 변화 역시 $LM$곡선을 변화시킨다. 물가가 상승한다고 가정해 보자. 물가가 오르면, 예를 들어서 물가가 오르기 전에 100원으로 소비할 수 있던 동일 양의 재화·서비스를 이제는 150원을 지불해야 소비할 수 있게 된다. 즉, 동일 양의 재

---

[20] 미국의 경제학자 David Romer는 이 $IS$곡선을 통화정책곡선(Monetary Policy: MP)으로 대체한 $IS$-$MP$ 모형을 제시하였는데, 이 모형은 $IS$-$LM$ 모형과 실증적으로나 이론적으로나 거의 차이가 없는 것으로 알려져 있다. 따라서 이 책에서는 기본모형인 $IS$-$LM$ 모형을 소개한다.

[21] 중앙은행이 통화를 발행량을 늘리면 시중에 유통되는 화폐의 양이 증가한다.

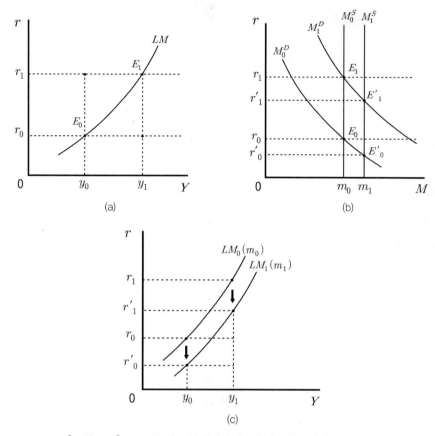

**[그림 6-6]** $LM$곡선 : 화폐시장이 균형을 이룰 때의 국민소득

화·서비스를 거래하는 데 더 많은 양의 화폐가 필요한 상황이 벌어지는 것이다. 따라서 물가 상승은 화폐수요를 증가시킨다.

[그림 6-6] (a)에서 화폐공급량은 $M_0$으로 고정되어 있다. 그러다가 물가가 상승하면 최초 화폐공급곡선 $M_0^D$은 위쪽으로 이동한다. 그러면 국민소득은 $Y_E$ 그대로인 상황에서 이자율만 상승하는 결과가 나타난다. 이는 최초의 $LM$곡선이 위쪽으로 이동해야 나타나는 결과이다. 동일 논리에서 물가가 하락하면 화폐수요량이 감소하여 이자율이 하락하기 때문에 최초의 $LM$곡선은 원래 위치보다 아래쪽으로 이동한다. 이상의 내용을 정리하면 다음과 같다.

| 화폐공급 증가 또는 물가 하락 | ⇨ | 오른쪽 이동 |
| 화폐공급 감소 또는 물가 상승 | ⇨ | 왼쪽 이동 |

$LM$곡선의 이동 원인을 이해하면 통화정책의 효과를 쉽게 이해할 수 있다. 예를 들어, 중앙은행이 확대통화정책을 펼쳐 시중에 유동성(liquidity)을 증가시킨다고 가정해 보자.[22] 화폐공급이 증가하므로 $LM$곡선은 우측으로 이동하여 화폐시장에 초과공급 현상이 발생한다. 화폐 초과공급은 이자율 하락을 가져오고, 이자율이 낮아지면 대출 부담이 줄어들어 투자수요가 증가한다. 그 결과, 경기가 활성화되고 국민소득이 증가하는 효과가 나타난다. 이와 반대로 중앙은행이 긴축통화정책을 펼치면 시중에 유통되는 화폐량이 감소하고 이는 이자율 상승, 대출부담 증가, 투자수요 감소, 경기 둔화로 이어지는 정반대 효과가 나타난다.

### (3) 생산물시장과 화폐시장의 동시균형

생산물시장 균형점들의 집합인 $IS$곡선과 화폐시장의 균형점들의 집합인 $LM$곡선이 [그림 6-7]과 같이 만나면 생산물시장과 화폐시장의 균형이 동시에 이루어진다.

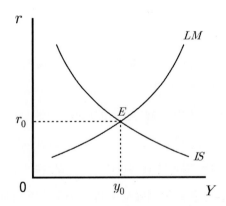

[그림 6-7] $IS-LM$ : 생산물시장과 화폐시장의 동시 균형

---

22) 유동성이 가장 큰 자산이 화폐이므로 유동성을 화폐로 이해해도 무방하다. 실제로 케인즈학파는 유동성을 통화 그 자체로 본다.

| 생산물시장 | 화폐시장 |
|---|---|
| 주어진 물가수준 $\bar{P}$에서 생산물시장의 균형이 균형국민소득 $Y_0$의 수준을 결정하고, 그렇게 결정된 국민소득 수준이 화폐수요 $M^D$를 결정함 | 주어진 물가수준 $\bar{P}$에서 화폐시장의 균형이 균형이자율과 균형통화량 $M_0$의 수준을 결정하고 그에 따라 투자수요가 결정되어 국민생산이 결정됨 |

이때, 두 시장이 동시 균형을 이룬다는 것은 국민경제의 두 축인 이 두 시장을 연결하는 다음과 같은 순환 구조가 만들어지고 그 구조 안에서 두 시장을 동시에 균형 상태에 있게 만드는 균형국민소득과 균형이자율이 결정된다는 것을 의미한다.

만일 생산물시장과 화폐시장 중 어느 한 시장에서(또는 두 시장 모두에서) 불균형이 발생하면 국민경제는 [그림 6-7]의 균형 $E$를 유지하지 못하게 된다. 이와 같은 순환 구조 안에서 어느 한 시장의 불균형은 해당 시장 내에 국한된 문제가 아니기 때문에 해당 시장 내의 조정만으로 사라지는 것이 아니라 순환 구조 내의 모든 단계를 거치면서 조정되어 생산물시장과 화폐시장이 동시에 새로운 균형점을 찾게 될 때 비로소 사라진다.

## 2) $AD-AS$ 모형

$AD-AS$ 모형은 국민경제의 총수요 $AD$와 총공급 $AS$의 관계 속에서 국민총소득인 $GDP$ 수준과 물가수준이 결정되는 원리를 설명하는 이론 모형이다. 위에서 $IS-LM$ 모형을 $AD-AS$ 모형보다 먼저 설명한 이유는 $IS-LM$ 모형에 대한 이해가 전제되어야 $AD-AS$ 모형을 설명할 수 있기 때문이다.

(1) *AD*곡선

국민경제의 총수요곡선 *AD*(Aggregated Demand Curve)는 물가수준과 국민소득의 서로 다른 조합들로 이루어진 곡선으로서 생산물에 대한 국민경제의 총수요를 나타내는 곡선이다. *AD*곡선은 앞서 소개한 *IS* 및 *LM* 곡선으로부터 도출되는 곡선이다. *IS*–*LM* 모형에서 *IS*곡선은 생산물시장을 균형 상태에 있게 하는 이자율과 국민소득의 조합들을 연결한 곡선이므로 *IS*곡선상의 모든 조합점은 다음을 나타내는 점들이다.

> 각 균형점에 해당하는 이자율-국민소득 조합에서 기업과 가계가 각각 투자와 저축을 실현하려는 의지

기업의 투자와 민간 가계의 저축은 국민경제 내에서 생산을 위해 사용될 자원이므로 투자와 저축에 관한 의지는 생산을 위해 지출하려는 의지이고, 이는 다른 말로 표현하면 생산을 원하는 의지이므로 생산에 대한 수요이다.

$$\boxed{\text{투자·저축 의지}} \quad = \quad \boxed{\text{생산에 대한 수요}}$$

이제 생산에 대한 수요곡선인 *IS*곡선을 *LM*곡선을 연결시켜 보자. 앞에서 살펴본 바와 같이 *LM*곡선은 화폐시장을 균형 상태에 있게 만드는 이자율과 국민소득의 조합들을 연결한 곡선이므로 *LM*곡선상의 모든 점은 다음을 나타내는 점들이다.

> 물가수준이 $\bar{P}$로 고정일 때 각각의 이자율-국민소득 조합에서 화폐수요량과 화폐공급량은 균형을 이룬다. 즉, 화폐수요량=화폐공급량

물가수준이 변하면 각각의 물가수준에 해당하는 *LM*곡선들이 만들어지고 각각의 *LM*곡선들이 *IS*곡선과 만나면 [그림 6-8] (a)의 $E_{(Y_0, r_0)}$, $E_{(Y_1, r_1)}$, $E_{(Y_2, r_2)}$, $E_{(Y_3, r_3)}$, …

와 같은 균형점들이 결정된다. 이 균형점들은 각기 다른 물가수준과 국민소득의 조합들이며 이 조합들을 연결하면 [그림 6-8] (b)와 같은 $AD$곡선이 만들어진다.

[그림 6-8] (b)의 곡선은 물가수준이 변할 때 각각의 물가수준에 대응하여 국민경제가 실현하려는 국민소득이다. 그런데 3면 등가법칙에 의해 총소득이 곧 총생산이므로 이 곡선이 생산[23]에 대한 총수요를 나타내는 곡선, 즉 $AD$곡선인 것이다. 이 $AD$곡선이 생산자에게는 총수요곡선인 이유는 이 곡선이 앞서 소개했던 생산에 대한 수요곡선인 $IS$ 곡선과 다음과 같은 차이를 가진 곡선이기 때문이다.

| $IS$ 곡선 | • 생산물시장이 균형 상태에 있을 때의 생산에 대한 수요<br>• 생산물시장 상황만 반영 |
|---|---|
| [그림 6-8]<br>(b) 곡선 | • 생산물시장과 화폐시장이 동시 균형 상태일 때의 생산에 대한 수요<br>• 생산물시장 상황과 화폐시장 상황 모두 반영 |

다시 강조하면 [그림 6-8] (b)의 $AD$곡선상의 모든 균형점들은 생산물시장의 균형점들의 집합인 $IS$ 곡선과 화폐시장의 균형점들의 집합인 $LM$곡선이 만나는 점들이므로 두 시장의 균형을 동시에 이루는 균형점들이다. 따라서 [그림 6-8] (b)의 생산수요곡선에는 생산물시장의 균형과 화폐시장의 균형이 동시에 반영되어 있으며 그렇기 때문에 생산에 대한 '총수요곡선'인 것이다.

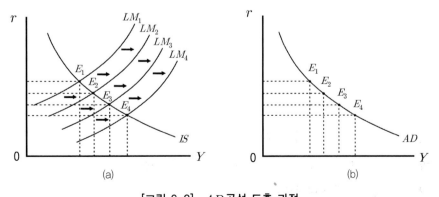

[그림 6-8] $AD$곡선 도출 과정

---

23) 생산물의 가치가 국민소득이므로 국민소득이 곧 생산이라는 것(3면 등가법칙)을 기억하기 바란다.

각각의 물가수준에서 국민경제가 원하는 국민소득을 실현하려면 일단 생산이 필요하고 생산을 위해서는 자원, 즉 투자와 저축이 필요하다. 그러한 투자와 저축은 그만큼의 화폐수요를 발생시키므로 그에 상응하는 화폐공급이 필요하다. 그리고 화폐수요량과 공급량은 이자율과 물가에 영향을 미친다.

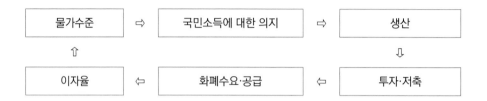

$IS$곡선과 $LM$곡선으로부터 도출된 $AD$곡선은 이러한 요소들 간에 동시 균형이 이루어진 상태에서 물가수준이 변할 때 각각의 물가수준에서 '실현하고자 하는 국민소득'에 대한 국민경제의 의지, 즉 생산에 대한 총수요를 나타낸다. $AD$곡선이 우하향 기울기를 갖는 것은 물가수준과 생산에 대한 총수요가 역의 관계이기 때문이다. 물가수준이 상승하면 높아진 재화·서비스 가격이 주는 부담으로 인해 소비가 감소하여 생산에 대한 수요가 감소하는 반면, 물가수준이 낮아지면 가격 부담이 감소하여 소비가 증가하고, 그 결과 생산에 대한 총수요가 증가한다.

#### (2) $AS$곡선

국민경제의 총공급곡선 $AS$(Aggregated Supply Curve)는 물가수준이 변할 때 각각의 물가수준에서 국민경제의 생산주체가 공급하고자 하는 생산물의 총량이 얼마인지 나타내는 곡선이다. 생산물의 양은 노동, 자본, 임금, 가격 및 생산기술에 의해서 영향을 받는다. 케인즈학파는 국민경제의 총공급곡선 $AS$가 이 가운데 노동시장과 총생산함수(즉, 생산기술)에 의해서 결정된다고 본다. 케인즈학파는 노동시장과 총생산함수를 단기와 장기로 구분한다. 따라서 $AS$곡선은 단기일 때와 장기일 때로 나누어 그 도출 과정을 이해해야 한다.

## ① 단기 $AS$ 곡선

케인즈학파(그리고 고전학파)는 $AS$ 곡선을 도출하기 위한 목적에서 단기 노동시장과 생산함수가 다음과 같다고 가정한다.

---

**단기 노동시장 관련 가정**

• 단기에 물가수준과 임금은 변하지 않는다.

• 완전고용수준 전까지 고용은 과소공급 상태이므로 고용량은 노동수요에 의해 결정된다.

**단기 노동함수 및 생산함수 관련 가정**

• 노동수요함수는 실질임금의 감소함수이다: $N^D = N^D(\frac{\omega}{P}) = MP_N$

• 노동공급함수는 실질임금의 증가함수이다: $N^S = N^S(\frac{\omega}{P})$

• 노동시장균형은 노동수요와 노동공급이 일치할 때 이루어진다: $N^D = N^S$

• 총생산함수는 노동과 자본의 함수이고 자본은 고정이다: $Y = F(N, \overline{K})$

---

[그림 6-9]는 케인즈학파의 단기 $AS$ 곡선이다. $AS$ 곡선의 기울기는 국민소득이 완전고용국민소득 $Y_F$에 도달하기 전까지 수평이다가 완전고용국민소득에 도달하면 수직이 된다. 그런데 $AS$ 곡선이 원점과 $Y_F$ 사이에서 왜 수평인가? 완전고용이라는 말의 의미는 고용이 '일하기 원하는 사람은 모두 일할 수 있는' 수준에 다다랐다는 것이다. 그렇기 때문에 고용이 완전고용수준에 도달하기 전까지 고용량은 항상 국민경제가 필요로 하는 양보다 적은 양이 공급되는 과소고용 상태에 있다. 단기에는 물

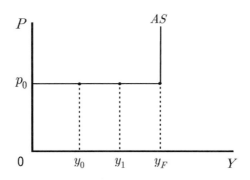

[그림 6-9] 케인즈학파의 단기 $AS$ 곡선

가수준과 임금수준이 고정되어 있다고 가정하므로 고용량은 노동수요에 의해서만 결정된다. 따라서 기업은 물가와 임금에 전혀 구애받지 않고(두 요소 모두 고정이므로) 언제든 고용을 원하는 만큼 늘릴 수 있다(과소고용 상태이므로).

이처럼 고용을 늘리거나 줄여도 물가나 임금이 변하지 않기 때문에 노동수요곡선의 기울기가 수평선 모양을 띠는 것이다. 노동수요곡선이 수평선이면 고용량의 함수인 총생산함수도 기울기가 없는 수평선이 되므로 주어진 물가수준에서 생산물 총공급곡선도 수평선의 모양을 띠게 된다. 즉, 국민경제 내의 생산주체들이 고용을 원하는 만큼 늘리기만 하면 추가 비용 없이(물가와 임금은 고정이므로) 생산 총공급을[24] 얼마든지 늘릴 수 있다는 것이다. 이 말을 달리 표현하면 생산물 총공급이 물가에 대해서 무한탄력적이라는 것이다.

### ② 장기 $AS$ 곡선

케인즈학파는 장기에 노동시장과 생산함수가 다음과 같이 변한다고 가정한다.

---

**장기 노동시장 관련 가정**
- 물가수준은 변할 수 있고 임금은 고정이다.
- 완전고용 전까지 고용은 과소공급 상태이므로 고용량은 노동수요에 의해 결정된다.
- 임금은 물가변동에 대해 경직적이다. 특히 하방경직성이 강하다.

**장기 노동함수 및 생산함수 관련 가정**
- 노동수요함수는 실질임금의 감소함수이다: $N^D = N^D(\frac{\omega}{P}) = MP_N$
- 노동공급함수는 기대실질임금의 $\omega/P^e$ 의 증가함수이다: $N^S = N^S(\frac{\omega}{P})$
- 노동시장균형은 노동수요 = 노동공급일 때 이루어진다: $N^D = N^S$
- 총생산함수는 노동과 자본의 함수이고 자본은 고정이다: $Y = F(N, \overline{K})$

---

이 가정들 가운데 장기 $AS$곡선을 이해하는 데 핵심이 되는 가정은 단기에는 변하지

---

24) 추가비용이 들지 않는다는 것은 한계비용이 증가하지 않는다는 것이지 명목임금총액이 증가하지 않는다는 뜻이 아니라는 것을 이해하기 바란다.

않는다고 가정했던 물가가 변한다는 가정과 노동공급함수가 기대실질임금의 증가함수라는 가정이다. 기대실질임금이란 노동자들이 '물가변동을 반영하여 새로 결정될 것'이라고 기대하는 실질임금이다. 기업은 노동수요를 결정할 때 물가변동이 반영된 실질임금을 판단 기준으로 사용한다. 이에 비해 노동자들은 현재 발생하고 있는 물가변동에 관한 정확한 정보를 얻기 어렵기 때문에 기대실질임금을 예측할 때 과거 물가수준에 관한 정보를 바탕으로 예측한다.

　이처럼 노동자들이 가진 정보가 기업이 가진 정보에 비해 부정확하기 때문에 노동자들은 물가변동이 발생해도 그러한 사실을 인지하지 못하고 있다가 물가변동이 실제로 발생한 시점보다 늦은 시점이 되어서야 물가변동 사실을 인지하고 임금에 반영할 것을 기업에 요구하는데 이러한 현상을 가리켜 인식 지연(recognition lag)이라고 한다.

　케인즈학파는 노동자들이 인식 지연으로 인해 노동공급을 실질물가가 반영된 실질임금에 따라 결정하지 않고 명목물가가 반영된 명목임금에 따라 결정하기 때문에 물가변동에 대해서 탄력적이어야 할 임금이 사실은 물가변동에 대해서 경직적이라고 한다. 노동공급량을 명목물가를 보고 정하는 노동자들은 실질임금은 변하지 않고 명목임금만 상승해도 그것을 마치 실질임금이 상승한 것으로 착각하고 노동공급량을 늘린다. 그 결과 실질임금에 준하여 결정한다면 공급되지 않을 노동까지 국민경제 안에 공급되는 초과공급 현상이 발생하여 노동시장의 균형이 깨지게 된다. 케인즈학파는 이러한 논리에 근거하여 국민경제 내에 비자발적 실업이 존재할 수 있다고 주장한다.

　[그림 6-10]은 케인즈학파의 장기 $AS$곡선이 도출되는 과정을 보여 주는 그림이다. [그림 6-10] (a)에서 물가가 $P_0$일 때 노동수요는 $MP_N \times P_0$이고[25] 이 노동수요와 노동공급 $N^s(\omega/P_0^e)$이 만나는 점에서 노동시장균형이 이루어지고 이때의 명목임

---

[25]　장기에 노동수요는 기대실질임금의 감소함수이므로 [그림 6-10] (a)의 수직축은 실질임금이 되어야 한다. 그런데 그렇게 하면 실질임금이 물가를 고려한 임금이어서 물가 상승할 때 노동수요가 증가하는 것을 그림으로 나타낼 수 없는 문제가 발생한다. 이러한 이유에서 [그림 6-10] (a)의 수직축을 명목임금으로 하고 노동수요곡선을 노동의 한계생산물가치곡선 $MP_N \times P = VMP_N$으로 표현하여 물가가 변할 때 $VMP_N$이 변하는 것을 나타냈다.

금, 노동공급량, 국민소득은 각각 $\omega_0$, $N_0$, $Y_0$으로 결정된다.

장기에는 물가가 변할 수 있고 물가가 변할 때마다 물가의 함수인 노동수요곡선은 새롭게 정의된다. 물가가 상승하는 경우를 생각해 보자. 물가가 상승하면 실질임금 수준이 하락하는데 노동수요는 실질임금의 감소함수이므로 실질임금수준이 하락하면 기업의 노동수요가 증가하고 그 결과 노동수요곡선이 우측으로 이동한다.

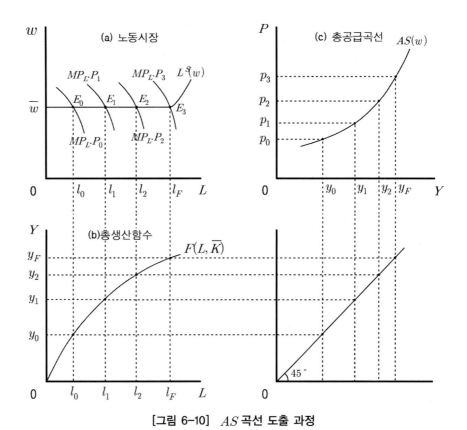

[그림 6-10] $AS$곡선 도출 과정

출처: 김대식 외. (1996). 현대 경제학 원론. 박영사. p. 805의 그림을 수정하여 제시함.

일반적인 상황이라면 노동수요곡선의 우측 이동은 임금 상승으로 이어져야 한다. 그런데 앞에서 $AD$곡선을 설명하면서 언급했듯이 국민경제 내의 고용은 완전고용 수준에 도달하기 전까지 늘 과소고용 상태에 머물러 있어서 노동수요가 임금에 대해서 무한탄력적이기 때문에 임금을 인상하지 않더라도 고용량을 늘릴 수 있다. 게다가 노동자들에게 노동공급은 인식 지연 때문에 실질임금이 아니라 명목임금의 함수이다. 명목임금이 상승하면 노동자들은 그것을 기대실질임금이 상승한 것으로 잘못 인식하고 노동공급량을 늘린다. 물론 물가가 상승했기 때문에 인상된 명목임금의 실질적 가치는 과거 실질임금수준과 같거나 낮다. 기업의 입장에서 보면 명목임금은 상승했지만 실질임금수준은 그대로이거나 오히려 낮아진 것이다. 따라서 기업은 실질임금 상승 없이도 고용을 늘릴 수 있게 되고 실질임금이 변하지 않으므로 실질임금의 함수인 노동공급곡선도 변하지 않는다.

물가가 상승할 때 노동공급곡선은 변하지 않으면서 노동공급량이 증가한다는 것은 [그림 6-10] (a)에서 노동공급곡선상의 최초 균형점 $E_0$가 $E_1$, $E_2$, $E_3$, …로 이동하는 현상으로 나타난다. 증가한 노동공급량은 총생산함수를 통해 생산량 증가로 이어진다. 이러한 과정을 통해서 물가가 변동할 때마다 물가의 함수인 노동수요곡선이 새롭게 정의되고, 새로운 노동수요곡선이 노동공급곡선과 만나는 점에서 균형노동공급량이 결정된다. 노동공급량이 결정될 때마다 총생산함수로 표현되는 국민경제의 기술 수준에 의해서 각각의 노동공급량이 고정된 자본 $\overline{K}$와 결합되어 생산물의 양이 [그림 6-10] (b)와 같이 결정되고, 각각의 물가와 그에 대응하는 생산량(국민소득) 간의 대응관계를 나타내는 $AS$곡선이 [그림 6-10] (c)와 같이 도출된다. 케인즈학파의 장기 $AS$곡선은 이러한 원리에 따라 만들어진 물가수준과 국민소득의 조합들로 이루어진 곡선이다.

고전학파가 장기 $AS$곡선을 수직선으로 보는 것과 달리 케인즈학파가(엄밀히 말하면 케인즈 단순모형이) 장기 $AS$곡선이 우상향 기울기를 갖는다고 주장하는 궁극적인 이유는 이상에서 설명한 바와 같이 인식 지연 때문에 임금이 물가변동에 신축적이지 아니하고 경직적이라고 보기 때문이다.

### ⑶ $AD$-$AS$ 균형

이상의 과정을 통해 도출된 $AS$곡선이 $AD$곡선과 만나면 균형물가와 균형국민소득이 결정된다. [그림 6-11] (a)와 (b)는 각각 단기와 장기에 물가와 국민소득이 어떻게 균형을 이루는지 보여 준다. 단기 균형국민소득은 총수요곡선 $AD$에 의해서만 결정되지만 장기 균형국민소득은 $AD$곡선과 $AS$곡선의 상호작용에 의해서 결정된다. 그리고 국민소득이 완전고용국민소득에 도달하면 단기와 장기 모두에서 $AS$곡선이 [그림 6-11] (c)의 고전학파 영역에 해당하는 수직선 모양의 $AS$곡선이 된다.

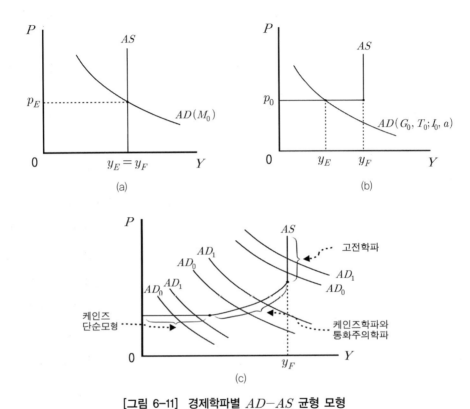

**[그림 6-11] 경제학파별 $AD-AS$ 균형 모형**

출처: 김대식 외. (1996). 현대 경제학 원론. 박영사. p. 809, 810의 그림을 수정하여 제시함.

이상의 내용을 이해했다면, 우리는 국민경제의 수준이 매우 높은 경우이거나 완전고용수준의 생산이 이루어질 정도로 경기가 과열된 경우라면 수직 $AS$곡선을 가정하는 고전학파의 모형이 현실을 이해하는 데 상대적으로 더 적합한 모형이라는 주장에 동의할 수 있을 것이다. 앞서 설명한 바와 같이 고전학파 모형은 국민소득이 총공급곡선 $AS$의 위치에 의해서 전적으로 결정된다고 본다. 따라서 경제발전수준이 높은 국민경제에서는 물가와 국민소득의 수준을 조절해야 할 때 수요 측면이 아니라 공급 측면에 주안점을 둔 정책을 펼치는 것이 바람직하다는 것을 알 수 있다.

이와 정반대로 국민경제가 저발전 상태에 있거나 극심한 경기침체에 빠져 있어서 국민경제 내에 고용이 극도로 낮은 수준에 머물러 있는 상황이라면 $AS$곡선이 수평이어서 국민소득이 전적으로 총수요 $AD$에 의해 결정된다고 보는 케인즈 단기모형이 현실 분석에 더 적합한 모형일 것이다. 대공황 같은 장기 경기 불황기에 케인즈학파가 주장하는 총수요조절정책이 해결책으로 받아들여졌던 것은 바로 이러한 이유 때문이다.

경기가 극단적인 호황 상태도 아니고 극심한 침체 상태도 아닌 중간적인 상태에 있다면 $AS$곡선과 $AD$곡선이 물가와 국민소득의 균형점을 결정하는 데 동시에 작용한다고 보는 케인즈학파의 장기 모형이 다른 두 모형에 비해 상대적으로 더 설득력 있는 모형이 될 것이다. 실제로 경기는 대개 경우 극단적인 호황이나 극심한 불황보다는 두 극단의 중간쯤의 상태에 있으므로 현대 경제학에서는 케인즈학파의 장기 $AD-AS$ 모형으로 현실 국민경제를 이해하는 것이 적절하다고 보는 것이 일반적인 견해이다.

## 3) $AD-AS$ 모형을 이용한 재정정책 및 통화정책의 효과 분석

국민경제의 총수요와 총공급의 동시 균형을 설명하는 $AD-AS$ 모형은 재정정책과 통화정책이 국민경제에 미치는 영향을 비교·분석하는 데 매우 유용한 도구이다. 그럼 이제 이 모형을 이용하여 재정정책과 통화정책의 효과를 이해해 보자.

먼저, 정부가 정부지출을 늘리는 확대재정정책을 시행한다고 가정해 보자. 정부지출 $G$는 투자 성격의 지출이므로 $IS$곡선과 $LM$곡선 중 $IS$곡선을 결정하는 요인 중 하나이고 $IS-LM$ 모형으로부터는 $AD$곡선이 도출된다. 따라서 재정지출의 효과는 $AD$곡선을 통해서, 더 구체적으로는 $AD$곡선의 이동으로 나타난다.

[그림 6-12] (a)에서 정부가 확대재정정책을 실시하면 최초 총수요곡선 $AD_0$(곡선 ①)을 우측으로 이동시켜 $AD_1$(곡선 ②)이 되게 만든다. 물가수준이 $p_0$에서 변하지 않으면 국민소득은 $Y_0$에서 $Y_1'$로 증가하겠지만 정부지출 증가는 물가 상승을 동반하므로 물가가 $p_1$로 상승한다고 가정하면 국민소득은 $Y_1$로 증가한다. 따라서 확

대재정정책은 물가와 국민소득 모두를 $(P_0, Y_0)$에서 $(P_1, Y_1)$로 증가시키는 효과를 가져온다.

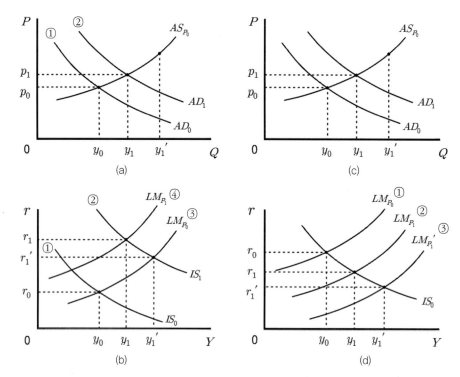

[그림 6-12] $AD-AS$ 모형을 이용한 재정정책 및 통화정책 효과 분석

이러한 변화는 $IS$ 곡선의 이동에서부터 시작된다. 정부의 확대재정책은 [그림 6-12] (b)의 최초 $IS$ 곡선 $IS_0$ (①)을 $IS_1$ (②)로 이동시키고 이 변화가 $AD$ 곡선의 우측 이동을 유발한다. 이제 국민소득은 새 $IS$ 곡선 $IS_1$이 $LM$ 곡선과 만나는 점에서 결정되어야 하지만 물가가 상승한다. 물가 상승은 최초 물가수준 $p_0$일 때의 $LM$ 곡선인 $LM_{P_0}$ (③)을 좌측으로 이동시켜 $LM_{P_1}$ (④)이 되게 한다. 따라서 $LM_{P_1}$ (④)과 $IS_1$ (②)이 만나는 점에서 균형이 형성된다.

물가가 상승하면 화폐의 상대적 가치가 낮아져 동일한 양의 재화·서비스를 소비하더라도 더 많은 양의 화폐가 필요하게 되므로 물가 상승은 이자율(즉, 화폐를 사용하기 위해 지불해야 하는 대가)의 상승으로 이어진다. 따라서 $LM_{P_1}$ (④)과 $IS_1$ (②)이 만나는 균형점에서의 이자율 $r_1$은 최초 이자율 $r_0$보다 높아진다.

이상의 내용을 정리하면 확대재정정책은 생산에 대한 총수요를 증가시켜 초과수요를 발생시키고, 초과수요는 투자수요를 증가시키고 생산을 늘려 국민소득을 증가시키고 화폐수요를 증가시키는 효과를 가져온다는 것을 알 수 있다. 그러나 확대재정정책으로 인해 발생한 효과는 시간이 지남에 따라 이자율이 상승하여 점차 사라진다.[26]

통화량을 늘리는 확대통화정책도 확대재정정책과 유사한 효과를 발생시킨다. 확대통화정책으로 인해 국민경제 내에 유통되는 화폐량이 증가하면 [그림 6-12] (c)와 같이 최초 총수요곡선 $AD_0$이 우측으로 이동한다. 국민소득은 $Y_1'$까지 증가할 수 있지만 균형국민소득은 $Y_1$이 되는데, 이는 물가가 $p_0$에서 $p_1$로 상승하기 때문이다. 통화량이 증가하면 [그림 6-12] (d)의 최초 $LM$곡선인 $LM_{P_0}$은 $LM_{P_1}'$으로 우측 이동했다가 물가 상승으로 인해 좌측 이동하여 $LM_{P_1}$이 된다. 이자율은 통화량이 증가함에 따라 $r_1'$ 수준으로 낮아지지만 물가 상승으로 인해 $LM$ 곡선이 좌측 이동함에 따라 $r_1'$ 보다 높은 $r_1$에서 균형이자율이 결정된다.

이와 같이 확대통화정책은 통화량을 늘려 이자율 하락, 투자수요 증가, 소비 증가, 생산물에 대한 초과공급, 국민소득 증가 효과를 가져온다. 물론 이 과정에서 물가가 상승하고 장기적으로 이자율이 상승하여 확대통화정책으로 인해 발생했던 초과공급도 확대재정정책에 의한 초과수요와 마찬가지로 시간이 지나면서 사라진다.


## 5. 케인즈학파에 대한 비판

이상에서 살펴본 케인즈학파의 이론에 대해서 고전학파와 통화주의학파는 각각의 대응 이론을 제시하면서 정부와 중앙은행이 총수요를 조절하기 위해 재정정책과 통화정책을 통해 시장에 개입하는 것이 적절하지 않다는 반론을 제기한다.

---

[26] 이를 구축효과(crowding-out effect)라고 하는데 이에 관한 설명은 이 장의 뒷부분에서 하겠다.

## 1) 고전학파의 비판

고전학파는 기본적으로 소비가 이자율에 의해서 결정된다고 보는 입장을 가지고 있기 때문에 케인즈학파가 주장하는 재정정책이 국민경제에 사실상 아무런 영향을 미칠 수 없다고 주장한다. 고전학파의 비판의 이론적 근거는 다음과 같다.

정부가 확대재정정책을 펼친다고 가정해 보자. 앞서 살펴본 바와 같이 케인즈학파가 옹호하는 재정정책은 통화정책이 아니기 때문에 통화량을 변화시키지 않으면서 정부지출이나 조세를 통해 총수요를 조절하는 정책이다. 재정정책의 이 두 가지 정책수단 중 정부지출을 총수요 조절을 위한 수단으로 사용하는 경우를 먼저 생각해 보자.

정부가 확대재정정책을 펼치려면 그에 필요한 재원을 마련해야 한다. 정부가 필요한 자금을 마련하는 방법은 국채 발행, 외국으로부터 차관 그리고 중앙은행으로부터의 대출을 받는 방법이 있다. 그런데 중앙은행으로부터 대출을 받는 방법은 시중에 유통되는 통화량을 변화시키므로 재정정책이 아니라 통화정책이므로 제외한다. 외국으로부터의 차관을 들여오는 방법은 외환위기 같은 상황이 아니라면 일반적으로 사용하지 않는 수단이므로 이 역시 제외하기로 한다.

정부가 지출을 늘리기 위해서 국채를 발행한다고 가정해 보자. 정부가 국채를 발행하여 경제주체들에게 판매하면 국채 매입의 대가로 경제주체들이 지불한 금액이 정부의 수입이 된다. 이때, 시중에 유통되던 화폐가 국채 매입을 위해 지출되면 화폐량이 감소하기 때문에 화폐 품귀 현상이 발생하고 화폐의 가치가 높아져 이자율이 상승한다. 이자율이 상승하면 이자 부담이 증가하여 소비와 투자가 감소한다.

그런가 하면 저축은 이자율이 증가하면 함께 증가한다. 즉, 저축은 이자율의 증가함수이고 투자와 소비는 모두 이자율의 감소함수이다. 따라서 [그림 6-13]에서 저축곡선은 우상향 기울기를 갖는 반면, 투자곡선은 우하향 기울기를 갖는다.

국민경제에서 국민총생산과 국민소득은 동일해야 하므로 국민경제는 균형조건식 $Y^D = Y$를 만족시키는 경제이다. 이 균형조건식은 앞서 혼합경제모형 부분에서 설명한 바와 같이[27] 다음과 같이 바꿔 쓸 수 있다.

---

27) 이 장의 내용 중 3-4) 케인즈 혼합경제모형 부분을 참고하기 바란다.

$$Y^D = C + I_0 + G = C + S + T = Y$$

$$I_0 + G = S + T$$

그런데 정부가 확대재정정책을 실시하기 이전의 재정지출 규모 $G$는 조세수입 $T$와 일치하므로 위의 균형조건식을 다음과 같이 단순화할 수 있다.

$$I_0 = S$$

따라서 [그림 6-13]에서 이 조건이 만족되는(투자곡선 $I_0$와 저축곡선 $S$가 만나는) $E_0$점에서 균형이 이루어지고 이때의 균형이자율은 $r_E$이라는 것을 쉽게 알 수 있다.

만일 정부가 확대재정정책을 실시하여 정부지출이 $\Delta G$만큼 증가한다고 가정해 보자. 이러한 정부 정책은 투자곡선을 $\Delta G$만큼 오른쪽으로 이동시킨다.[28] 이제 저축곡선과 새로운 투자곡선이 만나는 점에서 이자율은 $r_1$로 상승하고, 그로 인해 저축은 $S_1 - S$만큼 증가하는 반면, 투자는 $I_0 - I_1$만큼 감소한다. 즉, 정부의 확대재정정책은 이처럼 항상 이자율을 상승시키는 결과를 가져온다는 것이다. 따라서 정부가 실시한 재정정책의 효과는 다음과 같은 두 가지 위축효과로 인해 완전히 상쇄되어

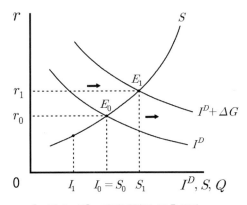

[그림 6-13] 재정정책의 구축효과

---

28) 정부지출과 투자는 수요증가 요인이고 저축과 조세는 수요감소 요인이기 때문에 $\Delta G$는 $I_0$와 합해져야 한다는 것을 이제 독자들도 충분히 이해할 수 있으리라 생각한다.

버리기 때문에 결과적으로 총수요에 아무런 영향을 미치지 못한다는 것이 고전학파의 주장이다.

> 저축 증가로 인한 소비위축 효과
> $$\downarrow$$
> $$\Delta G = (S_1 - S) + (I_0 - I_1)$$
> $$\uparrow$$
> 이자율 상승으로 인한 투자위축 효과

정부가 지출 확대 정책 대신 조세 감면 정책을 사용하더라도 [그림 6-13]의 수직축이 이자율에서 조세율로 바뀔 뿐 나타나는 결과는 마찬가지이다. 이처럼 확대재정정책이 이자율을 상승시켜 투자위축과 소비위축을 유발하는 현상을 가리켜 재정정책에 의한 구축효과(crowding-out effect) 또는 밀어내기효과라고 한다.

고전학파는 케인즈학파가 주장하는 확대재정정책이 이자율 상승을 가져올 뿐 구축효과로 인해 기대했던 정책효과는 나타나지 않는다고 주장한다. 고전학파는 여기서 한 걸음 더 나아가 다음과 같이 주장한다.

> 총공급은 $AS$곡선의 기울기가 수직에 가깝게 경직적이기 때문에 정부의 확대재정정책은 국민소득 증가 효과는 거두지 못하면서 오히려 물가만 상승시키는 위험을 초래한다.

고전학파의 이러한 입장은 $AS$곡선이 [그림 6-11] (a)와 같은 수직선이라는 가정에 근거한 것임을 알 수 있다. 이러한 근거를 가지고 고전학파는 케인즈학파와 달리 재정정책을 통한 정부의 개입이 국민경제에 전혀 바람직하지 않다고 주장한다.

고전학파의 이론에 따르면 경기변동에 대한 가장 바람직한 대응은 정부가 인위적으로 정부지출을 늘리거나 줄이는 것이 아니라 누진적 세율과 사회보장제도 등과 같은 재정자동안정화장치를 마련하여 재정이 자율적으로 안정을 되찾게 하는 것이 바람직하다.

경기변동이 발생하면 재정자동안정화장치는 다음과 같이 작동한다. 예를 들어, 경기가 과열되어 국민소득이 증가하더라도 누진세율이 적용되고 있고 사회보장을 위한 부담(또는 기여) 또한 증가하기 때문에 높아진 국민소득이 조세로 흡수된다. 그렇게 되면 소비와 투자가 위축되어 총수요가 억제되기 때문에 과열되었던 경기가 식는 효과가 나타난다.

이와 반대로 경기침체로 인해 국민소득이 감소하면 조세와 사회보장 기여는 줄어들지만 누진세율하에서 줄어든 조세 부담만큼 소비가 증가하고, 사회보장을 부담은 줄어들지만 정부가 사회보장제도를 통해 이전지출을 늘르기 때문에 총수요가 증가하고 경기가 활성화된다. 고전학파는 이러한 논리에서 경제는 정부의 인위적인 개입이 없어도 자동안정화장치에 의해 경기변동에 자동적으로 대응한다고 본다.

이러한 고전학파의 비판에 대해서 케인즈학파(그리고 새케인즈학파[29])는 재정정책이 구축효과를 갖는다는 사실은 인정하지만 구축효과의 수준이 재정정책의 효과를 상쇄할 만큼 크지 않다고 반론을 제기한다. 또한 고전학파가 주장하는 재정자동안정화장치만으로는 경기조절이 어렵고, 특히 경기침체로 인해 국민소득이 완전고용 국민소득에서 크게 벗어나 있는 경우에는 이미 대공황의 경험을 통해서 입증된 바와 같이 정부가 적극적인 재정정책을 통해 총수요를 견인하는 역할을 해야만 경제안정 및 성장을 이룰 수 있다는 입장을 견지한다. 이러한 케인즈학파의 주장은 $AS$곡선이 [그림 6-11] (c)의 세 가지 구간 가운데 수평 구간, 즉 경제가 극심한 불황도 아니고 극심한 호황도 아니어서 경제가 성장하지만 물가는 크게 상승하지 않는 소위 말하는 골디락스 경제(Goldilocks economy)일 때 설득력을 얻을 수 있는 어찌 보면 매우 일반적인 주장이라 하겠다.

## 2) 통화주의학파의 이론과 비판

통화주의는 케인즈학파의 이론에 대응하여 고전학파의 이론을 수정 및 보완하여 발전시킨 이론이다. 통화주의학파의 경제학자들은[30] 케인즈학파의 주장을 일부 받

---

29) 새케인즈학파의 이론과 고전학파의 비판에 대한 재비판에 대해서는 이 장의 뒷부분에서 논의하기로 한다.
30) 통화주의학파는 고전학파의 이론을 이어받아 발전시킨 경제학파로서 시카고학파라고도 불린다. 대표적인 통

아들여 총수요조절의 필요성을 인정하며 총수요 증가가 물가와 국민소득 모두를 증가시킨다는 것에 대해 동의한다.

그러나 통화주의학파는 국민소득과 고용을 증가시키기 위해서 정부가 재정정책을 수단으로 사용하는 것에는 반대한다. 이러한 통화학파의 주장은 재정정책과 금융정책의 효과에 대한 다음과 같은 이론적 분석 결과에 근거한다.[31]

| | |
|---|---|
| **재정<br>정책<br>분석** | • 재정정책의 구축효과는 실제로 존재한다.<br>• 고전학파의 주장과 유사하게 구축효과가 확대재정정책의 효과를 거의 상쇄하기 때문에 총수요 증가 효과는 미미한 수준에 불과한 반면, 소비위축이나 투자위축과 같은 부작용의 크기는 결코 무시할 수 없는 수준이다.<br>• 따라서 확대재정정책을 경기 단기안정화 수단으로 사용하는 것은 오히려 바람직하지 않은 결과를 초래한다. |
| **금융<br>정책<br>분석** | • 통화량이 이자율에 영향을 미쳐 총수요에 영향을 미친다.<br>• 그러나 화폐수요의 이자율탄력도가 매우 작기 때문에 총수요 증가 효과는 매우 낮은 수준에 불과하다.<br>• 중요한 것은 이자율이 아니라 통화량이며 확대금융정책의 국민소득 증가 효과가 확대재정정책의 그것보다 더 직접적이고 더 크다.<br>• 따라서 재정정책보다 금융정책이 더 나은 정책수단이다. |

아울러 통화주의학파는 다음의 세 가지 가정의 토대 위에서 자신들의 이론을 발전시킨다.

---

**가정 1**: 국민소득을 결정하는 가장 중요한 요인은 화폐량이다.

**가정 2**: 장기적으로 고용은 완전고용수준에 접근하고 국민소득은 자연실업률 국민소득으로 수렴한다.

**가정 3**: 단기에 재정정책과 통화정책은 실질국민소득에 영향을 미치지만 시간이 지날수록 영향이 줄어들기 때문에 장기적으로는 그 효과를 기대할 수 없다.

---

화주의 경제학자들로는 Fisher, Friedman, Meltzer, Phelps 등을 꼽는다.

31) 통화학파의 이론 모형과 케인즈학파의 일반 모형은 그 내용이 이 책의 범위를 벗어나는 것임이 분명하지만 그럼에도 불구하고 두 학파의 주장을 이론 모형을 통해 비교 및 이해해 보고자 하는 독자들을 위해 이 장의 부록에 소개되어 있으므로 참고하기 바란다. 여기서는 두 학파의 재정정책과 금융정책에 대한 이론적 분석 결과를 중심으로 두 학파의 주장을 비교하는 수준에서만 논의를 진행하기로 하겠다.

그러면서 통화주의학파는 통화정책도 재정정책과 마찬가지로 부작용이 있기 때문에 경제를 안정시키기보다 자칫 경제 불안정 초래할 가능성이 있다고 주장한다. 그렇기 때문에 통화주의학파는 경기변동이 발생하더라도 정부가 인위적인 정책을 펼쳐(재정정책을 통해서든 금융정책을 통해서든) 시장에 개입하기보다는 시장이 가진 자기보정(self-correcting) 능력에 맡기는 것이 바람직하다는 고전학파의 입장을 견지한다. 특히 통화량은 경기변동이 있더라도 애초에 정한 수준을 그대로 유지해야 한다고 보는데 이를 준칙(rule)주의라고 한다.

### (1) 통화주의학파의 필립스곡선 이동에 대한 설명

통화주의학파는 이러한 주장의 타당성을 뒷받침하는 실증적인 증거로서 필립스곡선(Phillips curve)이 장기간에 걸쳐 실제로 변해 온 모양을 제시한다.[32] [그림 6-14] (a)의 필립스곡선은 실업률과 물가상승률 간의 관계를 나타내는 곡선이다. 유효수요가 부족할 때 케인즈학파의 주장대로 확대재정정책을 통해서 총수요를 증가시키면 국민소득이 증가하고 고용이 증가하여 실업률이 낮아지는 반면, 물가가 상승하는 인플레이션이 발생한다. 따라서 필립스곡선은 [그림 6-14] (b)와 같은 우하향 기울기를 갖는다. 케인즈학파는 필립스곡선상의 수많은 실업·인플레이션 조합 가운데 '이상적'이라고 판단되는 조합을 정하고 총수요관리를 통해서 이상적인 조합을 실현할 수 있다고 본 것이다.

실제로 1960년대에는 그 이전의 경험적 자료를 근거로 도출된 필립스곡선이 케인즈학파의 주장대로 [그림 6-14] (a)와 같이 우하향 곡선을 안정적으로 유지했고 그렇기 때문에 많은 국가들이 케인즈학파의 재정정책을 적극적으로 펼쳐 낮은 인플레이션과 완전고용이라는 두 마리 토끼를 한번에 잡을 수 있을 것이라 예상했다. 그런데 1970년대에 들어와 세계 경제가 적극적인 재정정책에도 불구하고 높은 인플레이션과 높은 실업률이 동시에 나타나는 스태그플레이션(stagflation)을 경험하게 되었다. 침체된 경기를 활성화시키기 위해 세계 각국 정부가 케인즈학파의 처방에 따라 적극

---

32) 필립스곡선은 뉴질랜드 경제학자 William Phillips가 1861~1957년 기간 동안 영국의 자료를 분석하여 명목임금 상승률과 실업률 간에 상충적인 관계가 있음을 보여 준 곡선이다.

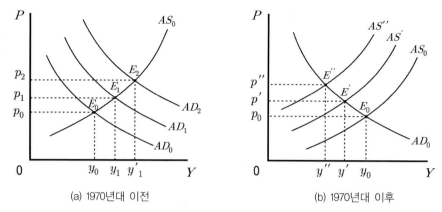

[그림 6-14]  1970년대 이전과 이후의 필립스곡선

적인 재정정책을 펼쳤고 그 결과 총수요를 증가시켰다. 그런데 총수요가 증가함에
따라 인플레이션이 발생하는 것은 당연하지만 케인즈학파의 주장대로라면 국민소득
이 증가하면 실업률은 낮아져야 함에도 불구하고 실업률이 상승하는 정반대 현상이
나타났다.

　[그림 6-14] (b)는 미국 경제의 필립스곡선이 1960년부터 1990년 기간 동안 어떻
게 변했는지를 보여 준다. [그림 6-14] (b)에 따르면 케인즈학파의 총수요조절 이론
으로는 스태그플레이션 현상이 왜 나타나는지를 전혀 설명할 수 없다는 것을 쉽게
이해할 수 있다. 스태그플레이션 현상에 대해서 케인즈학파는 1970년대에 있었던
두 차례의 석유가 급등을 원인으로 보고 공급측면에서 시작된 급격한 비용 인상이
인플레이션을 가져왔다는 설명을 내놓았다. 그러나 스태그플레이션은 석유가 파동
이 발생하기 이전부터 시작되었을 뿐만 아니라 석유가 파동이 끝난 후에도 지속되었
다는 사실로 인해 케인즈학파의 설명은 설득력이 낮은 이론으로 여겨진다.

## (2) 자연실업률 이론

　통화주의학파는 스태그플레이션의 발생 원인에 대한 설명으로서 자연실업률 이론
을 제시했다. 자연실업률 이론의 핵심은 다음과 같다. 통화주의학파의 대표 경제학
자인 Milton Friedman과 Phelps는 1960년대 말에 자연실업률 이론을 설명하기 위해

서 다음과 같은 필립스곡선을 제시하였다.

$$\omega^e = w - \pi^e = -h(u - u_N)$$

$\omega^e$ : 기대실질임금변화율

$\omega$ : 명목임금변화율=실제인플레이션율

$\pi^e$ : 기대인플레이션율

$h$ : 상수

$u_N$ : 자연실업률

$u$ : 실제실업률

이 식에서 $\omega^e$는 기대실질임금변화율이다. 현재 실업 상태에 있는 노동자들이 노동을 공급할지 여부(즉, 취업 여부)를 결정할 때 관심을 두는 것은 '앞으로 실질임금이 어떻게 될 것인가?'이다. 즉, 실질임금 변화에 대한 기대이다. 예를 들어, 실업 노동자가 조만간 실질임금이 인상될 것이라는 기대감을 가지면 노동을 공급할 의사를 갖게 되고 그런 기대감이 없으면 실업 상태를 유지한다. 기대되는 실질임금 변화 정도를 기대실질임금변화율이라고 하는데 기대실질임금변화율은 명목임금변화율 $\omega$이 기대인플레이션율 $\pi^e$보다 클수록 커진다. 그런데 명목임금변화율 $\omega$는 다름 아닌 실제인플레이션율이므로 위의 필립스곡선식을 다음과 같이 바꿔 쓸 수 있다.

$$\pi - \pi^e = -h(u - u_N)$$

$\pi$ : 실제인플레이션율

$u_N$ : 자연실업률

$u$ : 실제실업률

이 식에서 자연실업률은 경기변동과 무관하게 늘 존재하는 '자연스러운' 실업률을 말한다. 국민경제 내에서 노동수요(즉, 기업이 원하는 노동자 수)와 노동공급(일자리를 원하는 노동자의 수)이 맞아떨어지면 노동시장에 수요와 공급의 전반적인 균형[33]

---

33) 전반적인 균형이란 일부 산업에서 노동수요과 노동공급 간에 불균형이 있을 수는 있지만 전체 노동시장은 균형 상태에 있다는 것을 의미한다.

이 이루어지는데, 이때의 고용상태를 완전고용이라고 한다. 자연실업은 이러한 완전 고용 상태에서 존재하는 실업을 말한다. 자연실업률이 노동시장이 균형상태일 때의 실업률이라는 의미에서 균형실업률이라고도 부르기도 하고 물가(임금을 포함한)를 높이지도 낮추지도 않는 실업률이라는 의미에서 물가안정실업률이라고도 부르기도 한다.

자연실업은 왜 발생하는가? 통화주의학파는 고전학파와 마찬가지로 자연실업이 존재하는 이유가 자연실업이 비자발적 실업이 아닌 자발적 또는 탐색적 실업이기 때 문이라고 본다. 비자발적 실업은 경기변동에 의해 나타나는 단기적이고 구조적인 마 찰적 실업으로서 일하기 원하지만 일자리가 없어서 발생하는 실업이다.

이와 달리 자발적 실업은 원하는 일자리를 기다리기 때문에 발생하는 실업이다. 통화주의학파는 기본적으로 자연실업 상태에 존재하는 모든 실업을 자발적 실업으 로 본다. 현재 일자리가 있음에도 불구하고 더 나은 일자리를 탐색하는 데는 비용이 든다. 이때 비용은 시간, 돈, 그리고 취업하지 않음으로 인해 포기해야 하는 임금(즉, 자발적 실업의 기회비용) 모두를 말한다.

> 자연실업 상태에서 존재하는 실업은 더 나은 일자리를 찾기 위한 자발적 실업이다.

그런가 하면 실업을 감수하더라도 원하는 일자리를 찾고 그 일자리에서 자신이 받 고자 기대했던 임금을 실제로 받게 되는 것은 자발적 실업이 주는 이익이다. 물론 실 업 상태에서 실업수당을 받는다면 이 역시 이익에 포함된다. 합리적인 경제주체는 자발적 실업(이하 '실업')을 유지하면서 일자리 탐색을 1단위 더 할 때 발생하는 한계 비용과 취업의 한계비용을 비교하여 실업 상태를 유지할 것인지를 판단한다. 즉, 한 계이익이 한계비용보다 크면 일자리 탐색을 계속할 것이고 그러기 위해 실업 상태에 머물러 있는 반면, 한계이익이 한계비용보다 작으면 더 이상 일자리 탐색을 지속하 지 않고 취업한다.

[그림 6-15]에서 일자리 탐색의 한계이익은 일정한 반면, 한계비용은 실업 기간

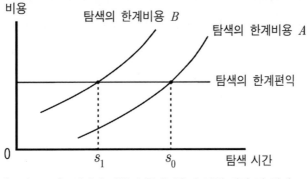

[그림 6-15]  일자리 탐색의 한계비용과 탐색 시간 간 관계

이 길어질수록 증가하는 것을 알 수 있다. 한계이익이 일정한 이유는 일자리 탐색을 1단위 더 하는 것이 반드시 더 좋은 일자리(예를 들면, 더 높은 임금을 주는) 취업으로 이어진다는 보장이 없기 때문에 한계이익은 일정하다고 보는 것이 더 타당하기 때문이다.

한계이익과 한계비용이 만날 때의 탐색 시간이 최적 일자리 탐색 시간이다. 어떤 이유에서든 노동자들의 일자리 탐색의 한계비용이 높아져서 한계비용곡선이 $B$로 이동하여 최적 일자리를 탐색하는 시간이 줄어들면 실업은 감소할 것이고 이와 반대로 한계비용이 낮아져서 한계비용곡선이 $C$로 이동하면 실업은 증가한다. 이 상황에서 경기가 과열되면 노동수요가 증가하여 노동자를 유인하기 위해 좋은 조건을 제시하는 양질의 일자리가 많이 만들어진다. 이제 노동자들은 자신이 기대했던 수준 이상의 임금과 근로조건을 제시하는 일자리가 증가하는 것을 목격하게 되므로 노동자들의 기대임금수준, 즉 취업하면 자신이 받을 것이라 기대되는 임금의 수준이 높아진다.

기대임금수준이 높아질수록 더 좋은 일자리가 나타날 때까지 기다리는 시간이 길어질 것이고 그러면 한계비용, 즉 양질의 일자리를 마다하고 일자리 탐색을 지속하는 비용이 증가한다. 이는 [그림 6-15]에서 $A$였던 한계비용곡선이 $B$로 이동하는 현상으로 나타난다. 물가가 상승하면 이처럼 기대임금 상승, 탐색 시간 감소 현상이 발생하여 실업이 감소한다.

　　그런데 문제는 시간이 지나면 실업률이 자연실업률 수준으로 되돌아가고 물가는 상승한 상태로 남는다는 것이다. 왜 그런가? 이유는 잠시 후에 설명하기로 하고 먼저 물가와 실업률 간의 관계가 이러할 때 정부가 실업률을 낮추기 위해 확대재정정책을 펼치면 어떤 현상이 발생하는지를 먼저 생각해 보자.

　　정부가 적극적인 재정정책을 펼칠수록 물가수준은 가속 상승하여 인플레이션이 증가하고 그로 인해 노동자들의 기대임금이 더 높아져서 일자리 탐색 한계비용곡선은 점점 좌상향 이동하는 현상이 나타나고, 그 결과 실업은 감소한다. 그런데 시간이 지나면 실업률이 다시 자연실업률 상태로 되돌아가고 물가는 상승한 상태에 머문다. 즉, 인플레이션은 인플레이션대로 증가하면서 실업률은 감소하지 않는 스태그플레이션이 발생하는 것이다.

　　그렇다면 정부 정책에 의해 감소된 실업률이 왜 다시 자연실업률 수준으로 회귀하는가? 이 질문에 답하기 위해서 이제 인플레이션이 발생할 때 노동자들의 인식 지연이 어떤 결과로 이어지는지를 살펴보자. 앞서 소개한 다음의 필립스곡선식에서 인플레이션과 실업률 간의 관계를 나타내는 관계상수 $h$는 실업률을 1단위 낮추기 위해서 감수해야 하는 물가상승률 변화량이다.

$$\pi - \pi^e = -h(u - u_N)$$

　　상수 $h$의 부호가 음(-)인 것은 인플레이션과 실업의 관계가 상충 관계이기 때문이다. 인플레이션과 실업률 간의 관계가 음(-)의 관계이므로 필립스곡선은 우하향하는 기울기를 갖는다. 실제인플레이션율은 말 그대로 현재 벌어지고 있는 인플레이션의 수준이고 기대인플레이션은 노동자들이 앞으로 발생할 것이라 기대하는 인플레이션 수준이다. 기대인플레이션과 실제인플레이션 간의 관계는 다음의 세 가지 경우 중 어느 하나가 될 수 있다.

- $u = u_N$: 실제로 존재하는 실업률이 장기균형에서의 실업률인 자연실업과 일치하므로 임금상승이 발생하지 않아 인플레이션율이 0이다.

- $u > u_N$: 실제실업률이 자연실업률보다 높아 초과공급이 존재하면 임금상승률이 둔화하여 실제인 플레이션율이 기대인플레이션율보다 낮아진다. 오쿤의 법칙(Okun's law)에 따르면 실업 률이 지연실업률보다 1% 높아질 때마다 총생산은 약 2~2.5% 감소한다.
- $u < u_N$: 실제실업률이 자연실업률보다 낮아 초과수요가 존재하면 임금상승률이 가속하여 실제 인플레이션율이 기대인플레이션율보다 높아진다.

이제 예를 들어서 [그림 6-16]과 같이 국민경제 내에 6%의 자연실업률이 존재하고 자연실업률이 실제실업률이어서 인플레이션은 0이고 이때의 필립스곡선은 $PC_0$이라고 가정해 보자. 정부가 6%의 실업률이 지나치게 높은 수준이라고 판단하여 확대재정정책을 실시하여 실업률을 낮추고자 시도한다. 이러한 정부 정책의 결과로서 실업률은 4%로 낮아졌지만 그 대신 예를 들어서 5%의 인플레이션이 발생한다. 노동자들은 인식 지연으로 인해 5%의 인플레이션이 발생했다는 사실을 즉시 인식하지 못하고 기대인플레이션율이 $\pi^e = 0$이라고 인식한다. 그러면서 노동자들은 실질임금이 $\omega^e = \pi - \pi^e = 5\%$ 인상될 것이라는 기대하에 노동공급량을 늘린다. 한편, 기업은 물가는 상승했지만 명목임금이 상승하지 않아 실질임금이 하락한 효과를 누릴 수 있게 되고 그로 인해 노동수요가 증가한다. 그 결과, 실업률은 6%에서 4%로 감소한다.

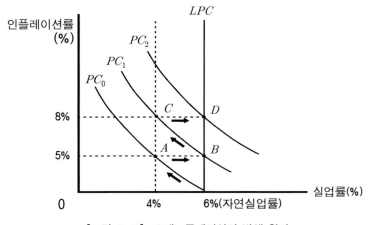

[그림 6-16] 스태그플레이션의 발생 원리

그런데 시간이 지나면 노동자들이 기대인플레이션율이 $\pi^e = 5$ 라는 것을 알게 되고 기대실질임금변화율이 사실은 0이라는 것을 알게 된다. 그런데 물가는 이미 5% 상승했으므로 그에 상응하는 임금인상을 요구하면서 노동공급을 줄여 총노동공급곡선이 왼쪽으로 이동한다. 총노동공급곡선의 이동하여 임금이 상승하면 기업의 노동수요가 원래 수준으로 감소하고 그 결과 실업률은 자연실업률 6%로 되돌아간다. 따라서 필립스곡선은 5% 물가상승과 6% 자연실업률에 해당하는 $PC_1$ 로 이동한다.

애초에 정부가 확대재정정책을 펼쳤던 이유가 6%의 실업률을 낮추기 위해서였으므로 실업률이 다시 6%로 돌아오자 정부는 다시 확장재정정책을 펼쳐 실업률을 4%로 낮추고자 시도한다. 그런데 이번에는 필립스곡선이 $PC_1$ 이기 때문에 처음 재정정책을 펼쳤을 때보다 높은, 예를 들면 8%의 인플레이션이 발생한다. 노동자들 사이에 인식 지연이 발생하여 노동자들이 노동공급을 늘릴 의사를 갖게 되고 기업은 실질임금 하락 효과로 인해 노동수요를 늘릴 것이므로 단기적으로는 실업률이 4%로 낮아진다. 그러나 장기적으로는 기대인플레이션율과 실제인플레이션율이 일치하게 될 것이므로 실업률은 다시 자연실업률로 되돌아가고 이번에는 필립스곡선이 $PC_2$ 로 이동한다. 즉, 필립스곡선이 우하향하는 것은 단기적인 현상일 뿐 위의 과정을 반복하면 장기적으로는 필립스곡선이 수직선의 모양을 띠게 된다는 것이다.

문제는 이러한 과정을 거치면서 물가가 8%로 상승하고 그 상태가 그대로 유지된다는 것이다. 만일 정부가 동일한 확대재정정책을 반복적으로 실시하면 실업률은 자연실업률 아래로 절대 떨어지지 않으면서 매번 물가만 지속적으로 상승시키는 결과를 초래하게 된다.[34] 즉, 정부 정책의 실질적인 효과는 실업률 감소가 아니라 지속적인 물가 상승이라는 것이다.

이상의 내용이 통화주의학파가 케인즈학파의 주장을 반박하기 위해 제시하는 자연실업률 이론이다. 이 이론에 따르면 각국의 정부가 케인즈학파의 이론을 받아들

---

[34] 더 직관적인 이해는 기대인플레이션율이 실제인플레이션율보다 높으면 경기는 지속적으로 상승할 것이고 노동수요도 지속적으로 증가할 것이라는 기대감이 팽배해져서 노동자들이 가진 양질의 일자리에 대한 기대감이 커지기 때문에 기대임금의 경우와 마찬가지로 일자리 탐색의 한계비용이 증가하여 실업이 증가한다고 이해하는 것이다.

여 장기간에 걸쳐 재정정책을 펼친 결과가 누적되어 1960년대부터 기대인플레이션율과 실제인플레이션율이 함께 상승하기 시작하고 재정정책과 예상요인이 결합하여 스태그플레이션이 발생한 것이다. 즉, 재정정책의 부작용이 바로 스태그플레이션인 셈이다. 이러한 자연실업률가설은 실증적 분석을 거쳐 검증되었으며 현재 스태그플레이션의 발생을 설명하는 이론으로 그리고 케인즈학파의 재정정책의 장기적 결과를 보여 주는 이론으로 폭넓게(새케인즈학파의 경제학자들 사이에서도) 받아들여지고 있다.

그런가 하면 통화주의학파는 통화정책을 실행하는 시점과 정책의 효과가 나타나는 시점이 일치하지 않는 이른바 정책시차(policy lag)의 존재를 근거로 재량적 재정정책뿐만 아니라 재량적 통화정책 또한 지양해야 한다고 주장한다. 정책시차란 정책 관련 시간격차(time lag)를 말하는데 다음과 같이 세분되는 개념이다.

| 정책<br>시차 | 내부<br>시차 | 인식<br>시차 | 경제문제가 발생한 시점과 정책당국이 정책대응의 필요성을 인지하는 시점 간의 차이 |
| --- | --- | --- | --- |
| | | 실행<br>시차 | 정책당국이 정책의 필요성을 인지한 시점과 필요한 정책을 실행하는 시점 간의 차이 |
| | 외부<br>시차 | | 정책을 실행하는 시점과 정책의 효과가 나타나는 시점 간의 차이 |

통화정책은 재정정책에 비해 내부시차가 상대적으로 짧다는 장점을 가지고 있다. 재정정책의 주체는 정부이고 의회민주주의 정치체제하에서 정부가 재정정책을 실행하려면 정치적 타협 과정이 필요하고 입법부인 의회의 승인 또한 필요하기 때문이다. 그러나 통화정책은 총수요에 직접적인 영향을 미치는 재정정책에 비해 외부시차가 상대적으로 긴 단점을 가지고 있다.[35] 그렇기 때문에 중앙은행이 경제안정화를 위해 통화정책을 펼쳐도 외부시차가 있기 때문에 그 효과가 경기변동의 영향이 시장의 자동조정기제가 작동해서(정부 정책의 효과 때문이 아니라) 해소되는 과정이거나 이

---

35) 이러한 이유에서 통화정책보다 재정정책을 더 효과적인 정책수단으로 보는 경향이 있으며 특히 경제문제에 대한 긴급한 개입이 요구되는 상황일수록 재정정책이 더 선호되는 것으로 알려져 있다.

미 해소된 시점이 되어서야 비로소 나타나면 통화정책이 오히려 시장이 애써 되찾은 균형을 교란하는 결과를 초래할 수 있다. 통화주의학파는 이러한 이유에서 재정정책 뿐만 아니라 통화정책 또한 지양되어야 한다고 주장한다.

그렇다면 통화주의학파가 제시하는 해결책은 무엇인가? 통화주의학파는 경기변동으로 인해 실업률 또는 물가가 변할 때 정부가 재량적인 정책을 통해 시장에 개입하는 것을 지양하고 시장이 자동조절능력을 발휘하여 경기변동의 영향을 스스로 해소하도록 기다리는 것을 해법으로 제시한다. 통화주의학파는 정부의 재정정책보다 매년 통화공급 증가율을 일정 수준으로 유지하는 준칙(rule)을 지키는 소위 '$K\%$ 준칙' 정책이 훨씬 바람직하다고 주장한다. 통화주의학파의 이러한 주장을 뒷받침하는 이론으로서 화폐수량이론을 제시한다. 이 이론에 관한 자세한 논의는 제7장 통화정책 부분에서 하기로 하겠다.

## 6. 새고전학파와 새케인즈학파의 이론

케인즈학파의 이론이 대공황 이후 거시경제학의 주류 이론으로 자리를 잡았다면 1970년대부터는 통화주의학파의 이론이 더 높은 설득력을 얻기 시작하면서 각국의 경제정책에 반영되기 시작했다. 그러나 1970년대 말 이후 각국의 정부가 경제성장과 물가안정을 동시에 추구하기 위해 펼친 거의 대부분의 정책이 만족할 만한 성과를 거두지 못하는 한계에 다다르게 되었다.

이러한 한계를 경험하면서 기존의 이론들과는 다른 시각에서 거시경제 현상을 바라보고 분석해야 할 필요성을 느끼게 된 거시경제학자들은 거시경제의 구조적 측면보다 경제주체로서의 개인에게로 관심의 초점을 옮기고 경제주체의 합리적 기대를 미시경제학 이론에 근거하여 분석하기 시작하였다. 이하에서 소개할 새고전학파와 새케인즈학파는 이러한 거시경제학의 변화를 이끄는 두 학파로서 이들 두 학파 각각은 서로 다른 이론을 통해 기대형성이 이루어지는 방식에 대한 이해가 경제행위를 이해하는 데 얼마나 중요한지를 잘 보여 주고 있다.

## 1) 새고전학파 이론

새고전학파는 통화주의학파의 거시경제 이론을 일반균형모형으로 확장하여 발전시킨 정책무력성 이론을 통해서 케인즈학파의 거시경제 이론 모형에 비판을 가한다.

### (1) 새고전학파의 기본 가정

새고전학파의 정책무력성 이론은 경제주체와 시장에 관한 다음과 같은 네 가지 가정을 기본 전제로 하고 있다.

### 가정 1. 합리적 기대를 할 수 있다

새고전학파는 노동자들이 적응적 기대뿐만 아니라 합리적 기대를 할 수 있는 경제주체라고 가정한다. 적응적 기대와 합리적 기대는 모두 앞으로의 물가 상황이 어떻게 될 것이라고 기대하는 것인데 두 개념 간에는 다음과 같은 차이가 있다.

먼저 적응적 기대(adaptive expection)를 한다는 것은 경제주체들이 미래의 물가 상황을 기대할 때 과거의 경험으로부터 얻은 정보를 반영하여 기대하는 것을 말한다.[36] 예를 들어, 어떤 한 시점 $t$에서 어떤 경제주체가 $t+1$ 시점의 물가수준이 어떨 것이라 기대한다고 가정해 보자. 시점 $t$의 실제물가를 $P_t^E$라고 표기하고 $t+i$ 시점에서 기대되는 물가수준을 $t+i$의 물가기대치라고 하고 $\hat{P}_{t+i}^E$로 표기하기로 하자. 적응적 기대라는 것은 $t+1$의 물가기대치가 다음과 같이 과거의 물가 경험에 의해 결정된다는 것을 뜻한다.

$$\hat{P}_{t+1}^E = \beta P_t^E + \beta(1-\beta)P_{t-1}^E + \beta(1-\beta)^2 P_{t-2}^E + \beta(1-\beta)^3 P_{t-3}^E + \dots \quad 단, \ 0 < \beta < 1$$

---

36) 앞서도 언급한 바 있듯이 저자는 어떤 명칭이 나타내고자 하는 개념의 본질을 서술적으로 풀어 정의하는 것이 추상적 개념을 직관적으로 이해하는 가장 좋은 방법이라고 생각한다. 적응적 기대라는 명칭은 경제주체들이 과거 물가수준이 변했을 때의 경험을 통해서 물가가 왜, 어떻게 변하는지 등에 관한 지식·정보를 습득하여 현실 경제가 작동하는 방식에 나름 '적응'하고, 그러한 적응의 결과를 앞으로의 물가수준을 기대할 때 반영한다는 의미를 나타내는 명칭이라고 이해하는 것이 도움이 될 것이다.

앞의 식에서 $\beta$는 과거 $t+i$ 시점의 실제물가가 미래 $t+1$ 시점의 물가기대치를 예측하는 데 어느 정도의 비중을 갖는지를 나타내는 가중치이다. 만일 $\beta=1$이면 식은 다음과 같이 단순화된다.

$$\hat{P}_{t+1}^{E} = P_{t}^{E}$$

이는 현 시점 $t$의 실제물가가 $t+1$ 시점에도 그대로 유지된다는 것, 즉 물가변동이 없을 것임을 의미한다. 현 시점의 물가수준이 다음 시점에도 그대로 지속된다는 이러한 기대를 가리켜 정태적 기대(static expectation)라고 한다.

물론 정태적 기대는 맞을 수도 있고 맞지 않을 수도 있다. 후자의 경우, 정태적 기대와 $t+1$ 시점의 실제물가 $P_{t+i}^{E}$가 일치하지 않아 다음과 같은 오차가 발생한다.

$$P_{t+1}^{E} - \hat{P}_{t+1}^{E} = 오차(error)$$

이 오차는 또 하나의 유용한 정보가 된다. 경제주체들은 이 오차 정보로 과거 정보를 업데이트하여 새로운 정보를 만들어 앞으로의 물가를 예측할 때 활용한다. 경제주체들이 이처럼 과거의 예측 실수에 적응해 가면서 과거 물가 정보를 바탕으로 미래 기대를 형성해 나아가는 것을 케인즈학파는 적응적 기대(adaptive expectation)라고 부른다.

새고전학파는 경제주체가 적응적 기대에서 그치지 않고 다음과 같은 성격의 합리적 기대(rational expectation)를 할 수 있는 주체로 본다.

---

**합리적 기대를 하는 경제주체는 미래에 관한 기대를 만들어 갈 때**

1) 과거 경험은 물론이거니와 현재 자신이 이용 가능한 모든 정보를 활용하여 기대를 만든다. 단, 이용 가능한 모든 정보가 존재하는 모든 정보를 뜻하는 것은 아니다. 존재하는 정보 중 어떤 것은 경제주체가 이용할 수 없는 정보일 수 있기 때문이다.

2) 각각의 경제주체는 과거 경험과 그 밖의 정보를 바탕으로 만든 나름의 경제모형에 의존하여 미래에 관한 기대를 만들어간다. 따라서 실제 미래와 미래 기대치 간에 체계적인 오차(systematic error)는 존재하지 않는다.

3) 체계적인 오차가 존재하지 않는다는 말이 기대의 완벽성을 의미하는 것은 아니다. 경제주체들이 이용할 수 있는 정보가 존재하는 모든 정보가 아닐 수 있기 때문에 불완전한 정보일 수 있고 불완전한 정보를 근거한 기대치는 실제와 다를 수 있다. 체계적 오차가 없다는 것은 완전한 정보를 사용한다는 것이 아니라 정보를 잘못 사용하는 오류, 알게 된 오류를 시정하지 않는 오류 (예를 들면, 경제 모형에 문제가 있음을 알고도 문제를 해결하지 않아 동일 문제가 반복하여 발생하는) 등의 오류를 범하지 않는다는 것을 말한다.

### 가정 2. 임금과 가격은 완전신축적이다

임금을 포함한 모든 재화·서비스의 가격은 기대되는 물가수준 변동에 대해서 즉각적으로 반응한다. 새고전학파는 이 특성을 가리켜 임금과 가격의 완전신축성이라고 부른다. 이 가정은 임금과 가격이 물가변동에 대해서 경직적이라고 보는 케인즈학파의 가정에 정반대되는 가정으로서 새고전학파의 이론과 케인즈학파의 이론을 구분 짓는 핵심적 차이이다.

### 가정 3. 시장은 청산 가능하다

임금과 가격이 물가변화에 대해 완전신축적이기 때문에 국민경제에 신축적 가격체계를 도입하면 시장 불균형을 청산할 수 있다. 시장 청산(market cleaning)이란 시장에 존재하는 초과수요, 수요부족, 초과공급, 공급부족 등을 포함한 모든 불균형을 해소하는 것이다.

### (2) 정책무력성 이론

새고전학파는 이상에서 소개한 세 가지 가정을 토대 삼아 정부와 중앙은행이 재정정책과 통화정책을 수단으로 사용하여 총수요를 관리하는 정책이 효과적이지 않다는 내용을 골자로 하는 정책무력성 이론(policy ineffectiveness proposition)을 제시하였다. 새고전학파는 정책무력성 이론을 통해 예상된 통화공급은 생산량에 영향을 주지 못하며, 오직 예상치 못한 통화공급만이 생산량에 영향을 미친다고 주장한다.

케인즈학파는 노동자들이 적응적 기대를 하기 때문에 단기에는 물가변동을 정확하게 인식하지 못하는 인식 지연이 발생한다고 주장한다. 그러나 새고전학파는 노동자들이 합리적 기대를 하기 때문에 앞으로 벌어질 물가 상황을 정확하게 기대하고 인식할 수 있다고 본다. 즉, 인식 지연이 존재하지 않는다는 것이다.

새고전학파는 노동자들이 합리적 기대를 할 수 있으므로 물가와 관련된 기대 오차란 존재하지 않는다고 본다. 따라서 노동자들이 기대하는 기대인플레이션율이 실제인플레이션과 일치해서 단기에도 필립스곡선 또는 총공급곡선 $AS$가 수직이 돼서 단기에도 물가만 상승하고 실업률은 변하지 않는다고 주장한다. 따라서 정부의 재정안정화정책은 단기에도 아무런 효과를 기대할 수 없는 무력한 정책이 된다는 것이다. 이러한 주장은 노동자들이 적응적 기대를 하기 때문에 경제안정화정책이 단기에는 효과가 있다고 보는 케인즈학파의 주장을 부정하는 주장이다.

새고전학파는 이러한 정책무력성 이론을 뒷받침하기 위해서 루카스 총공급곡선이라고 일컬어지는 다음과 같은 총공급곡선식을 제시한다.

$$Y^S = Y + \gamma(P - P^e), \quad \gamma > 0$$

$Y^S$: 총공급량

$Y$ : 실제공급량

$P$ : 실제인플레이션율

$P^e$ : 기대인플레이션율

케인즈학파의 주장대로 노동자들이 적응적 기대밖에 하지 못한다면 기대인플레이션을 정확하게 예측하지 못해서 위의 식에서 기대인플레이션 $P^e$와 실제인플레이션 $P$가 불일치하여 다음과 같은 경우가 발생한다.

$P > P^e$ 이면  $Y^S > Y$ : 실제공급량이 총공급량보다 작은 공급부족 : 공급량 증가

$P < P^e$ 이면  $Y^S < Y$ : 실제공급량이 총공급량보다 많은 초과공급 : 공급량 감소

그러나 노동자들이 기대물가수준에 대한 합리적 기대를 할 수 있으면 다음과 같아진다.

$P = P^e$ 이면  $Y^S = Y$ : 실제공급량이 총공급량이어서 공급량이 변하지 않음

따라서 물가가 변해도 공급량이 변하지 않기 때문에 총공급곡선은 장기적으로는 물가에 의해서 영향을 받지 않는 수직선 모양을 띠게 된다.

이상의 내용을 그림으로 표현하면 [그림 6-17]과 같다. [그림 6-17]에서 최초에 총수요곡선 $AD_0$와 총공급곡선 $AS(p_0^e)$이 $E_0$에서 만나 물가와 생산량이 각각 $p_0$, $y_0$인 균형이 이루어져 있다. 이러한 상황에서 정부가 재정정책 또는 금융정책을 실시하여 총수요를 인위적으로 $AD_1$까지 끌어 올린다고 가정해 보자. 정부 정책의 결과로서 새로운 균형이 $E_1$에서 만들어지고 물가는 $p_1$로 상승한다. 이때 케인즈학파의 주장에 따르면 노동자들이 불완전한 적응적 기대밖에 하지 못하기 때문에 단기에는 물가 상승을 반영하여 노동공급량을 줄이기는 줄이되 물가 상승에 따른 실질임금 감소 정도를 정확하게 반영하지 못하여 균형점이 $E_2$ 수준으로 옮겨 간다. 따라서 단기에는 총생산이 $y_0 - y_2$만큼 증가하는 효과를 기대할 수 있다는 것이다.

그러나 새고전학파는 노동자들이 합리적 기대를 할 수 있어서 물가변화를 정확하게, 즉 물가가 $E_2$ 수준까지 상승할 것과 그로 인해 실질임금 감소 정도가 어느 정도일지를 예측하여 총공급곡선을 단기 $AS(p_2^e)$로 이동시킨다고 주장한다. 따라서 정부의 총수요확대정책은 총생산은 전혀 늘리지 못하면서 물가만 상승시키는 무력한 정책이 되고 만다는 것이다.

새고전학파의 주장처럼 노동자들의 합리적 기대가 가능한 상황에서 정부 정책이

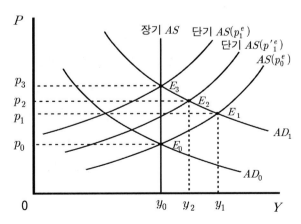

[그림 6-17] 신고전학파의 정책 무력성론 원리

단기에 효과적인 경우가 있다면 그것은 노동자들이 물가변화를 부정확하게 예측한 경우가 아니라 예상치 못한 어떤 요인들로 인해 기대인플레이션율과 실질인플레이션율이 어긋나는 경우일 것이다. 새고전학파는 대표적인 후자의 경우가 바로 정부가 국민의 기대수준을 넘어서는 수준으로 물가를 상승시키는 경제안정화정책을 펼치는 경우라고 주장한다.

경제주체들이 정부의 정책을 예상할 수 있으면 실질인플레이션율과 기대인플레이션율이 어긋나더라도 그러한 어긋남을 인플레이션에 대한 기대에 반영하여 신속하게 없앨 수 있다. 물론 그 과정에서 물가 상승이라는 대가는 어쩔 수 없이 치르게 된다. 그런데 정부가 어떤 이유에서든 적극적인 정부개입이 필요하다는 판단하에 예상 밖의 물가 상승을 초래하는 강도 높은 정책을 펼치면 단기적으로는 그러한 정책이 효과적일지 모르지만 장기적으로는 국민경제에 물가 상승과는 비교가 되지 않을 정도로 심각한 혼란을 야기하게 된다.

대표적인 예가 지난 2019년 말부터 2022년 말까지 약 3년 동안 전 세계의 거의 모든 국가가 실시했던 엄청난 규모의 양적완화정책이 가져온 높은 인플레이션이다. 이 책을 쓰고 있는 2023년 현재도 전 세계는 지난 30년 동안 한 번도 겪어 보지 못한 높은 인플레이션 때문에(그리고 그 인플레이션을 잡기 위해 각국의 정부가 펼치는 또 다른 고강도 정책들로 인해) 큰 어려움을 경험하고 있다.

물론 covid-19 바이러스로 인한 극심한 경기 위축을 막기 위한 어쩔 수 없는 선택이었던 것은 분명하고, 임금을 포함한 물가라는 것이 신축적이기 때문에 지난 3년간의 양적완화정책에 의해 야기된 시장 혼란도 시간이 지나면서 청산될 것으로 기대되기는 하지만 정부가 감당할 수 없는 수준의 강도 높은 정책을 통해 국민경제에 혼란과 불균형을 초래하는 것은 결코 바람직하지 않은 결과를 가져온다. 새고전학파 경제학자들과 통화주의학파 경제학자들은 그렇기 때문에 정부의 재량적 경재안정화정책은 지양되어야 한다는 주장을 2019년 말부터 2022년 말 기간 중에도 꾸준히 제기하였다.

## 2) 새케인즈학파의 이론

새케인즈학파는 새고전학파의 주장 중 노동자들이 합리적 기대를 할 수 있다는 주장에 대해서는 동의하지만 임금과 가격이 완전신축적이라는 주장과 시장이 청산 능력을 가지고 있어서 시장이 항상 균형 상태를 유지할 수 있다는 두 가지 주장에 대해서는 동의하지 않는다. 특히 새케인즈학파는 임금과 가격이 신축적이지 않다는 케인즈학파의 주장을 새롭게 입증하는 데 주력하는데, 그렇게 함으로써 과거 케인즈학파가 임금과 가격이 경직적이라고 가정하면서도 인식 지연 외의 설득력 있는 원인 설명을 제시하지 못한 한계를 극복해야 총수요조절정책의 필요성을 다시 강조할 수 있다고 생각하기 때문이다. 이러한 이유에서 새케인즈학파의 거시경제 이론은 주로 미시경제학 이론을 바탕으로 거시경제 현상을 분석하는 데 초점을 맞추고 있다. 대표적인 새케인즈학파의 이론은 〈표 6-1〉과 같다.

새케인즈학파는 이러한 이론 등에 근거하여 임금과 가격이 신축적이지 않다고 주장한다.[37] 국민경제 내의 생산물시장과 화폐시장은 늘 수요와 공급이 외부로부터 끊임없이 수많은 충격을 받는다. 그럴 때마다 임금과 가격이 즉각적으로 대응하여 시장이 항상 균형상태를 유지할 수 있다고 보는 새고전학파의 가정과 그러한 가정에 의존하는 정책무력성 이론은 현실성이 결여된 이론이라는 것이 새케인즈학파 주장의 핵심이다.

---

[37] 이들 이론 모형에 대한 더 자세한 소개는 이 책의 범위에서는 것이므로 생략하기로 하겠다.

**〈표 6-1〉 새케인즈학파의 거시경제 이론**

| | | |
|---|---|---|
| **임금·가격 경직성 설명 이론** | **임금** | **장기적 임금계약 이론**: 장기 노동계약기간 동안 임금이 경직적이면 노동자들이 합리적 기대를 하더라도 정부의 경제안정화정책이 효과적이다. |
| | | **중첩 임금계약 이론**: 경제 내의 모든 기업과 노동자가 동일 기간 동안의 임금계약으로 묶여 있지는 않다. 일부 기업과 노동자들 간의 임금계약기간이 다른 기업과 노동자들 간의 임금계약기간과 중첩될 수 있기 때문에 한 임금계약이 다른 임금계약들에 의해 영향을 받을 수 있으므로 임금수준이 쉽게 변하지 않는다. |
| | | **암묵적 노동계약 이론**: 노동자가 기업보다 위험회피적이기 때문에 일정 수준의 실질임금을 보장받기 원하고 기업은 안정적인 고용관계를 유지하기 원하기 때문에 노동자와 기업 간에 암묵적 임금계약을 맺어질 수 있고 그로 인해 실질임금이 일정 수준으로 고정된다. |
| | | **효율성 임금가설**: 기업이 시장임금보다 높은 실질임금을 노동자에게 지급하는 것이 노동 생산성을 높이고 노동자의 도덕적 해이를 줄이기 때문에 기업의 이윤극대화에 도움이 되기 때문에 실질임금이 경직성을 띠게 된다. |
| | | **내부자-외부자 이론(노조활동 이론)**: 노조에 가입해 있는 노조 내부자는 임금협상력을 발휘하여 입금협상 시 임금수준을 높게 제시한다. 그로 인해 실직 상태에 있어 노조에 가입할 수 없는 외부자는 취업이 더 어려워진다. 기업은 고용을 쉽게 늘릴 수 없어 임금이 경직성을 띠게 된다. |
| | **가격** | **중첩 가격설정 모형**: 국민경제 내의 모든 기업이 재화·서비스의 가격을 동시에 가격을 조정하는 것은 현실적으로 불가능하다. 가격 조정은 중첩적으로 이루어지고 엇갈려 이루어지기도 하면서 더디게 이루어진다. 따라서 가격은 경직성을 띤다. |
| | | **메뉴비용 이론**: 재화·서비스의 가격을 바꿀 때 메뉴비용(menu cost)이 발생하기 때문에 가격 변경보다 생산량 조절을 선택하는 경향이 있다. 이로 인해 가격이 경직성을 띤다. |
| | | **조정실패 모형**: 기업 간에 협력이 이루어지지 못해 가격 조정의 결과가 애초보다 못한 수준이 될 수 있다. 이 역시 가격이 경직성을 띠게 만드는 원인 가운데 하나이다. |
| | **대출** | **신용할당 이론**: 자금시장에 초과수요가 발생하더라도 금융기관들이 이자율을 인상하기보다 신용도가 높은 기업에게만 자급을 제공하는 역선택(adverse selection)을 할 수 있다. 이로 인해 이자율이 쉽게 바뀌지 않는다. |

출처: Greenwald, B., & Stiglitz, J. (1987). Keynesian, New Keynesian and New Classical Economics. *Oxford Economic Papers, New Series, 39*(1), 119-133. (https://core.ac.uk/download/pdf/161443906.pdf); Macroeconomic Theory IV:New Keynesian Economics. (https://www.nuffield.ox. ac.uk/Users/Cameron/lmh/pdf/et4-04.pdf의 내용을 요약 및 정리하여 제시함.

# 7. 거시사회복지실천과 거시경제 이론 모형

이번 장에서 우리는 고전학파, 케인즈학파, 통화주의학파, 새케인즈학파 그리고 새고전학파까지 총 다섯 가지 경제학파의 이론과 주장을 살펴보았다. 각 학파가 거시경제의 작동원리를 설명하기 위해 제시하는 이론 모형은 저마다 장점과 단점을 모두 가지고 있기 때문에 어느 한 학파의 이론이 절대적으로 옳은지 그른지를 논하는 것은 의미가 없다고 하겠다.

그러나 한 가지 분명한 것은 시기적으로 더 나중에 등장한 학파의 이론 체계는 더 일찍 등장한 학파의 이론 체계가 가진 한계를 보완하는 노력 과정을 거쳐 등장하게 된 이론 체계라는 사실이다. 따라서 이론의 상대적 완전성을 판단 기준 삼아 비교해 보면 가장 최근에 등장한 새고전학파와 새케인즈학파의 주장이 다른 학파들의 주장에 비해 더 탄탄한 이론적 토대를 가지고 있고 그렇기에 더 설득력 있는 주장이라고 판단된다. 실제로 오늘날 거시경제학 내의 대세는 경제안정화정책을 둘러싼 새케인즈학파와 새고전학파 간의 대립 쪽으로 흘러가고 있다.

이 두 학파의 이론적 주장을 이해하는 것이 거시사회복지실천가들에게 왜 그다지도 중요한가? 저자가 독자들에게 제시하고자 하는 답은 매우 분명하다. 거시사회복지실천은 그 실천 영역이 사회보장정책이고 사회보장정책은 재정정책과 밀접한 관련성을 가진 정책이기 때문이다. 그렇기 때문에 거시사회복지실천가는 이 두 학파의 주장을 비교·이해함에 있어서 특히 재정정책의 필요성과 효과에(그리고 더 나아가서 중앙은행의 통화정책까지) 초점을 맞춰야 한다.

오늘날 지구상에 존재하는 복지국가들 중 공적 주체의 재정정책과 통화정책을 무가치한 정책으로 여기는 복지국가는 없다. 사실 복지국가는 정부의 시장개입의 필요성과 정당성에 대한 인정을 통해서 그 실체를 갖게 된 국가라고 해도 전혀 과언이 아니다. 따라서 재정정책과 통화정책 중심의 경제안정화정책은 복지국가의 정책 수단 중에서도 으뜸가는 중요성을 갖는 수단이 아닐 수 없다. 저자는 어떤 전문직이든 사회가 자신에게 맡긴 역할을 그 누구보다 성실히 그리고 잘 행하는 것이 전문성을 인정받는 그리고 더 나아가서 자신의 존재 가치를 인정받은 유일한 길이라고 생각한다. 고전학파의 이론에서부터 새케인즈학파의 이론에 이르는 많은 이론들 중 어떤 이론도 거시경제의 작동원리를 완벽하게 설명하지는 못한다. 이론과 시장의 불완전성이라는 이중 한계하에서 거시사회복지실천가가 할 수 있는 최선의 실천은 정부의 정책이 국민경제에 그리고 국민복지에 어떤 긍정적인 영향을 미치고 어떤 새로운 문제 거리를(바라건대 해결하려는 문제보다는 덜 심각한) 만들어 내는지를 이해함으로써 시장의 불완전성을 그나마 보완할 수 있는 재분배 수단으로서의 사회보장정책의 효과를 극대화하고 그것이 초래할 수 있는 문제를 최소화하기 위한 대책을 마련하는 것일 것이다. 거시경제 이론에 대한 이해는 바로 그 최선의 실천을 하기 위해 우리가 갖춰야 할 또 하나의 이론적 수단인 것이다.

# 국민경제와
# 통화정책

**제7장**

# 국민경제와 통화정책

정부가 경제안정화를 위해 사용하는 수단이 재정정책이라면 통화정책(monetory policy)은 각국의 중앙은행이 동일 목적을 위해 사용하는 수단이다. 통화정책을 한 마디로 정의하면 시중에 유통되는 화폐의 양을 조절하는 정책이라고 할 수 있다. 통화정책을 종종 금융정책이라고 부르기도 하는데 이는 두 정책이 동일 정책이기 때문이어서가 아니라 두 정책 간의 차이가 그다지 중요하지 않기 때문이어서인 것 같다.[1] 재정정책과 통화정책의 구분은 정책의 주체가 정부인지 중앙은행인지에 초점을 맞춘 구분이며 현대 사회에서는 정부와 중앙은행이, 물론 이론적으로는 두 주체가 서로 독립이지만, 긴밀한 관계 속에서 경제안정화를 도모하기 때문에 두 정책을 구분하는 것이 사실상 의미가 없다고 할 수 있다. 다만, 재정정책과 통화정책은 사용하는 수단에 있어서만큼은 확연한 차이를 보인다. 앞 장에서 살펴본 바와 같이 재정정책은 조세를 바탕으로 한 정부지출을 주된 수단으로 사용한다. 이에 비해 통화정책은 이자율, 더 엄밀하게 말하면 이자율 중에서도 기준금리를 주된 수단을 사용하

---

[1] 금융정책은 금융시장의 안정을 도모하기 위해 금융기관들이 정상적으로 기능을 수행할 수 있게 지원하는 일련의 정책을 말한다.

여 시중에 유통되는 화폐의 양을 조절함으로써 국민경제의 총수요를 조절한다.

이 장에서는 통화정책이라고 불리는 정책에는 어떤 것들이 있고, 정책수단에는 어떤 것들이 있으며, 각각의 정책이 어떤 원리에서 화폐의 양을 변화시키고, 총수요에 영향을 미쳐 궁극적으로는 경제안정화에 기여하는지 이해해 보기로 하겠다. 이러한 노력의 첫걸음으로써 먼저 통화정책을 이해하는 데 필요한 용어와 개념들을 살펴보기로 하자.

## 1. 용어와 개념

### 1) 화폐

시장을 인간의 몸에 비유한다면 화폐는 인간의 몸을 살아 있게 하는 혈액이라고 할 수 있다. 한 국민경제 내에서(그리고 지구촌 세계경제 내에서) 생산, 소비, 거래, 교환 등의 모든 경제활동은 화폐를 통해서 이루어진다.[2] 한 국민경제 내에서 화폐는 〈표 7-1〉에 제시된 기능들을 수행한다.

화폐를 돈이라고 하지 않고 이와 같은 '기능을 하는 것'으로 정의하는 이유는 돈이 곧 화폐가 아니기 때문이다. 이와 같은 네 가지 기능을 하기 때문에 화폐로 부를 수 있는 것은 돈 외에도 여러 가지가 있다. 화폐의 종류는 일반적으로 〈표 7-2〉와 같이 세 가지로 구분한다.

화폐가 경제주체들 사이에서 사용되면서 돌아다니는 현상을 가리켜 화폐 유통이라고 한다. 화폐가 가진 '실물과 대비'되는 특성 또는 앞서 소개한 '기능적 특성'을 강조할 때는 화폐를 화폐라고 부르지만 화폐가 경제주체들 사이에서 '유통되는 것'이라는 의미를 강조할 때는 화폐를 통화라고 부른다. 이 장의 이하 부분에서 화폐라는 용어를 반드시 사용해야 하는 경우를 제외하고는 화폐와 통화를 의미 구분 없이 혼용하기로 하겠다.

---

2) 각국이 발행한 통화가 각국의 국민경제 내에서 혈액의 역할을 한다면 지구촌 세계경제에서 혈액의 역할을 하는 통화는 기축통화(Key Currency)이다.

**〈표 7–1〉 화폐의 기능**

| 기능 | 내용 |
|---|---|
| 매개 수단 | 화폐는 경제주체들 간 재화·서비스의 교환을 가능하게 하는 매개 수단이다. 화폐가 없다면 모든 재화·서비스의 교환은 실물을 실물과 맞바꾸는 직접 교환 방식으로 이루어져야 한다. 화폐 사용은 이러한 불편을 없앰으로써 교환을 활성화한다. |
| 가치 척도 | 화폐는 모든 재화·서비스의 가치를 나타내는 척도로 사용된다. 한 국민경제 내에서 모든 재화·서비스의 가치는 해당 국가의 화폐라는 통일된 가치 측정 기준으로 표시된다. 따라서 국가 간에 재화·서비스를 거래 또는 교환하려면 국가 간 화폐 가치 차이를 조정해야 한다. 국가 간 화폐 가치 차이를 나타내는 지수를 환율(exchange rate)이라고 한다. |
| 장래 지불 표준 | 화폐는 장래에 실현하기로 약속한 지불(payment)의 양을 나타내는 수단으로 사용된다. 경제주체들 간에 미래의 어느 시점에 특정 양의 가치를 주고받기로 약속할 때 그 특정 양의 가치는 여러 가지 것으로 표시할 수 있지만 가장 일반적인 방법은 화폐로 표시하는 것이다. 화폐가 가진 이 기능을 회계단위로서의 기능이라 부르기도 한다. |
| 가치 저장 수단 | 매개 기능과 더불어 화폐가 가진 가장 대표적인 기능이라고 할 수 있는 기능은 가치저장수단으로서의 기능이다. 모든 화폐에는 그 화폐에 저장되어 있는 가치의 양이 5만원, 1만원, 1,000원, 1달러, 1엔, 1위안 등으로 표시되어 있다. 엄밀히 말하면 앞서 소개한 화폐의 세 가지 기능 모두는 화폐의 가치저장수단으로서의 기능에서 파생된 기능들이다.<br><br>화폐에 표시된 가치는 명목적인 가치이지 실질적인 가치가 아니다. 화폐의 실질가치란 화폐를 가지고 재화·서비스를 구매할 수 있는 능력, 즉 구매력이다. 예를 들어, 급격한 인플레이션이 발생하여 어제까지 100원으로 살 수 있었던 어떤 재화·서비스 1단위를 오늘은 200원을 지불해야 살 수 있다면 화폐의 명목가치는 그대로이지만 실질가치인 구매력이 급락한 것이다. 그렇기 때문에 화폐의 명목가치와 실질가치와 일치하려면 물가가 안정되어야 한다. |

**〈표 7–2〉 화폐의 종류**

| 종류 | 정의 |
|---|---|
| $M_1$ 통화 | 민간이 보유한 현금통화 + 은행이 보유한 요구불예금통화<br>• 현금통화: 은행이 아닌 민간이 보유한 현금<br>• 요구불예금: 예금자가 요구하면 즉시 지불해야 하는 은행예금 |
| $M_2$ 총통화 | $M_2 = M_1$ 통화 + <u>은행이 보유한 저축성 예금 + 은행이 보유한 외환 예금</u><br>⇩<br>준통화(quasi-money 또는 near money)<br>• 저축성 예금: 일정 기간이 경과해야만 찾을 수 있는 예금. 중도에 찾으려면 이자수익을 포기해야 하기 때문에 $M_1$ 통화보다 환금성이 낮음 |

| | |
|---|---|
| | • 은행이 보유한 외환 예금: 내국인이 자국은행에 맡긴 외화 예금과 내국인이 외국은행 국내지점에 맡긴 외화 예금 |
| $M_3$ 총유동성 | $M_3$ 총유동성 = $M_2$ 총통화 + 금융채권 발행액 + 비통화금융기관 예수금 + 상업어음 매출서 + 환매채 매도액 + 양도성예금증서 발행액<br>• 금융채권: 은행이 발행한 채권<br>• 비통화금융기관: 제2금융기관이라고 불리는 증권사, 종합금융회사, 보험회사, 우체국예금보험, 자산운용사, 상호저축은행 등의 금융기관. 은행이 아니므로 예금 방식으로 자금을 마련할 수 없고 투자자들로부터 받은 출자금, 기금, 보험료 등의 방식으로 자금을 마련해야 함. 비통화금융기관 예수금은 이들 금융기관들이 투자자들로부터 받아 둔 금액을 말함<br>• 상업어음: 제2금융기관이 기업으로부터 사들인 채권<br>• 양도성예금증서: 은행의 정기예금에 제3자에게 자유롭게 양도할 수 있는 양도성을 부여한 무기명 유통식 예금증서(Certificate of Deposit, CD). 은행만 발행<br>• 환매채 매도액: 채권발행자가 일정 기간 경과 후 금리를 더해 다시 매입하는 조건으로 발행하여 판매하는 채권 = 환매조건부채권 |

## 2) 유가증권

유가증권이란 가치를 가진 유가물(valuables)에 대해 청구할 수 있는 재산적 권리를 증명하는 증서로서 재산적 가치에 대한 권리의 원활한 유통과 이용(권리의 발생, 행사 및 이전)을 도모하기 위해 증권 형태로 만든 것이다. 유가증권은 화폐와 함께 국민경제(특히 금융시장)의 혈액 역할을 담당한다.

우리나라는 「증권거래법」에 유가증권의 범위가 구체적으로 열거되어 있는데 가장 대표적인 유가증권은 채권과 주식이다. 유가증권의 범위는 신용경제와 투자기술이

〈표 7-3〉 유가증권의 종류

| 종류 | 내용 |
|---|---|
| 상품증권 | 물건들에 대한 권리가 명시되어 있어 주로 금융시장에서 금, 원자재 등의 선물거래나 상품거래를 위해 사용되는 증권 |
| 화폐증권 | 화폐, 지역화폐, 수표, 어음, 상품권, 쿠폰 등 수시로 일정액의 화폐를 청구할 수 있는 증권 |
| 자본증권 | 채권, 주식 등 기업이 자본을 조달하기 위해 발행하는 증권 |

발전함에 따라 빠르게 확대되고 있으며 현재 채권과 주식 외에 매우 다양한 형태의 유가증권이 사용되고 있다. 유가증권의 종류는 크게 상품증권, 화폐증권, 자본증권으로 구분한다.

## 3) 채권

채권(bond)은 법에 의해 발행자격을 부여받은 기관이 투자자로부터 자금을 조달하기 위해서 발행하는 증서이다. 자금이 필요한 경제주체는 채권을 발행하여 투자자들에게 판매하고 그 대가를 받아 필요한 자금을 조달한다. 따라서 채권은 채권발행주체가 채권을 구입한 투자자들에 대해서 채무가 있음을 증명하는(또는 투자자가 채권발행주체에 대해 지급청구권을 가지고 있음을 증명하는) 차용증서, 즉 빚 문서이다. 우리나라는 정부, 지방자치단체, 공공기관, 은행, 주식회사 등이 채권을 발행할 수 있다. 채권의 종류를 발행기관을 기준으로 구분하면 〈표 7-4〉와 같이 구분할 수 있다.

〈표 7-4〉 채권의 종류

| 국공채<br>(Public Bond) | 국채 | 정부가 발행하는 채권으로서 채권 중 신용도가 가장 높은 채권<br>예: 국고채, 재정증권. 국민주택채권, 외평채 등 |
| --- | --- | --- |
| | 지방채 | 지방자치단체가 정부의 보증을 바탕으로 발행하는 채권<br>예: 도시철도채권, 지역개발채권 등지방 |
| | 특수채 | 공공기관, 공공단체 등이 발행하는 채권<br>예: 도로공사채권, 한국전력공사채권, 토지개발채권 등 |
| 민간채<br>(Private Bond) | 금융채 | 중앙은행을 포함한 은행이 발행하는 채권. 중앙은행이 통화량 조절을 위해 발행하는 통화안정채권, 중소기업금융채권, 산업금융채권 등 |
| | 회사채 | 기업이 자금 조달을 위해 발행하는 채권 |

모든 채권에는 채권이 발행될 때 [그림 7-1]에 제시된 채권의 예와 같이 채권의 액면가격, 만기일 그리고 확정이자율이 명시되어야 한다. 이 세 가지 정보를 채권의 구성요소라고 한다. 채권은 매매가 가능하며 채권발행주체는 만기일에 채권을 보유하고 있는 주체에게 원금과 이자를 지급한다.

**[그림 7-1]  채권 예시**

출처: https://www.inews24.com/view/1176014; https://www.coinpress.co.kr/2019/07/09/16617/.

채권의 구성요소는 고정이므로 채권의 액면가격과 확정이자율은 만기일까지 불변이다. 그러나 만기 전에 채권시장에서 거래되는 채권의 시장가격은 시중금리, 즉 이자율에 따라 달라진다. 채권의 시장가격과 이자율 간에는 역관계가 존재한다. 즉, 시중금리가 상승하면 채권에 대한 수요가 감소하여 채권의 시장거래가격이 하락하고 기준금리가 하락하면 채권수요가 증가하여 채권가격이 상승한다. 이에 관해서는 통화정책수단 부분에서 더 자세하게 설명하기로 하겠다.

### 4) 주식

자금이 필요한 기업이 여러 투자자에게 향후 수익이 발생하면 수익의 일부를 나눠 줄 것을 약속하고 자본금을 투자받아 설립한 회사를 주식회사라고 한다. 주식은 투자자가 주식회사에 대해서 투자한 만큼의 권리를 가진다는 사실을 증명하는 증서이다. 주식의 가치는 기업의 실적에 따라 변하기 때문에 주식 매매를 통해 시세차액으로 수익을 얻을 수 있다.

### 5) 증권시장

주식과 채권을 거래하는 시장을 증권시장이라고 한다. 증권시장은 증권을 처음 발행하는 발행시장 또는 1차 시장과 발행된 증권이 매매되는 유통시장 또는 2차 시장

으로 나뉜다. 유통시장은 다시 장내시장과 장외시장으로 나뉘는데 장내시장은 코스
닥 시장 같은 정규시장을 말하는 것이고 장외시장은 증권사, 은행, 자산운용회사 등
과 같은 금융기관의 창구를[3] 말한다.

## 6) 통화수요와 통화공급

　어떤 특정 시점에 어떤 경제주체가 보유하고자 하는 화폐의 양을 그 경제주체가
가진 통화수요(money demand)라고 하고 어떤 특정 시점에 국민경제 내에서 사용되
고 있는 화폐의 양을 통화량이라고 한다.

　통화량은 앞에서 설명한 $M_1 \sim M_3$의 화폐 범위 중 어느 범위까지의 통화량을 말하
는지에 따라 달라진다. 우리나라는 현재 중앙은행이(그리고 정부가) 통화정책에 관한
결정을 내릴 때 $M_1$ 범위까지의 통화량을 기준 통화량으로 사용하고 있다.

　다른 재화·서비스와 달리 화폐는 그 공급이 1차적으로는 중앙은행에 의해 이루어
지고, 중앙은행이 공급한 통화를 가지고 일반은행들이 2차로 예금통화나 준통화를
만들어 국민경제가 필요로 하는 화폐를 공급한다. 모든 국가는 해당 국가의 중앙은행
또는 중앙은행의 역할을 하는 은행에 화폐를 발행하고 공급할 수 있는 독점권한을 부
여한다. 우리나라의 경우, 중앙은행인 한국은행이 화폐발행권을 가지고 있다.

　재화·서비스가 시장을 통해 생산자와 소비자 간에 거래되고 교환되는 것과 마찬
가지로 통화도 빌리고자 하는 경제주체와 빌려주고자 하는 경제주체 간의 거래와 교
환이 시장을 통해서 이루어진다. 재화·서비스가 교환·거래되는 시장을 실물시장이
라고 하고 순전히 화폐 자금만 거래되고 교환되는 시장을 금융시장(financial market)
이라고 한다.[4] 국민경제를 실물경제 부문과 금융경제 부문으로 구분할 때 금융경제
부문은 국민소득 가운데 바로 이 금융시장에서 만들어지는 국민소득(즉, 부가가치)을
말하는 것이다. 국민경제 가운데 실물시장에 의해서 국민소득이 만들어지는 부문이

---

[3] 금융기관의 창구를 통해 거래가 이루어지는 시장이라는 의미에서 장외시장을 Over The Counter Market이라
　고 부른다.

[4] 금융(finance, 金融)의 의미가 자금(資金)을 융통(融通), 즉 자금을 돌려 쓴다는 것이다.

당연히 실물경제 부문이다.

> - **실물시장**: 재화·서비스가 거래되는 시장
> - **금융시장**: 화폐가 융통(즉, 빌려주고 빌려 쓰는)되는 시장
> - **실물경제**: 국민경제 가운데 재화·서비스 생산을 통해 국민소득이 만들어지는 부문
> - **금융경제**: 국민경제 가운데 화폐자금에 의해 국민소득이 만들어지는 부문

## 7) 본원통화

국민경제 내에서 자금을 필요로 하는 수요자, 자금을 공급하는 공급자 그리고 자금의 수요와 공급을 중개하는 금융기관 간에 자금의 거래와 교환이 이루어지는 시장을 금융시장이라고 한다. 금융시장 내에서 화폐는 1차 공급과 2차 공급이라는 두 가지 경로를 통해 시중에 공급된다. 화폐의 1차 공급이란 화폐발행 독점권을 가진 중앙은행이 금융시장에 화폐를 공급하는 것을 말한다. 중앙은행이 1차적으로 공급하는 통화를 본원통화(base money 또는 monetary base)라고 한다.

중앙은행으로부터 본원통화를 공급받은 일반은행(이하 '은행')들이 화폐를 공급하는 것을 화폐의 2차 공급이라고 하고 일반들이 본원통화를 기초로 하여 예금통화나 준통화를 만들어 내는 것을 신용창조(credit creation)라고 한다.

중앙은행의 본원통화에 대한 수요는 크게 공적주체의 수요와 민간주체의 수요로 나누어 볼 수 있다. 공적주체란 중앙정부(이하 '정부'), 지방자치단체, 공공기관을 말한다. 이들 공적 주체는 일반적으로 조세를 재원으로 하는 예산 및 기금을 재정수입원으로 공적 업무를 수행하지만 재정수입을 초과하는 경비지출이 불가피한 경우가 발생하면 재정조달을 목적으로 채권을 발행한다. 공적주체가 발행한 채권은 발행주체의 종류에 따라 다음과 같이 세 종류로 구분한다.

| 국공채(Public Bond) | | |
|---|---|---|
| 국채 | 공채 | |
| 정부 | 지방자치단체 | 공공기관 |
| 국채 | 지방채<br>지방자치단체가 정부의 보증을 바탕으로 발행하는 채권<br>예: 도시철도채권, 지역개발채권 등 | 특수채<br>공공기관, 공공단체 등이 발행하는 채권<br>예: 도로공사채권, 한국전력공사채권, 토지개발채권 등 |

공적 주체가 발행한 채권의 주된 구매자는 중앙은행이다. 중앙은행이 국공채를 매입하면서 공적 주체에게 지급하면 비용은 공적 주체의 재정수입이 되어 국민을 위해 지출된다. 중앙은행의 국공채 매입은 일차적으로는 공적 주체의 재정수요를 충족시키는 효과를 갖지만 공적 주체를 통해 지출된 재정은 다양한 민간주체의 경제활동을 통해 국민경제의 모든 분야로 퍼져 나가 이차적으로 금융시장의 유동성(liquidity)을 늘리는 효과를 가져오며, 더 궁극적으로는 국민경제의 발전에 기여하는 효과를 가져온다.

물론 중앙은행은 채권을 매입하여 통화량을 늘리는 역할뿐만 아니라 시중에 지나치게 많은 양의 통화가 유통되고 있다고 판단되면 보유한 채권을 채권시장 등에 매각하여 시중에 유통되고 있는 통화의 일부를 흡수하는 역할도 한다. 이때, 중앙은행은 필요하다고 판단될 경우, 중앙은행이 자체적으로 채권을 발행하여 매각하기도 하는데 중앙은행이 발행하는 채권을 금융채권이라고 한다. 중앙은행이 이처럼 공적 주체의 통화수요에 대응하기 위해 채권을 매입하거나 매각하여 시중의 통화량을 조절하는 것을 유동성 조절이라고 한다. 중앙은행의 본원통화에 대한 수요는 민간주체도 당연히 갖기 마련이다. 중앙은행은 채권시장 등을 통해 민간 기업이 발행한 회사채를 매입하여 민간이 필요로 하는 자금을 공급한다.

> **금융채**
> 중앙은행이 통화량 조절을 위해 발행하는 채권을 말하며 통화안정채권, 중소기업 금융채권, 산업금융채권 등이 있다.

## 8) 신용창조

일반은행(이하 '은행')은 중앙은행으로부터 받은 본원통화를 기초로 신용을 창조하여 금융시장에 통화를 공급한다. 신용창조 또는 신용창출(credit creation)이란 한마디로 말하면 은행이 예금과 대출을 반복하여 예금통화를 만들어 내는 것이다. 통화는 현금통화와 예금통화로 구분할 수 있는데 앞서 소개한 바와 같이 중앙은행이 채권 매입을 통해 시중으로 직접 내보낸 통화는 현금통화이고 시중 은행들을 통해 만들어 내는 통화는 예금통화이다. 은행이 예금통화를 만들어 내는 과정은 [그림 7-2]와 같다.

### (1) 1단계

은행이 중앙은행으로부터 본원통화의 일부를 대출받는다. 중앙은행이 민간에게 직접 공급한 본원통화 중 일부는 민간이 소비나 투자를 위해 지출하지만 일부는 은행에 예금으로 예치된다. 은행이 중앙은행으로부터 대출받은 금액과 민간이 예금으로 예치한 금액의 합을 예금총액이라고 한다. 은행은 이 예금총액을 원천 자금으로 사용하여 신용을 창출하므로 이 예금총액을 은행의 본원적 예금(primary deposit)이라고 부른다.

### (2) 2단계

은행은 예금총액 중 일부를 지급준비금(legal reserve)으로 보유하고 나머지를 자금을 필요로 하는 민간에게 대출한다. 지급준비금은 은행이 예금자들의 예금 인출 요구에 대응하기 위해 보유해야 하는 현금이다. 은행에 예금을 맡긴 예금자들 중 어떤 사람들은 예금을 한 동안 은행에 그대로 예치해 두지만 하지만 어떤 사람들은 필요할 때마다 예금을 수시로 인출해서 사용한다. 만일 은행이 예금총액 전부를 민간에 대출해 버리면 예금자들이 예금을 인출하고자 할 때 예금을 돌려줄 수 없기 때문에 은행이 파산하는 상황이 벌어질 수 있다.

이런 상황이 벌어지는 것을 막기 위해서 중앙은행은 시중 은행들로 하여금 반드시 예금총액의 일부를 지급준비금으로 보유하게 강제한다. 은행은 지급준비금을 은행

내부에 현금으로 보유하기도 하지만 대개 은행들은 지급준비금을 중앙은행에 예치해 둔다. 예금총액에서 지급준비금이 차지하는 비율을 지급준비율(legal reserve ratio)이라고 한다. 예를 들어, 예금총액이 100만원이고 그 금액 가운데 10만원을 지급준비금으로 보유해야 한다면 지급준비율은 10%이다.

　중앙은행이 법에 따라 정한 지불준비율을 법정지급준비율이라고 한다. 은행은 지급준비금뿐만 아니라 영업 활동을 하는 데 필요한 자금 또한 예금총액에서 일부를 떼어 마련한다. 은행이 지급준비, 영업자금 등의 용도로 보유하고 있는 현금총액을 시재금 또는 총지급준비금이라고 하고, 총지급준비금에서 법정지급준비금을 뺀 금액을 초과지급준비금이라고 하며, 예금총액에서 초과지급준비금이 차지하는 비율을 초과지급준비율이라고 한다. 일반적으로 지급준비율이라고 할 때는 초과지급준비율과 법정지급준비율을 합한 것을 말하며, 지불준비금 또한 초과지급준비금과 법정지불준비급을 합한 준비금을 말한다.

> 지급준비율 = 법정지급준비율 + 초과지급준비율
> 지급준비금 = 법정지급준비금 + 초과지급준비금
> 초과지급준비금 = 총지급준비금 - 법정지급준비금

### (3) 3단계

　은행은 본원예금 중 법정지급준비율에 해당하는 금액을 제한 나머지 금액을 민간에 대출한다. 예를 들어, 본원예금이 1,000만원이고 법정지급준비율은 10%이며, 초과지급준비금은 없다고 가정해 보자. 이제 [그림 7-2]와 같이 은행 $A$는 본원적 예금 1,000만원 가운데 900만원을 은행 $B$에게 대출해 줄 수 있다. 물론 은행 $A$는 은행 $B$에게 900만원을 무료로 대출해 주는 것이 아니라 자금을 빌려준 대가, 즉 이자를 받아 이윤을 얻는다. 은행 $A$는 은행 $B$의 자금을 대출해 줄 때 은행 $B$의 신용, 즉 대출금을 갚을 것이라는 약속을 믿고 자금을 대출해 준다. 이러한 의미에서 은행 $B$가 은행 $A$로부터 대출받아 만들어진 900만원의 통화를 신용통화(credit currency)라고 한다.

　이제 시중에 존재하는 통화량은 1,900만원이 된다. 왜 1,900만원인가? 은행 $A$가

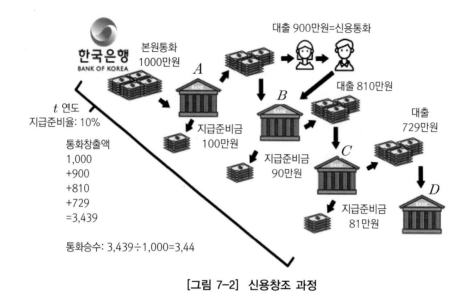

대출 900만원=신용통화

한국은행
BANK OF KOREA

본원통화
1000만원

_A_

_B_

대출 810만원

대출
729만원

_t_ 연도
지급준비율: 10%

지급준비금
100만원

_C_

통화창출액
1,000
+900
+810
+729
=3,439

지급준비금
90만원

_D_

통화승수: 3,439÷1,000=3.44

지급준비금
81만원

[그림 7-2] 신용창조 과정

900만원을 민간에 대출해 줬기 때문에 은행이 실제로 보유한 금액은 지급준비금 100만원이지만 은행이 민간에게 빌려준 900만원은 은행의 자산이므로 은행의 컴퓨터 기록에는 은행이 1,000만원을 보유하고 있는 것으로 나타나기 때문이다. 물론 시중에 존재한다고 기록되어 있는 1,900만원 중 900만원은 기록상의 숫자에 불과한 통화이다. 그렇기 때문에 은행은 10%의 지급준비금인 100만원을 보유해야 한다는 조건을 받아들임으로써 실제로는 존재하지 않는 900만원의 신용통화를 창출할 수 있는 특권(charter)을 얻는 셈이다.

은행 _B_ 에 있어서 은행 _A_ 가 대출해 준 900만원의 신용통화는 빚이면서 동시에 본원적 예금이다. 이제 은행 _B_ 는 은행 _A_ 가 했던 것처럼 본원예금 900만원 가운데 중앙은행이 정한 지급준비율 10%에 해당하는 90만원을 제한 나머지 810만원을 또 다른 은행인 은행 _C_ 에게 대출해 주고 이자를 받는다. 이 과정에서 새로운 신용통화와 빚이 만들어지고 시중에 유통되는 통화량은 1,000+900+810만원으로 증가한다.

은행 _C_ 에게 810만원은 본원예금이다. 은행 _C_ 역시 지급준비금 81만원만 보유하면 나머지 729만원을 대출해 줄 수 있는 권리를 얻을 수 있다. 은행 _C_ 는 또 다른 은행 _D_ 에게 자신이 창출한 신용통화 729만원을 대출해 주고 이자를 받아 이윤을 남긴다. 이 과정에서 729만원의 신용통화가 또 창출된다.

　이런 식으로 은행들이 예금을 유치하고 예금 중 일부를 대출해 주는 '예금-대출' 과정을 반복할 때마다 신용통화가 창출되어 통화량이 증가한다. [그림 7-2]에 따르면 중앙은행의 본원통화가 은행 $A$, 은행 $B$, 은행 $C$를 거쳐 은행 $D$에 이르기까지 예금-대출 과정을 세 번 반복한 결과, 1,000만원의 본원적 예금으로부터 3,439만원의 총예금액과 2,439만원의 순예금액 그리고 2,439만원의 부채가 창출된 것을 알 수 있다.

## 9) 통화승수

　이러한 원리[5]에 의해 창출된 총예금액을 최초의 본원예금액으로 나눈 것을 통화승수(money multiplier)라고 한다. 통화승수는 신용창출의 규모, 즉 창출된 총예금액이 본원적 예금의 몇 배에 달하는 규모인지를 나타내는 값이다.

$$\text{통화승수 } m = \frac{\text{통화량 } M}{\text{본원통화량 } B}$$

통화량 $M$ = 현금통화 $C$ + 예금통화 $D$
본원통화량 $B$ = 현금통화 $C$ + 지급준비금 $R$

　[그림 7-2]의 예에서 은행 $A$에서 은행 $D$까지 세 번의 예금-대출 과정을 거치면서 3,439만원의 신용이 창출되므로 통화승수는 다음과 같다.

$$\text{통화승수} = \frac{34,390,000}{10,000,000} = 3.439$$

---

5) 이러한 '돈 창출' 원리는 미국 시카고연방준비은행(Federal Reserve Bank of Chicago)이 1963년 발행한 업무매뉴얼 A Workbook on Bank Reserves and Deposit Expansion을 통해 현대금융원리(Modern Money Mechanics)라는 이름을 얻게 되었다. 이 업무매뉴얼의 pdf 버전을 인터넷에서 다운로드할 수 있다. https://upload.wikimedia.org/wikipedia/commons/4/4a/Modern_Money_Mechanics.pdf.

중앙은행이 실제로 발행한 1,000만원의 본원통화가 네 개의 은행을 거치면서 원래 금액의 세 배를 웃도는 규모의 예금통화를 만들어 낸 것이다. 이러한 원리에 의해 본원통화는 은행시스템을 거치면서 신용을 창출한다. 그런데 신용의 다른 이름은 빚이다. 그렇기 때문에 저자는 독자들이 이 원리가 통화창출 원리로 이해함과 동시에 이 원리를 금융자본주의 경제에서 빚이 어떻게 창출되는지 그리고 은행시스템에 의존한 금융자본주의 경제에서 왜 금융위기가 이따금씩 발생하는지를 잘 설명해 주는 원리라는 사실도 잘 기억해 둘 필요가 있다고 생각한다.

동일 금액의 본원통화가, 예를 들어 서로 다른 두 국가 $A$, $B$의 은행시스템을 거칠 때 국가 $A$의 은행시스템이 국가 $B$에 비해 상대적으로 더 많은 수의 은행으로 이루어진 은행시스템이라면 국가 $A$에서 창출되는 신용통화의 양이 국가 $B$보다 클 수밖에 없다. [그림 7-2]의 예에서 초과지급준비금은 0, 지급준비율은 10%를 그대로 유지한 상태에서 은행시스템 내의 은행 수를 계속해서 늘려 가면서 신용창출을 더 이상할 수 없을 때까지 예금-대출 과정을 반복하면 지급준비율이 10%일 때 창출 가능한 총예금액을 구할 수 있다. 특정 지급준비율 하에서 창출 가능한 총예금액은 다음과 같은 식에 따라 구한다.

$$D^G = S \times \frac{1}{r} = \frac{10,000,000}{.1} = 100,000,000$$

$D^G$ : 총예금창출액
$S$ : 본원예금
$r$ : 지급준비율

중앙은행이 지급준비율을 높이면 신용창출 규모는 줄어들고, 지급준비율을 낮추면 신용창출 규모가 늘어난다. 그렇기 때문에 위의 식에서 총예금창출액은 지급준비율 $r$의 역함수이다. 지급준비율의 역함수는 본원예금의 몇 배를 신용창출할 수 있는지를 나타내는 값이므로 이를 신용승수(credit multiplier)라고 한다.

특정 시점에 한 국민경제 내에 공급된 통화량 $M$은 다음과 같이 정의되는 화폐공

급함수 $M^S$에 의해 결정된다.[6)]

$$M^S = M = mB = \frac{1}{z + r(1-z)}B$$

$z$ : 통화량 중 현금통화의 비율 = $\dfrac{\text{현금통화 } C}{\text{통화량 } M}$

위의 식에서 본원통화량 $B$와 지급준비율 $r$을 결정할 수 있는 권한은 중앙은행만이 가지고 있기 때문에 국민경제 내의 화폐공급이 중앙은행에 의해 독점적으로 이루어진다고 말한다는 것이다. 국민경제 내의 화폐공급량을 결정하는 나머지 두 요인인 통화승수 $m$과 현금통화비율은 각각 해당 국가의 은행시스템과 민간의 현금보유 성향에 의해 결정된다.

## 2. 통화정책

이상의 개념과 용어에 대한 이해를 바탕으로 통화정책이 어떤 정책인지 이해해 보기로 하자. 통화정책은 중앙은행과 정부(이하 '통화정책주체')가 통화량과 이자율 조절을 통해 국민경제 안정화와 경제성장 등을 이루기 위해 펼치는 다양한 정책이다.

### 1) 통화정책의 수단

통화정책의 수단은 크게 일반적 정책수단과 선별적 정책수단이라는 두 종류의 수단으로 나뉜다. 일반적 정책수단은 정책의 효과가 국민경제 전반에 걸쳐 나타나도록

---

6) 위의 식에 현금통화비율이 포함된 이유는 통화승수와 신용승수에 관한 설명을 단순화하기 위해서 앞에서 했던 가정과 달리 현실 경제에서는 초과지급준비금도 존재하고, 본원예금통화가 은행시스템을 거치면서 예금-대출을 반복하는 과정에서 민간이 모든 현금을 은행에 예금으로 예치하지 아니하고 일부를 보유하는 현금누출 현상도 발생하기 때문이다.

고안된 정책수단인 데 비해 선별적 정책수단은 정책효과가 국민경제 영역 중 특정 부문에 한정되어 나타나게 하는 정책수단이다.

**〈표 7-5〉 통화정책의 수단**

| 일반적 정책수단 | 선별적 정책수단 |
|---|---|
| • 공개시장조작<br>• 지급준비율<br>• 재할인율 | • 대출한도제<br>  – 국내여신한도제<br>  – 중앙은행 및 민간은행 자산규제<br>• 금리규제정책 |

(1) 일반적 정책수단

① 공개시장조작

공개시장조작이란 앞서 설명한 바와 같이 정부, 공공기관 또는 기업이 발행한 국채, 공채 또는 회사채를 매수(매입) 또는 매도(매각)하여 시중에 유통되는 통화의 양과 이자율에 영향을 미치는 것이다. 이 정책수단을 공개시장조작이라고 부르는 이유는 중앙은행이 다수의 경제주체가 자유롭게 참여하여 주식, 채권 등의 유가증권을 매매하는 경제활동을 할 수 있는 공개된 시장(open market)에서 채권을 매수·매도하기 때문이다.

앞서 은행의 신용창출을 설명하면 저자는 중앙은행이 본원통화가 은행에서 은행으로 예금-대출 과정을 반복하는 예를 들었는데 중앙은행이 공개시장조작을 정책수단으로 사용할 때도 동일한 원리에 의해 예금통화가 창출된다. 예를 들어, 중앙은행이 국공채를 매수하면서 채권매입금을 정부나 지방자치단체에 지불하거나, 회사채 매수를 통해 민간기업에 채권매입금을 지불한다고 가정해 보자. 그렇게 지불된 금액은 정부와 지방자치단체의 재정지출 또는 민간기업의 임금지불, 시설투자, 유가증권 매수 등을 통해서 민간에게 공급된다. 민간은 그렇게 공급받은 금액 중 일부는 소비 또는 투자로 지출하고 일부는 은행에 예금으로 예치한다. 물론 민간이 은행에 맡기지 않고 소비 또는 투자를 지출한 금액은 또 다른 민간주체의 소득이 되므로 그중 일부는 다시 소비 또는 투자가 되어 또 다른 민간에게로 지출되고 일부는 은행에 예치된다. 이러한 과정이 반복되면서 중앙은행의 본원통화가 은행시스템을 거칠 때와 마찬가지로 예금통화가 창출된다.

공개시장조작을 통해 시중에 유통되는 통화량이 변하면 그에 따라 이자율이 변한다. 통화량과 이자율은 서로 반대 방향으로 움직인다. 이자율은 돈의 가치이므로 통화량이 증가하면 돈의 가치가 하락하기 때문에 이자율이 하락하고, 통화량이 감소하면 이자율은 상승한다. 물론 이자율은(그리고 통화량은) 공개시장조작뿐만 아니라 다른 여러 가지 통화정책의 수단에 의해서도 영향을 받으며 이자율 변화는(그리고 통화량 변화는) 국민경제에 직접적인 영향을 미친다. 이에 관한 자세한 논의는 이 장의 뒷부분에서 하기로 하고 여기서는 이자율이 변화가 채권가격에 어떤 영향을 미치는지를 설명하기로 하겠다.

② 이자율과 채권가격의 관계

이자율과 채권가격 간의 관계를 이해하기 위해서는 채권에 대한 이해가 필요하다. 채권은 채권을 발행한 주체와 채권을 구입 또는 소유한 주체 간의 약속이 명시된 증서이다. 채권에는 채권의 가격, 채권의 만기시점 그리고 이자율이 명시되어 있다. 어떤 경제주체가 채권을 구입한 후 채권 만기시점이 되면 채권발행주체는 채권소유주체에게 채권가격에 채권 판매 시 약속했던 이자에 해당하는 금액을 더한 금액을 지불해야 한다. 따라서 채권 이자율은 채권 수익률이다.

경제주체는 자신이 보유하고 있는 채권을 사고 파는 것이 가능하기 때문에 채권발행기관으로부터 채권을 구입한 주체와 채권을 소유한 주체가 다를 수 있다. 예를 들어, $A$라는 주체가 1년이 만기이고 이자율이 5%인 채권을 발행하여 100원을 받고 $B$라는 주체에게 판매했다면 $B$는 구입시점으로부터 1년이 경과한 시점에 $A$로부터 채권가격 100원과 5%의 이자에 해당하는 5원을 합한 금액인 105원을 받을 수 있는 권리를 갖게 된다.

채권을 구입하는 이유는 여러 가지이지만 앞서 설명했듯이 채권은 원금과 이자가 보장되는 안전자산이기 때문에 경제상황이 불안할수록 경제주체들은 채권에 더 많은 관심을 갖게 된다. 특히 국공채는 정부가 발행하는 채권이므로 경제상황이 불안할 때 경제주체들은 은행 저축보다 신용도가 높은 채권을 선호하는 경향이 있다. 물론 채권 이자율이 은행 이자율보다 높다면 경제주체들은 당연히 저축보다 채권을 선호한다.

이자율과 채권 간의 관계를 설명하기 위해서 $B$가 채권을 구입할 당시 시중 은행의 이자율이 3% 수준이었고 $B$는 1년 뒤 3%의 이자를 받기 위해 100원을 은행에 예금으로 묶어 두기보다는 1년 뒤 5%의 이자를 받는 것이 이익이라는 판단하에 채권을 구입했다고 가정해 보자. 채권을 구입한 후 얼마 지나지 않은 시점에 중앙은행이 어떤 통화정책을 실행하여 시중의 통화량이 감소하고 그로 인해 시중의 이자율이 6%로 급상승했다고 가정해 보자. $B$는 1년이 지난 후 5%의 이자를 받는 것보다 채권을 지금 매각하여 100원을 되찾아 은행에 예치하는 것이 더 이익이라는 판단하에 자신이 보유한 채권을 팔고자 한다. 그런데 시중 이자율 6%가 채권 수익률 5%보다 높다는 것은 $B$뿐만 아니라 모든 경제주체가 알고 있는 사실이므로 $B$가 보유한 채권을 누구도 구입하고자 하지 않는다. $B$가 자신의 채권을 $C$라는 어떤 주체에게 매각할 수 있는 방법은 채권가격을 100원보다 낮춰 파는 방법밖에 없다.

다음 표에 따르면 $B$가 제시할 수 있는 가장 높은 채권가격은 99원이다. 만일 $C$가 $B$의 채권을 지금 99원에 구입하면 1년 뒤 6원의 이익을 얻게 되는데 이는 $C$가 은행에 100원을 저축하고 1년 뒤 얻게 되는 이익인 6원과 동일한 이익이다. 그런데

| C의 선택 | 1년 뒤 수입 및 이익 |
|---|---|
| 100원을 주고 채권 구입 | 수입: 100원 + 이자율 5%에 해당하는 5원<br>이익: 105원 − 100원 = 5원 |
| 100원을 은행에 저축 | 수입: 100원 + 이자율 6%에 해당하는 6원<br>이익: 106원 − 100원 = 6원 |
| 99원을 주고 채권 구입 | 수입: 100원 + 이자율 5%에 해당하는 5원<br>이익: 105원 − 99원 = 6원 |
| 99원을 은행에 저축 | 수입: 99원 + 이자율 6%에 해당하는 5.94원<br>이익: 104.94원 − 99원 = 5.94원 |

1년 뒤 얻을 수 있는 이익이 동일하다면 $C$는 왜 100원을 은행에 저축하지 않고 굳

이 $B$의 채권을 구입하는가? 왜냐하면 $C$가 현재 가진 돈이 99원밖에 없기 때문이다. 다양한 경제주체가 참여하는 공개시장에는 현재 가진 돈이 100원 또는 그 보다 많은 경제주체도 있지만 $C$처럼 가진 돈이 99원밖에 없는 주체도 많은 수가 존재한다. 그들에게는 100원을 은행에 맡겼다가 1년 뒤에 6원의 이익을 얻는 것은 불가능하지만 자신이 가진 99원의 자산을 가지고 지금 $B$의 채권을 구입하면 1년 뒤 가장 큰 이익을 얻을 수 있다는 것을 알고 있다. 따라서 예상치 못한 이자율 상승으로 인해 채권을 보유하는 기회비용 높아져 1년 뒤 손해를 보게 될 $B$는 자신이 $A$로부터 100원에 구입한 채권의 가격을 100원보다 낮춰야만 $C$와 같은 주체들에게 채권을 매각하여 손해를 줄일 수 있다. 이자율이 상승하면 채권가격이 하락하는 이유는 경제주체들이 이러한 원리에 따라 행동하기 때문이다. 물론 이자율이 하락하면 정반대의 원리가 작동하여 채권가격은 상승한다.

### ③ 지급준비율

앞서 설명한 바와 같이 중앙은행은 법정지급준비율은 조정함으로써 은행이 보유해야 하는 지급준비금액과 대출 가능한 예금액에 영향을 미쳐 시중에 유통되는 통화량을 조절할 수 있다. 지급준비율이 높아지면 대출가능금액이 감소하여 통화량이 감소하고, 반대로 지급준비율이 낮아지면 대출가능금액이 증가하여 통화량 또한 증가한다.

### ④ 재할인율

재할인율(rediscount rate)이란 중앙은행이 은행 등의 금융기관에 자금을 대출해 줄 때 적용하는 이자율이다. 중앙은행이 재할인율을 인상하면 금융기관이 중앙은행으로부터 빌릴 수 있는 자금의 양이 감소하여 시중에 유통되는 통화량이 감소하고 재할인율을 인하하면 그 반대 현상이 나타난다. 당장 쓸 수 있는 현금이 부족한 기업들이 거래를 할 때는 현금 대신 일정 시기에 일정 금액을 지불하겠다는 약속이 명시된 유가증권인 약속어음을 주고받는 경우가 많다. $B$라는 기업이 $A$라는 기업으로부터 1년 뒤에 100원을 지불한다는 어음을 받았는데 기업 $B$가 갑자기 자금이 필요한 상황에 처하게 되었다고 가정해 보자. 어음이 만기될 때까지 기다릴 수 없는 기업 $B$는 기업$A$로부터 받은 어음을 은행$C$에게 팔아 필요한 자금을 마련하고자 한다. 은행이 $B$의 어음을 사면 지금 당장 $B$에게 100원을 지불해야 하지만 은행$C$는 투자했던 100원을 어음이 만기되는 1년 뒤에나 회수할 수 있으므로 어음이 어지간히 싸지 않는 한 어음을 살 이유가 없다. 이러한 사실을 알고 있고 당장 자금이 절실히 필요한 기업 $B$는 은행에 100원짜리 어음을 100원보다 할인된 가격에 판매하는데 이를 어음 할인이라고 한다.

민간은 자금이 필요로 할 때 금융기관을 찾아가지만 은행$C$ 같은 금융기관들이 갑자기 자금이 필요한 상황에 처하게 되면 금융기관들은 중앙은행을 찾아가서 자신들이 기업들로부터 할인하여 매입한 어음을 중앙은행에 팔아 필요한 자금을 차입한다. 은행$C$가 기업$B$에 대해서 했던 것과 마찬가지로 중앙은행 역시 금융기관이 제시한 어음을 할인된 가격으로 매입하는 조건으로 금융기관들에게 자금을 대출해 주는데 이미 한번 할인된 어음의 가격을 다시 할인한다는 의미에서 이때의 할인을 재할인이라고 한다. 중앙은행은 금융기관에 적용하는 대출 금리인 재할인율을 높이거나 낮춤으로써 금융기관이 중앙은행으로부터 차입하는 자금의 양을 조절하고, 그렇게 함으로써 금융기관들이 민간에 공급하는 대출의 규모를 감소시키거나 증가시켜 궁극적으로는 시중에 유통되는 통화량을 조절한다.

### (2) 선별적 정책수단
### ① 대출한도제

중앙은행 또는 정부는 일반은행이 민간에 제공하는 대출에 대해서 구체적이고 선별적인 규제 정책을 실시함으로써 통화량을 조절하기도 한다. 대출한도제란 〈표 7-6〉에 제시된 제도들처럼 일반은행 또는 중앙은행이 제공하는 대출의 규모를 제한하는 목적을 가진 제도들을 총칭하는 것이다.

〈표 7-6〉 대출한도제의 종류

| 종류 | 내용 |
|---|---|
| 국내여신한도제 | 중앙은행과 일반은행이 국내에서 창출할 수 있는 신용(domestic credit), 즉 대출에 상한을 설정하여 통화량을 조절하는 제도 |
| 중앙은행 자산규모 | 중앙은행이 제공하는 본원통화는 중앙은행의 부채이므로 중앙은행의 자산규모를 제한하여 부채인 본원통화 공급량을 조절하는 제도 |
| 민간은행 자산규모 | 예금은행의 자산규모는 민간으로부터 받은 예금에 의해서 크게 좌우되므로 은행의 자산규모를 일정 수준 이하로 제한함으로써 예금은행들이 민간으로부터 받을 수 있는 예금의 규모를 조절하는 제도 |

② 금리규제정책

정부 또는 중앙은행이 통화량 조절을 목적으로 민간은행의 이자율을 직접적으로 규제하는 정책들을 일컬어 금리규제정책(Interest Rate Regulation)이라고 한다. 대표적인 금리규제정책으로는 법정최고금리를 일정 수준 이하로 제한하는 이자율상한제를 꼽을 수 있다. 일반적인 재화·서비스와 마찬가지로 금리 또한 금융시장에서 화폐수요와 공급이 만나 균형적으로 결정되는 것이 바람직하며 정책당국이 금리 결정에 직접 개입하는 것은 바람직하지 않다. 금리규제정책이 주로 개발도상국가나 사회주의국가의 정책수단으로 사용되는 반면, 금융시장이 상대적으로 잘 발달한 국가에서는 잘 사용되지 않은 이유는 이 때문이다.

최근 인플레이션이 전 세계적으로 발생하면서 각국의 중앙은행이 기준금리를 인상하거나 인하했다는 뉴스를 많이 접하게 되는데 중앙은행이 기준금리를 결정하는 것을 금리규제정책으로 잘못 이해하는 경우가 종종 있다. 중앙은행이 결정할 수 있는 금리는 기준금리와 앞서 소개한 재할인율이며, 이 두 가지 금리는 금리규제정책과 다른 것이다.

기준금리란 중앙은행이 채권 발행 등을 통해 통화량을 조절하여 달성하고자 하는 목표 금리이다. 종종 기준금리를 '중앙은행이 정한 시중 금리'로 잘못 이해하는 경우가 있다. 중앙은행이 기준금리를 정하는 것은 맞지만 기준금리는 시중 금리가 아니다. 우리나라의 중앙은행인 한국은행의 기준금리(base rate)는 은행 간 대출금리인 콜금리를 말한다. 좀 더 자세히 말하면 기준금리는 한국은행이 금융기관과 환매조건부

증권(*RP*) 매매,[7] 자금조정 예금 및 대출 등의 초단기 자금거래를 할 때 한국은행이 금융기관에 제시하는 기준이 되는 정책금리이다. 한국은행은 기준금리를 7일물 *RP* 매각 시 고정입찰금리로, 7일물 *RP* 매입 시 최저입찰금리(minimum bid rate)로 사용한다.[8]

콜금리를 이해하려면 먼저 콜(call)의 의미를 이해해야 한다. 콜이란 일시적으로 자금 부족 현상을 경험하게 된 금융기관이 자금이 풍부한 다른 금융기관에 대해서 자금을 요청하는 것을 말하며, 이러한 금융기관들 간의 자금 거래가 이루어지는 시장을 콜시장이라고 한다. 자금이 풍부한 금융기관이 콜론(call loan) 또는 콜대출을 상품으로 제시하면 자금이 부족한 금융기관이 콜머니(call money)를 빌리는 거래가 이루어지는데 이때 적용되는 금리를 콜금리라고 한다. 콜금리는 보통 7일 내외의 초단기 금리이다.

한국은행의 기준금리는 한국은행의 금융통화위원회가 물가 동향, 국내외 경제상황, 금융시장 여건 등을 종합적으로 고려하여 연 8회 결정한다. 한국은행이 발표하는 기준금리는 통화량을 늘리거나 줄이겠다는 중앙은행의 의지를 밝히는 신호(signal)이다. 한국은행이 기준금리를 결정하면 일반은행을 포함한 시중의 금융기관들은 기준금리 수준을 참고하여 각자 자신의 금리를 결정한다. 중앙은행이 결정한 기준금리는 일반적으로 시중의 초단기금리인 콜금리(call interest rate)에 일차적으로 영향을 미치고, 장단기 시장금리, 예금 및 대출 금리 등의 변동으로 이어져 궁극적으로는 실물경제 활동에 영향을 미친다.

중앙은행은 이러한 메커니즘을 이용하여 이자율을 통해 통화량을 조절함으로써 총수요를 조절하는 것일 뿐 중앙은행이 직접 시장 금리를 결정하는 것이 아니다. 자본주의 시장경제에서 시중 금리는 시장의 자금수요와 자금공급에 의해 자율적으로 결정되는 것이 바람직하다. 그러나 중앙은행은 아니더라도 정부는 시중 금리가 결정

---

7) 환매조건부증권이라는 증권을 팔 때 일정기간이 지나면 반드시 다시 사 가겠다는 조건하에서 파는 증권을 말한다.

8) 자금조정예금 금리는 기준금리에서 100bp를 차감한 이율(최저이율은 0%)이고, 자금조정대출 금리는 기준금리에서 100bp를 더한 이율(기준금리가 1% 미만일 경우 기준금리의 2배)로 운용한다.

되는 데 영향을 미칠 수 있고 또 실제로 미치기도 한다. 흔히 정부가 시중 금리 결정에 영향력을 행사하는 것은 개발도상국가 또는 사회주의국가에서나 가능한 일이라고 말하는 경우가 있는데 저자는 그러한 주장이 과장된 주장이라고 생각한다.

　예를 들어, 중앙은행이 기준금리를 불가피하게 올릴 수밖에 없을 때 정부가 나서서 금융기관들로 하여금 예금금리와 대출금리 상승 폭을 기준금리 상승 폭보다 낮게 유지하게 함으로써 기준금리 상승에 따른 부담이 고스란히 경제주체들의 이자부담 상승으로 이어지지 않게 하는 정책을 펼칠 수도 있다.

　물론 이러한 정책은 예금자 입장에서 볼 때는 미래에 더 큰 수익을 올릴 수 있는 기회를 잃게 되는 것이기 때문에 부당한 정책으로 느껴질 것이다. 그러나 대출금리 상승에 따른 이자부담으로 인해 경제주체의 소비가 위축되거나, 대출원금과 대출이자를 갚지 못해 가계가 파산하거나 기업이 부도를 내서 금융시장이 붕괴하는 위험으로부터 예금자를 보호하는 것이 더 중요하다는 사회적 또는 정치적 합의가 이루어진다면 정부는 금융정책을 통해 시중 금리 결정 과정에 개입할 수도 있다.

　전 세계적으로 물가가 높은 수준으로 상승하기 시작하자 미국을 포함한 많은 국가의 중앙은행들이 인플레이션 억제를 위해 2021년부터 기준금리를 인상하기 시작했을 때 미국 연방정부는 기준금리 인상에 따른 부담이 고스란히 예금금리와 대출금리 상승으로 이어지지 않게 하기 위해 시중 금리 결정 과정에 개입하는 금융안정화 위주의 적극적인 정책을 펼쳤다.

　같은 시기 우리나라 중앙은행인 한국은행도 기준금리를 연속적으로 인상하였다. 그런데 개발도상국가도 아니고 싶고 사회주의국가는 더더욱 아니고 싶은 마음에서였는지 정부는 경제부총리가 주요 금융기관의 장들과 만나 금융시장이 처한 상황에 관한 대화를 나누면서 구두 권고를 하는 것 외에 이렇다 할 만한 조치를 취한 것으로 기억되지 않는다. 한국은행이 기준금리를 인상할 때마다 그에 맞춰 시중 은행들은 예금금리와 대출금리를 인상하였다. 물론 기준금리 상승 폭보다 더 큰 폭으로 그 결과, 「은행법」에 의해 독점적 지위를 보장받는 우리나라의 5대 대형은행들은 대다수 국민이 높은 대출금리 때문에 고통받는 시기에 유례를 찾아볼 수 없는 규모의 흑자를 누리게 되었다. 1997년 외환위기 때 정부가 국민의 세금을 쏟아 부어 구제해 준

바로 그 은행들이 말이다. 이러한 현상을 지켜보면서 저자는 '혹시 내가 모르는 사이에 미국이 한국보다 더 사회주의를 지향하는 국가가 되었거나 개발도상국가가 되었나가?'라는 어이없는 질문을 던져 보지 않을 수 없었다.

## 2) 통화정책의 목표

일반적으로 통화정책은 그것이 고전학파의 이론에 입각한 정책이든 케인즈학파의 이론에 입각한 정책이든 물가안정, 금융안정, 고용안정을 목표로 하는 정책이며 궁극적으로는 국민경제의 지속적이고 안정적인 성장을 목표로 한다.

그런데 통화정책의 주체인 중앙은행이 금리나 물가를 직접적으로 조절하는 것은 불가능하다.[9] 그렇기 때문에 중앙은행은 직접 통제가 가능한 경제변수들을 중간목표(intermediate target)로 삼고 앞서 소개한 정책수단을 사용하여 중간목표를 달성함으로써 최종목표를 간접적으로 달성하는 2단계 접근방식을 사용한다. 이러한 이유에서 통화정책의 중간목표는 목표이면서 동시에 수단인 이중적인 성격을 갖는다.

우리나라의 중앙은행인 한국은행 역시 이러한 2단계 접근방식을 사용한다. 한국은행은 통화정책의 목표를 〈표 7-7〉과 같이 중간목표와 최종목표인 물가안정목표로 구분한다. 이 중에서 중간목표는 이자율목표제(interest rate targeing)와 통화량목표제(monetary targeting)라는 두 가지 수단적 목표로 다시 나뉜다.

〈표 7-7〉 **통화정책의 목표**

| 목표 | | 내용 |
|------|------|------|
| 중간<br>목표 | 이자율<br>목표 | • 1970년대 중반까지 주로 사용되던 중간목표<br>• 적정수준이라 판단되는 수준으로 이자율을 고정시킨 상태에서 중앙은행의 판단하에 시장의 화폐수요를 충족하는 데 필요한 양의 화폐를 무제한적 공급하는 방식<br>• 적정이자율을 알 수 없고 시중이자율 변동의 원인을 정확하게 알 수 없는 한계 때문에 이자율 관리가 어려움 |

---

9) 앞서 설명한 바와 같이 중앙은행이 정할 수 있는 것은 기준금리이지 중앙은행 시중금리를 결정할 수는 없다.

| | | |
|---|---|---|
| | 통화량<br>목표 | • 1980년대부터 이자율목표을 대체하기 시작한 중간목표<br>• 다양한 통화지표 중 어떤 지표를 통화량목표 지표로 사용할지에 대한 결정이 필요함<br>• 한국은행은 광의통화 $M_2$를 통화량지표로 사용하며, $M_2$ 통화량지표의 증가율로 통화량 목표치를 나타냄<br>• 통화공급증가율은 가장 널리 쓰이는 유럽공동체(EC) 방식에 따라 정함<br>• EC 방식: 통화공급목표증가율 = 목표인플레이션율 + 자연경제성장율 - 예상소득유통속도증가율 |
| 최종<br>목표:<br>물가안정<br>목표 | | • 중앙은행이 일정 기간 동안 달성할 물가목표치를 설정하고 이를 기준으로 통화정책을 운용하는 것을 물가안정목표제(inflation targeting)라고 함<br>• 우리나라는 한국은행이 「한국은행법」 제6조 제1항에 따라 정부와 협의하여 물가안정목표를 정하고 2년 주기로 물가안정목표제 운영 개선에 필요한 사항을 점검함<br>• 한국은행이 정한 2019년 이후 물가안정목표는 전년동기대비 소비자물가 상승률 기준 2%임 |

# 3. 경제학파별 통화정책 이론

## 1) 고전학파의 화폐수요 이론: 화폐수량 이론

고전학파와 고전학파의 뒤를 이어 등장한 통화주의학파가 주장하는 화폐수량 이론 (Quantity Theory of Money)은 통화량과 물가 수준 간의 관계를 설명하는 이론 모형이다. 화폐수량 이론의 핵심을 한마디로 표현하면 통화량이 증가하면 물가가 상승하고 통화량이 감소하면 물가가 하락하는 식으로 통화량이 물가수준을 결정한다는 것이다. 고전학파와 통화주의학파는 이러한 관계를 다음과 같은 교환방정식으로 표현한다.

$$M\overline{V} = P\overline{Y}$$

$M$ : 통화량

$V$ : 통화유통속도

$P$ : 생산물의 가격, 즉 물가

$Y$ : 실질국민총생산 $GDP$

이 교환방정식을 이해하려면 먼저 통화유통속도라는 개념을 이해해야 한다. 통화유통속도(Transaction Velocity of Money)란 일정 기간 동안 국민경제 내에서 화폐 1단위(예를 들면, 1원, 1달러, 1유로)가 경제주체들 간 재화·서비스 거래를 위해 사용된 횟수를 말한다. 통화사용횟수를 속도라고 하는 이유는 통화사용횟수가 일정 기간 동안에 사용된 횟수이기 때문이다.

예를 들어, 경제 규모가 동일한(즉, 동일한 수의 경제주체들로 이루어진) 두 국민경제 $A$, $B$ 내에 동일 양의 통화가 유통되고 있다고 가정해 보자. 국민경제 $A$에서는 1개월 동안 화폐 1단위가 경제주체들 사이에서 10번 사용되었고, $B$에서는 1개월 동안 20번 사용되었다면 국민경제 $B$에서 통화가 경제주체들 사이를 더 빠르게 돌아다닌 것이므로 국민경제 $B$의 통화유통속도가 더 빠른 것이다.

통화가 경제주체들 사이를 돌아다닌다는 말의 의미를 좀 더 구체적으로 설명하기 위해서 다음과 같은 예를 들어 보기로 하자. 단 한 종류의 재화·서비스 $A$를 생산하는 어떤 국민경제가 있다고 가정해 보자. 현재 이 국민경제는 1년에 10단위의 $A$를 생산하고 있고 $A$의 1단위당 가격은 100원이다. 지난 1년 동안 생산된 10단위의 재화·서비스 $A$ 모두가 경제주체들 사이에서 1번 거래되었다고 하면 지난 1년간의 총거래량(총거래규모)을 다음과 같이 나타낼 수 있다.

거래된 재화·서비스 $A$의 총량 × $A$의 가격 × 거래 횟수 = 10 × 100 × 1 = 1,000

이 국민경제에 존재하는 화폐의 양이 500원이라고 가정할 때 총거래량이 10,000원이라면 이는 재화·서비스 $A$가 경제주체들 간에 평균 10번 거래되었다는 것이고, 이 10번의 거래가 가능하려면 이 국민경제 내에 존재하는 500원의 통화가 한 경제주체의 손에서 다른 경제주체의 손으로 평균 20번 옮겨 가야 하는데 바로 이 20번의 통화사용횟수가 이 국민경제의 지난 1년 동안의 통화유통속도이다.

> **통화유통속도**
> 한 국민경제 내에 존재하는 통화가 일정 기간(일반적으로 1년) 동안 그 국민경제 내에서 이루진 거
> 래를 가능하게 하기 위해 한 경제주체의 손에서 다른 경제주체의 손으로 평균적으로 옮겨 간 횟수

만일 같은 기간 동안 $A$가 경제주체들 간에 더 활발히 거래되어서 총거래량이 예를 들어서 50,000원이었다고 가정해 보자. 이 경우 통화유통속도는 얼마인가? 총거래량이 50,000원이라는 것은 이 국민경제 내에서 $A$가 평균 20번 거래되었다는 것이고 20번의 거래가 가능하기 위해서는 국민경제 내에 존재하는 500원의 통화가 사람들 사이에서 평균 100번 옮겨 다녔어야 한다. 따라서 통화유통속도는 첫 번째 상황보다 5배 증가한 100이다. 이처럼 경제주체들 간의 경제활동이 활발해지면 통화유통속도가 증가한다.

경제활동은 경기가 호황일 때 활발해지므로 경제 상황과 통화유통속도는 같은 방향으로 움직인다는 것을 알 수 있다. 이러한 원리에서 통화유통속도는 앞에서 소개한 통화승수(광의의 통화량 $M_2$를 본원통화량으로 나눈 값)와 함께 국민경제 내의 경제상황을 가늠하는 주된 지표로 사용된다.

고전학파의 화폐수량 이론은 앞의 교환방정식에 제시된 바와 같이 통화유통속도 $V$와 실질국민총생산 $Y$가 고정되었다고 가정한다.[10] 고전학파가 통화유통속도 $V$를 고정값으로 보는 이유는 통화유통속도가 임금수준, 임금지불주기, 화폐사용 관습, 금융시스템의 발달수준 등에 의해서 결정되는데 국민경제의 이러한 요인들은 비교적 안정된 상태에 있기 때문에 통화유통속도는 전쟁이나 천재지변 같은 예상하기 어려운 외적 요인에 의해 급격하게 변하지 않는 한 안정적인 상태를 유지한다고 보는 것이 타당하다고 생각하기 때문이다.

앞의 교환방정식에서 $Y$는 총거래량이다. 그런데 일정 기간 동안 국민경제 내에서 이루어진 모든 거래의 양을 실제로 측정하는 것이 불가능하기 때문에 실질국민총생산 $GDP$를 대리변수로 사용한다. 고전학파가 실질국민총생산을 고정된 값으로 간

---

[10] 실질국민총생산 $Y$가 고정되어 있다고 보는 이유는 총공급이 고정되어 있다고 보기 때문이다. 이에 관한 설명은 제6장에서 이미 했으므로 생략하기로 하겠다.

주하는 이유는 통화량이 물가에만 영향을 미치고 실물경제(즉, 생산, 소비, 저축, 투자 등)에는 전혀 영향을 미치지 않는다고 가정하기 때문이다. 즉, 고전학파는 실물경제 시장과 화폐경제시장이 전혀 다른 속성을 가진 독립된 시장이고 화폐량과 실물경제 는 서로에게 전혀 영향을 미치지 않는다는 화폐중립성을 주장하는데 이를 가리켜 화 폐중립성 가정이라고 한다.

> **고전학파의 화폐중립성 가정**
> 실물경제시장과 화폐경제시장은 각각 독립된 시장이기 때문에 화폐량과 실물경제는 서로에게 전 혀 영향을 미치지 않는다.

교환방정식에 따르면 통화량과 통화유통속도의 곱이 물가수준과 실질국민총생산 의 곱이다. 이때, 물가수준과 실질국민총생산을 곱한 값은 명목국민소득이므로 위의 교환방정식은 통화량이 명목국민소득을 결정한다는 것을 의미한다. 그런데 고전학파 는 명목소득이 장기균형소득으로 고정되어 있다고 보기 때문에 통화량은 물가수준에 만 영향을 미치고 실질 경제성장에는 아무런 영향을 미치지 않는다고 보는 것이다.

통화주의학파는 이러한 고전학파의 화폐중립성에 근거하여 중앙은행과 정부가 펼 치는 통화량 조절 정책이 물가에는 분명히 영향을 미치는 반면, 단기적으로는 경제 성장에 영향을 미칠지는 모르지만 장기적으로는 실질 경제성장에 전혀 영향을 미치 지 못한다고 주장하며, 더 나아가서는 경기 활성화를 위해 통화량을 늘리는 정책을 실시하면 경제를 실질적으로 성장시키는 효과는 거두지 못하면서 인플레이션, 즉 물 가 상승만 발생시킬 위험이 있다고 주장한다.

## 2) 케인즈학파의 화폐수요 이론: 유동성선호 이론

케인즈는 화폐수요를 유동성선호 이론(theory of liquidity preference)으로 설명하는 데 유동성선호 이론이란 화폐수요가 경제주체 가진 유동성에 대한 선호에 의해서 결 정되고 이자율에 의해서 크게 영향을 받는다는 이론이다. 이 이론을 이해하기 위해서는 유동성(liquidity) 개념을 이해해야 한다. 유동성이란 일반적으로 다음과 같이 정의되는 개념이다.

> **유동성**
> 어떤 자산을 가치 손실 없이 빠르게 교환의 매개수단으로 전환하여 사용할 수 있는 정도

예를 들어, 두 종류의 자산 $A$, $B$가 있을 때 $A$의 유동성이 $B$보다 크다면 이는 자산 $A$를 자산 $B$보다 빠르게 현금으로 전환할 수 있다는 것을 의미한다. 엄밀히 말하면 경제주체가 선호하는 것은 유동성 그 자체가 아니라 유동성이 높은 자산이다.[11] 다양한 형태의 자산 중 유동성이 가장 높은 자산은 현금, 즉 화폐자산이다.

> **자산 유동성 크기 비교**
> 현금 > 요구불예금 > 저축성예금 > 채권 > 주식 > 실물자산(예: 부동산)

경제주체가 화폐를 보유하고자 하는 의사가 클수록 화폐수요가 당연히 증가한다. 그러므로 화폐수요를 이해하려면 경제주체들이 어떤 목적을 위해 화폐를 보유 의사를 갖는지 이해해야 한다. 이와 관련하여 케인즈는 화폐보유 동기 또는 화폐보유 목적을 〈표 7-8〉과 같이 세 가지로 구분한다.

〈표 7-8〉 화폐보유 동기

| 동기 | 내용 |
|---|---|
| 거래적 동기 | 일반적으로 수입은 일정 기간에 한 번씩 주기적으로 발생하지만 지출은 수시로 발생하기 때문에 지출을 해야 할 때 수입이 없어 지출을 할 수 없는 상황이 발생할 수 있다. 사람들은 일상생활을 하면서 이러한 곤란을 겪지 않기 위해 어느 정도의 화폐를 보유하고 있어야 할 필요성을 갖게 되는데 이러한 필요성에 의해 발생하는 화폐수요를 소득동기 화폐수요라고 한다. 개인과 마찬가지로 기업도 수입과 지출 간의 시차로 인해 곤란을 겪을 수 있기 때문에 기업 역시 원활한 영업활동을 위해 평소 어느 정도의 화폐를 보유하고자 하는데 이를 영업동기에 의한 화폐수요라고 한다. |

---

[11] 그렇기 때문에 저자는 유동성선호 이론이라는 명칭보다 유동성자산선호 이론 또는 화폐보유선호 이론이라는 명칭을 사용하는 것이 케인즈의 화폐수요이론을 직관적으로 이해하는 데 훨씬 더 도움이 된다고 생각한다.

| 예비적 동기 | 개인과 기업 모두 예상치 못한 일로 인해(예를 들면, 질병, 부상, 사고, 천재지변 등) 갑작스럽게 지출이 발생할 때를 대비하여 화폐를 보유하고 하는 성향을 갖는데 이러한 목적 또는 동기에서 비롯된 화폐수요를 예비적 동기에 의한 화폐수요라고 한다. |
|---|---|
| 투기적 동기 | 경제주체들은 거래적 목적이나 예비적 목적 외에 투기적 목적을 위해서도 화폐를 보유한다. 투기적 목적이란 수익을 얻고자 하는 목적을 말한다. 화폐는 유동성은 높지만 수익성이 없는 자산이기 때문에 모든 경제주체들은 이자 수익이 발생하는 채권 같은 수익성금융자산에 대한 수요를 어느 정도 가지고 있다. 따라서 일반적으로 경제주체들은 적절한 시기에 자신이 원하는 수익성 금융자산을 매입할 목적으로 어느 정도의 화폐를 보유하려는 경향이 있는데 이러한 목적에서 비롯된 화폐수요를 투기적 동기에 의한 화폐수요라고 한다. |

케인즈학파가 말하는 이 세 가지 화폐수요 동기 중 거래적 동기와 예비적 동기는 사실 고전학파가 주장하는 화폐의 교환적 기능에 해당하는 것이므로 케인즈학파의 유동성선호 이론은 화폐의 교환적 기능을 강조하는 고전학파의 입장에 기본적으로 동의하는 입장이다. 그러나 케인즈학파는 고전학파의 이론에서는 찾아볼 수 없는 투기적 동기 개념을 추가함으로써 화폐수요가 이자율에 의해서 영향을 받는다는 주장을 펼친다.

세 가지 화폐보유 동기 중 거래적 동기와 예비적 동기는 소득의 증가함수이고 투기적 동기는 이자율의 감소함수이다. 즉, 거래적 동기와 예비적 동기에서 비롯된 화폐수요는 소득이 증가할 때 증가하고 소득이 감소할 때 감소하지만, 투기적 동기에서 비롯된 화폐수요는 이자율이 상승하면 감소하고 이자율이 하락하면 증가한다는 것이다. 그런데 화폐수요와 이자율은 왜 반대 방향으로 움직이는가? 화폐수요와 이자율 간에 왜 이러한 음(-)의 관계가 존재하는지는 앞서 설명한 채권가격과 이자율 간의 관계를 머릿속에 떠올려 보면 쉽게 이해할 수 있다.

Keynes는 유동성선호 이론을 설명하기 위해서 자산의 종류가 화폐와 채권 단 두 종류인 상황을 가정한다. 이 가정은 경제주체가 수익을 얻기 위해서는 화폐자산을 보유할지 아니면 채권자산을 보유할지 두 가지 중 하나를 선택해야 한다는 것을 의미한다. 그런데 화폐는 유동성은 높지만 수익성은 전혀 없는 자산이다. 따라서 경제주체가 얻을 수 있는 수익은 결국 채권자산을 언제, 얼마나 보유할지에 따라 결정된다.

앞서 설명한 바와 같이 채권가격은 이자율과 역의 관계에 있다. 채권으로 수익을 얻고자 하는 경제주체는 당연히 채권가격이 쌀 때 채권을 매입하고 비쌀 때 채권을 매각할 것이다. 채권가격은 이자율이 낮아질수록 오르므로 경제주체는 이자율이 하락할수록 채권을 매각할 의사를 더 갖게 된다.

**〈표 7-9〉 이자율, 채권가격, 화폐수요량 간의 관계**

| 이자율 | 채권가격 | 투기 목적의 화폐수요(보유량) |
|---|---|---|
| 이자율 상승 | 채권가격 하락 → 채권 매입 | 화폐수요(보유량) 감소 |
| 이자율 하락 | 채권가격 상승 → 채권 매각 | 화폐수요(보유량) 증가 |

이자율이 하락하여 채권을 매각하고 그 대가로 현금을 받으면 경제주체가 보유한 화폐자산의 양이 증가한다. 경제주체는 그렇게 증가한 화폐 중 일부 또는 전부를 다음에 올 채권 매입 기회에 대비하여 투기적 목적의 화폐로 보유한다. 따라서 이자율이 하락하면 채권 매입을 위해 보유하는 화폐의 양인 투기적 화폐수요는 증가한다. 이번에는 정반대로 이자율이 상승하는 상황을 가정해 보자. 이자율이 오르면 채권가격은 하락하기 때문에 채권을 싼 가격에 살 수 있는 기회가 생긴다. 합리적인 경제주체라면 누구나 이런 기회가 올 때 채권 매입을 위해 보유하고 있던 투기적 화폐로 채권을 매입한다. 그 결과, 투기적 화폐수요는 감소한다.

이러한 원리에서 이자율과 투기적 화폐수요는 [그림 7-3]과 같은 역의 관계를 갖게 되는 것이다. [그림 7-3]에서 이자율이 최고 수준인 $r_H$가 되면 채권가격은 최저 가격이 될 것이고 경제주체는 이런 기회를 위해 보유하고 있던 투기적 목적의 화폐 모두를 채권 매입을 위해 소진할 것이다. 그런가 하면 이자율이 최저 수준 $r_L$이 되면 채권가격은 최고 가격까지 상승할 것이고 경제주체는 보유하고 있던 모든 채권을 매각하여 수익을 극대화할 것이다.

케인즈학파는 이자율이 하락을 거듭하다가 최저 수준이 되면 투기적 화폐수요가 이자율에 대해서 무한탄력적이 된다고 주장한다. 이는 [그림 7-3]에서 화폐수요곡선의 기울기가 화폐수요 축에 대해서 수평이 되는 구간으로 접어든다는 것을 뜻한다.

케인즈학파는 화폐수요곡선의 기울기가 수평이 되는 이 구간을 유동성 함정(liqudity trap)이라고 부른다.

국민경제가 유동성 함정에 빠지게 되면 경제주체들은 화폐 보유량이 증가할 때마다 증가분의 화폐 모두를 미래의 채권 매입 기회를 위해 투기적 목적의 화폐로 보유하고자 하는 현상이 나타난다고 주장한다. 물론 이자율이 최고 수준이 되면 정반대 현상이 나타난다. 이자율이 최고수준이 채권가격이 최하 가격이 될 것이므로 투기적 화폐수요는 0이 된다.

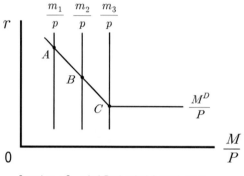

[그림 7-3]  이자율과 화폐수요의 관계

그렇다면 국민경제를 유동성 함정에 빠뜨리는 최저 이자율은 얼마인가? 그런 절대적인 최저 이자율이 얼마인지는 사실 아무도 모르며, 대다수의 경제주체가 '이 수준보다 이자율이 더 내려가지는 않을 것이다'라고 기대하는 수준의 이자율이 바로 최저 수준의 이자율이다. 다음과 같은 예를 통해서 왜 그런지 이해해 보자.

두 국가 $A$, $B$의 중앙은행이 침체된 경기를 부양하기 위한 목적에서 이자율을 낮추는 통화정책을 실시한 결과, 두 국가의 이자율이 동일 폭만큼씩 낮아졌고 시중의 통화량도 동일 양만큼 증가했다고 가정해 보자. 그런데 국가 $A$는 실물경제가 활성화되기 시작한 반면, 국가 $B$의 실물경제는 활성화되지 않는다. 이런 현상이 나타나면 우리는 일반적으로 다음과 같이 판단한다.

국가 $A$의 통화정책은 경기부양 효과가 나타난 반면, 국가 $B$는 경기부양 효과가 나타나지 않는 것으로 미루어 볼 때 국가 $B$의 국민경제가 유동성 함정에 빠졌을 가능성이 높다.

국가 $B$는 이자율이 하락하여 통화량은 증가했지만 늘어난 화폐 가운데 거의 모두가 투기적 목적의 화폐수요로 흡수되어 버리고 시중에는 돈이 유통되지 않아서 통화량 증가가 실물 경제로까지 이어지지 못했을 가능성이 높다는 것이다. 국민경제에 이러한 현상이 나타나는 것을 국민경제가 '유동성 함정에 빠졌다'라고 표현한다.

그런데 유동성 함정에는 왜 빠지는 것인가? 즉, 왜 돈을 쓰지 않고 보유하고만 있는가? 왜냐하면 합리적인 경제주체는 이자율이 다시 높아질 때를 대비하기 때문이다. [그림 7-3]의 이자율이 $C$수준에 다다르면 경제주체들이 이자율이 자신들이 생각하는 최저점에 다다랐다고 판단하고 따라서 앞으로는 이자율이 다시 오를 수밖에 없다는 기대감을 갖게 된다.

이러한 기대감하에서 경제주체들은 이자율이 $C$수준이 되면 더 이상의 채권 매각을 중지하고 이자율이 상승하기를 기다리기 시작한다. 그러다가 이자율이 상승하고 채권가격이 하락해서 채권을 저렴한 가격에서 매입할 수 있는 기회가 올 것에 대비하여 돈을 쓰지 않고 투기적 화폐수요 형태로 보유하고만 있는 것이다.

물론 더 직관적으로 이해하기 쉬운 설명도 가능하다. 중앙은행이 이자율을 낮춰 시중에 돈을 풀고자 할 때는 경제 상황이 좋지 않을 때이다. 경제 상황이 좋지 않을 때 경제주체들은 본능적으로 경제 상황이 더 나빠질 때를 대비해서 돈을 쓰지 않고 허리띠를 졸라매면서 절약하기 시작한다. 그렇기 때문에 통화량이 증가해도 경제주체들 사이에서 돈이 돌지 않는 현상이 벌어진다.[12]

이러한 유동성선호이론에 근거하여 케인즈학파는 화폐수요 $M^D$가 다음의 함수식에 의해 결정된다고 본다.

[12) 이 두 가지 버전의 설명(이론 위주의 설명과 인간 본능 위주의 설명) 중 어느 것이 이자율과 화폐수요가 서로 반대 방향으로 움직인다는 사실을 이해하는 데 더 도움이 되는지에 대한 판단은 전적으로 독자들에게 맡기기로 하겠다.

$$M^D = P \times L(Y, r)$$

$P$ : 물가

$L$ : 화폐보유수요

$Y$ : 소득

$r$ : 이자율

위의 식에서 화폐수요는 물가와 화폐보유수요의 함수인데 물가가 일정하다고 가정하면 화폐수요는 국민소득과 이자율의 함수인 화폐보유수요에 의해서 결정된다. 이때, 소득은 거래적 화폐수요와 예비적 화폐수요를 결정하고 이자율은 투기적 화폐수요를 결정한다. 화폐보유수요 $L$은 국민소득이 증가하거나 이자율이 하락하면 증가하고, 국민소득이 감소하거나 이자율이 상승하면 감소한다.

[그림 7-4]는 통화량이 실물경제에 미치는 영향에 대한 고전학파와 케인즈학파의 입장 차이를 쉽게 이해할 수 있게 해 준다. 앞서 살펴본 바와 같이 고전학파는 앞서 설명한 바와 같이 이자율이 포함되어 있지 않은 교환방정식으로 화폐수요 변화를 이해하기 때문에 통화량이 [그림 7-4] (a)와 같이 물가에는 영향을 미칠 수 있지만 이자율에는 아무런 영향을 미치지 않기 때문에 통화량 변화가 실물 부문에 영향을 미치지 않는다는 화폐 중립성을 주장한다.

이와 달리 케인즈학파는 통화량이 이자율에 영향을 미치기 때문에 이자율이 유동성 함정 수준으로 낮아지기 전까지는 실물 경제에 영향을 미친다고 본다. 즉, [그림

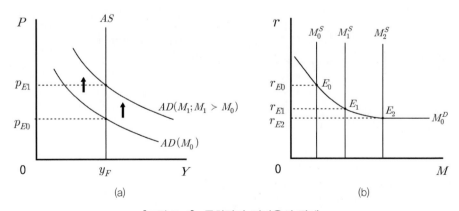

[그림 7-4] **통화량과 이자율의 관계**

7-4] (b)에서 중앙은행이 통화량을 $M_0^S$에서 $M_1^S$로 늘리면 이자율은 $r_{E0}$에서 $r_{E1}$로 하락하고 이는 가계와 기업의 소비와 투자 증가로 이어져서 경기가 활성화되는 긍정적인 결과를 가져온다는 것이다.

물론 케인즈학파가 말하는 이러한 경기부양 효과는 유동성 함정에 빠지기 전까지 구간에서만 나타난다. 앞에서 예로 들었던 $A$, $B$ 두 국가 중 국가 $B$의 경우 이자율을 낮추는 통화정책은 긍정적인 효과보다 부정적인 효과를 초래할 가능성이 높다. 예를 들어, 국가 $B$의 중앙은행이 이자율을 $C$ 수준에 가깝거나 $C$보다 낮은 수준으로 만드는 저금리 통화정책을 펼친다고 가정해 보자. 그럴 경우, 돈의 양은 증가하지만 경제주체들은 돈을 쓰지 않는다. 무리한 저금리 정책은 풀린 돈이 투자나 소비로 이어져 경제성장의 동력으로 사용되는 효과로 이어지지 않고 오히려 투기적 자산 매입으로 몰려 자산의 시장가격이 자산의 실질가치를 훨씬 웃도는 소위 '거품(bubble)'이 형성되는 부정적인 결과를 초래할 수 있다.

그런가 하면 이자율이 낮아져 이자 부담이 낮아지면 경제주체가 대출을 늘리게 되고 그렇게 되면 국민경제 내에 부채가 증가하는 부정적인 결과가 동반될 수도 있다. 그런 상황에서 어떤 대내적 혹은 대외적 요인에 의해서 경제 상황이 급격히 악화되면 자산 시장의 거품이 꺼지면서 경제주체들이 보유한 자산가치는 급격히 하락해 버리고 무리하게 늘린 부채 부담만 떠안게 되는 상황이 벌어질 수 있다. 케인즈학파가 통화정책보다 정부 주도의 재정정책을 선호하는 이유는 통화정책에 내포되어 있는 바로 이러한 위험성 때문이다.

통화정책을 통한 통화량 증가가 긍정적인 결과를 가져올지 부정적인 결과를 가져올지 여부는 경기 침체(즉, 총수요 감소)가 금융시장 불안에서 시작된 것인지 실물경제 위축에서 시작된 것인지에 따라 달라질 수 있다. 먼저, 금융시장에 자금 경색, 즉 유통되는 화폐의 양이 부족해서 실물경제가 위축되는 상황이라면 통화 공급량을 늘려 금융시장에서 돈을 구하기 쉽게 만들면 금융시장이 안정을 되찾고 그것이 실물경제 활성화로 이어질 가능성이 높다.

그런데 이와 달리 금융시장 상황과 무관하게 실물경제가 위축된 경우라면 통화 공급량을 늘린다고 하더라도 실물 경제가 활성화되기를 기대하기는 어렵다. 지난

2020년 상반기부터 covid-19가 전 세계적으로 확산되면서 소비가 급격하게 줄어들면서 시작된 경기침체가 이 경우에 해당하는 대표적인 예이다. 통화량이 늘어도 격리, 사회적 거리두기 등의 생활 패턴 변화로 인해 소비가 급감하면 돈의 흐름은 멈춰 버린다. 이런 상황에서 통화 공급량 증가는 자금난을 겪는 기업들이 자금을 구해 부도가 나지 않게 하는 정도의 효과를 가져올 수 있을 뿐 총수요를 증가시키지는 못한다. covid-19의 위기상황 속에서 시중 실질금리가 0에 가까웠음에도 경기가 되살아나지 않았던 이유는 바로 이 때문이다.

문제는 실물 경제 위축이 경기침체의 원인인 경우 통화공급 확대 정책은 낮은 실효성 이상의 부작용을 낳는다는 것이다. 우리나라 화폐가 기축통화가 아닌 이상 중앙은행이 통화공급을 지나치게 늘려 우리나라 금리가 미국의 금리보다 낮아지게 되면 국내 자본이 금리가 높은 미국으로 빠져나가는 자본유출이 발생할 수 있다. 그러지 않아도 기축통화의 안정성 때문에 금보다 달러에 대한 수요가 더 높은(그래서 금 가격이 하락하는) 상황에서 우리나라와 미국의 금리가 조금만 차이나도 대규모의 자본유출이 발생할 수 있다. 그렇게 될 경우 우리나라의 경제 상황은 금융시장 불안정까지 겹쳐 지금보다 더 악화될 수 있다.

이처럼 동일 폭의 이자율 하락도 한 국가에서는 경기를 부양시키는 효과를 가져오는 반면, 다른 국가에서는 유동성 함정 현상을 초래할 수 있기 때문에 '국민경제를 유동성 함정에 빠뜨리는 이자율은 ~이다'라는 예측을 하는 것은 불가능하다. 사실 국민경제가 유동성 함정에 빠질지 여부는 통화정책이 이자율을 어느 수준까지 낮추는지에만 달린 문제가 아니다. 이자율이 동일하더라도 경제주체들이 현재의 경제 상황을 어떻게 판단하는지 그리고 미래의 경제 상황에 대해서 어떤 기대를 가지는지에 따라 경제주체들은 화폐 보유량은 늘릴 수도 있고 줄일 수도 있다. 동일 논리를 적용하면 투기적 목적의 화폐수요를 0으로 만드는 최고 이자율 역시 어떤 절대적인 값이 정해져 있는 것은 아니라는 것도 쉽게 이해할 수 있다.

이러한 이유에서 저자는 케인즈학파의 유동성선호이론에서 말하는 최저이자율과 최고이자율을 각각 기대최저이자율과 기대 최고이자율로 부르는 것이 케인즈학파의

화폐수요이론이 의미하는 바를 올바르게 이해하는 데 더 도움이 된다고 생각한다.[13]

## 3) 고전학파의 이자율결정 이론: 대부자금 이론

고전학파는 이자율이 상승하거나 하락하는 현상을 실물시장에서 재화·서비스에 대한 수요와 공급의 균형에 의해서 가격이 결정되고 변하는 것과 동일한 실물적 현상으로 본다. 이러한 기본 가정 위에서 고전학파는 이자율이 화폐량에 의해서 결정되는 화폐 현상이 아니라 [그림 7-5]와 같이 대부자금시장에서 총투자수요와 총저축이라는 두 가지 실물 요인의 균형에 의해서 결정되는 실물 현상이라는 대부자금이론(loanable funds theory)을 제시한다. 이 이론에 따르면 실물 시장에서 재화·서비스의 가격이 신호가 되어 수요와 공급이 일치되듯이 대부자금시장에서는 실질이자율이 투자와 저축을 일치시키는 역할을 한다.

> **고전학파의 대부자금 이론**
> • 이자율 현상은 화폐 현상이 아니라 실물 요인에 의해 결정되는 실물 현상이다.
> • 이자율은 대부자금시장에서 투자수요와 저축수요의 균형에 의해 결정된다.
> • 대부자금시장에서의 실질이자율이 실물 시장에서의 재화·서비스 가격이다.

대부자금시장(loan market)이란 어떤 시장인가? 투자를 원하는 경제주체(주로 기업)는 투자를 위해 필요한 자금을 여유 자금을 보유한 경제주체로부터 빌리고자 한다. 자금을 빌리려는 경제주체와 자금을 빌려주고자 하는 경제주체 간에 자금 거래가 이루어지는 시장이 대부자금시장이다.

대부자금시장에서 자금에 대한 공급은 실물부분의 저축과 화폐부분의 화폐공급량에 의해서 결정되는데 저축은 여유 자금을 형성한다. 자금에 대한 수요는 실물부분

---

[13] 아마 지금쯤이면 독자들 중 어떤 사람들은 '왜 처음부터 이 말을 하지 않고 지금에서야 하는가?'라는 다소 원망어린 생각을 품을지도 모르겠다. 그런 독자들을 위해 저자가 할 수 있는 것은 미안함을 표함과 동시에 '지금은 이 말의 의미를 이해하지만 이 장의 첫 부분에서 이 말을 했다면 이해하지 못했을 뿐만 아니라 유동성선호이론을 이해하는 데 더 어려움을 겪었을 수도 있다'는 가능성을 조심스럽게 제시하는 것밖에 없을 것 같다.

에서는 투자·소비수요, 화폐부분에서는 화폐공급량에 의해서 결정된다. 이자율은 이러한 대부자금수요와 공급이 균형을 이룰 때 대부자금의 가격으로서 결정된다.

[그림 7-5]에 나타난 바와 같이 우상향 기울기를 가진 총저축곡선 $S$는 이자율의 증가함수이고, 우하향 기울기를 가진 총투자수요곡선 $I^D$는 이자율의 감소함수이다. 투자에 필요한 자금을 은행 등의 금융기관으로부터 대출받아야 하는 기업의 입장에서는 이자율이 상승하면 대출 이자부담이 증가한다. 따라서 이자율이 상승하면 투자수요는 감소한다. 이와 반대로 저축은 이자율이 상승하면 증가한다. 이자율이 상승하면 경제주체가 높은 예금 이자를 기대하고 저축 의사를 높이기 때문이다.

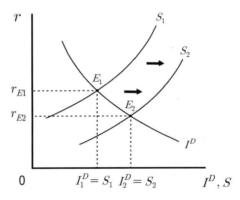

**[그림 7-5]  고전학파의 대부자금시장 이론**

이자율은 총저축곡선 $S$와 총투자수요곡선 $I^D$가 만나 $I^D = S$ 균형이 이루어지는 점에서 결정된다. [그림 7-5]에서 $I^D = S_1$일 때 균형이자율은 $r_{E1}$이다. 어떤 이유에서든 경제주체의 저축의사가 변하면 이자율은 변하지 않아도 저축이 변한다. 예를 들어, 경제 상황이 악화될 것이라는 부정적인 미래 전망으로 인해 경제주체들이 소비를 줄이고 저축을 늘려야겠다는 생각을 하게 되어서 저축이 증가한다고 가정해보자. 이러한 변화는 [그림 7-5]에서 총저축곡선이 $S_1$에서 $S_2$로 이동하는 현상으로 나타난다. 경제주체의 저축 의사가 증가하면 은행의 입장에서는 더 낮은 이자로도 예금 유치가 가능해지므로 이자율은 하락한다. 이는 총투자수요곡선과 새로운 총저축곡선 $S_2$가 만나 이자율이 $r_{E2}$로 하락하는 현상으로 나타난다.

　　고전학파는 이처럼 이자율이 총투자수요와 총저축에 의해서 결정되기 때문에 이자율은 생산성 변동이나 소비절약 같은 실물적 요인에 의해서만 영향을 받는다고 본다. 통화량 변동은 장기적으로 물가수준에 변화를 가져오지만 이자율에는 아무런 영향을 미치지 않는다는 것이다. 바로 이 입장이 앞서 살펴본 화폐수량 이론에서 통화량이 이자율에 아무런 영향을 미치지 않는다는 주장의 근거가 되는 것이다.

## 4) 케인즈학파의 이자율결정 이론: 화폐현상론

　　고전학파가 이자율을 실물적 현상으로 보는 것과 반대로 케인즈학파는 이자율을 화폐적 요인에 의해서 결정되는 화폐현상(monetary phenomenon)으로 본다. 케인즈학파는 화폐가 재화·서비스로서 거래되는 화폐시장이 존재한다고 주장한다.

　　화폐시장에서 화폐공급은 정부와 중앙은행이 정한 정책목표에 의해서 일정 수준으로 결정되고 화폐수요는 경제주체들의 유동성선호에 의해 결정된다. 이러한 화폐수요와 화폐공급이 일치할 때 화폐시장의 균형이 이루어지고 화폐가격으로서의 이자율이 결정된다.[14]

> **케인즈학파의 화폐현상론**
> • 이자율 현상은 화폐 요인에 의한 화폐 현상이다.
> • 화폐시장에서의 화폐수요와 화폐공급의 균형이 화폐가격으로서의 이자율이다.

　　앞서 설명한 바와 같이, 화폐수요 $M^D$는 주어진 물가 $P$와 국민소득 $Y$에서 화폐가격인 이자율 $r$에 의해 결정된다. 일반적인 재화·서비스의 수요량이 가격의 감소함수인 것처럼 화폐수요량 역시 이자율의 감소함수이다.

---

14) 케인즈학파는 이자율이 금융시장의 균형에 의해서 결정되는 현상으로 보기도 한다. 앞서 소개한 유동성선호 이론에서 케인즈학파는 경제주체들이 화폐를 현금과 채권의 형태로만 보유한다고 가정한다. 이러한 가정에서 보면 [그림 7-5]의 화폐시장 균형은 곧 채권시장의 균형이다. 그렇기 때문에 보기에 따라서는 이자율이 채권시장의 균형에 의해서 결정된다고도 볼 수 있다. 그리고 더 큰 시각에서 보면 이자율은 화폐와 채권을 포함한 다양한 형태의 자금(money)과 자본(capital)이 거래되는 금융시장의 균형에 의해서 결정되는 현상이라고도 볼 수 있다.

$$M^D = P \times L(Y, r)$$

$P$: 물가

$L$: 화폐보유수요

$Y$: 국민소득

$r$: 이자율

$$M^S = \frac{c+1}{c+R} B$$

$c$: 현금예금비율

$R$: 지급준비율

$B$: 본원통화

케인즈학파는 화폐공급 $M^S$가 현금예금비율, 지급준비율 그리고 본원통화에 의해서 결정되고 이자율과는 무관하다고 본다. 그렇기 때문에 [그림 7-6]과 같이 화폐공급곡선이 수직선이라고 가정한다. 이자율이 화폐수요와 화폐공급의 균형에 의해 결정되므로 [그림 7-6]에서 균형 이자율은 화폐수요 $M_0^D$과 화폐공급 $M_0^S$의 균형점에 해당하는 이자율 $r_E$이다. 만일 국민경제 내의 이자율이 $r_E$보다 높다면 화폐공급이 화폐수요보다 높아져 초과공급 상황이 발생한다. 필요량보다 많은 양의 화폐가 시중에 유통되면 화폐의 가치는 떨어질 것이고 이자율은 균형 이자율 $r_E$ 수준까지 감소한다.

이처럼 통화량이 증가하여 이자율이 하락하는 효과를 유동성 효과(liquidity effect)라고 한다. 이와 반대로 시중 이자율 $r_E$보다 낮으면 화폐수요가 화폐공급을 초과하는 초과수요가 발생한다. 낮은 이자율은 기업의 투자와 가계의 소비를 증가시키고

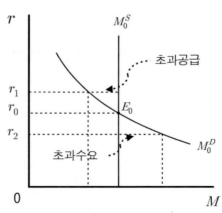

[그림 7-6] 케인즈학파의 화폐현상이론

이는 소득 증가로 이어진다. 소득이 증가하면 화폐수요가 증가하고 화폐를 구하기가 점점 어려워지면 화폐의 가치가 상승한다. 그 결과, 이자율은 다시 균형 이자율까지 상승한다. 이처럼 이자율 하락이 소득 증가로 이어져 이자율이 다시 높아지는 현상을 소득효과(income effect)라고 한다.

동일 현상을 투기적 동기 화폐수요량 변화로도 설명할 수 있다. 이자율이 상승하면 채권가격이 하락하므로 저렴해진 채권을 매입하기 위해 경제주체들이 보유하고 있던 투기적 동기의 화폐를 사용할 것이므로 투기적 목적의 화폐수요가 감소하고[15] 이로 인해 이자율은 하락한다. 이자율이 하락하면 채권가격이 오르고 경제주체들은 보유하고 있던 채권을 비싼 가격을 받고 매각하고 그 대가로 받은 화폐를 채권가격이 하락할 때 다시 채권을 매입하기 위해 현금 형태로 보유한다. 그 결과, 투기적 동기의 화폐수요가 증가하여 이자율이 상승한다. 투기적 동기의 화폐, 즉 유동성과 이자율 간의 관계가 이러하므로 이자율은 유동성을 사용 또는 희생할 때 치러야 하는 대가인 셈이다.

일정 수준으로 고정되어 있다고 가정했던 물가나 국민소득이 변하면 화폐수요가 변한다. 화폐수요가 변하면 [그림 7-6]의 화폐수요곡선이 우측 또는 좌측으로 이동한다. 물가가 상승하고 국민소득이 증가한다고 가정해 보자. 물가가 오르면 동일 양의 재화·서비스를 거래하더라도 물가가 오르기 전보다 많은 양의 화폐가 필요하다. 예를 들어, 1개에 100원이던 어떤 재화의 가격이 1,000원이 되면 100원짜리 화폐 1개면 가능했던 거래가 이제는 100원짜리 10개가 있어야 가능해지기 때문이다.

국민소득이 증가한다는 것은 재화·서비스의 생산량이 증가하여 더 많은 재화·서비스가 거래된다는 것을 의미하므로 이 경우 역시 화폐수요가 증가한다. 따라서 물가가 상승하거나 국민소득이 증가하면 화폐수요곡선은 $M_0^D$에서 $M_1^D$로 우측으로 이동하고 균형 이자율은 $r_1$로 상승한다. 이번에는 중앙은행이 통화량을 늘려 화폐공급곡선이 $M_1^S$로 우측 이동하는 경우를 생각해 보자. 시중에 유통되는 화폐의 양이 증가하면 화폐의 가치, 즉 화폐가격이 하락한다. 따라서 이자율은 최초 균형 이자율에

---

15) 투기적 목적의 화폐수요는 채권 매입 기회가 올 때를 대비해서 보유하고자 하는 화폐에 대한 수요라는 것을 기억하기 바란다.

서 $r_2$ 수준으로 낮아진다.

## 5) 일반균형 모형이 일반균형 모형인 이유

이상에서 살펴본 바와 같이 고전학파와 케인즈학파는 서로 다른 가정에 기초한 서로 다른 이론 모형을 가지고 이자율이 어떻게 결정되는지를 설명한다. 한 가지 공통점은 두 학파 모두의 이론 모형이 다소 비현실적인 가정에 기초하고 있다는 점이다. 고전학파와 통화주의학파는 이자율과 통화량이 무관하다고 가정하는 한편, 케인즈학파는 이자율이 물가나 국민소득과 무관하게 결정된다고 가정한다.

케인즈학파의 관점에서 보면 고전학파와 통화주의학파의 주장은 화폐수요와 이자율이 서로에게 미칠 수 있는 영향을 전혀 고려하지 않는 주장이고, 고전학파와 통화주의학파의 관점에서 볼 때 케인즈학파의 주장은 화폐시장과 생산물시장이 서로에게 아무런 영향을 주지 않는 별개의 시장이라는 주장인 셈이다.

그런데 국민경제 내에서 이루어지는 어떤 경제활동도 다른 경제활동과 독립적인 관계 속에서 이루어질 수는 없다. 즉, 실물. 금융, 이자율, 통화량, 물가, 실업률, 국민소득은 모두 서로가 서로에게 영향을 미치고 또 영향을 받을 수밖에 없다는 것이다. 그렇기 때문에 이들 각각의 변수들은 다른 변수들과의 상호작용 속에서 '동시에' 결정되는 것이지 어느 한 변수가 먼저 결정되고 다른 변수가 그 뒤를 이어 순차적으로 결정된다거나 각각의 변수들이 다른 변수들과 독립적으로 결정되는 것은 아니다.

이제 독자들이 이상에서 살펴본 모든 내용을 이해했다는 확신을 바탕으로 케인즈학파의 일반균형 이론으로 다시 돌아가 보자. 저자는 이 장의 앞부분에서 케인즈학파의 일반균형 모형 이론을 소개하면서 왜 이 이론을 '일반균형 이론'이라고 부르는지에 대한 설명을 나중으로 미뤄 두었다. 이 장에서의 논의를 마무리하기에 앞서 저자가 했던 약속을 기억하는 독자들에게 그 이유를 설명하기로 하겠다.

> **일반균형 모형 이론**
> 이제까지 살펴본 거시 변수(요인)들 중 어느 것도 고정되어 있지 않고 서로 간에 영향을 주고받는다
> 는 지극히 일반적인 가정하에서 이들 변수들이 어떻게 생산물시장과 화폐시장의 상호작용 속에서
> 동시에 균형을 이루어서 국민경제의 총수요와 총공급 간의 균형이 이루어지는지를 설명하는 이론
> 모형

## 4. 재정정책, 통화정책 그리고 거시사회복지실천

재정정책, 통화정책, 고전학파, 케인즈학파와 그들의 뒤를 이은 새케인즈학파, 통화주의학파와 그들의 이론을 계승 발전시킨 새고전학파. 이번 장과 앞 장에서 살펴본 이 모든 내용은 거시사회복지실천과 어떤 관계가 있는가? 저자는 이 질문에 대한 답을, 또 하나의 질문을 독자들에게 던짐으로써 답해 보고자 한다.

재정정책은 효과가 있는가? 이 질문에 대한 답은 매우 간단하다. 어떤 경제학자도 재정정책이 효과 없는 정책이라는 주장은 하지 않는다. 물론 '통화정책은 효과가 있는가?'라는 질문에 대해서도 마찬가지이다. 오늘날 재정정책과 통화정책은 모든 국가에서 국민경제 안정 및 성장을 위한 정책 수단으로 사용되고 있으며 이 두 가지 중 어느 하나만을 사용하고 있는 국가는 찾아볼 수 없다.

정부지출의 변화와 통화량 변화는 이제까지 살펴본 바와 같이 국민경제에 큰 영향을 미친다. 그리고 그 국민경제로 뭉뚱그려진 것 안에는 복지과 고용이 포함되어 있다. 2020년 기준 우리나라 중앙정부 예산 가운데 50%가 넘는 예산이 보건·복지·고용 분야의 예산이라는 사실은 이 세 분야의 합이 국민총생산에서 차지하는 비중이 결코 작지 않다는 것을 단적으로 보여 준다.

그렇기 때문에 재정정책과 금융정책 모두는 사회구성원의 복지 이익-부담 관계와 관련된 생산, 교환, 소비, 분배 등에 상당한 영향을 미친다. 이 책의 첫 부분에서 언급한 바와 같이 사회구성원의 복지 이익-부담 관계를 관리하고 조정하는 것이 바로 거시사회복지실천의 역할인 바, 정부의 재정정책과 금융정책에 대한 이해는 거시사

회복지실천가가 갖춰야 할 필수 요건이다. 안타까운 것은 이제까지 사회복지 전문가들이 이 분야를 경제 전문가들의 영역으로만 생각해 왔다는 것이다. 그러나 더 이상은 아니어야 하며, 그렇게 하려면 이 분야에 대한 관심 이상의 것이 필요하다. 그것은 바로 이제 국민경제의 비중 있는 주체답게 이 분야에 관한 이론적 지식과 실천적 경험을 쌓는 것이다.

아마도 재정정책·통화정책에 관한 질문 중 가장 답하기 어려운 질문은 '두 가지 중 어느 정책이 더 효과적인가?'라는 질문일 것이다. 이 질문에 답하기 위해서는 두 정책 각각의 승수효과의 크기, 기회비용, 구축효과, 자연실업률, 정책효과의 시차 등을 종합적으로 고려해야 한다. 두 가지 가운데 어느 쪽을 선택하던 구축효과 발생이, 물론 그 내용은 두 경우가 다르겠지만 피할 수 없는 사실이라면 이 질문에 대한 답을 찾는 과정은 그나마 조금 수월해진다. 이제 초점은 주로 승수효과와 기회비용 가운데 어느 것이 더 큰지에 맞춰지게 된다. 물론 승수효과나 기회비용 그리고 더 나아가서 자연실업률을 측정할 수 있다는 전제하에서 말이다.

두 정책 수단 모두 승수효과는 일단 0 또는 0에 가까운 값은 아니어야 한다. 예를 들어, 재정승수효과가 0이라면 재정정책은 '할 필요 없는 정책'이 아니라 '절대로 해서는 아니 되는 정책'이 된다. 왜냐하면 재정승수효과 0은 적지 않은 재정을 쏟아 부어도 국민소득 증가는커녕 구축효과로 인해 경기위축을 가속하는 결과밖에 얻을 수 없음을 의미하므로 지출한 재정의 기회비용은 구축효과를 상쇄하기 위한 비용까지 더해져 어마어마한 규모가 될 것이기 때문이다. 금융정책도 절대 예외가 아님은 말할 필요가 없을 것이다.

승수효과가 1 이상이라면 기회비용과의 면밀한 비교가 선행되어야 한다. 당연히 승수효과가 기회비용 보다 커야 하는 것은 물론이거니와 다음과 같은 둘 간의 차이가 더 큰 정책 수단을 선택하는 것이 타당하다.

승수효과 − 기회비용 = 차이  단, 차이 > 0

이때 가치의 개입은 배제하는 것이 바람직하다. 재정정책과 금융정책이 승수효과와 기회비용 모두에서 전혀 차이가 없을 때 가치가 등장하는 것은 어찌 보면 당연한 일이다. 그러나 기회비용이 승수효과를 훨씬 앞지르는 정책수단이, 기회비용이 승수효과 작거나 같은 정책수단보다 '특정 가치 실현'을 이유로 더 선호된다면 그 정책수단은 그것이 재정정책인지 금융정책인지를 떠나서 이미 국민소득을 증진시키기 위한 정책수단이 아니라 정치권력을 위한 수단이 되어 있을 가능성이 높다.

저자는 '그러한 비합리적인 선택을 정당화할 수 있는 가치가 있다면 과연 어떤 것일까?'라는 질문에 대해서 우리 사회의 구성원들 가운데 탐욕을 지향해야 할 가치라고 생각하는 사람들이 있다면 모를까 아직은 답을 찾지 못하고 있다. 그럼에도 불구하고 그런 비합리적인 선택이 전혀 이루어지지 않는 것은 아니라는 현실이 저자에게 있어서는 이 책에 이어서 '거시사회복지실천 응용편'을 집필해야 하는 이유이다. 현실에 관한 자세한 논의(우리나라의 승수효과, 기회비용, 자연실업률 등에 관한 실증 연구들에 대한 논의와 함께)는 그때 가서 하기로 하겠다.

참고문헌

경제기획원. (1982). 개발연대의 경제정책: 경제기획원 20년史 2판. 미래사.

경제기획원. (1994). 자율개방시대의 경제정책: 경제기획원 30년史 2. 미래사.

기회재정부 e-나라지표. http://www.index.go.kr/potal/main/EachDtl PageDetail.do?idx_cd=1061.

김대식 외. (1996). 현대 경제학 원론. 박영사. pp. 805, 809, 810.

박선은 외. (2008). 2007년 흡연의 사회경제적 비용 추계. 대한임상건강증진학회지, 8(4), 219-227.

박환재 (2016). 담배가격인상의 후생효과. 산업경제연구, 29(1), 51-71.

유태균. (2023). 거시사회복지실천 심화편 I: 정의, 권리 그리고 분배. 학지사.

유태균. (2023). 거시사회복지실천 입문편: 법, 행정, 재정의 이해. 학지사. pp. 11-26.

이재원 외. (2021). 행정과 경제. 윤성사. pp. 76, 82, 83.

최성은 외. (2017). 담배과세 인상의 흡연율 및 경제적 영향 분석. 한국조세재정연구원.

통계청 국가통계시스템. 2023. 3. 25. 인출, https://kosis.krstatHtml/statHtml.do?orgId=301&tblId=DT_200Y 001&vw_cd=MT_ZTITLE&list_id=Q_301009_001_001&scrId-=&seqNo=&lang_mode=ko&obj_var_id=&itm_id=&conn_path=MT_ZTITLE&path=%252FstatisticsList%252FstatisticsListIndex.do

Adam Smith. An Inquiry into the Nature and Causes of the Wealth of Nations. PDF file. https://www. rrojasdataban.info/Wealth-Nations.pdf.

Arrow, K. (2012). *Social Choice and Individual Values* (3rd ed.). Yale University Press.

Atkinson, A. (1970). On the Measurement of Inequality. *Journal of Economic Theory*. pp. 244-264.

Atkinson, A. (1983). *The Economics of Inequality* (2nd ed.). Oxford Press.

Buchanan, J. M., & Tullock, G. (1962). *The Calculus of Consent: Logical Foundations of Constitutional Democracy*. Michigan University Press. pp. 140-147.

Crouch, C. (2004). *Post Democracy*. Polity Press.

Flik, R. J., & van Praag, B. M. S. (1991). Subjective poverty line definitions. *De Economist, 139*, 311-330, https://doi.org/10.1007/BF01423569.

Greenwald, B., & Stiglitz, J. (1987). Keynesian, New Keynesian and New Classical Economics. *Oxford Economic Papers, New Series, 39*(1), 119-133. (https://core. ac.uk/download/pdf/161443906.pdf); Macroeconomic Theory IV: New Keynesian Economics. (https://www.nuffield.ox. ac.uk/Users/Cameron/lmh/pdf/et4-04.pdf.

Handy, C. (1994). *The Age of Paradox*. Harvard Business School Press.

Hick, R. (2012) The Capability Approach: Insights for a New Poverty Focus. *Journal of social policy*, 291-308.

KDI 경제정보센터. https://eiec.kdi.re.kr/material/conceptList.do?depth01=0000200001000 0100010&idx=149

Leibenstein, H. (1978). *Inefficiency Theory and Economic Development*. Oxford University Press.

Musgrave, R., & Musgrave, P. (1975). *Public Finance in Theory and Practice* (4th ed.). Richard D Irwin Inc. pp. 41-58, 90.

Musgrave, R., & Musgrave, P. (1989). *Public Finance in Theory and Practice* (5th ed.). McGraw-Hill. pp. 6-7.

Rosen, H. (1992). *Public Finance* (3rd ed.). Richard Irwin, Inc. pp. 3-4, 63-89, 104-106.

Sen, A. (1982). *Equality of what? Choice, welfare and measurement*. Oxford University Press.

Sen, A. (1985). *A sociological approach to the measurement of poverty: A reply to Professor Peter Townsend*. Oxford Economic Papers 37. pp. 669-676.

Sen, A. (2009). *The Idea of Justice*. Allen Lane. pp. 225-268.

The World Bank. (2018). Carbon Markets Under the Kyoto Protocol: Lessons Learned for Building an International Carbon Market Under the Paris Agreement.

Thurow, L. (1971). The Income Distribution as a Pure Public Good. *The Quartely Journal of Economics, 85*(2), 327-336.

Tullock, G. (1967). The Welfare Costs of Tariffs, Monopolies, and Theft. *Western Economic Journal, 5*, 224-32.

Tullock, G. (1971), The Costs of Transfers. *Kyklos, 4*, 629-643.

Wolf, C. (1979). A Theory of Nonmarket Failure: Framework for Implementation Analysis. *The Journal of Law & Economics, 22*(1), 107-139.

# 찾아보기

## 저자 소개

**유태균**(Yoo Tae Kyun)

연세대학교 사회복지학과를 1988년에 졸업한 후, 미국 Oregon주 Portland State University에서 사회복지학 석사학위(M.S.W.,1990)를 받은 다음 University of California, Berkeley에서 사회복지학 박사학위(Ph.D., 1995)를 받았다. 현재 숭실대학교 사회복지학부 교수로, 주로 사회복지정책과 연구방법론에 관한 강의를 하고 있으며, 지난 2000년부터는 사회서비스보장에 깊은 관심을 가지고 연구를 진행하고 있다.

**이재원**(Lee Jae Won)

서울대학교 경제학과를 1988년에 졸업한 이후, 서울대 행정대학원에서 행정학 석사와 박사를 취득하였다. 전공은 지방재정과 사회서비스정책이며 한국사회서비스학회장과 한국지방재정학회장을 역임했다. 현재 부경대학교 행정복지학부 교수로서 재직하고 있으며 지방재정론, 사회복지행정론, 행정과 경제를 강의한다.

거시사회복지실천 시리즈 III

# 거시사회복지실천 심화편 2
-시장, 국가 그리고 분배-

Intermediate Macro Social Welfare Practice 2
-Market, State and Distribution-

2024년 2월 25일 1판 1쇄 인쇄
2024년 3월 1일 1판 1쇄 발행

지은이 • 유태균 · 이재원

펴낸이 • 김진환

펴낸곳 • (주) **학지사**

04031 서울특별시 마포구 양화로 15길 20 마인드월드빌딩

대표전화 • 02)330-5114          팩스 • 02)324-2345

등록번호 • 제313-2006-000265호

홈페이지 • http://www.hakjisa.co.kr

인스타그램 • https://www.instagram.com/hakjisabook

ISBN 978-89-997-3017-7 93330

정가 23,000원

출판미디어기업 **학지사**

간호보건의학출판 **학지사메디컬** www.hakjisamd.co.kr
심리검사연구소 **인싸이트** www.inpsyt.co.kr
학술논문서비스 **뉴논문** www.newnonmun.com
교육연수원 **카운피아** www.counpia.com